BEERENARTIGE FRÜCHTE — ROT

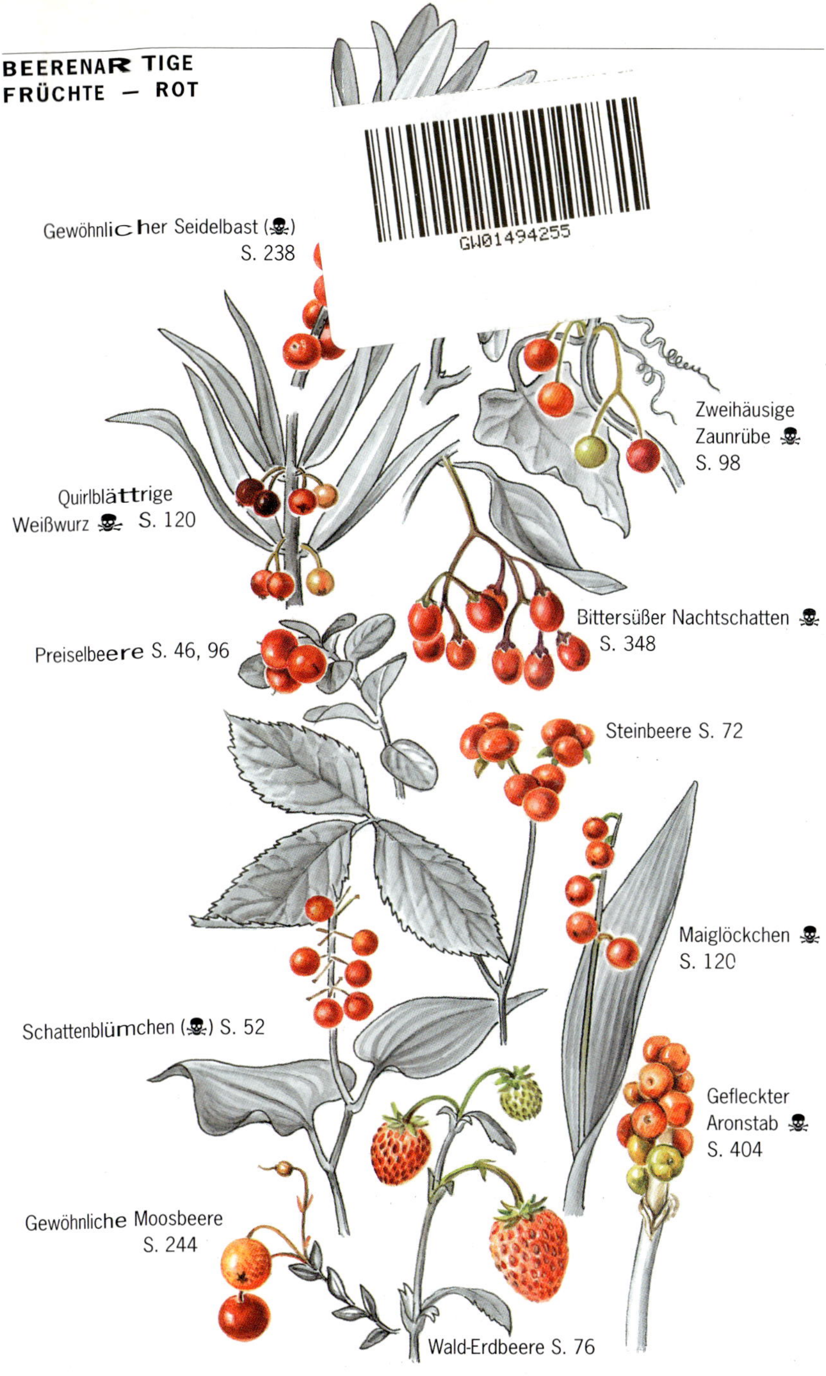

Gewöhnlicher Seidelbast (☠) S. 238

Zweihäusige Zaunrübe ☠ S. 98

Quirlblättrige Weißwurz ☠ S. 120

Bittersüßer Nachtschatten ☠ S. 348

Preiselbeere S. 46, 96

Steinbeere S. 72

Maiglöckchen ☠ S. 120

Schattenblümchen (☠) S. 52

Gefleckter Aronstab ☠ S. 404

Gewöhnliche Moosbeere S. 244

Wald-Erdbeere S. 76

D. Aichele · M. Golte-Bechtle

Das neue Was blüht denn da?

Wildwachsende Blütenpflanzen Mitteleuropas

56., völlig neubearbeitete und erweiterte Auflage

Kosmos

757 Farbzeichnungen in 801 Abbildungen im Bestimmungsteil von Marianne Golte-Bechtle (673), Sigrid Haag (42), Reinhild Hofmann (20), Gerhard Kohnle (17) und Walter Söllner (5).

84 Farbzeichnungen auf den Klappen und 97 Farbzeichnungen (Einführung, Fachausdrücke im Bild) von Marianne Golte-Bechtle und 96 Schwarzweißzeichnungen von Wolfgang Lang (Fachausdrücke im Bild).

Umschlag von Atelier Reichert, Stuttgart unter Verwendung einer Farbzeichnung von Marianne Golte-Bechtle.

Die Deutsche Bibliothek – CIP-Einheitsaufnahme

Das neue **Was blüht denn da?** : wildwachsende Blütenpflanzen Mitteleuropas / D. Aichele/M. Golte-Bechtle. – 56., völlig neubearb. und erw. Aufl. – Stuttgart : Kosmos, 1997
(Kosmos-Naturführer)
Bis 55. Aufl. u. d. T.: Was blüht denn da?
ISBN 3-440-07244-4
NE: Aichele, Dietmar; Golte-Bechtle, Marianne; Was blüht denn da?

56., völlig neubearbeitete und erweiterte Auflage
© 1965, 1968, 1973, 1986, 1993, 1997
Franckh-Kosmos Verlags-GmbH & Co., Stuttgart
Alle Rechte vorbehalten
Lektorat: Rainer Gerstle
Herstellung: Lilo Pabel
ISBN 3-440-07244-4
Printed in Italy/Imprime en Italie
Satz: Typomedia Satztechnik GmbH, Ostfildern
Druck: Printer Trento s.r.l., Trento

VORWORT ZUR 56. AUFLAGE

„Was blüht denn da?" hat in den letzten Jahrzehnten mehr als 1 Million Lesern geholfen, die Pflanzenwelt Mitteleuropas kennenzulernen. Jetzt liegt es in einer wesentlich erweiterten Fassung vor. Über 100 Arten auffällig blühender Pflanzen – darunter auch seltenere – wurden neu aufgenommen, die Tafeln und die Textseiten übersichtlicher gestaltet. Die Anordnung nach Standortsgruppen in der bisherigen Form habe ich aufgegeben. Sie hatte Mehrfachnennungen und Mehrfachabbildungen zur Folge. Jetzt informieren Piktogramme, die am Rand der jeweiligen Beschreibungen stehen, den Benutzer anschaulich und rasch über die hauptsächlichen Standorte. Gleichzeitig erfährt er mit demselben Blick Daten über Blütezeit und Größe sowie – anhand gebräuchlicher Symbole – Informationen über die Wuchsform der betreffenden Pflanze, ob sie giftig ist oder geschützt werden sollte. „Was blüht denn da?" ist hierdurch noch transparenter geworden, das Identifizieren einer gefundenen Pflanze gelingt mit ihm noch leichter als bisher. Jeder Text zu einer Art enthält eine kurze Beschreibung, Angaben zu Standort und Verbreitung und kurze Hinweise, was bei ihr besonders wissenswert ist. Solche Hinweise fanden – seit ich sie 1965 bei rund der Hälfte der Arten aufgenommen hatte – das besondere Interesse der Benutzer. Der Verzicht auf Standortsgruppen hat es ermöglicht, sie in die Texte zu allen Arten einzubauen.

Die graphische Gestaltung von „Was blüht denn da?" liegt seit über 25 Jahren in den Händen von Frau Marianne Golte-Bechtle. Sie hat nicht nur die meisten der ausdrucksvollen Pflanzenporträts geschaffen, sondern außerdem die Tafeln komponiert, die Umschlagklappen entworfen, die Strichzeichnungen, die Begriffe verständlicher machen sollen, durch farbige Ausschnitte aus den Artabbildungen veranschaulicht, ja lebendig gemacht. Ohne ihre künstlerische Gestaltungskraft hätte „Was blüht denn da?" nicht so viele Freunde unter den Liebhabern unserer Pflanzenwelt gefunden. Ich bin ihr sehr dankbar. Einzelne Abbildungen haben Sigrid Haag, Reinhild Hofmann, Gerhard Kohnle und Walter Söllner beigesteuert; sie sind den „Blütenpflanzen Mitteleuropas" entnommen, in denen unsere Flora umfassend und ausführlich dargestellt ist. Rainer Gerstle betreut dieses Buch seit vielen Jahren mit großer Hingabe als Lektor. Er hat dafür gesorgt, daß sich „Was blüht denn da?" stetig weiterentwickelt hat. Für seine Aufgeschlossenheit und sein nimmermüdes Engagement danke ich ihm sehr herzlich.

Besonders herzlich danke ich meiner Frau, die mich in meiner Arbeit stets mit Rat und Tat unterstützt hat.

Dr. Dietmar Aichele

Die Neubearbeitung seines Werkes wurde von Dietmar Aichele noch abgeschlossen, meinem ehemaligen Klassenkameraden, Kommilitonen und langjährigem Freund, mit dem zusammen ich viele Kosmos-Naturführer geschrieben habe. Plötzlich und unerwartet ist er bei der Ablieferung des Manuskriptes im Verlag gestorben. Mir war es selbstverständliche Pflicht, durch fachliche Begleitung des Drucks, die Herausgabe seines Vermächtnisses zu ermöglichen.

Dr. Heinz-Werner Schwegler

HINWEISE ZUM GEBRAUCH DIESES BUCHES

Dies ist ein Buch für den fachlich nicht vorgebildeten Pflanzenfreund. Mit ihm kann er die häufigeren Pflanzen ebenso wie einige auffällige Seltenheiten auf die einfachste Weise sicher kennenlernen. Jedem unvoreingenommenen Beobachter fällt als erstes die Blütenfarbe auf. Folgerichtig ist sie der Leitfaden in diesem Bestimmungswerk. Dies hat sich millionenfach bewährt. Deshalb wurden vor allem auffällig blühende Pflanzen aufgenommen. Für Gräser, Moose und Farne, Bäume und Sträucher wurden Naturführer geschaffen, mit deren Hilfe jedermann auch zu diesen Gewächsen leicht Zugang findet. Wer sich eingehend und vollständig über mitteleuropäische Blütenpflanzen orientieren will, findet in den „Blütenpflanzen Mitteleuropas", was er sucht.

Wie bestimmt man mit „Was blüht denn da?"?

Farbige Randleisten führen zu den Farbgruppen, nach denen die Arten geordnet sind. Obschon man meint, Farben eindeutig bezeichnen zu können, so ist es doch nicht immer leicht, eine Blüte einer der Farbgruppen zuzuordnen. „Violett" macht besondere Schwierigkeiten, vor allem, wenn man es als eigenständige Farbgruppe verwendet. Ich habe mich daher entschieden, rotviolett blühende der Farbgruppe „rot", blauviolett oder lila blühende der Farbgruppe „Blau" zuzuordnen. In den seltenen Fällen, in denen eine solche Zuordnung nicht ohne weiteres möglich ist, sollte man deshalb bei beiden Farbgruppen nachsehen, wo die gefundene Art abgebildet und beschrieben ist. Vergleichbares gilt für einige wenige Arten, die man sowohl bei „Blütenfarbe Weiß" als auch bei „Blütenfarbe Gelb" einordnen könnte.

Anhand der Blütenfarben allein kann man Pflanzen leider nicht bestimmen. Andere Eigentümlichkeiten müssen darüber hinaus berücksichtigt werden. Hilfreich ist besonders der Bau der Blüte, und zwar vor allem ihre Symmetrie. Zwei Hauptgruppen lassen sich leicht unterscheiden: Pflanzen mit radiärsymmetrischen Blüten (z.B. Hahnenfuß, Klatsch-

Mohn, Nelke) und solche mit zweiseitig-symmetrischen Blüten (z. B. Rittersporn, Fingerhut, Rührmichnichtan). Zweckmäßigerweise teilt man die Gruppe mit radiärsymmetrischen Blüten nach der Blütenblattzahl in 3 Untergruppen. Pflanzen mit höchstens 4 Blütenblättern werden mit dem Piktogramm ✤ gekennzeichnet, solche mit 5 Blütenblättern mit ✤ und alle mit mehr als 5 Blütenblättern mit ✤. (Da der unvoreingenommene Betrachter „Korbblüten" in der Regel nicht als Blütenstände, sondern als Einzelblüten ansieht, wurden Korbblütengewächse in die Gruppe der Blütenpflanzen mit mehr als 5 Blütenblättern aufgenommen. Kurz: „Blütenblatt" heißen in diesem Buch all die Gebilde, die der Laie dafür hält. Auch habe ich die Lippenblüten der Minzen bei den vierzipfligen, „radiärsymmetrischen Blüten" aufgeführt; denn der nicht Vorgeschulte wird an ihnen zweiseitige Symmetrie kaum erkennen.) Pflanzen mit zweiseitig-symmetrischen Blüten werden unter dem Piktogramm ✤ zusammengefaßt. Jede Farbgruppe umfaßt also 4 Untergruppen. Sie sind innerhalb ihrer Farbgruppe in der aufgeführten Reihenfolge angeordnet. Das Piktogramm am Kopf jeder Seite und jeder Tafel zeigt die Untergruppe an. Auf jeder Seite bzw. jeder Tafel finden sich nur Pflanzen einer einzigen Farb- bzw. Untergruppe. Die nahe am oberen Außenrand gedruckten Piktogramme ermöglichen zusammen mit den Farbleisten ein rasches „Suchblättern".
Der Hauptschritt bei der Identifikation einer gefundenen Pflanze besteht im Vergleichen mit der farbigen Abbildung. Die neben die Texte gesetzten Piktogramme für die Hauptstandorte liefern auf einen Blick zusätzliche Information. Letzte Sicherheit gibt im Text der Abschnitt **„Beschreibung"**. Wer Genaueres über Standort und/oder Verbreitung erfahren möchte, findet kurze Angaben darüber im Textabschnitt **„Vorkommen"**.

Unter **„Wissenswertes"** habe ich Besonderheiten der Pflanzen aufgeführt. Wer in einer Pflanze nicht nur einen schönen Gegenstand, sondern vielmehr ein Lebewesen sieht, der möchte gleichsam „Persönliches" über sie erfahren. Selbst ein Tier erschließt sich dem Menschen ja erst, wenn er sein Verhalten kennt. Deshalb habe ich unter „Wissenswertes" Besonderheiten aufgeführt, die man bei den abgebildeten und beschriebenen Arten beobachten kann. Gelegentlich habe ich ihre Namen erklärt, wenn sie uns heute nicht mehr ohne weiteres verständlich sind. Auch frühere Verwendung als Heil- und Arzneipflanze habe ich häufig erwähnt oder – wenigstens bei einer Art der Gattung – die Giftstoffe genannt. Giftigkeit wird mit ✤, schwache Giftigkeit oder Verdacht auf Giftigkeit mit (✤) gekennzeichnet.

In diesem Zusammenhang möchte ich deutlich sagen, daß man Pflanzenteile, die man nicht sicher als ungiftig kennt, nicht verzehren oder auf ihnen herumkauen sollte. Selbst bei bekannt ungiftigen Arten muß man daran denken, daß sie durch Unkraut- oder Insektenbekämpfungsmittel mit Giften in Berührung gekommen sein können. Außerdem kann man sich in manchen Gegenden eine tödliche Infektion mit den Eiern des Fuchsbandwurms holen, die an Pflanzenteilen haften können. So sehr also Vorsicht geboten ist, so wenig sollte man die Giftigkeit von Pflanzen hysterisch aufbauschen. Vergiftungen durch Pflanzen sind weit seltener als solche, die im Haushalt passieren, und wenn es tatsächlich dazu kommt, so sind sie meist durch rechtzeitiges ärztliches Handeln beherrschbar. Andererseits können abseitige Gewohnheiten Gefahren heraufbeschwören, an die man normalerweise nicht denkt. Der

Fall des „Genießers", der an Äpfeln die Kerne besonders schätzte und sich daher ein Schüsselchen voll sammelte, ist in die Fachliteratur eingegangen. Er aß nämlich alle auf einmal! Offensichtlich wußte er nicht, daß Apfelkerne in geringen Mengen Blausäureverbindungen enthalten. Eine Zyanidvergiftung, an der er starb, war die Folge! Gleiches hätte ihm passieren können, wenn er die Inhalte von Kernobstsamen (z. B. Kirschen oder Zwetschgen) in großen Mengen zu sich genommen hätte!

Gelegentlich mußte ich unter „Wissenswertes" darauf verweisen, daß eine Art in den letzten Jahrzehnten viele ihrer vordem bekannten Standorte bei uns verloren hat. Schutz für bedrohte Arten ist ein Gebot der Stunde, auch dann, wenn ein Gesetz dies nicht oder noch nicht vorschreibt. Deshalb habe ich Schutzwürdigkeit gleichrangig wie Giftigkeit an auffallender Stelle abgesetzt vom Text durch das Symbol ▽ ausgewiesen. Es ist erfreulicherweise weitgehend selbstverständlich geworden, mit der Natur pfleglich umzugehen. Mutwilliges Zerstören von Pflanzen, auch wenn sie vom Gesetz nicht geschützt sind, verbietet sich von selbst, und auch das Pflücken überdimensionaler Wildblumensträuße sollte tunlichst unterbleiben.

Leser, die sich schon seit vielen Jahren mit heimischen Pflanzen beschäftigen, finden manche Gewächse in diesem Buch unter neuen wissenschaftlichen Namen. Anders als in den letzten Auflagen von „Was blüht denn da?" habe ich früher gebräuchliche wissenschaftliche Namen nicht mehr in Klammern angefügt. Nur bei einigen Pflanzenfamilien sind alte Namen – *Cruciferae*, *Umbelliferae*, *Labiatae* und *Compositae* – so populär geblieben, daß ich sie neben den gültigen Bezeichnungen aufgeführt habe. Die gültigen wissenschaftlichen Artnamen hat FRIEDRICH EHRENDORFER federführend in der Liste der Gefäßpflanzen zusammengestellt. Diese Liste ist 1973 in 2. und überarbeiteter Auflage erschienen, also vor rund 25 Jahren. Man darf davon ausgehen, daß diese Namen seitdem üblicherweise verwendet worden sind. Allerdings wird aufgrund taxonomischer Arbeiten auch diese Liste keinen andauernden Bestand haben und in absehbarer Zukunft durch eine erneuerte Zusammenstellung ersetzt werden. So lächerlich es gerade dem langjährigen Pflanzenfreund erscheinen mag: Es ist nicht zuletzt das Bestreben, die Namen zu stabilisieren und ihren Gebrauch damit zu vereinheitlichen, durch das immer wieder Umbenennungen nötig werden!

Bei den deutschen Namen habe ich hingegen nicht selten mehrere Namen genannt. An erster Stelle steht dabei die deutsche Bezeichnung, die im „Atlas der Farn- und Blütenpflanzen der Bundesrepublik Deutschland" verwendet worden ist; diese Namen sind in den „Blütenpflanzen Mitteleuropas" ebenfalls übernommen worden. Zur Mehrfachnennung hat mich bewogen, daß manche Namen im Volksmund erstaunlich lebendig geblieben sind. Andere sind durch Nennung in volkstümlichen Pflanzenbüchern verbreitet worden und da und dort in den täglichen Sprachgebrauch eingegangen. Freilich mußte aus Platzgründen zuweilen ein gebräuchlicher Name ungenannt bleiben. Ich hoffe, der Leser findet sich durch die dadurch möglich gewordene umfangreiche Textinformation reichlich entschädigt.

Das Kapitel „Einteilung und Ordnung im Pflanzenbereich" und die Liste ausgewählter Pflanzenordnungen und -familien soll einen gewissen Rahmen liefern, in den der Interessierte die Pflanzen einordnen kann, die er gefunden hat. Die Liste ist den „Blütenpflanzen Mitteleuropas" auszugsweise entnommen.

AUFBAU EINER BESTIMMUNGSSEITE

Blütenfarbe

Blütenmerkmale
- ✤ Höchstens 4 Blütenblätter
- ✿ 5 Blütenblätter
- ✺ Mehr als 5 Blütenblätter
- ✾ 2seitig-symmetrische Blüten

Deutscher Name
Deutsche Namen, die
ebenfalls gebräuchlich sind
Wissenschaftlicher Name
bestehend aus Gattungsname
und Art-Epitheton
Deutscher Familienname
Wissenschaftlicher Familienname,
(dahinter evtl. nicht mehr gebräuchlicher
wissenschaftlicher Familienname)

Standortpiktogramm
- ▬ Unkrautfluren
- ▬ Grasland
- ▬ Gehölze
- ▬ Feuchtgebiete
- ▬ Pioniergesellschaften

Blütezeit
Höhe
Wuchseigenschaften
- ☉ Einjährige Pflanze
- ☉ Zweijährige Pflanze
- ♃ Ausdauernde Pflanze
- ♄ Holzgewächse
- ☠ Giftige Pflanze

BLÜTENFARBE GELB

Aufrechter Ziest, Berg-Ziest *Stáchys récta*
Lippenblütengewächse Lamiáceae (Labiátae)

Juni–Okt.
20–60 cm
♃

Beschreibung: 6–10 Blüten in qu
oberen Blätter oder in pyramidaler
hellgelb. Stengel 4kantig, behaart. Bl
Vorkommen: Halbtrockenrasen, Tr
lassene Weinberge). Liebt basenreic
Bergland mit Kalkböden selten, im A
Wissenswertes: Die römischen Gla
gegen Hieb- und Stichverletzungen

Gelbe Gauklerblume *Mimulus guttátus*
Braunwurzgewächse Scrophulariáceae

Juli–Aug.
30–60 cm
♃

Beschreibung: Blüten einzeln in d
aufgerichtet, 2zipflig; Unterlippe
punktet. Blätter gegenständig, unr
Vorkommen: Ufer, Gräben, Qu
reichen, basenhaltigen, aber ka
Rocky Mountains. In den Silikatm
Wissenswertes: Die Gelbe Gau
Zierpflanze nach Europa gebrac
England verwildert auf. Um dies

Gewöhnliches Leinkraut, Frauenflachs
Braunwurzgewächse Scrophulariáceae

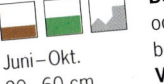

Juni–Okt.
20–60 cm
♃

Beschreibung: Blüten in schla
oder orangegelbem „Gaumen",
behaart. Blätter wechselständi
Vorkommen: Lückige Trocke
brüche, Kahlschläge. Liebt ba
sandig-steinige Lehmböden. F
Wissenswertes: Die Blüten w
ist sehr groß (bis 32000/Pfl
dunkel; angeblich hat sie mit

Eiblättriges Tännelkraut, Unechtes T
Braunwurzgewächse Scrophulariáceae

Juli–Okt.
10–30 cm

Beschreibung: Blüten einz
Sporn); Oberlippe innen vic
lang wie die Krone. Blätter
Vorkommen: Äcker, Brach
salzarmen Lehmboden. In

WIE FINDE ICH HERAUS, WELCHE PFLANZE ICH GEFUNDEN HABE?

Die Tabelle auf der Seite 31 hilft Ihnen, Pflanzen rasch zu identifizieren. Sie brauchen nur 3 einfache Fragen zu beantworten.

Fragen:
1. Welche Blütenfarbe hat die fragliche Pflanze?
2. Hat die Pflanze radiärsymmetrische Blüten? Wenn ja, wie viele Blütenblätter oder -zipfel besitzt die Blüte?
3. Ist die Blüte zweiseitig-symmetrisch?

Bitte schlagen Sie jetzt die in der Tabelle angegebene Farbuntergruppe auf, die Sie mit Hilfe der Antworten auf obige Fragen gefunden haben. Vergleichen Sie dann die Pflanze, die vor Ihnen steht, mit den Abbildungen dieser Untergruppe. Die Angaben im Abschnitt „Beschreibung" sichern die Identifikation.

Beispiel:
An einem Waldrand auf der Schwäbischen Alb wird im März eine violett blühende Pflanze aufgefunden[1]. Sie hat 6 Blütenblätter. Obschon eine Beimischung von Rot nicht zu übersehen ist, überwiegen die Blautöne. Man sollte die Pflanze infolgedessen als „überwiegend blaublühend" einstufen. Die Übersichtstabelle verweist bei „Blütenfarbe Blau" auf die Untergruppe der radiärsymmetrischen Blüten mit mehr als 5 Blütenblättern, also auf die Seiten 354–362. Die Tafel auf S. 355 zeigt 3 Pflanzen mit sehr ähnlichen Blüten und eine weitere mit entfernt ähnlichen Blüten. Die Tafel auf S. 357 zeigt eine weitere Pflanze mit ähnlicher Blüte. Die Blätter unserer Pflanze sind, wie ein rascher Blick zeigt, noch nicht voll entwickelt, doch schon deutlich als gefiedert erkennbar. Sie sind nicht wintergrün und 3lappig, wie beim entfernt ähnlichen Leberblümchen (Tafel S. 355), noch wintergrün und gefiedert, wie bei der Frühlings-Küchenschelle (Tafel S. 357). Sie sind auch nicht handförmig 3–5teilig wie bei der Finger-Küchenschelle, die zudem – wie ein Blick auf „Vorkommen" zeigt – auf der Schwäbischen Alb nirgends wächst. Auch die Wiesen-Küchenschelle mit ihren stark nickenden Blüten kommt nicht in Frage. Übrig bleibt nur die Gewöhnliche Küchenschelle. Ihre Blätter sind mehrfach gefiedert, und sie kommt im Bergland mit Kalk-Böden, wie sie für die Schwäbische Alb typisch sind, tatsächlich vor. Die fragliche Pflanze ist eindeutig identifiziert.

---

[1] Nicht immer läßt sich unter mehreren Betrachtern Einigkeit darüber erzielen, ob eine Pflanze rotviolett oder blauviolett blüht. Ich habe mich bemüht, die Farben der Blüte so zu benennen, wie sie von den meisten Menschen gesehen wird, und sie folgerichtig einer der beiden Farbgruppen zugeordnet (s. auch S. 6).

FACHAUSDRÜCKE IM BILD

Blütenstände

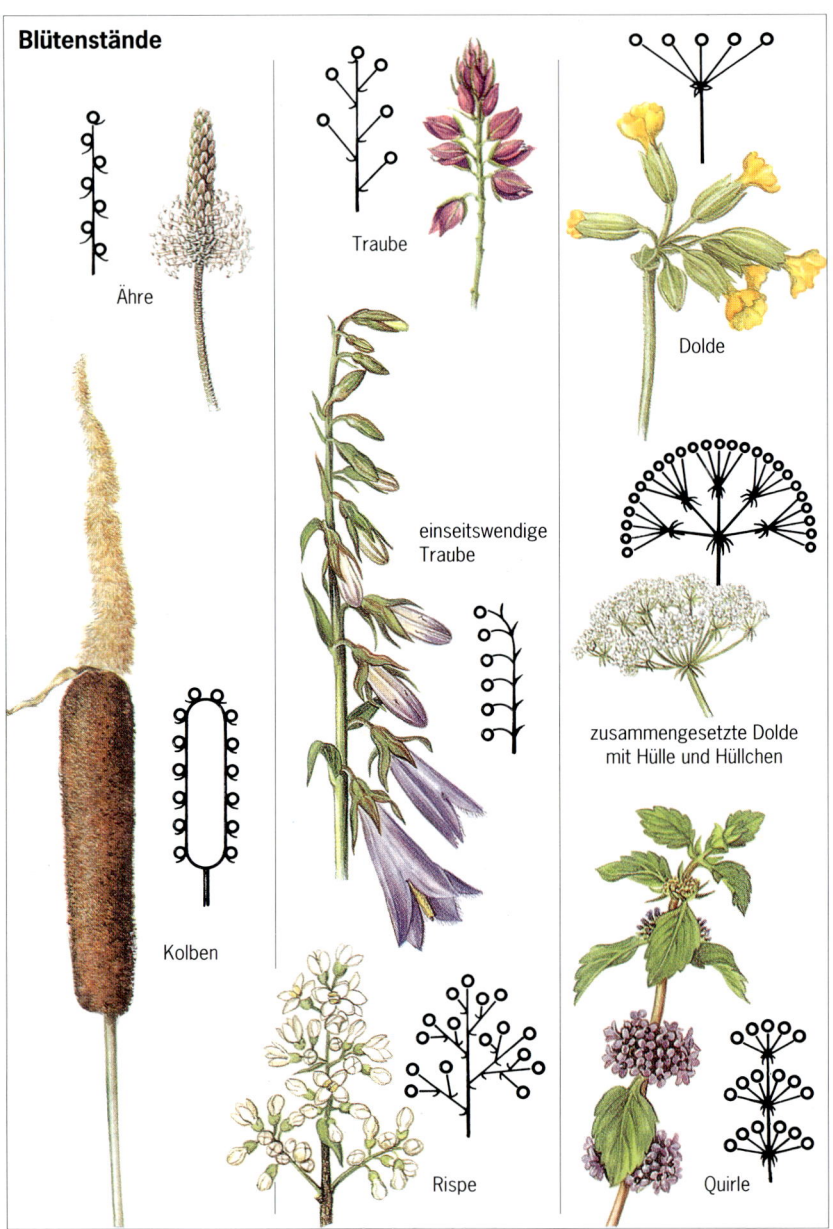

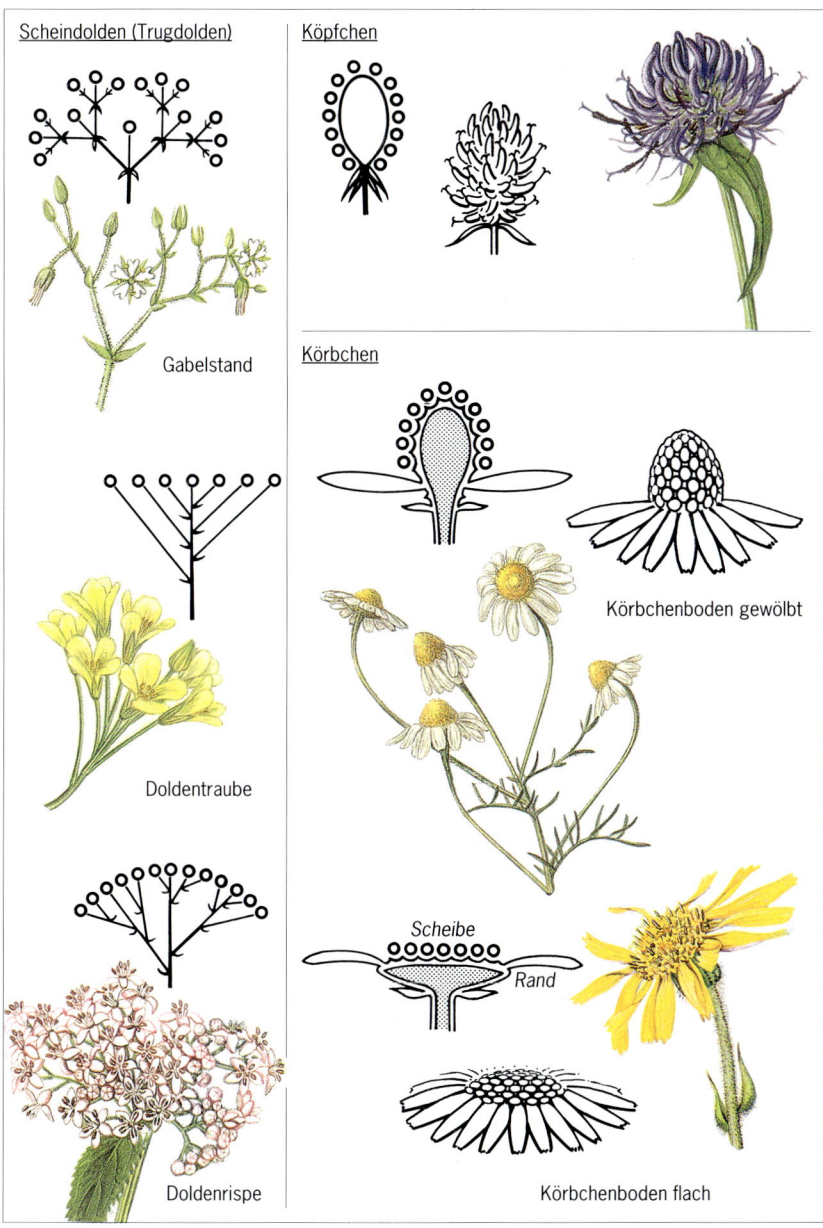

Blüte

strahlig-symmetrisch

zweiseitig-symmetrisch

Zungenblüten   Röhrenblüten

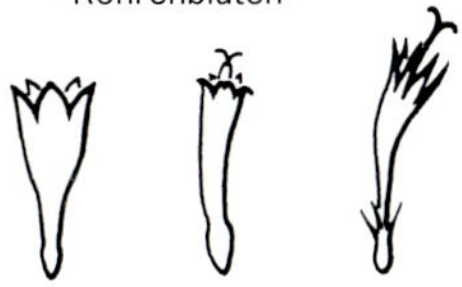

Verteilung von Zungen- und Röhrenblüten im Körbchen

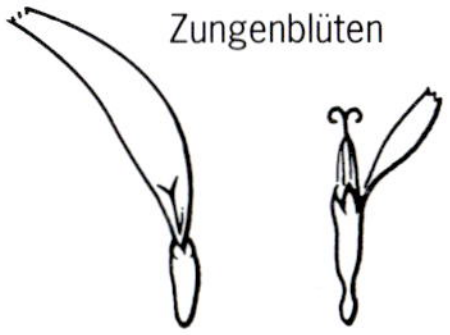

aufrechte Blüte

nickende Blüte

nur Röhrenblüten

nur Zungenblüten

außen Zungenblüten, innen Röhrenblüten

Kelch

getrenntblättrig

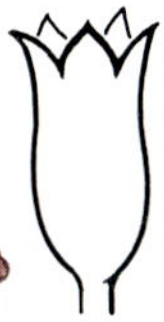

bauchig

nervig

verwachsen

aufgeblasen

zweilippig

Blattstellung

wechselständig | quirlständig | gekreuzt gegenständig

zweizeilig

Stengel

aufrecht

aufsteigend

mit Ausläufern

windend

niederliegend

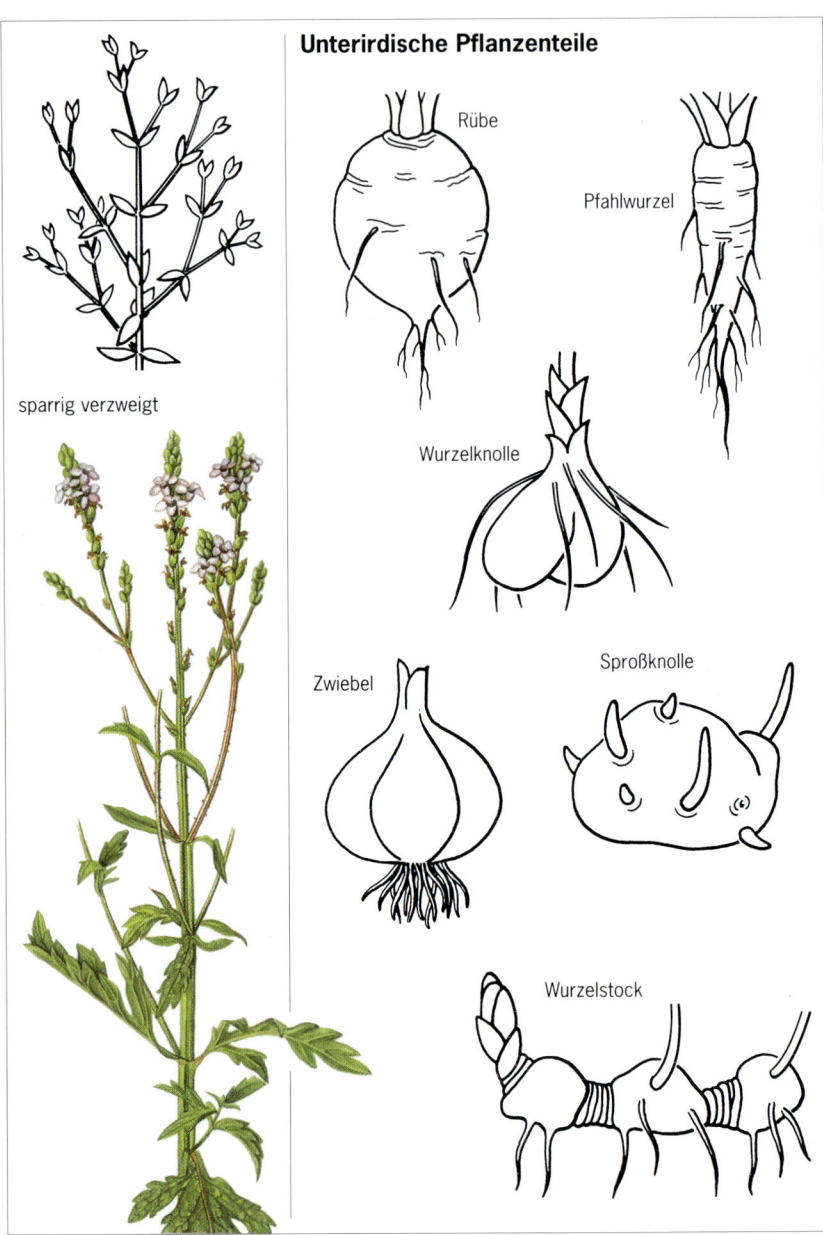

EINTEILUNG UND ORDNUNG IM PFLANZENREICH

Die Gleichheit der Erbsubstanz, die prinzipielle Übereinstimmung im Bau der Zellen – um nur 2 von mehreren Gründen zu nennen – deuten auf einen gemeinsamen Ursprung aller Lebewesen. Hierin liegt ein Grund, warum man hofft, sie sinnvollerweise mit einheitlichen Begriffen in einem hierarchischen System ordnen zu können. Pflanzen, die wir unvoreingenommen als gleich„artig" erkennen, fassen wir üblicherweise in einer „Art" zusammen. Sie ist die Basis aller Klassifikation. Allerdings ist die „biologische Art" nicht nach Kennzeichen definiert, die alle ihre Angehörigen aufweisen müssen, sondern vielmehr dadurch, daß die Artgenossen sich einen gemeinsamen „Topf" an Erbanlagen teilen. Dies können sie nur, wenn sie sich geschlechtlich fortpflanzen und in ihrer Fortpflanzung gegen anders„artige" Pflanzen isoliert sind. Auf manche Pflanzensippen kann man den Begriff der „biologischen Art" nicht anwenden, z. B. weil sie sich nur ungeschlechtlich fortpflanzen. Dennoch behandeln wir sie, als ob sie Arten wären.

Arten kann man nach dem Grad ihrer Ähnlichkeit zu Gattungen zusammenfassen, diese zu noch umfassenderen Gruppen, bis man bei einer letzten übergeordneten Einheit angelangt ist. Zuweilen ist es sinnvoll, innerhalb der Arten noch Unterarten zu unterscheiden. Alle derartigen Gruppen kann man mit einem formalisierten Namen versehen, der im hierarchischen System die Rangstufe kennzeichnet. Sie sind Taxa (Einzahl: Taxon), deren Rang durch bestimmte Endungen ihrer wissenschaftlichen Namen in der Nomenklatur ausgedrückt wird. Die Hierarchie gebräuchlicher Taxa gibt – in Anlehnung an „Die Blütenpflanzen Mitteleuropas" – die folgende Tabelle wieder:

Rangstufe	deutscher Name	wissenschaftlicher Name
Art	Gewöhnliche Küchenschelle	*Pulsatilla vulgaris*
Gattung	Küchenschelle	*Pulsatilla*
Familie	Hahnenfußgewächse	*Ranunculaceae*
Ordnung	Hahnenfußartige Gewächse	*Ranunculales*
Überordnung	kein gebräuchlicher deutscher Name	*Ranunculanae*
Unterklasse	kein gebräuchlicher deutscher Name	*Ranunculidae*
Klasse	Zweikeimblättrige Bedecktsamer	*Magnoliopsida (Dicotyledoneae)*
Unterabteilung	Bedecktsamer	*Magnoliophytina*
Abteilung	Samenpflanzen	*Spermatophyta*
Unterreich	Sproßpflanzen	*Cormobionta*
Reich	Pflanzen[1]	*Plantae*

[1] Außer dem Reich der Pflanzen unterscheiden wir heute in der Regel 4 weitere Reiche, nämlich das der Kernlosen Lebewesen *(Prokaryota)*, das der Einzeller *(Protoctista)*, das der Pilze *(Fungi)* und das der Tiere *(Animalia)*.

Was zu einer Gattung gerechnet wird, bestimmt nicht etwa eine „Artenmindestzahl". Die Gattung Huflattich *(Tussilago)* umfaßt nur eine einzige Art, nämlich *Tussilago farfara*. Sie ist „monotypisch". Beim Greiskraut *(Senecio)* unterscheiden Spezialisten fast 1500 Arten. Daher machen artenreiche Gattungen dem, der sie erst kennenlernen will, oft besondere Schwierigkeiten.

Das Bezeichnen einer Art durch den an erster Stelle stehenden Gattungsnamen (z. B. *Pulsatilla*) und das nachfolgende Epitheton (z. B. *vulgaris*) soll durch den einheitlichen Gebrauch über die Sprachgrenzen hinweg Klarheit schaffen. Unmißverständlich kann sie aber nur durch Zusatzvereinbarungen erreicht werden, die Pflanzenfreunde zugegebenermaßen vielfach als störend und umständlich empfinden. Namengeber ist, wer in einer durch ein Regelwerk festgelegten Vorgehensweise als erster die Art „gültig" benannt hat. Daher fügt man in wissenschaftlichen Veröffentlichungen – um bestmögliche Eindeutigkeit und Nachprüfbarkeit zu schaffen – auch noch den Namen des Erstbenenners, ja die Jahreszahl und den Namen des publizierenden Organs an (z. B. *Pulsatilla vulgaris* MILLER Gard. Dict. ed. 8, nr. 1, 1768). Immer wieder werden bei genauer Nachprüfung Mißdeutungen entdeckt, die eine Umbenennung zur Folge haben können. Natürlich kann diese auch das Ergebnis neuerer Forschungen und Erkenntnisse sein. So erfreulich und begrüßenswert diese sind, weil sie das Fortschreiten und die Lebendigkeit der botanischen Taxonomie und Systematik anzeigen: Für den Pflanzenfreund überwiegt allzu oft das Ärgernis über die ihm willkürlich erscheinende Namengebung, und wer dies nicht als naheliegend anerkennt, läuft möglicherweise Gefahr, vor lauter Korrektheit das Praktikable zu übersehen.

Damit aus alten Veröffentlichungen nicht zeitlich unbegrenzt Namen „ausgegraben" werden können, hat man sich auf eine Zeitgrenze geeinigt. Als solche bietet sich das Erscheinungsjahr von C. VON LINNÉS „Species plantarum" an, nämlich 1753. In diesem für die damalige Zeit umfassenden Werk hat LINNÉ zahlreiche Pflanzenarten als erster beschrieben; außerdem verwendete er in ihm erstmalig konsequent die „binäre Nomenklatur". Er formulierte seinen Benennungsgrundsatz folgendermaßen: „Der Name einer Pflanze soll doppelt sein: ein Gattungsname, gleich dem menschlichen Familiennamen, und ein Artname, gleich dem Vornamen des täglichen Lebens". Binäre Namen erwiesen sich als sehr zweckmäßig, weil sie nicht nur eine eindeutige Kennzeichnung erlauben, sondern weil sie auch die Zuordnung der fraglichen Art zu einer Gattung aufzeigen.

ÜBERSICHT ÜBER DAS REICH DER PFLANZEN

Ähnlichkeiten zwischen Lebewesen beruhen oft darauf, daß sie gemeinsame Vorfahren besitzen. Sie bilden eine „Abstammungsgemeinschaft", sind also miteinander verwandt. Es ist das Ziel der Systematik, Abstammungsgemeinschaften zu erkennen. Aufgabe der Taxonomie ist es, die Sippen als „Taxa" zu beschreiben, indem sie sie benennt, im Rang einstuft und sie dann hierarchisch ordnet.

Ähnlichkeit kann indessen auch zustande kommen, wenn Lebewesen durch Umweltbedingungen auf Merkmale ausgelesen worden sind, die sie unter den Gegebenheiten haben überleben lassen, oder wenn sie eine gleiche Entwicklungsstufe erreicht haben. Baum- oder Strauchwuchs, Zwiebel- oder Rosettenbildung treten bei Pflanzen auf, die den unterschiedlichsten Taxa angehören und infolgedessen oft nur sehr weitläufig miteinander verwandt sind. Würde man nach solchen Merkmalen gruppieren, erhielte man künstliche, formale Systeme, weil in ihnen keine Abstammungsgemeinschaften erfaßt sind. Wir zögern z. B. keine Sekunde, pigmentierte Wasserpflanzen ohne beblätterten Sproß und ohne Wurzeln Algen zu nennen. In diesem Begriff fassen wir indessen recht unterschiedliche Abstammungsgemeinschaften zusammen. „Alge" ist kein tauglicher taxonomischer Begriff. Gleichwohl ist es sinnvoll, von „Algen" zu sprechen, wenn man sich rasch im Pflanzenreich orientieren will. Nennt man eine Pflanze „Alge", kennzeichnet man damit den „Organisationstyp", stuft sie aber nicht taxonomisch ein.

Mit Hilfe von Begriffen, die sich auf die Organisationsform bzw. auf die Organisationshöhe beziehen, erleichtert man sich die Orientierung in der Vielfalt der Lebewesen. Deshalb habe auch ich sie in der folgenden Übersicht verwendet. Andererseits findet eine derartige Kennzeichnung keinen Platz in einem hierarchisch-taxonomischen System, das die stammesgeschichtlichen Zusammenhänge nach dem derzeitigen Kenntnisstand abbildet.

AUSSCHNITTE AUS DER SYSTEMATISCHEN GLIEDERUNG DES PFLANZENREICHS[1]

Organisationstyp Eukaryotische Algen
(Algen mit echtem Zellkern)

7 Abteilungen, in denen meist insgesamt 13 Klassen unterschieden werden.

Organisationstyp Embryophyten
(Moose und Gefäßpflanzen)

3 Abteilungen:
1. Moose *(Bryophyta)*; 3 Klassen
2. Farnpflanzen *(Pteridophyta)* 5 Klassen
3. Samenpflanzen *(Spermatophyta)* (8 Klassen):

I. Unterabteilung: Gabel- und Nadelblättrige Nacktsamer, *Coniferophytina*

1. Klasse: Gabelblatthölzer = *Ginkgoopsida*

2. Klasse: Nadelhölzer = *Pinopsida*
(Eibengewächse, *Taxaceae*)

II. Unterabteilung: Fiederblättrige Nacktsamer, *Cycadophytina*

1. Klasse: Samenfarne = *Lyginopteridopsida* †

2. Klasse: Palmfarne = *Cycadopsida*

3. Klasse: Zwitterblütenfarne = *Bennettitopsida* †

4. Klasse: Hüllsamer = *Gnetopsida*

III. Unterabteilung: Bedecktsamer, *Magnoliophytina (Angiospermae)*

1. Klasse: Zweikeimblättrige Bedecktsamer = *Magnoliopsida (Dicotyledoneae)*

1. Unterklasse: *Magnoliidae*

1. Überordnung: *Magnolianae*
1. Ordnung: *Magnoliales*

2. Ordnung: *Aristolochiales*
Aristolochiaceae, Osterluzeigewächse
3. Ordnung: *Laurales*
4. Ordnung: *Piperales*

2. Überordnung: *Nymphaeanae*
1. Ordnung: *Nymphaeales*
Nymphaeaceae, Seerosengewächse
Ceratophyllaceae, Hornblattgewächse
2. Ordnung: *Nelumbonales*

2. Unterklasse: *Ranunculidae*

1. Überordnung: *Illicianae*
1. Ordnung: *Illiciales*

2. Überordnung: *Ranunculanae*
1. Ordnung: *Ranunculales*
Ranunculaceae, Hahnenfußgewächse
Berberidaceae, Berberitzengewächse
2. Ordnung: *Papaverales*
Papaveraceae, Mohngewächse
Fumariaceae, Erdrauchgewächse

3. Unterklasse: *Caryophyllidae*

1. (Über)Ordnung: *Caryophyllales*
Caryophyllaceae, Nelkengewächse
Phytolaccaceae, Kermesbeerengewächse

---

[1] In Anlehnung an STRASBURGER: Lehrbuch der Botanik für Hochschulen, 33. Aufl., G. Fischer, Stuttgart, Jena, New York, 1991 und AICHELE, D. und H. W. SCHWEGLER: Die Blütenpflanzen Mitteleuropas, 5 Bände, Kosmos-Verlag, Stuttgart, 1994–1996
Wo Überordnungen nur eine Ordnung umfassen, haben wir meist nur den wissenschaftlichen Ordnungsnamen (hinter dem Begriff „(Über)Ordnung:") aufgeführt. † = ausgestorben

Portulacaceae, Portulakgewächse
Chenopodiaceae, Gänsefußgewächse
Amaranthaceae, Fuchsschwanzgewächse

2. (Über)Ordnung: *Polygonales*
Polygonaceae, Knöterichgewächse

3. (Über)Ordnung: *Plumbaginales*
Plumbaginaceae, Bleiwurzgewächse

4. Unterklasse: *Hamamelididae*

1. (Über)Ordnung: *Trochodendrales*
2. Überordnung: *Hamamelidanae*
   1. Ordnung: *Hamamelidales*
   2. Ordnung: *Fagales*
   Fagaceae, Buchengewächse
   Betulaceae, Birkengewächse
   Corylaceae, Haselgewächse
   3. Ordnung: *Casuarinales*

3. Überordnung: *Juglandanae*
   1. Ordnung: *Myricales*
   2. Ordnung: *Juglandales*

4. (Über)Ordnung: *Urticales*
Ulmaceae, Ulmengewächse
Moraceae, Maulbeerengewächse
Cannabaceae, Hanfgewächse
Urticaceae, Brennesselgewächse

5. Unterklasse: *Rosidae*

1. Überordnung: *Rosanae*
   1. Ordnung: *Saxifragales*
   Grossulariaceae, Stachelbeerengewächse
   Crassulaceae, Dickblattgewächse
   Saxifragaceae, Steinbrechgewächse
   Parnassiaceae, Herzblattgewächse
   2. Ordnung: *Gunnerales*
   3. Ordnung: *Rosales*
   Rosaceae, Rosengewächse
   4. Ordnung: *Podostemales*

2. (Über)Ordnung: *Fabales*
Fabaceae, Schmetterlingsblütengewächse

3. (Über)Ordnung: *Proteales*

4. Überordnung: *Myrtanae*
   1. Ordnung: *Rhizophorales*
   2. Ordnung: *Myrtales*
   Onagraceae, Nachtkerzengewächse
   Lythraceae, Weiderichgewächse
   Trapaceae, Wassernußgewächse
   3. Ordnung: *Haloragales*
   Haloragaceae, Seebeerengewächse

5. Überordnung: *Rutanae*
   1. Ordnung: *Rutales*
   Rutaceae, Rautengewächse
   Anacardiaceae, Sumachgewächse
   2. Ordnung: *Sapindales*
   Hippocastanaceae, Roßkastaniengewächse
   Aceraceae, Ahorngewächse
   Staphyleaceae, Pimpernußgewächse
   3. Ordnung: *Geraniales*
   Oxalidaceae, Sauerkleegewächse
   Linaceae, Leingewächse
   Zygophyllaceae, Jochblattgewächse
   Geraniaceae, Storchschnabelgewächse
   Balsaminaceae, Balsaminengewächse
   4. Ordnung: *Polygalales*
   Polygalaceae, Kreuzblumengewächse

6. Überordnung: *Celastranae*
   1. Ordnung: *Celastrales*
   Celastraceae, Spindelbaumgewächse
   2. Ordnung: *Rhamnales*
   Rhamnaceae, Kreuzdorngewächse
   Vitaceae, Weinrebengewächse
   3. Ordnung: *Santalales*
   Santalaceae, Sandelgewächse
   Viscaceae, Mistelgewächse
   4. Ordnung: *Balanophorales*
   5. Ordnung: *Rafflesiales*

7. Überordnung: *Euphorbianae*
   1. Ordnung: *Euphorbiales*
   Buxaceae, Buchsbaumgewächse
   Euphorbiaceae, Wolfsmilchgewächse

2. Ordnung: *Thymelaeales*
Thymelaeaceae, Seidelbastgewächse
3. Ordnung: *Elaeagnales*
Ölweidengewächse, *Elaeagnaceae*

8. Überordnung: *Aralianae*
1. Ordnung: *Pittosporales*
2. Ordnung: *Araliales*
Araliaceae, Efeugewächse
Apiaceae, Doldengewächse

6. Unterklasse: *Dilleniidae*

1. Überordnung: *Dillenianae*
1. Ordnung: *Dilleniales*
Paeoniaceae, Pfingstrosengewächse

2. Überordnung: *Theanae*
1. Ordnung: *Theales*
Hypericaceae, Johanniskrautgewächse
Elatinaceae, Tännelgewächse
2. Ordnung: *Sarraceniales*
3. Ordnung: *Nepenthales*
4. Ordnung: *Droserales*
Droseraceae, Sonnentaugewächse

3. Überordnung: *Violanae*
1. Ordnung: *Violales*
Violaceae, Veilchengewächse
Cistaceae, Zistrosengewächse
2. Ordnung: *Capparales*
Brassicaceae, Kreuzblütengewächse
Resedaceae, Resedengewächse
3. Ordnung: *Tropaeolales*
Tropaeolaceae, Kapuzinerkressegewächse
4. Ordnung: *Salicales*
Salicaceae, Weidengewächse
5. Ordnung: *Begoniales*
6. Ordnung: *Cucurbitales*
Cucurbitaceae, Kürbisgewächse

4. Überordnung: *Malvanae*
1. Ordnung: *Malvales*
Tiliaceae, Lindengewächse

Malvaceae, Malvengewächse

5. Überordnung: *Primulanae*
1. Ordnung: *Ebenales*
2. Ordnung: *Primulales*
Primulaceae, Primelgewächse

6. Überordnung: *Cornanae*
1. Ordnung: *Cornales*
Hydrangeaceae, Hortensiengewächse
Aquifoliaceae, Stechpalmengewächse
Cornaceae, Hartriegelgewächse
2. Ordnung: *Ericales*
Ericaceae, Heidekrautgewächse
Empetraceae, Krähenbeerengewächse
Pyrolaceae, Wintergrüngewächse
Monotropaceae, Fichtenspargelgewächse

7. Unterklasse: *Lamiidae*

1. Überordnung: *Gentiananae*
1. Ordnung: *Dipsacales*
Sambucaceae, Holundergewächse
Caprifoliaceae, Geißblattgewächse
Adoxaceae, Moschuskrautgewächse
Valerianaceae, Baldriangewächse
Dipsacaceae, Kardengewächse
2. Ordnung: *Oleales*
Oleaceae, Ölbaumgewächse
3. Ordnung: *Gentianales*
Gentianaceae, Enziangewächse
Menyanthaceae, Fieberkleegewächse
Apocynaceae, Immergrüngewächse
Asclepiadaceae, Schwalbenwurzgewächse
Rubiaceae, Rötegewächse

2. Überordnung: *Solananae*
1. Ordnung: *Solanales*
Solanaceae, Nachtschattengewächse
Convolvulaceae, Windengewächse
Cuscutaceae, Seidengewächse
Polemoniaceae, Sperrkrautgewächse
2. Ordnung: *Boraginales*
Hydrophyllaceae, Wasserblattgewächse
Boraginaceae, Rauhblattgewächse

3. Überordnung: *Lamianae*

1. Ordnung: *Scrophulariales*
Buddlejaceae, Sommerfliedergewächse
Scrophulariaceae, Braunwurzgewächse
Globulariaceae, Kugelblumengewächse
Orobanchaceae, Sommerwurzgewächse
Plantaginaceae, Wegerichgewächse
Lentibulariaceae, Wasserschlauchgewächse

2. Ordnung: *Hippuridales*
Hippuridaceae, Tannenwedelgewächse

3. Ordnung: *Lamiales*
Verbenaceae, Eisenkrautgewächse
Lamiaceae, Lippenblütengewächse
Callitrichaceae, Wassersterngewächse

8. Unterklasse: *Asteridae*

1. Überordnung: *Asteranae*

1. Ordnung: *Campanulales*
Campanulaceae, Glockenblumengewächse
Lobeliaceae, Lobeliengewächse

2. Ordnung: *Asterales*
Asteraceae, Korbblütengewächse

2. Klasse: Einkeimblättrige Bedecktsamer
= *Liliopsida (Monocotyledoneae)*

1. Unterklasse: *Alismatidae*

1. Ordnung: *Alismatales*
Butomaceae, Schwanenblumengewächse
Alismataceae, Froschlöffelgewächse

2. Ordnung: *Hydrocharitales*
Hydrocharitaceae, Froschbißgewächse

3. Ordnung: *Najadales*
Potamogetonaceae, Laichkrautgewächse
Zosteraceae, Seegrasgewächse
Zannichelliaceae, Teichfadengewächse

2. Unterklasse: *Liliidae*

1. Überordnung: *Lilianae*

1. Ordnung: *Dioscoreales*
Dreiblattgewächse, *Drilliaceae*

2. Ordnung: *Asparagales*
Convallariaceae, Maiglöckchengewächse
Asparagaceae, Spargelgewächse
Asphodelaceae, Affodilgewächse
Hyacinthaceae, Hyazinthengewächse
Alliaceae, Lauchgewächse
Amaryllidaceae, Narzissengewächse

3. Ordnung: *Liliales*
Melanthiaceae, Germergewächse
Liliaceae, Liliengewächse
Colchicaceae, Zeitlosengewächse
Iridaceae, Schwertliliengewächse

4. Ordnung: *Orchidales*
Orchidaceae, Orchideengewächse

2. Überordnung: *Bromelianae*

1. Ordnung: *Pontederiales*

2. Ordnung: *Bromeliales*

3. Ordnung: *Zingiberales*

3. Überordnung: *Juncanae*

1. Ordnung: *Juncales*
Juncaceae, Binsengewächse

2. Ordnung: *Cyperales*
Cyperaceae, Riedgrasgewächse

3. Ordnung: *Typhales*
Typhaceae, Rohrkolbengewächse
Sparganiaceae, Igelkolbengewächse

4. Überordnung: *Commelinanae*

1. Ordnung: *Commelinales*

2. Ordnung: *Poales*
Poaceae, Süßgrasgewächse

3. Unterklasse: *Arecidae*

1. Überordnung: *Arecanae*

1. Ordnung: *Arecales*

2. Ordnung: *Pandanales*

2. Überordnung: *Aranae*

1. Ordnung: *Arales*
Araceae, Aronstabgewächse
Lemnaceae, Wasserlinsengewächse

ABKÜRZUNGEN UND SYMBOLE

Standorte

 Unkrautfloren, z.B. Äcker, Gärten, Weinberge, Wege, Ödland, Brache

 Grasland, z.B. Wiesen, Weiden, Triften, Raine, Rasen, Matten, Hochstaudenfluren

 Gehölze, z.B. Laub-, Misch-, Nadelwälder bzw. -forste, Auwälder, Schluchtwälder, Bergwälder, Krummholz, Heiden, Gebüsche, Hecken, Waldsäume, Waldschläge, Waldwege

Feuchtgebiete, z.B. Gewässer, Ufer, Küsten, Sümpfe, Naßwiesen, Moore

Pioniergesellschaften, z.B. Felsen, Blockhalden, Gesteinsschutt, Geröll, Schotter, Kies, Sand, Mauern

Lebenszyklen, Giftigkeit, Schutz

☉ ein- bzw. 2jährig (Kraut)
♃ ausdauernd (Staude)
♄ Holzpflanze (Baum, Strauch)
☠ giftig
(☠) schwach giftig bzw. giftverdächtig
▽ schutzwürdig bzw. gesetzlich geschützt

Betonungszeichen bei den wissenschaftlichen Namen

Betonte Vokale sind durch ´ (z.B. á), betonte Doppelvokale durch ¯ (z.B. au) gekennzeichnet.

Blütenformen

✿ Blüten mit höchstens 4 Blütenblättern
✿ Blüten mit 5 Blütenblättern
✿ Blüten mit mehr als 5 Blütenblättern oder Korbblütler
✿ Zweiseitig-symmetrische Blüten

FARBGRUPPEN UND IHRE UNTERGRUPPEN

Blütenfarbe Weiß
- Höchstens 4 Blütenblätter: Seite 32
- 5 Blütenblätter: Seite 54
- Mehr als 5 Blütenblätter: Seite 108
- 2seitig-symmetrische Blüten: Seite 124

Blütenfarbe Blau/Violett
- Höchstens 4 Blütenblätter: Seite 326
- 5 Blütenblätter: Seite 338
- Mehr als 5 Blütenblätter: Seite 354
- 2seitig-symmetrische Blüten: Seite 364

Blütenfarbe Gelb
- Höchstens 4 Blütenblätter: Seite 136
- 5 Blütenblätter: Seite 152
- Mehr als 5 Blütenblätter: Seite 178
- 2seitig-symmetrische Blüten: Seite 204

Blütenfarbe Grün/Braun
- Höchstens 4 Blütenblätter: Seite 388
- 5 Blütenblätter: Seite 410
- Mehr als 5 Blütenblätter: Seite 420
- 2seitig-symmetrische Blüten: Seite 422

Blütenfarbe Rot
- Höchstens 4 Blütenblätter: Seite 234
- 5 Blütenblätter: Seite 246
- Mehr als 5 Blütenblätter: Seite 274
- 2seitig-symmetrische Blüten: Seite 290

BLÜTENFARBE WEISS

Niederliegendes Mastkraut, Liegender Knebel *Sagína procúmbens*
Nelkengewächse *Caryophylláceae*

Mai–Okt.
1–5 cm
♃

Beschreibung: 4 (selten 5) kaum 1 mm lange Blütenblätter, die früh abfallen. Stengel liegend-aufsteigend, am Grunde wurzelnd, oft verzweigt, kahl. Blätter gegenständig, 0,5–1,5 cm lang, um 1 mm breit, kahl. Kleine, rasige Polster.

Vorkommen: Äcker, Wege, Quellfluren, Ufer; geht auch in Gärten und Pflasterritzen; liebt kalkarmen, sandigen Lehmboden, der etwas stickstoffsalzhaltig und eher feucht als trocken sein sollte (Feuchtigkeitszeiger); häufig.

Wissenswertes: „Sagina", lat., bedeutet „gutes Futter". Den Acker-Spark (s. S. 62), der früher in die Gattung *Sagina* gestellt worden war, hat man als Viehfutter angebaut. Dies soll zur Benennung „Mastkraut" geführt haben.

Christophskraut, Ähren-Christophskraut *Actaēa spicáta*
Hahnenfußgewächse *Ranunculáceae*

Mai–Juni
30–60 cm
♃ (☠)

Beschreibung: Blüten in Trauben, 5 mm im Durchmesser. 4, zuweilen bis 6 Blütenblätter. Kelchblätter abfallend. Blätter 3zählig; Teilblätter gefiedert, gesägt, zerrieben unangenehm riechend. Beeren schwarz, eiförmig-kugelig.

Vorkommen: Bergwälder, Mischwälder, Laubwälder; liebt lockeren, steinigen, feuchten, kalkhaltigen Boden; fehlt im westlichen Tiefland; sonst zerstreut.

Wissenswertes: Alte Heilpflanze. Beeren und Samen gelten als giftig. Zerdrücken auf der Haut soll Blasenbildung, Verzehr Erbrechen und Schwindel auslösen. Protoanemonin oder andere Gifte wurden nicht gefunden. Der deutsche Name bezieht sich auf den Heiligen Christophorus, den Schutzpatron gegen Pest.

Gewöhnliche Waldrebe *Clématis vitálba*
Hahnenfußgewächse *Ranunculáceae*

Juni–Sept.
1–10 m
♄ ☠

Beschreibung: Blütenstände rispig-doldig, blattachselständig; Blüten mit 4 früh abfallenden Blütenblättern; zahlreiche Staubblätter. Blätter gegenständig, unpaarig gefiedert; Teilblätter länglich-herzförmig; Blattstiele ranken.

Vorkommen: Auwälder, Waldränder, Gebüsche, Laubwälder, Schutthalden, Mauern. Liebt kalk- und stickstoffsalzreiche Lehm- oder Tonböden; fehlt im Tiefland und in Mittelgebirgen mit Sandsteinen größeren Gebieten; sonst zerstreut.

Wissenswertes: Enthält das Gift Protoanemonin. Fällt winters durch ihre wolligen, locker geknäuelten Fruchtstände auf. Eine der wenigen mitteleuropäischen Lianen.

Aufrechte Waldrebe *Clématis récta*
Hahnenfußgewächse *Ranunculáceae*

Juni–Juli
0,5–1,5 m
♃ ☠ ▽

Beschreibung: Blütenstand zusammengesetzt-rispig, endständig. Blüten milchigweiß, 2–3 cm im Durchmesser; Staubblätter zahlreich, gelb. Blätter gegenständig, unpaarig gefiedert; Teilblättchen 7–9, ganzrandig, blaugrün.

Vorkommen: Besiedelt lichte, buschige Trockenwälder auf kalkreichem, eher stickstoffsalzarmem Lehm- oder Tonboden. Im brandenburgischen Elbegebiet, am mittleren Main, an der Donau etwa ab Ingolstadt und in der Schweiz; selten.

Wissenswertes: Enthält das Gift Protoanemonin. Mit Preßsaft auf die Haut gebracht, kann es Rötung erzeugen und zur Bildung schmerzhafter Blasen führen.

BLÜTENFARBE WEISS

Knoblauchsrauke *Alliária petioláta*
Kreuzblütengewächse *Brassicáceae (Crucíferae)*

Apr. – Juli
0,2 – 1 m
☉ – ♃

Beschreibung: Doldig abgeflachte Trauben am Ende von Stengel und oberen Ästen. Blätter ungeteilt, nieren- oder breit-herzförmig, grob buchtig gekerbt-gezähnt, untere oft lang gestielt; riecht zerrieben stark nach Knoblauch.
Vorkommen: Lichte Wälder, Waldränder, Gebüsche, Ödland, Mauern, Zäune, Gärten. Liebt basen- und stickstoffsalzreiche, lockere, feuchte Böden; häufig.
Wissenswertes: Enthält Senföle, darunter solche, wie sie im Knoblauch vorkommen. Früher als Salatwürze verwendet; schmeckt aber bitterlich. Alte Heilpflanze, die auch äußerlich als entzündungshemmendes Mittel angewandt wurde.

Acker-Schmalwand *Arabidópsis thaliána*
Kreuzblütengewächse *Brassicáceae (Crucíferae)*

Apr. – Mai
5 – 30 cm
☉

Beschreibung: Doldig abgeflachte Trauben am Ende von Stengel und oberen Ästen. Blüten 4 – 7 mm im Durchmesser. Schote 1 – 2 cm lang, abstehend, nach oben gebogen. Grundblätter in einer Rosette, bis 3 cm lang, kaum 1 cm breit.
Vorkommen: Äcker, Wegränder, Ödland, lückige Rasen, Mauern. Liebt eher kalkarmen sandig-lehmigen Boden. Fehlt auf Kalk gebietsweise; sonst zerstreut.
Wissenswertes: Benannt nach dem Arzt J. Thal (1542 – 1583), der die erste Flora des Harzes veröffentlichte. Wegen ihrer kurzen Generationsdauer und ihrer Anspruchslosigkeit ist die Acker-Schmalwand eine vielgenutzte Laborpflanze, an der vor allem die Steuerung der Embryonalentwicklung erforscht wird.

Echter Meerrettich *Armorácia rusticána*
Kreuzblütengewächse *Brassicáceae (Crucíferae)*

Mai – Juli
0,4 – 1,5 m
♃

Beschreibung: Blütenstand zusammengesetzt-traubig, dichtblütig; Teilblütenstände oben doldig abgeflacht. Schötchen um 5 mm lang, halb so dick. Grundblätter gestielt, bis 1 m lang, gekerbt, Stengelblätter auch fiederspaltig.
Vorkommen: Kulturpflanze; örtlich auf Ödland und an Wegen beständig verwildert. Liebt sandig-lehmigen Boden. Fehlt im Tiefland; sonst zerstreut.
Wissenswertes: Der Meerrettich ist im östlichen Mittelmeergebiet beheimatet. Von dort kam er nach Europa. Hildegard von Bingen (1098 – 1179) kannte ihn schon. Enthält im Wurzelstock Senfölglykoside und freies Allylsenföl, das die Schleimhäute in Nase und Augen reizt. Würz-, Heil- und Gemüsepflanze.

Brunnenkresse *Nastúrtium officinále*
Kreuzblütengewächse *Brassicáceae (Crucíferae)*

Apr. – Aug.
30 – 90 cm
♃

Beschreibung: Kurze, dichte, abgeflachte Traube. Blüten 0,5 – 1 cm im Durchmesser; Staubbeutel gelb (wenn violett: s. Bitteres Schaumkraut, S. 36). Stengel hohl. Blätter unpaarig gefiedert, 5 – 9 Teilblättchen, dunkelgrün.
Vorkommen: Kühle Bäche, Gräben, Ufer. Liebt schlammhaltigen, kalk- oder sonst basenreichen, sandig-kiesigen Boden. Fehlt in Gegenden mit kalkfreiem Gestein gebietsweise; sonst selten, doch oft in kleinen, zuweilen dichten Beständen.
Wissenswertes: Enthält Senfölglykosid, ätherische Öle, Bitterstoff und Vitamin C. Alte Heilpflanze; aus den Blättern läßt sich Wildsalat zubereiten.

BLÜTENFARBE WEISS

Bitteres Schaumkraut *Cardámine amára*
Kreuzblütengewächse *Brassicáceae (Crucíferae)*

Apr.–Juli
10–60 cm
♃

Beschreibung: Blüten 0,8–1,2 cm im Durchmesser; Staubbeutel rotviolett. Stengel aufsteigend oder aufrecht, markig. Grundblätter unpaarig gefiedert, mit 5–9 schmal eiförmigen, meist hell- oder gelbgrünen Teilblättchen.
Vorkommen: Feuchtstellen in Wäldern, Gräben, kleine Bäche, Naßwiesen. Liebt mäßig basenreichen Boden. Fehlt im Tiefland gebietsweise, sonst zerstreut.
Wissenswertes: Enthält ein Senfölglykosid, aus dem Butylsenföl abgespalten wird, einen Bitterstoff (Name!) und Vitamin C. Alte Heilpflanze. Kann wie Brunnenkresse zu Wildsalat verwendet werden (weniger scharf, aber bitterer).

Spring-Schaumkraut *Cardámine impátiens*
Kreuzblütengewächse *Brassicáceae (Crucíferae)*

Mai–Juli
10–80 cm
☉

Beschreibung: Blüten in einer dichten Traube, kaum 2 mm im Durchmesser; Blütenblätter zuweilen verkümmert. Frucht einer Schote, die 2–3 cm lang und um 1 mm dick wird. Grundblätter zur Zeit der Fruchtreife meist abgestorben.
Vorkommen: Laub- und Schluchtwälder. Liebt mullbedeckten, basenreichen, lockerfeuchten Lehmboden. Fehlt im Tiefland, in den Silikatmittelgebirgen und im Alpenvorland gebietsweise; sonst zerstreut, oft in kleineren Beständen.
Wissenswertes: Die Samenverbreitung erfolgt durch einen Schleudermechanismus: Die Schotenklappen reißen sich plötzlich vom verdickten Rahmen der Scheidewand, rollen sich nach oben ein und schleudern dabei die Samen meterweit weg.

Wald-Schaumkraut *Cardámine flexuósa*
Kreuzblütengewächse *Brassicáceae (Crucíferae)*

Apr.–Juni;
Sept.–Nov.
5–30 cm
☉

Beschreibung: Traube kurz, locker, armblütig. Blüten nur 3–5 mm im Durchmesser. Stengel häufig mehr oder minder deutlich hin- und hergebogen, etwas kantig. Grundblätter unpaarig gefiedert, mit 7–13 Teilblättchen.
Vorkommen: Schattige, feucht-nasse Wälder; besiedelt dort Wege und lichtere Stellen. Vorzugsweise auf Lehm- oder Tonböden. Fehlt im Tiefland gebietsweise, desgleichen in den Mittelgebirgen mit Kalkgestein; sonst zerstreut.
Wissenswertes: Wo das Wald-Schaumkraut bestandsbildend auftritt, zeigt es – zumindest periodische – Sauerstoffverarmung im Boden an („Gleyboden").

Garten-Schaumkraut *Cardámine hirsúta*
Kreuzblütengewächse *Brassicáceae (Crucíferae)*

März–Juni;
Sept.–Nov.
5–25 cm
☉

Beschreibung: Kurze, armblütige Traube. Blüten 3–4 mm im Durchmesser. Stengel meist aufrecht, zuweilen leicht verbogen, kantig, meist kahl. Rosettenblätter mit 5–9 Teilblättchen, zur Fruchtzeit meist noch vorhanden.
Vorkommen: Gärten, seltener auf Hackfruchtäckern und Friedhöfen, zuweilen in lückigen Rasen. Liebt basen- und stickstoffsalzreiche Böden, die kalkarm sein können. Fehlt in rauheren Gebieten. Sonst zerstreut; breitet sich noch aus.
Wissenswertes: Das Garten-Schaumkraut ist in der 2. Hälfte des 20. Jahrhunderts durch Versandgärtnereien ungewollt verbreitet worden. Es besitzt – wie das Spring-Schaumkraut – Schleuderschoten. Angeblich soll es sich als Wildsalat eignen.

BLÜTENFARBE WEISS

Sand-Schaumkresse *Cardaminópsis arenósa*
Kreuzblütengewächse *Brassicáceae (Crucíferae)*

Apr.–Juni
15–40 cm
☉

Beschreibung: Blüten in lockerer, oben leicht doldig verebneter Traube, weiß, oft rosa, seltener lila überlaufen, 5–9 mm im Durchmesser. Grundblätter rosettig, fiederteilig, behaart; Endabschnitt vergrößert, eiförmig, gezähnt.
Vorkommen: Höchstens lückig bewachsener Kalkfeinschutt, Eisenbahnschotter oder Spalten im Kalkfels. Meidet stickstoffsalzreichen Untergrund. Fehlt im Tiefland und in den Mittelgebirgen mit kalkfreiem Gestein; sonst selten.
Wissenswertes: Die Sand-Schaumkresse gehört zu den Arten, die ausschließlich in Europa beheimatet sind. Bestäuber sind kurzrüßlige Bienen und Fliegen.

Turmkraut *Árabis glábra*
Kreuzblütengewächse *Brassicáceae (Crucíferae)*

Mai–Juli
0,6–1,2 m
☉

Beschreibung: Blüten an den Spitzen der Trauben gehäuft, 3–7 mm im Durchmesser, creme- oder grünlichweiß. Stengel meist unverzweigt. Stengelblätter ganzrandig, herz-pfeilförmig den Stengel umfassend, kahl, bläulich bereift.
Vorkommen: Waldränder, Gebüsche, Böschungen, Wegränder. Fehlt im Tiefland und in den Mittelgebirgen, in denen Sandsteine vorherrschen; sonst selten.
Wissenswertes: „Turmkraut" verweist auf den hohen Wuchs und den häufig steif aufrechten Stengel. Dieser ist oft nicht sturmfest und fällt früh. Dann biegt er sich in der oberen Hälfte auf. Alte Heilpflanze; Wirkung nicht erwiesen.

Behaarte Gänsekresse *Árabis hirsúta*
Kreuzblütengewächse *Brassicáceae (Crucíferae)*

Mai–Juli
15–60 cm
☉–♃

Beschreibung: Blüten in einer meist einfachen Traube, 2–5 mm im Durchmesser. Stengel aufrecht, meist unverzweigt und deutlich rauhhaarig. Grundblätter lockerrosettig; Stengelblätter sitzend, wenig stengelumfassend.
Vorkommen: Raine, trockene Gebüsche, Trockenstellen in Flachmooren. Liebt kalkhaltigen, stickstoffsalzarmen Boden. Fehlt im Tiefland, in den Mittelgebirgen mit kalkfreiem Gestein und im Alpenvorland gebietsweise; sonst selten.
Wissenswertes: Die Blüten werden von Blattwespen bestäubt. Diese kurzrüßligen Hautflügler lecken den spärlichen Nektar von offenen Drüsen auf, zerkauen aber auch Pollen, den sie durchspeicheln, damit sie ihn schlucken können.

Hungerblümchen *Eróphila vérna*
Kreuzblütengewächse *Brassicáceae (Crucíferae)*

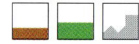
Febr.–Mai
2–15 cm
☉

Beschreibung: Armblütige, doldige Traube. Blüten 3–8 mm im Durchmesser. Frucht schmal eiförmiges, abgeflachtes Schötchen. Stengel blattlos. Grundblätter rosettig, schmal verkehrt-eiförmig bis lanzettlich, schütter behaart.
Vorkommen: Wegränder, lückige Sandrasen, Kiesschüttungen auf Dächern, seltener Mauern. Braucht stickstoffsalzarmen, doch kalk- oder wenigstens basenreichen Untergrund. Fehlt in rauhen Lagen; sonst zerstreut, oft bestandsbildend.
Wissenswertes: Die Blüten des Hungerblümchens bestäuben sich schon beim Aufblühen meist selbst. Daher entstehen Sippen, deren Mitglieder einander wie ein Ei dem andern gleichen. Sehr selten kommt es auch zur Fremdbestäubung.

Hungerblümchen
Erophila verna

Behaarte Gänsekresse
Arabis hirsuta

Sand-Schaumkresse
Cardaminopsis arenosa

Turmkraut
Arabis glabra

BLÜTENFARBE WEISS

Echtes Löffelkraut Cochleária officinális
Kreuzblütengewächse *Brassicáceae (Crucíferae)*

Mai–Juli
20–50 cm
☉–⚁

Beschreibung: Kopfig gedrängte, end- und seitenständige Trauben. Blüten 5–9 mm im Durchmesser, duftend. Stengel beblättert. Obere Blätter sitzend, leicht stengelumfassend; Grundblätter gestielt, unten keilig oder eingebuchtet.
Vorkommen: Außendeichbereich an der Nordseeküste, Ostseeküste, Salzstellen im Binnenland. Liebt kochsalz- oder stickstoffsalzhaltigen, nassen Boden. An den Küsten zerstreut, nördliches Alpenvorland selten, sonst nur vereinzelt.
Wissenswertes: Das Echte Löffelkraut wurde früher zuweilen als Heil- bzw. Salatpflanze angebaut. Es enthält Vitamin C und diente daher als Mittel gegen Skorbut. Wegen seines Gehalts an Senfölen taugt es auch als Würzpflanze.

Gewöhnliches Hirtentäschel Capsélla búrsa-pastóris
Kreuzblütengewächse *Brassicáceae (Crucíferae)*

Feb.–Nov.
5–50 cm
☉

Beschreibung: Blüten in reichblütiger, an der Spitze doldig verebneter Traube. Frucht ein flaches, im Umriß 3eckig-herzförmiges Schötchen, das mit der „Herzspitze" dem Stiel aufsitzt. Grundblätter rosettig, meist fiederteilig.
Vorkommen: Gärten, Äcker, Ödland, offene Stellen an Wegrändern. Braucht zumindest mäßig stickstoffsalzreichen Boden; schattenmeidend; sehr häufig.
Wissenswertes: Die Pflanze hat ihren Namen wegen der taschenartigen Früchte bekommen. Manchmal werden Exemplare von einem Pilz befallen; sie sehen dann weißlich bestäubt aus. Alte Heilpflanze, die Rutin und Kaliumsalze enthält. Das Vorkommen von Cholin und Acetylcholin wird neuerdings angezweifelt.

Bauernsenf Teesdálea nudicaúlis
Kreuzblütengewächse *Brassicáceae (Crucíferae)*

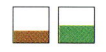

Apr.–Mai
5–20 cm
☉

Beschreibung: Traube armblütig, an der Spitze doldig verebnet. Blüten 2–4 mm im Durchmesser; äußere Blütenblätter deutlich länger als innere. Stengel kahl, meist blattlos. Grundblätter in einer Rosette, fiederteilig, kahl.
Vorkommen: Äcker, Wegränder, Dünen, lückige Sandrasen. Sandgebiete des Tieflands zerstreut, in denen der Mittelgebirge selten; fehlt den Kalkgebieten.
Wissenswertes: Der Name „Bauernsenf" verweist darauf, daß die Blätter früher als Salat, Gemüse oder Würze verwandt worden sind. Offensichtlich waren sie wenig wohlschmeckend und als Würze dem Senf der „feinen Leute" unterlegen.

Acker-Hellerkraut Thláspi arvénse
Kreuzblütengewächse *Brassicáceae (Crucíferae)*

Apr.–Juli
(Sept.)
10–30 cm
☉

Beschreibung: Reichblütige, mäßig dichte, oben etwas verebnete Traube. Blüten 2–5 mm im Durchmesser. Frucht ein zusammengedrücktes, rundliches, breit geflügeltes Schötchen. Zumindest obere Blätter pfeilförmig stengelumfassend.
Vorkommen: Äcker, Gärten, Weinberge, Ödland. Braucht kalk- oder sonst basenhaltige, stickstoffsalzreiche Lehmböden. Fehlt örtlich im Tiefland und in den Mittelgebirgen mit kalkfreiem Gestein sowie in rauhen Lagen; sonst häufig.
Wissenswertes: „Hellerkraut" bezieht sich auf die Münzähnlichkeit der Früchte. Die Pflanze enthält Senföle und nach Knoblauch riechendes ätherisches Öl.

Bauernsenf
Teesdalea nudicaulis

Acker-Hellerkraut
Thlaspi arvense

Gewöhnliches Hirtentäschel
Capsella bursa-pastoris

Echtes Löffelkraut
Cochlearia officinalis

BLÜTENFARBE WEISS

Stengelumfassendes Hellerkraut Thláspi perfoliátum
Kreuzblütengewächse *Brassicáceae (Crucíferae)*

Apr.–Juni
5–20 cm
☉

Beschreibung: Kurze Traube, die sich später verlängert. Blüten 2–4 mm im Durchmesser. Stengel kahl. Blätter ganzrandig, untere undeutlich gestielt, übrige pfeil-herzförmig stengelumfassend. Pflanze etwas bläulich bereift.
Vorkommen: Lückige Trockenrasen, Wegränder, Weinberge. Braucht kalk- und basenreichen, stickstoffsalzarmen, offenen Boden. Fehlt im Tiefland, in Gebieten mit kalkfreiem Gestein und im Alpenvorland gebietsweise; sonst zerstreut.
Wissenswertes: Gleich anderen Arten der Gattung enthält auch das Stengelumfassende Hellerkraut Senföle, und zwar besonders reichlich in den Samen.

Berg-Hellerkraut Thláspi montánum
Kreuzblütengewächse *Brassicáceae (Crucíferae)*

Apr.–Mai
10–20 cm
♃

Beschreibung: Zuerst kurze kopfig-doldige Traube. Blüten 4–8 mm im Durchmesser. Stengel einfach, kahl. Stengelblätter lockerstehend, meist stengelumfassend. Grundblätter etwas ledrig, wintergrün, ganzrandig, etwa 3 cm lang.
Vorkommen: Lichte Wälder in frühjahrswarmen Lagen, schattige Stellen in leicht verbuschten Trockenrasen. Schwäbisch-Fränkischer und Schweizer Jura, Rhön, Ostalpen selten, aber meist in mäßig lockeren Beständen. Fehlt sonst.
Wissenswertes: Obwohl Selbstbestäubung vorkommt, ist die Art verhältnismäßig einheitlich. Bei einzelnen Individuen kann indessen die Fruchtform variieren.

Feld-Kresse Lepídium campéstre
Kreuzblütengewächse *Brassicáceae (Crucíferae)*

Mai–Juni
20–50 cm
☉

Beschreibung: Traube reichblütig, meist mit Seitentrauben. Blüten um 1 mm im Durchmesser. Stengel kurzhaarig. Untere Blätter lanzettlich, ganzrandig oder fiederteilig, gestielt, übrige sitzend und pfeil-herzförmig stengelumfassend.
Vorkommen: Offene Stellen auf Ödland und Brachen, seltener an Wegen und auf Hackfruchtäckern. Braucht kalk- und stickstoffsalzreichen Lehmboden. Fehlt im Tiefland und in Gebieten mit basenarmen Böden gebietsweise; sonst selten.
Wissenswertes: Die Feld-Kresse hat ihr Hauptareal in den eher milden Gegenden Europas. Zuweilen wird sie örtlich vor allem mit Kleesaat eingeschleppt und tritt dann unbeständig auf. Soll früher als Wildsalat gegessen worden sein.

Pfeilkresse Cardária drába
Kreuzblütengewächse *Brassicáceae (Crucíferae)*

Juni–Juli
20–60 cm
♃

Beschreibung: Reichblütige, doldig eingeebnete Traube, stets mit Seitentrauben. Blüten 3–6 mm im Durchmesser. Stengel oft kahl. Untere Blätter eiförmig, buchtig gezähnt oder fiederteilig, übrige pfeilförmig stengelumfassend.
Vorkommen: Ödland, Weinberge, Wege, Böschungen und Dämme. Braucht kalk-, doch nur mäßig stickstoffsalzreichen, sommerwarmen Boden. In den Kalkgebieten zerstreut, im Tiefland selten; fehlt in den Gegenden mit kalkfreiem Gestein.
Wissenswertes: Die Samen der Pfeilkresse enthalten Senfölglykoside, aus denen enzymatisch Senföle abgespalten werden. Daher schmecken sie scharf. Früher sollen sie sogar als Würze, ja als Pfefferersatz, verwendet worden sein.

BLÜTENFARBE WEISS

Hederich, Acker-Rettich *Ráphanus raphanístrum*
Kreuzblütengewächse *Brassicáceae (Crucíferae)*

Juni–Sept.
20–60 cm
☉

Beschreibung: Armblütige, lockere Trauben. Blüten 1–2 cm im Durchmesser, weiß (und violett geadert), gelblich oder hellviolett. Kelchblätter aufrecht. Stengel kahl oder schütter borstig behaart. Untere Blätter fiederteilig.

Vorkommen: Äcker, Ödland, seltener in Gärten. Liebt schwach sauren, mäßig stickstoffsalzhaltigen Lehmboden. Sehr häufig; wird durch Unkrautbekämpfungsmittel seit Jahrzehnten zurückgedrängt und ist örtlich fast verschwunden.

Wissenswertes: Aus der engen Verwandtschaft des Hederichs stammt die Kulturpflanze Rettich. Sie wurde im Mittelmeergebiet oder im Kaukasus aus Wildformen gezüchtet. Theophrastos (371–285 v. Chr.) kannte schon mehrere Sorten.

Gewöhnliches Hexenkraut *Circaēa lutetiána*
Nachtkerzengewächse *Onagráceae*

Juni–Aug.
20–60 cm
♃

Beschreibung: Blütenstand aus lockeren Trauben. Blüten 4–7 mm im Durchmesser, weiß, selten etwas rötlich überlaufen; 2 verkehrt-herzförmige, tief eingekerbte Blütenblätter. Blütenstiele tragblattlos. Blätter gegenständig.

Vorkommen: Laub- und Auenwälder. Braucht basen- und mäßig stickstoffsalzreichen, feuchten Boden. Im Tiefland selten, gebietsweise fehlend; sonst häufig.

Wissenswertes: Beide Gattungsnamen beziehen sich auf Circe, eine Gestalt der griechischen Sage, die für ihre Zauberkünste (= Hexerei) berühmt war. Ob die im Altertum nach ihr benannte Art mit *Circaea* identisch ist, weiß man nicht.

Roter Hartriegel *Córnus sanguínea*
Hartriegelgewächse *Cornáceae*

Mai–Juni
1–4 m
♄

Beschreibung: Blüten in flachen, schirmartigen Dolden, nach den Blättern erscheinend; schwarzblaue, beerenartige Steinfrucht. Blätter gegenständig, beiderseits grün, mit 3–4 Paaren von Seitennerven, die bogig zur Spitze laufen.

Vorkommen: Waldränder, lichte Laubwälder, Auwälder, Gebüsche. Braucht kalk- und basenreichen Lehmboden. Fehlt im Tiefland und in Gegenden mit kalkfreiem Gestein gebietsweise; sonst häufig und vielfach als Feldgehölz angepflanzt.

Wissenswertes: Die Früchte gelten als ungenießbar, aber als ungiftig. Überstreichen der Blätter soll in vereinzelten Fällen Juckreiz auslösen können.

Gewöhnliche Rauschbeere *Vaccínium uliginósum*
Heidekrautgewächse *Ericáceae*

Mai–Juni
20–60 cm
♄ (☠)

Beschreibung: Blüten zu 2–3 in den Achseln der oberen Blätter, weißlich oder rosa überlaufen, um 5 mm lang, mit 4–5 zurückgeschlagenen Zipfeln. Beere kugelig, dunkelblau, aber mit hellem Fleisch und hellem Saft. Blätter sommergrün, 2–3 cm lang, 1–1,5 cm breit, oberseits blaugrün, Rand schwach wulstig.

Vorkommen: Waldmoore, Hochmoore, Zwergstrauchgesellschaften. Im Tiefland, in den Silikatgebieten, im Alpenvorland und in den Alpen zerstreut; fehlt sonst.

Wissenswertes: Es ist umstritten, ob die Rauschbeere giftig ist. Schwindel, Lähmungen und Sehstörungen wurden beobachtet. Gift hat man in den Beeren nicht gefunden. Vielleicht gelangt ein Gift durch Verpilzen in die Beeren.

BLÜTENFARBE WEISS

Preiselbeere, Kronsbeere *Vaccínium vitis-idaéa*
Heidekrautgewächse *Ericáceae*

Mai–Juni
5–30 cm
♄

Beschreibung: Blüten in hängenden, armblütigen Trauben an den Triebenden, glockenförmig, auf die halbe Länge 4teilig. Blätter immergrün, derb, 1–3 cm lang, 0,5–1,5 cm breit, am Rand kerbig-knorpelig, oberseits dunkelgrün.
Vorkommen: Nadel- und Moorwälder, Zwergstrauchbestände. Liebt rohhumusüberlagerten, sauren Boden. Tiefland, Silikatgebiete, Alpen zerstreut; fehlt sonst.
Wissenswertes: Die Preiselbeere ist eine wertvolle Wildfrucht. Ihre Beeren enthalten organische Säuren, Gerbstoffe, wenig Provitamin A und viel Vitamin C. Die Blätter enthalten in geringen Mengen Arbutin; deshalb wurden sie früher auch zu Blasentee aufgebrüht, der dem Tee aus Bärentraube aber nachsteht.

Rainweiden-Liguster *Ligústrum vulgáre*
Ölbaumgewächse *Oleáceae*

Juni–Juli
1–5 m
♄ (☠)

Beschreibung: Blüten stehen in einer dichten, pyramidalen Rispe am Ende der Zweige; sie duften stark und süßlich. Frucht kugelige, schwarze Beere von 5–8 mm Durchmesser. Blätter gegenständig, lanzettlich, kahl, dunkelgrün.
Vorkommen: Waldränder, lichte Wälder, Feldgehölze. Braucht kalkhaltigen, lockersteinigen Lehmboden. Fehlt im Tiefland und in Gegenden mit kalkfreiem Gestein oder kommt dort nur vereinzelt oder angepflanzt vor; sonst häufig.
Wissenswertes: Die Beeren – vielleicht die ganze Pflanze – sollen giftig sein. Giftstoffe wurden anscheinend nicht nachgewiesen. Vorsicht ist anzuraten.

Rundblättriges Labkraut *Gálium rotundifólium*
Rötegewächse *Rubiáceae*

Juni–Aug.
10–20 cm
♃ (☠)

Beschreibung: Endständige, lockere Rispe mit nur wenigen Blüten, die um 2 mm im Durchmesser erreichen. Blätter stehen – im mittleren Stengelbereich – zu 4 in Quirlen; sie werden 1–2 cm lang und 0,5–1 cm breit; zuweilen sind sie fast rund.
Vorkommen: Nadelwälder und dichte Laubmischwälder. Braucht kalkarmen, rohhumushaltigen Boden; liebt hohe Luftfeuchtigkeit. Fehlt im Tiefland; im Bergland nördlich des Mains sehr selten; sonst zerstreut; meist bestandsbildend.
Wissenswertes: Giftstoffe sind wohl nicht nachgewiesen worden. Breitet sich seit Jahrzehnten durch den Versand von Jungfichten aus „Forstschulen" aus.

Waldmeister *Gálium odorátum*
Rötegewächse *Rubiáceae*

Apr.–Mai
5–25 cm
♃ (☠)

Beschreibung: Doldig-schirmförmige Rispen mit nur wenigen Blüten am Ende von Stengel und Zweigen. Blüten 4–7 mm im Durchmesser. Blätter im mittleren Stengelbereich zu 6–9 quirlständig, 2–4 cm lang, 0,5–1,5 cm breit, 1nervig.
Vorkommen: Laub- und Mischwälder. Braucht mullreichen, nicht zu trockenen, mäßig basen- und stickstoffsalzreichen Lehmboden. Fehlt im Tiefland und in Gegenden mit kalkarmen Gesteinen; sonst sehr häufig und oft bestandsbildend.
Wissenswertes: Der Waldmeister enthält reichlich Cumaringlykosid, das beim Trocknen frei wird und den charakteristischen Duft verursacht. Alte Heilpflanze; Bowlenzusatz. Achtung: Zuviel Cumarin erzeugt starke Kopfschmerzen!

BLÜTENFARBE WEISS

Sumpf-Labkraut *Gálium palústre*
Rötegewächse *Rubiáceae*

Mai–Aug.
10–30 cm
♃ (☠)

Beschreibung: In der oberen Stengelhälfte zahlreiche rispig-doldige Teilblütenstände am Ende des Stengels und der Zweige. Blüten 2–3 mm im Durchmesser. Stengel aufsteigend. Blätter im mittleren Stengelbereich zu 4–6 quirlständig.
Vorkommen: Röhricht am Ufer stehender oder langsam fließender Gewässer, Sumpfwiesen, Bruch- und Auenwälder. Braucht nassen, nicht zu basen- und zu stickstoffsalzarmen, gleichwohl etwas torfigen, schlammig-tonigen Boden; erträgt Überflutung. Häufig, aber meist nicht in auffallenden Beständen.
Wissenswertes: Stengel und Blätter werden beim Trocknen – zumindest leicht – schwärzlich verfärbt. Dies könnte mit dem Asperulingehalt zusammenhängen.

Wiesen-Labkraut *Gálium mollúgo*
Rötegewächse *Rubiáceae*

Mai–Okt.
0,3–1,2 m
♃ (☠)

Beschreibung: Mehrere doldig-rispige Teilblütenstände bilden einen pyramidalen Gesamtblütenstand. Blüten 2–4 mm im Durchmesser. Stengel niederliegend, aufsteigend oder klimmend, kahl. Im mittleren Stengelbereich 6–9 Blätter je Quirl.
Vorkommen: Fettwiesen, Raine oder Böschungen, Waldränder, Gebüsche, seltener Auwälder. Braucht ziemlich basenhaltigen, frischen Lehmboden. Sehr häufig.
Wissenswertes: Die Blüten werden – bei aller Unscheinbarkeit – oft mit großer Stetigkeit von Schlammfliegen angeflogen und bestäubt; trotz ihrer kurzen Rüssel gelangen sie an den Nektar. Auch Hummelfliegen sieht man als Bestäuber.

Gewöhnliches Wald-Labkraut *Gálium sylváticum*
Rötegewächse *Rubiáceae*

Juni–Sept.
0,4–1,2 m
♃ (☠)

Beschreibung: In einem locker-duftigen, zusammengesetzt rispigen Gesamtblütenstand stehen überaus zahlreiche Blüten. Blüten um 2 mm im Durchmesser. Die Blätter werden 2–4 cm lang, aber nur 0,3–1 cm breit; im mittleren Stengelbereich stehen 6–8 Blätter in jedem Quirl; sie sind leicht bläulich bereift.
Vorkommen: Laubmischwälder, seltener dichte Gebüsche oder Buchen-Tannen-Wälder. Braucht kalkhaltigen oder basenreichen, mulldurchsetzten Lehmboden. Im Tiefland fehlend, über kalkarmem Boden selten, sonst häufig (oft übersehen).
Wissenswertes: Innerhalb der „Sammelart" Wald-Labkraut werden mehrere Sippen als „Kleinarten" unterschieden. Sie sind seltener als die beschriebene Sippe.

Harzer Labkraut *Gálium harcýnicum*
Rötegewächse *Rubiáceae*

Juli–Aug.
10–30 cm
♃ (☠)

Beschreibung: Mehrere dichte, doldig-rispige Teilblütenstände am Stengelende. Blüten 3–4 mm im Durchmesser. Stengel liegend-aufsteigend. Im mittleren Stengelbereich stehen 6–7 Blätter im Quirl. Pflanze wird beim Trocknen schwärzlich.
Vorkommen: Kalkarme Magerrasen, lichte Kiefern-, Eichen- oder Tannenwälder. Braucht basen-, kalk- und stickstoffsalzarmen, sandigen Lehmboden, der rohhumusüberlagert sein kann. Liebt luftfeuchtes Klima. In Gebieten mit kalkarmem Gestein häufig, in den Kalkalpen und im Alpenvorland selten; fehlt sonst.
Wissenswertes: Zeigt in Sand-Kiefernwäldern hohen Lehmanteil im Boden an.

BLÜTENFARBE WEISS

Kletten-Labkraut *Gálium aparíne*
Rötegewächse *Rubiáceae*

Mai–Sept.
0,3–1,5 m
⊙ (☠)

Beschreibung: Teilblütenstände in der oberen Stengelhälfte mit jeweils 1–7 Blüten. Früchte mit hakig gebogenen Haaren besetzt. Stengel 4kantig, durch rückwärts gebogene Haare rauh. Im mittleren Stengelbereich 6–8 Blätter im Quirl.
Vorkommen: Getreidefelder, Gebüsche, Ödland, Gärten. Braucht kalkhaltigen oder basen- und stickstoffsalzreichen, wenig festen Lehmboden. Sehr häufig.
Wissenswertes: Das Kletten-Labkraut enthält – wie andere Arten der Gattung – das Iridoidglykosid Asperulin; es gilt als schwach giftig und zeigt ähnliche Reaktionen wie Aucubin. Vergiftungen durch Labkräuter scheinen nicht bekannt.

Quendel-Ehrenpreis *Verónica serpyllifólia*
Braunwurzgewächse *Scrophulariáceae*

Apr.–Sept.
5–20 cm
⊙ (☠)

Beschreibung: Die Blüten stehen einzeln in den Achseln der oberen Blätter am Stengel- oder am Zweigende. Sie erreichen 0,5–1 cm im Durchmesser. Untere Blätter gegenständig, 1–2,5 cm lang, 0,5–1,2 cm breit, meist ganzrandig.
Vorkommen: Wiesen, Weiden, Garten- und Parkrasen, Wegränder, Ufer. Braucht lehmig-tonigen, stickstoffsalzhaltigen Boden; oft zu mehreren. Sehr häufig.
Wissenswertes: Der Quendel-Ehrenpreis enthält – wie auch andere Arten der Gattung – Aucubin, vielleicht auch andere Iridoidglykoside; vom Aucubin ist Giftigkeit für Weidetiere bewiesen. Giftwirkung für den Menschen ist möglich.

Gewöhnliches Pfeilkraut *Sagittária sagittifólia*
Froschlöffelgewächse *Alismatáceae*

Juni–Aug.
0,2–1 m
♃

Beschreibung: Die Blüten stehen in einem quirlig-traubigen Blütenstand am Ende des Stengels. Sie erreichen 1,5–2,5 cm im Durchmesser. Die Blütenblätter sind oft am Grunde rot gefleckt, die Blattspreiten pfeilförmig, spitzzipflig.
Vorkommen: Braucht kalkhaltige oder basenreiche, ziemlich stickstoffsalzhaltige, stehende, nicht zu kühle Gewässer. Besiedelt das Röhricht von Seen und Altwässern, geht auch an Flüsse und in Gräben. Im Tiefland, in Franken und an den großen Flüssen zerstreut; fehlt sonst oder kommt nur vereinzelt vor; öfters angepflanzt.
Wissenswertes: Das Pfeilkraut scheut volle Besonnung; deshalb dreht es seine Blattspreiten etwa in die Nord-Süd-Vertikale; es ist also eine Kompaßpflanze.

Gewöhnlicher Froschlöffel *Alísma plantágo-aquática*
Froschlöffelgewächse *Alismatáceae*

Juni–Aug.
0,2–1 m
♃ (☠)

Beschreibung: Blüten in einer quirligen, pyramidalen, lockeren Rispe, 0,8–1,3 cm im Durchmesser, oft rötlich überlaufen, am Grund mit gelbem Fleck. Luftblätter schmal eiförmig, langgestielt; untergetauchte Blätter schmäler.
Vorkommen: Röhricht langsam fließender oder stehender Gewässer, seltener in Riedgrasbeständen oder auf flachen, gelegentlich überschwemmten Ufersäumen. Liebt recht stickstoffsalzhaltige Gewässer, die basenarm sein können. Häufig.
Wissenswertes: Der brennend scharfe Saft soll für das Vieh stark giftig sein, insbesondere für Rinder. Ziegen fressen die Pflanze recht gern. Welches Gift der Froschlöffel enthält, ist unbekannt; vermutlich ist es ein Bitterstoff.

Gewöhnliches Pfeilkraut
Sagittaria sagittifolia

Gewöhnlicher Froschlöffel
Alisma plantago-aquatica

Kletten-Labkraut
Galium aparine

Quendel-Ehrenpreis
Veronica serpyllifolia

BLÜTENFARBE WEISS

Froschbiß *Hydrócharis mórsus-ránae*
Froschbißgewächse *Hydrocharitáceae*

Mai–Aug.
15–30 cm
♃

Beschreibung: Pflanze entweder mit männlichen oder mit weiblichen Blüten („zweihäusig"). Männliche Blüten zu 1–5, gestielt, aus einem Hochblatt hervorwachsend. Weibliche Blüten einzeln. Schwimmblätter rund, am Grund herzförmig.

Vorkommen: Stehende oder langsam fließende Gewässer, die ziemlich basenreich und etwas stickstoffsalzhaltig sein sollten, aber kalkarm sein können. Im Tiefland und am nördlichen Oberrhein zerstreut, sonst selten oder fehlend.

Wissenswertes: Die Zweihäusigkeit ist nicht streng ausgebildet. So enthalten weibliche Blüten beim genauen Zusehen nicht selten unfruchtbare Staubblätter. Im östlichen Mitteleuropa soll es als „Normalform" einhäusige Rassen geben.

Krebsschere, Wasseraloë *Stratiótes aloídes*
Froschbißgewächse *Hydrocharitáceae*

Mai–Juli
10–50 cm
♃

Beschreibung: Pflanze entweder mit männlichen oder mit weiblichen Blüten („zweihäusig"). Männliche Blüten lang gestielt; weibliche Blüten meist einzeln. Oft halb untergetauchte Blattrosette mit schwertförmigen, gezähnten Blättern.

Vorkommen: Schwimmpflanzendecken in stehenden oder sehr langsam fließenden Gewässern, die basenreich und recht stickstoffsalzhaltig sein sollten, aber kalkarm sein können. Im westlichen Tiefland selten, im östlichen zerstreut. Fehlt sonst; da und dort ausgepflanzt und in Weihern beständig eingebürgert.

Wissenswertes: Bildet an Ausläufern Tochterrosetten, die sich von der Mutterpflanze ablösen. Samenvermehrung spielt demgegenüber eine nur geringe Rolle.

Schattenblümchen *Maiánthemum bifólium*
Maiglöckchengewächse *Convallariáceae*

Apr.–Mai
5–20 cm
♃ (☠)

Beschreibung: Blüten in einer rispigen Traube, um 5 mm im Durchmesser. Beeren gelbrot. Stengel oft leicht knickig. Bei blühenden Pflanzen meist 2 Laubblätter am Stengel, bis 8 cm lang, bis 4,5 cm breit, mit herzförmigem Grund.

Vorkommen: Laub- und Nadelwälder, in den Alpen auch auf Matten, an der Küste vereinzelt in Dünen. Häufig und oft in lockeren, unauffälligen Beständen.

Wissenswertes: Das Schattenblümchen enthält nach neuen Angaben wohl nur giftige Saponine, aber keine giftigen Cardenolide. Über Vergiftungen ist wenig bekannt, wohl weil die unauffälligen Beeren nicht zum Probieren verleiten.

Schlangenwurz, Drachenwurz *Cálla palústris*
Aronstabgewächse *Aráceae*

Mai–Juli
10–40 cm
♃ ☠ ▽

Beschreibung: Die Blüten stehen in einem eiförmigen Kolben, der um 2 cm lang und von einem weißen Hochblatt umgeben wird. Beeren rot, um 5 mm im Durchmesser. Stengel bogig kriechend (Name!). Blätter langstielig, herz-nierenförmig.

Vorkommen: Röhricht stehender Gewässer, versumpfte Stellen in Wäldern, seltener an offenen Stellen in Zwischenmooren. Braucht nassen, zeitweise überfluteten Untergrund. Tiefland und Bayerischer Wald zerstreut, sonst vereinzelt.

Wissenswertes: Die Befruchtung der Blüten erfolgt durch Fliegen, Käfer und Schnecken. Giftig durch einen chemisch nicht näher bekannten Scharfstoff.

BLÜTENFARBE WEISS

Berg-Leinblatt Thésium bávarum
Sandelgewächse Santaláceae

Juni–Juli
30–80 cm
♃

Beschreibung: Blüten in einer endständigen Rispe, mit meist 5 Zipfeln; 1 größeres und 2 kleinere Tragblätter am Grund der Blütenstiele. Blätter blaugrün, mindestens 3nervig, 2–4 cm lang und 3–7 mm breit, ganzrandig, kahl.
Vorkommen: Trockengebüsche und -wälder, buschige Trockenrasen. Braucht kalkhaltigen Lehm- oder Lößboden. Fehlt nördlich der Linie Niederlausitz, Leipzig, Harz, Rhön, Bergstraße; südlich davon selten, aber oft bestandsbildend.
Wissenswertes: Halbschmarotzer; entzieht seiner Wirtspflanze Wasser und Nährsalze. (Vorsicht: Wenn alle Blüten 4zipflig: Alpen-Leinblatt, *Th. alpinum*).

Ampfer-Knöterich Polýgonum lapathifólium
Knöterichgewächse Polygonáceae

Juli–Okt.
20–90 cm
☉

Beschreibung: Ähren blattachsel- und endständig. Blüten unscheinbar, kaum 3 mm lang. Rand der Blattscheiden unbehaart; Blattscheiden locker anliegend, kahl oder etwas spinnwebig; Blätter im unteren Drittel am breitesten.
Vorkommen: Gärten, Ödland, Äcker, Ufer. Braucht stickstoffsalzreichen, frischen bis feuchten Lehm-, Ton- oder Schlammboden; seltener auf Sand. Häufig.
Wissenswertes: Vom Ampfer-Knöterich gibt es neben weißlich oder cremefarben blühenden Exemplaren auch solche, die rötlich blühen. In der Regel finden sich an größeren Standorten Individuen beider Ausprägungen der Blütenfarbe.

Japan-Staudenknöterich Reynoūtria japónica
Knöterichgewächse Polygonáceae

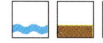

Juli–Sept.
1–3 m
♃

Beschreibung: Blüten unscheinbar, zahlreich in ährenartigen Teilblütenständen in den Blattachseln und am Stengel- bzw. Zweigende. Stengel aufrecht, ausladend verzweigt, oft rot überlaufen. Blattgrund abgerundet oder abgestutzt.
Vorkommen: Ufer, Ödland, Waldränder; liebt kiesig-sandigen oder sandig-lehmigen Untergrund, der kalkarm sein kann, aber basenreich und stickstoffsalzhaltig sein sollte. Im Tiefland und in Tälern zerstreut, im Osten seltener.
Wissenswertes: Der Japan-Staudenknöterich stammt – wie der Name sagt – aus Ostasien. Um 1825 kam er als Zierpflanze nach Europa. Anfang des 20. Jh. war er nur an wenigen Stellen verwildert; seit etwa 1950 breitet er sich stark aus.

Kali-Salzkraut Sálsola káli
Gänsefußgewächse Chenopodiáceae

Juli–Sept.
20–80 cm
☉

Beschreibung: Blüten einzeln oder zu wenigen blattachselständig, unscheinbar. Blätter meist stielartig-rundlich, stachelspitz, an der Basis verbreitert und mit Hautrand, seltener flach und dann lineal; untere Blätter gegenständig.
Vorkommen: Nord- und Ostseeküste, im Binnenland im Umfeld von Salzquellen oder an stickstoffsalz- und basenreichen Ufern (z. B. Mittel- und nördlicher Oberrhein, Unterelbe, Brandenburg); an den Küsten zerstreut, sonst selten.
Wissenswertes: „Kali" bezieht sich auf einen arabischen Wortstamm, der Asche meint, aus der Soda gewonnen wurde. Das Kali-Salzkraut enthält mehr Kaliumsulfat als Soda. Zur Gewinnung beider Salze wurde es bei uns nicht genutzt.

BLÜTENFARBE WEISS

Claytonie *Claytónia perfoliáta*
Portulakgewächse *Portulacáceae*

Mai–Juni
5–20 cm
☉

Beschreibung: Blütenstand rispig-traubig, leicht aufgebogen, unter den Blüten mit einem trichterartig verwachsenen, auffallenden Hochblattpaar. Stengel rhizomähnlich. Grundblätter lang gestielt; Blattspreite rhombisch oder eiförmig.
Vorkommen: Gärten, Gärtnereien, Friedhöfe, selten auf ortsnahem Ödland. Liebt sandig-trockenen, recht stickstoffsalzhaltigen Boden in Gegenden mit mildem Frühjahr und luftfeuchten Sommern. Tiefland zerstreut, sonst nur vereinzelt.
Wissenswertes: Der Gattungsname soll den englischen Arzt John Clayton (1693–1773) ehren, der besonders im heutigen US-Staat Virginia botanisiert hat. Die Claytonie kam als Salatpflanze nach Europa. Sie breitet sich noch aus.

Quendelblättriges Sandkraut *Arenária serpyllifólia*
Nelkengewächse *Caryophylláceae*

Mai–Sept.
5–20 cm
☉

Beschreibung: Wenige Blüten stehen lang gestielt an den Stengel- und Zweigenden, und zwar in den Achseln von oberen Blättern. Blütenblätter kürzer als die Kelchblätter. Blätter gegenständig, 3–8 mm lang, eiförmig-zugespitzt.
Vorkommen: Wege, Dämme, Raine, grusige Bahnsteige, Ödland, lückige Trockenrasen. Braucht einigermaßen basenreichen, lockeren, sandig-steinigen, eher trockenen Boden, stellt aber sonst keine besonderen Ansprüche. Sehr häufig.
Wissenswertes: Das Quendelblättrige Sandkraut war ursprünglich vorwiegend in warmen Gegenden Eurasiens auf locker-sandigen, basenreichen Böden beheimatet. Erst menschliche Ansiedlungen ermöglichten ihm seine heutige Verbreitung.

Dreinervige Nabelmiere *Moehríngia trinérvia*
Nelkengewächse *Caryophylláceae*

Mai–Juli
10–25 cm
☉–♃

Beschreibung: Blüten blattachselständig, einzeln oder zu wenigen am Stengel- oder Zweigende. Blütenstiel etwa 1,5–2mal so lang wie das Blatt, in dessen Achsel er entspringt. Blätter gegenständig, eiförmig-spitzlich, 3nervig.
Vorkommen: Lichte Stellen in Laub- und Mischwäldern, oft an Waldwegen. Liebt kalkarmen, doch durchaus basen- und stickstoffsalzhaltigen Boden. Häufig.
Wissenswertes: Die unscheinbaren, kleinen Blüten bestäuben sich häufig selbst; doch kommt auch Fremdbestäubung durch Fliegen vor. Die Samen werden von Ameisen verschleppt; dies fördert das herdenweise Wachsen der Pflanze.

Wald-Sternmiere *Stellária némorum*
Nelkengewächse *Caryophylláceae*

Mai–Sept.
20–50 cm
♃

Beschreibung: Wenige Blüten an den Stengel- und Zweigenden, 1,5–2,5 cm im Durchmesser. Blütenblätter tief eingeschnitten; 3 Griffel. Blätter gegenständig, kurz gestielt, obere sitzend, 2–6 cm lang, 1,5–3,5 cm breit.
Vorkommen: Besiedelt feuchte, aber nicht ausgesprochen nasse Wälder. Liebt mäßig basenreiche, stickstoffsalzhaltige, mullreiche Böden. Zerstreut.
Wissenswertes: Die Blüten werden von Fliegen und Käfern bestäubt. Sie finden am Grunde der Staubblätter etwas Nektar. Da die Blütenblätter nach dem Aufblühen zunächst trichterig zusammenstehen, kann er sich dort ansammeln.

BLÜTENFARBE WEISS

Vogelmiere, Hühnerdarm *Stellária média*
Nelkengewächse *Caryophylláceae*

Jan.–Dez.
5–40 cm
☉

Beschreibung: Einzelblüten am Stengelende und an den Auszweigungen des Blütenstands; Blüten 4–7 mm im Durchmesser; Blütenblätter tief gespalten. Stengel mit nur einer Haarleiste. Blätter gegenständig breit eiförmig, spitz.

Vorkommen: Gärten, Äcker mit Hackfruchtkulturen, Weinberge, Ödland, Ufer, lichte Stellen in Wäldern. Braucht stickstoffsalzreichen, ziemlich basenhaltigen Boden. Oft in kleinflächigen, individuenreichen Beständen. Sehr häufig.

Wissenswertes: Der Name Hühnerdarm soll sich auf den kriechenden, runden Stengel beziehen; möglicherweise hat man indessen den Namen gegeben, weil Hühner die Blätter gerne fressen. Sie enthalten Mineralstoffe und Vitamin C.

Große Sternmiere, Echte Sternmiere *Stellária holóstea*
Nelkengewächse *Caryophylláceae*

Apr.–Juni
10–40 cm
♃

Beschreibung: Der mehrfach gabelartig verzweigte Blütenstand enthält 6–15 Blüten mit 1,5–2 cm Durchmesser; Blütenblätter bis auf die Hälfte ihrer Länge gespalten. Blätter gegenständig, schmal lanzettlich, starr wirkend.

Vorkommen: Laub- und Mischwälder, selten Nadelforste und Gebüsche. Liebt mäßig basen- und stickstoffsalzreichen, oft kalkarmen Lehmboden mit guter Humusauflage. Fehlt im Alpenvorland und Schwarzwald weitgehend; sonst häufig.

Wissenswertes: Die Große Sternmiere ist eine Pflanze der Eichen-Hainbuchen-Wälder, die auf Böden unterschiedlichen Säuregrads stocken. Auf stark sauren Böden braucht sie erheblich mehr Licht als auf schwach sauren oder neutralen.

Quell-Sternmiere *Stellária alsíne*
Nelkengewächse *Caryophylláceae*

Mai–Juli
10–30 cm
♃

Beschreibung: Gabelartig verzweigter Blütenstand wenigblütig; Blüten um 5 mm im Durchmesser; Blütenblätter bis fast zum Grund 2geteilt, kürzer als die Kelchblätter. Blätter gegenständig, 1–2,5 cm lang, um 5 mm breit, 1nervig.

Vorkommen: Quellfluren, Gräben, nasse Waldwege. Bevorzugt kalkarmen, leicht sauren Lehmboden; wächst zuweilen in individuenreichen Beständen; zerstreut.

Wissenswertes: Je nasser und schattiger die Stellen sind, an denen die Quell-Sternmiere wächst, um so länger werden ihre Stengel; oft kriechen sie hier; in Gräben fluten sie zuweilen im Wasser oder wachsen am Grabenrand hoch.

Gras-Sternmiere *Stellária gramínea*
Nelkengewächse *Caryophylláceae*

Mai–Juli
10–50 cm
♃

Beschreibung: Gabelartig verzweigter Blütenstand wenigblütig; Blüten 0,7–1 cm im Durchmesser; Kelchblätter kaum so lang wie die Blütenblätter, diese sehr tief geteilt. Blätter gegenständig, 2–4 cm lang und um 5 mm breit.

Vorkommen: Frische Magerwiesen, feuchte Weiden, Ufergebüsche, lichte Naßstellen in Wäldern (z. B. Windwurfflächen), selten an Ackerrändern. Liebt kalkarmen, schwach sauren oder neutralen und etwas sandigen Lehmboden. Zerstreut.

Wissenswertes: Wo die Gras-Sternmiere über Kalkgestein in – wenn auch kleinen – Beständen auftritt, dürfte der Boden oberflächlich ziemlich versauert sein.

Gras-Sternmiere
Stellaria graminea

Große Sternmiere
Stellaria holostea

Vogelmiere
Stellaria media

Quell-Sternmiere
Stellaria alsine

BLÜTENFARBE WEISS

Spurre Holósteum umbellátum
Nelkengewächse *Caryophylláceae*

März–Mai
5–25 cm
☉

Beschreibung: 3–12 Blüten in doldenartigem Blütenstand, um 1 cm im Durchmesser; Blütenblätter unregelmäßig gezähnt. 1–3 Paare gegenständiger, sitzender Stengelblätter; Rosettenblätter verkehrt-eiförmig, bis 1,5 cm lang.
Vorkommen: Sandige Rasen, Acker- und Rebflurränder, Dünen, Kiesschüttungen auf Dächern. Sommerwärme liebender Sandzeiger. Fehlt im Tiefland westlich der Elbe gebietsweise; in den wärmeren Lagen der übrigen Sandgebiete zerstreut.
Wissenswertes: Der wissenschaftliche Gattungsname, der dem Griechischen entstammt und „ganzknochig" bedeutet, ist unverständlich. Holósteon wurde schon von Dioskorides als Name gebraucht, aber wohl auf eine andere Art bezogen.

Acker-Hornkraut Cerástium arvénse
Nelkengewächse *Caryophylláceae*

Apr.–Aug.
5–30 cm
♃

Beschreibung: 5–15 Blüten in gabelig-rispigem Blütenstand, 1,2–2 cm im Durchmesser; Blütenblätter um etwa 1/4 der Blütenblattlänge eingekerbt. Pflanze dicht kurzhaarig. Nichtblühende Stengel rasig. Blätter gegenständig.
Vorkommen: Wegränder, Erdanrisse, Raine, selten in lückigen Trockenrasen und auf lehmig-lößhaltigen Äckern. Liebt basenreiche, oft kalkhaltige, eher stickstoffsalzarme, lockere Böden. Oft in dichten, kleinen Beständen; häufig.
Wissenswertes: Vom Acker-Hornkraut sind mehrere Sippen beschrieben, manche sogar als Unterarten eingestuft worden. Ihre Abgrenzung ist nach wie vor schwierig. Am ehesten unterscheiden sich alpine Formen von der „Normalrasse".

Quell-Hornkraut Cerástium fontánum
Nelkengewächse *Caryophylláceae*

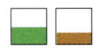

Apr.–Okt.
5–40 cm
☉

Beschreibung: Scheindoldiger Blütenstand mit 1–9 Blüten, diese 0,8–1,8 cm im Durchmesser; Blütenblätter höchstens um 1/3 der Länge eingekerbt, oft nur ausgerandet. Stengel aufsteigend. Blätter gegenständig, länglich-eiförmig.
Vorkommen: Wiesen, Rasen, grasige Weg- und Ackerränder. Braucht stickstoffsalzreichen, frischen Lehmboden. Oft in kleineren Beständen; sehr häufig.
Wissenswertes: Die verbreitete Tieflandrasse (Kleinart *C. holosteoídes*) hat kleinere Blüten (bis 1,3 cm Durchmesser); die alpine Sippe (Kleinart *C. fontánum*) kommt fast nur oberhalb von etwa 1 500 m vor und ist eher selten.

Knäuel-Hornkraut Cerástium glomerátum
Nelkengewächse *Caryophylláceae*

Apr.–Sept.
5–30 cm
☉

Beschreibung: Knäueliger Blütenstand mit 5–15 Blüten, diese 0,6–1 cm im Durchmesser. Blütenblätter etwa so lang wie die Kelchblätter, höchstens bis 1/3 der Länge eingekerbt. Blätter gegenständig, eiförmig, randlich bewimpert.
Vorkommen: Rasen, grasige Wegränder, sandige Äcker, Ödland. Liebt einigermaßen basen- und stickstoffsalzreichen, eher trockenen, sandig-lehmigen Boden, geht seltener auf lehmigen Ton. Zerstreut, fehlt in regenreichen Gegenden.
Wissenswertes: Die unauffälligen, weil kleinen Blüten werden zwar nicht selten von Insekten bestäubt, doch ist daneben Selbstbestäubung recht häufig.

BLÜTENFARBE WEISS

Wasserdarm *Myosóton aquáticum*
Nelkengewächse *Caryophylláceae*

Juni–Sept.
10–40 cm
⊙–♃

Beschreibung: Im gabelig-doldigen Blütenstand stehen 3–9 Blüten, die 1,5–2 cm im Durchmesser erreichen; Blütenblätter bis fast zum Grund geteilt. 5 Griffel (die Wald-Sternmiere – s. S. 56 – hat 3!). Blätter 2–6 cm lang, 1–3 cm breit.
Vorkommen: Gärten, Ödland, Ufer, Gräben, Waldwege und -lichtungen. Liebt stickstoffsalzreichen, einigermaßen basenhaltigen, feucht-nassen, oft schlammigen Lehm- oder Tonboden. Fehlt im Tiefland gebietsweise; sonst zerstreut.
Wissenswertes: Der Name Wasserdarm bedeutet „Hühnerdarm, der auf feuchten Standorten wächst" (s. Vogelmiere, S. 58).

Acker-Spark *Spérgula arvénsis*
Nelkengewächse *Caryophylláceae*

Juni–Sept.
10–50 cm
⊙

Beschreibung: Blüten 5–8 mm im Durchmesser; Blütenblätter nicht eingeschnitten, stumpflich-abgestutzt. In den Achseln der gegenständigen Stengelblätter Blattbüschel. Blätter lineal-pfriemlich, unterseits mit Längsfurche.
Vorkommen: Hackfrucht-, seltener Getreideäcker, geht auch auf grasig-sandige Wege und auf lichte Stellen in sandigen Wäldern. Liebt kalk- und basenarmen, aber mäßig stickstoffsalzreichen Boden und hohe Luftfeuchtigkeit. Zerstreut.
Wissenswertes: Der Acker-Spark wurde früher besonders in Nordwestdeutschland als Viehfutter angebaut. Damals stellte man die Art in die Gattung *Sagína*; da der Acker-Spark als gutes Futter galt, erhielt *Sagína* den Namen Mastkraut.

Nickendes Leimkraut *Siléne nútans*
Nelkengewächse *Caryophylláceae*

Juni–Aug.
30–60 cm
♃

Beschreibung: Blüten in armästiger Rispe, nickend; Blütenblätter tief 2teilig, Blütenblattzipfel oft nach oben eingerollt. Im Blütenschlund Nebenkrone. Stengel oben klebrig. Stengelblätter gegenständig, Grundblätter rosettig.
Vorkommen: Halbtrockenrasen, lichte Trockengebüsche und -wälder, warme Waldränder, Felsnasen. Liebt basenreichen, häufig kalkhaltigen, stickstoffsalzarmen Untergrund; bevorzugt Halbschatten. Oft in kleinen Beständen; zerstreut.
Wissenswertes: Das Nickende Leimkraut öffnet seine Blüten abends und nachts; erst dann – nicht aber tagsüber – duften sie auch; Bestäuber sind Nachtfalter.

Taubenkropf-Leimkraut *Siléne vulgáris*
Nelkengewächse *Caryophylláceae*

Juni–Aug.
20–50 cm
♃

Beschreibung: Blütenstand gabelig-doldig, armblütig; Blüten waagrecht-aufrecht, mit aufgeblasenem, netzadrigem Kelch; Blütenblätter tief 2teilig. Stengel nicht klebrig. Blätter gegenständig, eiförmig-lanzettlich, kahl.
Vorkommen: Trockenrasen, trockene, lichte Gebüsche und Wälder, Wald- und Wegränder, in den Gebirgen auch auf Steinschutt. Liebt basenreichen, aber stickstoffsalzarmen Untergrund; erträgt zeitweilige Feuchte. Zerstreut.
Wissenswertes: „Taubenkropf" bezieht sich auf den aufgeblasenen Kelch. Das Taubenkropf-Leimkraut sondert in der Blüte reichlich Nektar ab. Es wird durch Nachtschmetterlinge bestäubt. Die Pflanze enthält in geringer Menge Saponine.

BLÜTENFARBE WEISS

Weiße Lichtnelke, Weißes Leimkraut, Weiße Nachtnelke *Silene álba*
Nelkengewächse *Caryophylláceae*

Juli–Sept.
40–90 cm
☉

Beschreibung: Pflanze entweder mit männlichen oder mit weiblichen Blüten (2häusig), diese 1,5–2,5 cm im Durchmesser. Blütenblätter bis etwa 5 mm eingekerbt. Im Schlund Nebenkrone. Blätter gegenständig, obere eiförmig-lanzettlich.

Vorkommen: Ödland, Wegränder, Böschungen, lichte Gebüsche, Waldränder. Liebt ziemlich stickstoffsalzreichen, nicht allzu basenarmen Lehmboden, der nicht zu trocken sein sollte. Zuweilen in kleinen, lockeren Beständen; zerstreut.

Wissenswertes: Die Weiße Lichtnelke ist ein Nachtblüher. Die Blüten öffnen sich erst gegen Abend vollständig; dann beginnen sie zu duften. Bestäuber sind Nachtschmetterlinge. Auf sie dürfte vor allem der Duft anlockend wirken.

Echtes Seifenkraut *Saponária officinális*
Nelkengewächse *Caryophylláceae*

Juli–Sept.
30–60 cm
♃

Beschreibung: Blüten in dichten, endständigen Büscheln am Stengel und an den Ästen. Blütenblätter ausgerandet; im Schlund Nebenkrone. Stengel aufrecht, feinflaumig, oft rotviolett angelaufen. Blätter gegenständig, lanzettlich.

Vorkommen: Ufer, Wegränder, Ödland, lückig begraste Raine und Böschungen. Liebt lockeren, sandig-kiesigen oder sandig-lehmigen, frischen bis feuchten Boden. Bevorzugt warme Täler; geht kaum über etwa 700 m; sonst zerstreut.

Wissenswertes: Enthält reichlich Saponine, die Schaum erzeugen, wenn man das Kraut im Wasser zerreibt. Darauf beziehen sich die Gattungsnamen (sapo, lat. = Seife). Die Pflanze wurde früher als Waschmittel genutzt. Alte Heilpflanze.

Berghähnlein, Narzissenblütiges Windröschen *Anemóne narcissiflóra*
Hahnenfußgewächse *Ranunculáceae*

Mai–Juli
15–45 cm
♃ ☠ ▽

Beschreibung: 3–8 Blüten stehen – manchmal kurz gestielt – in einem doldenartigen Blütenstand; die Stiele entspringen einem Hochblattquirl; meist 5, zuweilen mehr Blütenblätter. Grundblätter lang gestielt, handförmig 3–5teilig.

Vorkommen: Besiedelt in der Südwestalb, den Südvogesen und im Schweizer Jura Halbtrockenrasen, in den Voralpen und Alpen Matten und steinige Rasen. Liebt kalkreichen, lockeren Boden, der feucht und sommerkühl sein sollte. Selten.

Wissenswertes: Außerhalb der Alpen darf das Vorkommen des Berghähnleins als Relikt aus Kaltzeiten der Eiszeit angesehen werden. Enthält Protoanemonin.

Großes Windröschen, Wald-Windröschen *Anemóne sylvéstris*
Hahnenfußgewächse *Ranunculáceae*

Apr.–Juni
15–50 cm
♃ ☠ ▽

Beschreibung: Blüten einzeln, selten zu zweien; Blütenstiele entspringen einem Hochblattquirl; Blüten 4–7 cm im Durchmesser; Blütenblätter außen behaart. Stengel lang behaart. Grundblätter zur Blütezeit erst austreibend.

Vorkommen: Lichte Trockenwälder und -gebüsche, Halbtrockenrasen, die zuweilen sehr steinig sind. Liebt kalkreichen, lockeren, sommerwarmen, trockenen Lehmoder Lößboden. In den Kalkmittelgebirgen selten, aber oft bestandsbildend.

Wissenswertes: Enthält Protoanemonin und Saponine. – Das Areal des Großen Windröschens reicht von Nordwest-Frankreich (Somme) bis nach Mittelsibirien.

Berghähnlein
Anemone narcissiflora

Großes Windröschen
Anemone sylvestris

Weiße Lichtnelke
Silene alba

Echtes Seifenkraut
Saponaria officinalis

BLÜTENFARBE WEISS

Eisenhutblättriger Hahnenfuß Ranúnculus aconitifólius
Hahnenfußgewächse *Ranunculáceae*

Mai–Juli
0,3–1 m
♃ ☠

Beschreibung: Blütenstand lockerrispig; Blüten 1–2 cm im Durchmesser. Blütenblätter ohne gelben Fleck am Grund. Blütenstiele anliegend kraus behaart. Grundblätter handförmig 3–7teilig, Mittelsegment in einen Stiel auslaufend.

Vorkommen: Auenwälder, Feuchtstellen in Laubwäldern, in den höheren Mittelgebirgen und in den Alpen Hochstaudenfluren an Bächen und Quellen. Liebt kalkarmen, feuchten Lehmboden. Mittelgebirge und Alpen zerstreut; fehlt sonst.

Wissenswertes: Ähnlich ist der Platanenblättrige Hahnenfuß (*R. platanifólius*), bei dem der Mittelabschnitt der Grundblätter mit den Seitensegmenten breit verbunden ist. Er wächst an ähnlichen Standorten, liebt aber basenreiche Böden.

Gewöhnlicher Wasser-Hahnenfuß Ranúnculus aquátilis
Hahnenfußgewächse *Ranunculáceae*

Mai–Aug.
0,5–2 m
☉–♃ (☠)

Beschreibung: Blüten einzeln in den oberen Blattachseln, 1–3 cm lang gestielt, 0,5–1,8 cm im Durchmesser. Stengel flutend. Schwimmblätter 3teilig, untergetauchte Blätter mehrfach 3teilig oder gegabelt; Zipfel dünn, schlaff.

Vorkommen: Schwimmpflanzengürtel stehender oder träge fließender Gewässer. Liebt basen-, aber nicht unbedingt kalkreiches, doch recht stickstoffsalzhaltiges Wasser über schlammig-humosem Boden. Im Tiefland häufig, sonst zerstreut.

Wissenswertes: Diese Art wird mit mehreren ähnlichen, oft schwer zu unterscheidenden Sippen als Kleinart in der Sammelart Wasser-Hahnenfuß, *R. aquátilis* zusammengefaßt. Die Unterschiede betreffen Blütengröße und Blattzuschnitt.

Haarblättriger Wasser-Hahnenfuß Ranúnculus trichophýllus
Hahnenfußgewächse *Ranunculáceae*

Mai–Juli
0,5–1 m
☉–♃ (☠)

Beschreibung: Blüten einzeln in den oberen Blattachseln, 0,8–1,5 cm im Durchmesser; Blütenstiel kaum länger als das zugehörige Blatt. Stengel flutend. Alle Blätter untergetaucht, mehrfach 3teilig oder gabelig in sehr dünne Zipfel gespalten, die beim Herausnehmen aus dem Wasser schlaff pinselartig zusammenfallen.

Vorkommen: Mäßig langsam fließende, auch saure Gewässer, vor allem Bäche und Gräben. In den Mittelgebirgen und im Alpenvorland zerstreut, sonst selten.

Wissenswertes: In Seen und Tümpeln über Kalkgestein zeigen Bestände dieses Wasser-Hahnenfußes oberflächliche Versauerung und Mineralarmut an.

Spreizender Wasser-Hahnenfuß Ranunculus circinátus
Hahnenfußgewächse *Ranunculáceae*

Mai–Aug.
0,3–1,5 m
♃ (☠)

Beschreibung: Blüten einzeln in den Blattachseln, 2–10 cm lang gestielt, 1,2–2,2 cm im Durchmesser. Stengel flutend. Nur untergetauchte Blätter, diese sitzend, 2–3fach 3teilig oder gabelig; Zipfel borstlich, spreizend.

Vorkommen: Schwimmpflanzengürtel stehender oder träge fließender Gewässer. Liebt basen-, vor allem kalk- und stickstoffsalzreiches Wasser über schlammigem Boden. Im Alpenvorland zerstreut, sonst meist selten oder fehlend.

Wissenswertes: In relativ sauberen Voralpenseen kommt der Spreizende Wasser-Hahnenfuß in der Nähe von Zuflüssen vor. Er zeigt Ammoniakbelastung an.

BLÜTENFARBE WEISS

Flutender Wasser-Hahnenfuß Ranúnculus flúitans
Hahnenfußgewächse Ranunculáceae

Juni–Aug.
1–6 m
♃ (☠)

Beschreibung: Blütenstiele entspringen gegenüber dem Ansatz der mittleren und oberen Blätter, 1–5 cm lang; Blüten 2–3 cm im Durchmesser. Stengel flutend. Blätter untergetaucht, zerteilt, Zipfel 1–2 mm breit, bis 10 cm lang.
Vorkommen: Bäche und Flüsse mit mäßig rasch fließendem, kühlem, aber oft stickstoffsalzreichem Wasser über sandig-schlammigem oder feinkiesigem Grund. Im Tiefland selten oder fehlend, sonst zerstreut, fehlt aber in den Alpen.
Wissenswertes: Gelegentlich findet man an flachen Ufern von Gewässern mit reichlichem Bestand an Flutendem Wasser-Hahnenfuß Landformen der Pflanze. Sie besitzen kaum 5 cm lange, feinzipflige Blätter und werden knapp 10 cm hoch.

Rundblättriger Sonnentau Drósera rotundifólia
Sonnentaugewächse Droseráceae

Juni–Aug.
10–30 cm
♃ ▽

Beschreibung: Blütenstand wenigblütig; Blüten 3–7 mm im Durchmesser. Stengel blattlos. Grundblätter rosettig, rundlich, gestielt, am Rand mit zahlreichen, oft rötlichen „Tentakeln", die an der Spitze ein Drüsenköpfchen tragen.
Vorkommen: Hoch-, Zwischen-, seltener Flachmoore oder anmoorige Stellen in Heiden und Dünentälern. Wächst auf extrem basen- und stickstoffsalzarmen Böden. In Moor- und Dünengebieten zerstreut, oft bestandsbildend; fehlt sonst.
Wissenswertes: Die Tentakelköpfchen scheiden eine klebrige Flüssigkeit aus, die ein eiweißspaltendes Enzym enthält. Kleine Kerbtiere werden durch das Sekret festgehalten und verdaut. (Näheres s. Langblättriger und Mittlerer Sonnentau.)

Langblättriger Sonnentau Drósera ánglica
Sonnentaugewächse Droseráceae

Juni–Aug.
15–30 cm
♃ ▽

Beschreibung: Blütenstand mit 8–18 Blüten; diese 3–7 mm im Durchmesser. Stengel blattlos, senkrecht aus der Mitte der Rosette wachsend. Blätter ziemlich aufrecht. Spreite 1–4 cm lang, 2–5 mm breit, mit randlichen Tentakeln.
Vorkommen: In Zwischen-, Flach-, seltener in Hochmooren. Im Tiefland, in den Mittelgebirgen und Alpen selten, im Alpenvorland zerstreut, oft größere Bestände.
Wissenswertes: Moore sind extrem arm an Stickstoffsalzen. Stickstoff wird von Pflanzen zum Aufbau von Eiweißen benötigt. Sonnentaupflanzen besorgen sich Stickstoff durch das Fangen und Verdauen von kleinen Spinnen und Insekten.

Mittlerer Sonnentau Drósera intermédia
Sonnentaugewächse Droseráceae

Juli–Aug.
5–15 cm
♃ ▽

Beschreibung: Blütenstand mit 2–5 Blüten; diese 3–7 mm im Durchmesser. Stengel blattlos, seitlich aus der Rosette entspringend. Blätter ziemlich aufrecht; Spreite 0,5–1 cm lang, 2–4 mm breit, mit randlichen Tentakeln.
Vorkommen: Naßstellen in Hoch- und Zwischenmooren, seltener in Flachmooren. Im Tiefland und im Alpenvorland zerstreut, sonst sehr selten oder fehlend.
Wissenswertes: Wenn ein Kleintier die Tentakel berührt und kleben bleibt, dann krümmen sich nicht nur die Tentakel zur Blattinnenseite; auch die Blattspreite selbst rollt sich langsam ein oder biegt sich wenigstens hohlkehlig aus.

BLÜTENFARBE WEISS

Weißer Mauerpfeffer Sédum álbum
Dickblattgewächse Crassuláceae

Juni–Okt.
5–20 cm
♃

Beschreibung: Blütenstand rispig, doldig verebnet, reichblütig; Blüten 6–9 mm im Durchmesser. Stengel bogig aufsteigend-aufrecht. Blätter fleischig-stielrundlich, eiförmig-zylindrisch, 0,5–1,5 cm lang, auf der Oberseite etwas abgeflacht.
Vorkommen: Lückige, oft felsdurchsetzte Trockenrasen, seltener Halbtrockenrasen, Felsen, Mauern sowie Kiesschüttungen auf Dächern. Im Tiefland und in den Mittelgebirgen mit kalkarmem Gestein selten oder fehlend, sonst zerstreut.
Wissenswertes: Der Weiße Mauerpfeffer ist für die Raupen des seltenen Apollofalters die Hauptfutterpflanze. Daher sollte man Bestände der Pflanzen erhalten. Die Raupe des Apollofalters hat auf jeder Seite 1 Reihe orangegelber Flecken.

Dreifinger-Steinbrech Saxífraga tridactylítes
Steinbrechgewächse Saxifragáceae

Apr.–Juni
2–15 cm
☉ ▽

Beschreibung: Blütenstand locker rispig, wenigblütig; Blüten 4–8 mm im Durchmesser. Stengel drüsig behaart. Stengelblätter wechselständig, den Grundblättern ähnelnd; diese vorne meist mit 3 deutlichen Zähnen (Name!).
Vorkommen: Bahnanlagen, Flachdächer mit Kiesschüttung, Mauerkronen, lückige Sand- und Trockenrasen, Felsen. Liebt basenreichen, stets extrem stickstoffsalzarmen Boden. In den Kalkgebieten zerstreut, sonst nur vereinzelt oder fehlend.
Wissenswertes: Der wärmeliebende Dreifinger-Steinbrech hat sich in den letzten 100 Jahren besonders auf grusigen Dorfbahnsteigen angesiedelt. Mit deren Modernisierung droht er zurückzugehen; mancherorts ist er schon verschwunden.

Knöllchen-Steinbrech Saxifraga granuláta
Steinbrechgewächse Saxifragáceae

Apr.–Juni
30–50 cm
♃ ▽

Beschreibung: Blütenstand locker-rispig, mit 3–15 Blüten; diese 1,5–2,5 cm im Durchmesser. Stengel mit 2–4 Blättern. Rosettenblätter im Umriß nierenförmig, 1–3 cm lang, gekerbt-gezähnt, mit Brutknöllchen in den Achseln.
Vorkommen: Magere Wiesen, Halbtrockenrasen, selten in lichten Eichen-Hainbuchen-Wäldern. Etwas kalkscheu. Liebt stickstoffsalzarme Lehmböden; zerstreut.
Wissenswertes: Die Knöllchen am Stengelgrund (Name!) sind „Brutzwiebeln", die aus fleischigen Niederblättern bestehen und die der vegetativen Vermehrung dienen. Die Bestäubung der Blüten erfolgt vorwiegend durch Schwebfliegen.

Trauben-Steinbrech Saxifraga paniculáta
Steinbrechgewächse Saxifragáceae

Mai–Aug.
5–40 cm
♃ ▽

Beschreibung: Vielblütige, etwas doldig verebnete Traube; Blüten 0,8–1,5 cm im Durchmesser; Blütenblätter oft mit roten Punkten. Stengel beblättert, oben drüsig. Rosettenblätter am Rande mit weißen Kalkabscheidungen, fein gezähnt.
Vorkommen: Felsspalten, Felsköpfe, Steinrasen (höhere Mittelgebirge, Alpen). Gedeiht auf feinerdearmem Untergrund. In den Alpen zerstreut, sonst selten.
Wissenswertes: Steinbrech (= Saxifraga) bezieht sich auf den felsigen Standort vieler Steinbrech-Arten. Zu viel aufgenommener Kalk wird durch Wasserspalten ausgeschieden; er setzt sich schuppig in kleinen Grübchen am Blattrand ab.

BLÜTENFARBE WEISS

Sumpf-Herzblatt Parnássia palústris
Herzblattgewächse Parnassiáceae

Juli–Okt.
15–30 cm
♃

Beschreibung: Blüten einzeln am Stengelende, 1–3 cm im Durchmesser. Stengel kantig; nur 1 tief ansitzendes Blatt, das den Stengel herzförmig umfaßt. Grundblätter herzförmig, Spreite 0,5–4 cm, ihr Stiel 0,5–5 cm lang.
Vorkommen: Quell- und Flachmoore, Naßstellen in Rasen. Braucht basenreichen, oft kalkhaltigen Boden, der arm an Stickstoffsalzen ist. Im Tiefland selten, südlich des Mains, besonders im Alpenvorland und in den Alpen zerstreut.
Wissenswertes: Die Staubblätter werden nacheinander reif. Sie geben etwa 1 Tag lang ihren Pollen nach oben ab, ehe sie vertrocknen. Zuvor biegen sie sich nach außen. Erst nach dem Vertrocknen der Staubfäden reift die Narbe.

Wald-Geißbart Arúncus dióicus
Rosengewächse Rosáceae

Mai–Juli
1–2 m
♃ ▽

Beschreibung: Pflanze entweder mit männlichen oder mit weiblichen Blüten (2häusig). Tausende von Blüten stehen in den ausladenden Rispen. Sie erreichen nur um 3 mm im Durchmesser. Blätter 2–3fach gefiedert. Teilblättchen doppelt gezähnt.
Vorkommen: Schlucht- und Bergwälder, im Gebirge auch Ufergebüsche. Liebt hohe Luftfeuchtigkeit. Fehlt nördlich der Mainlinie fast völlig, sonst selten.
Wissenswertes: Der Wald-Geißbart hat so leichte Samen, daß sie selbst durch kaum spürbare Luftströmungen emporgehoben und verweht werden. Ein Samenkorn wiegt nur 0,00008 g. Früher auch als Heilpflanze verwendet; Wirkung unklar.

Großes Mädesüß Filipéndula ulmária
Rosengewächse Rosáceae

Juni–Aug.
0,5–2 m
♃ (☠)

Beschreibung: Zahlreiche Blüten in ästiger Trugdolde; Blüten 6–9 mm im Durchmesser, stark duftend. Stengel kantig, kahl. Blätter einfach unpaarig gefiedert. Teilblättchen 3–5 cm lang, in 2–5 Paaren, dazwischen kleine Fiederchen.
Vorkommen: Ufer, Hochstaudenfluren, Naßwiesen, Flach- und Zwischenmoore, Gräben, Naßstellen in lichten Wäldern. Meidet stickstoffsalzreiche Böden. Häufig und oft in individuenreichen, lockeren Beständen; geht kaum über etwa 1200 m.
Wissenswertes: Blüten und Kraut enthalten ätherisches Öl mit Salicylaldehyd und Methylsalicylat, dazu Flavonoide und Gerbstoffe. Die Blüten soll man früher dem „Met" zugesetzt haben; der Name „Mädesüß" soll sich darauf beziehen.

Steinbeere Rúbus saxátilis
Rosengewächse Rosáceae

Mai–Juni
10–25 cm
♃

Beschreibung: 3–10 Blüten in doldig verebneter Traube; Blüten 1–1,8 cm im Durchmesser; Sammelfrucht aus wenig zusammenhängenden, roten, erbsengroßen Steinfrüchtchen. Teilblättchen eiförmig-rhombisch, ungleich doppelt gezähnt.
Vorkommen: Laub- und Mischwälder, im Gebirge Schluchtwälder, vereinzelt auf Bergwiesen. Liebt kalkhaltigen, lockeren, mullreichen Boden. Im Tiefland selten, gebietsweise fehlend, in den Kalkgebieten zerstreut, oft rudelweise.
Wissenswertes: Die Früchte der Steinbeere sind eßbar, doch schmecken sie fade und wäßrig. – Wo die Pflanze in Wiesen auftritt, gilt sie als Waldrelikt.

BLÜTENFARBE WEISS

Himbeere *Rúbus idáeus*
Rosengewächse *Rosáceae*

Mai–Juni
0,8–1,5 m
♄

Beschreibung: Traubig-rispiger, wenigblütiger Blütenstand; Blütenblätter früh abfallend; Sammelfrucht aus vielen Steinfrüchtchen, rot (Himbeere). Stengel mit 1 mm langen Stacheln. Blätter 3teilig bis gefiedert, unterseits dicht weißhaarig.
Vorkommen: Waldlichtungen, Waldränder, lichte Gebüsche, seltener in ufernahen Hochstaudenfluren. Liebt Halbschatten und lockeren Lehmboden. Sehr häufig.
Wissenswertes: Die Sammelfrüchte schmecken gut und werden seit der jüngeren Steinzeit gesammelt und genutzt. Sie enthalten – bezogen auf 100 g Frischgewicht – neben rund 8 g Zucker etwa 25 mg Vitamin C und etwa 500 mg Mineralstoffe. Der Anteil an Rohfaser ist mit rund 5 g höher, als man dies vermutet.

Brombeere, Echte Brombeere *Rúbus fruticósus*
Rosengewächse *Rosáceae*

Mai–Aug.
0,5–2 m
♄

Beschreibung: Viele Blüten bilden den traubig-rispigen Blütenstand. Blüten 1,5–3 cm im Durchmesser. Sammelfrucht aus vielen Steinfrüchtchen, schwarz. Stengel bogig, stark stachelig. Blätter 3–7teilig, unterseits grün oder graufilzig.
Vorkommen: Waldränder, Lichtungen, Heiden, Gebüsche, Äcker, Gärten. Liebt ziemlich stickstoffsalz- und etwas basenhaltigen Untergrund, der humusarm und steinig sein kann. Bildet of dichtverschlungene Bestände; sehr häufig.
Wissenswertes: Die Sammelfrüchte schmecken meist gut. Sie enthalten – bezogen auf 100 g Frischgewicht – neben rund 8,5 g Zucker etwa 17 mg Vitamin C, rund 500 mg Mineralstoffe und etwa 4 g Rohfaser. – Die Art ist sehr formenreich.

Kratzbeere *Rúbus cáesius*
Rosengewächse *Rosáceae*

Mai–Juni
30–80 cm
♄

Beschreibung: Relativ wenige Blüten bilden den traubig-rispigen, doldig verebneten Blütenstand. Kelchblätter dicht grauhaarig. Nur 5–20, ziemlich große, blau bereifte Steinfrüchtchen in der Sammelfrucht. Stengel blau bereift.
Vorkommen: Auenwälder, Ufergebüsche, selten an Wald- und Wegrändern oder auf Brachen. Liebt basen- und stickstoffsalzreichen, oft rohen Lehm-, Ton- oder Schlickboden. Erträgt Überschwemmung. Fehlt im Tiefland; sonst zerstreut.
Wissenswertes: Die Kratzbeere ist ein ausgesprochener Rohbodenpionier. Auf schlickig-schlammigem Untergrund kann sie zu den Erstbesiedlern gehören; doch ebenso gedeiht sie auf verdichteten, stickstoffsalzreichen, nassen Tonböden.

Kriechende Rose *Rósa arvénsis*
Rosengewächse *Rosáceae*

Juni–Juli
1–2 m
♄

Beschreibung: Blüten meist einzeln am Ende von Stengeln und Zweigen, 3–5 cm im Durchmesser; die Griffel zu einer kahlen Säule verschmolzen. Stengel bogig kriechend; Stacheln hakig. Blätter gefiedert, oberseits dunkel-, unterseits hellgrün.
Vorkommen: Lichte, eher trockene Wälder. Liebt kalk- und mäßig stickstoffsalzreichen Boden. In den östlichen Mittelgebirgen selten, sonst zerstreut.
Wissenswertes: Der wissenschaftliche Artname, der „Feld-" bzw. „Acker-Rose" bedeutet, ist irreführend, da die Art auf offener Feldflur nicht vorkommt.

BLÜTENFARBE WEISS

Erdbeer-Fingerkraut *Potentílla stérilis*
Rosengewächse *Rosáceae*

März–Mai
5–10 cm
♃

Beschreibung: Blüten einzeln oder zu wenigen am Stengelende, 1–1,5 cm im Durchmesser; Blütenblätter berühren sich nicht (wenn doch, vgl. Wald-Erdbeere). Blätter erdbeerblattähnlich, oft bläulichgrün, unterseits heller grün. Zahn an den Teilblattspitzen meist kleiner als seine seitlichen Nachbarzähne.

Vorkommen: Eichen-Hainbuchen-Wälder, seltener Mischwälder, Raine, Mauern. Liebt Lehmboden. Etwas kalkscheu; zeigt Oberflächenversauerung an. Häufig.

Wissenswertes: „sterilis" spielt auf die Erdbeerähnlichkeit an; es weist darauf hin, daß an Pflanzen dieser Art keine eßbaren „Beeren" gefunden werden.

Wald-Erdbeere *Fragária vésca*
Rosengewächse *Rosáceae*

Mai–Juni
5–20 cm
♃

Beschreibung: Einzelne oder wenige Blüten in einem rispig-traubigen Blütenstand, 1–1,5 cm im Durchmesser; Blütenblätter berühren sich (vgl. Erdbeer-Fingerkraut). Scheinfrucht rot. Blätter oberseits nicht seidig behaart.

Vorkommen: Lichte Stellen in Wäldern und Gebüschen, gelegentlich auch an feuchten und schattigen Stellen in Gärten. Liebt Lehmboden, der recht stickstoffsalzhaltig sein kann. Fehlt im Tiefland gebietsweise; sonst sehr häufig.

Wissenswertes: Scheinfrüchte eßbar, wohlschmeckend, reich an Zucker (8 % des Frischgewichts) und an Vitamin C (je nach Standort zwischen 30 und 50 mg/100 g Frischgewicht); mit ca. 600 mg/100 g ist auch der Mineralstoffgehalt hoch.

Knack-Erdbeere *Fragária víridis*
Rosengewächse *Rosáceae*

Mai–Juni
5–20 cm
♃

Beschreibung: Einzelne oder wenige Blüten in einem rispig-traubigen Blütenstand, 1–1,5 cm im Durchmesser, cremeweiß. Blätter oberseits seidig behaart, Blattzähne spitz, oft rötlich. Meist keine oder nur kurze Ausläufer.

Vorkommen: Halbtrockenrasen, lichte Trockenwälder und -gebüsche, Wegraine. Liebt lockere, kalkhaltige Lehm- oder Lößböden. Im Tiefland, im Alpenvorland und in den Alpen nur vereinzelt, sonst zerstreut und meist bestandsbildend.

Wissenswertes: Die Scheinfrüchte der Knack-Erdbeere schmecken fade. Sie sitzen fest am Kelchboden. Zieht man sie ab, hört man einen „Knack" (Name).

Gewöhnlicher Birnbaum *Pýrus commúnis*
Rosengewächse *Rosáceae*

Apr.–Mai
5–20 m
♄

Beschreibung: Blüten traubig-doldig, um 3 cm im Durchmesser; Staubbeutel rot. Frucht eine Birne. Äste zuweilen als Dorn auslaufend. Blätter wechselständig, ganzrandig oder fein gezähnt, oberseits dunkelgrün, unterseits blaugrün.

Vorkommen: Wild in Auenwäldern oder an feuchteren Stellen in anderen Wäldern. Liebt nährstoffhaltigen Lehm- oder Tonboden. Wild selten; häufig gepflanzt.

Wissenswertes: Der Wilde Birnbaum (*Pýrus pyráster*) hat dornige Zweige und ziemlich holzige Früchte. Er ist die wichtigste Stammform der Kultursorten. Aus deren Samen verwildern manchmal Pflanzen, die der Wildform ähneln; ihre Zweige können ebenfalls Dornen aufweisen, doch sind die Früchte nicht holzig.

BLÜTENFARBE WEISS

Apfelbaum Málus sylvéstris
Rosengewächse *Rosáceae*

Mai–Juni
5–10 m
♄

Beschreibung: Blüten einzeln oder traubig-doldig, um 3 cm im Durchmesser, mindestens außen meist rötlich; Staubbeutel gelb; Frucht Apfel. Zweige zuweilen dornig. Blätter gekerbt-gezähnt, nie ganzrandig, oberseits etwas runzelig.
Vorkommen: Auenwälder, nicht zu trockene Gebüsche. Liebt basenreiche, meist kalkhaltige, lockere, steinige Böden. Wild selten; in vielen Sorten gepflanzt.
Wissenswertes: Die Wildform (Holzapfel; Zweige dornig) ist ausgesprochen selten und fehlt gebietsweise. Aus ihr und asiatischen Apfelsorten ist die kultivierte Sippe vermutlich schon vor mehr als 2000 Jahren gezüchtet worden. Äpfel sind das wirtschaftlich bedeutendste Obst in den gemäßigten Breiten.

Vogelbeer-Eberesche, Wilde Vogelbeere Sórbus aucupária
Rosengewächse *Rosáceae*

Mai–Juni
3–15 m
♄ (🌿)

Beschreibung: Blüten zu vielen in doldig-rispigen Blütenständen, 0,7–1,2 cm im Durchmesser; Scheinfrucht orangerot. Blätter unpaarig gefiedert, mit 9–15 Teilblättchen, diese schmal eiförmig, am Rand ringsum deutlich scharf gesägt.
Vorkommen: Lichte Laubwälder, Kahlschläge, Windwurfflächen, Gebüsche. Liebt durchschnittlich hohe Luftfeuchtigkeit; stellt keine Ansprüche an den Boden und gedeiht auch auf saurem, steinigem Boden. Häufig als Zierbaum gepflanzt.
Wissenswertes: Eberesche = Aberesche = Scheinesche (vgl. Aberglaube). Früchte vitaminreich. Vorsicht: Viele Sorten enthalten in der Frucht Parasorbinsäure, die die Magenschleimhaut reizt, aber beim Kochen entweicht oder zerstört wird.

Elsbeere Sórbus tormináIis
Rosengewächse *Rosáceae*

Mai–Juni
10–20 m
♄

Beschreibung: Viele Blüten in doldig-rispigen Blütenständen, 0,7–1,2 cm im Durchmesser; Scheinfrucht rundlich bis verkehrt-eiförmig, 1–1,5 cm lang, orange-braun. Blätter 3–7lappig, am Grund gestutzt oder leicht herzförmig.
Vorkommen: Warme Laubwälder. Liebt basen- und meist kalkreiche, lehmig-tonige Böden. Fehlt im Tiefland und in Gebieten mit kalkarmen Böden. Sonst selten.
Wissenswertes: Die Früchte sind nur eßbar, wenn sie bereits „teigig" geworden sind. Sie enthalten Gerbstoffe. Diese können Eiweiße aus Obstsäften ausfällen. Daher hat man sie als Klärhilfe beim Keltern von Apfelmost mitgepreßt.

Echte Mehlbeere Sórbus ária
Rosengewächse *Rosáceae*

Mai–Juni
3–15 m
♄

Beschreibung: Blüten in einer doldig eingeebneten Rispe, 4–7 mm im Durchmesser; Scheinfrucht kugelig-eiförmig, orangegelb oder rot. Junge Zweige filzig behaart. Blätter eiförmig, 8–14 cm lang und 4–8 cm breit, derb.
Vorkommen: Lichte Laubwälder und Gebüsche. Liebt hohe Luftfeuchtigkeit. Fehlt im Tiefland und in den tiefen Lagen der Mittelgebirge weithin. Sonst selten.
Wissenswertes: Die Scheinfrüchte sind eßbar, schmecken aber mehlig und fade. In Notzeiten hat man sie früher getrocknet, vermahlen und – zusammen mit Mehl – zu Brot gebacken. Diesem Gebrauch verdankt die Pflanze ihren deutschen Namen.

BLÜTENFARBE WEISS

Echte Felsenbirne, Felsenmispel *Ameránchier ovális*
Rosengewächse *Rosáceae*

Apr.–Juni
1–3 m
♄

Beschreibung: 3–10 Blüten in aufrechten Trauben, 2–3 cm im Durchmesser; Blütenblätter länglich-eiförmig; Scheinfrucht kugelig, um 1 cm lang, schwarz, bläulich bereift. Blätter eiförmig, 2–4 cm lang, 1,5–2,5 cm breit.
Vorkommen: Felsen (z. B. Kalk, Granit, Porphyr), lichte Trockenwälder und -gebüsche. Liebt basenreichen Untergrund. Selten in trockenwarmen Lagen der Mittelgebirge, im Alpenvorland und in den tieferen Lagen der Alpen; fehlt sonst.
Wissenswertes: Die Scheinfrüchte der Felsenbirne zeigen deutlich 10 Fruchtfächer, wenn man sie quer durchschneidet; dies ist kennzeichnend für sie. Die „Früchte" sind eßbar, schmecken süß und wegen fehlender Säure dennoch fade.

Zweigriffeliger Weißdorn *Crataēgus laevigáta*
Rosengewächse *Rosáceae*

Mai–Juni
2–10 m
♄

Beschreibung: Blüten in aufrechten Doldenrispen, 1–1,6 cm im Durchmesser; stets 2, zuweilen 3 Griffel. Zweige dornig. Blätter im Umriß eiförmig, am Grunde keilförmig, mäßig tief oder nur schwach 3–5lappig, selten ungeteilt.
Vorkommen: Waldränder, Gebüsche, auf Bahndämmen und Rainen gepflanzt. Braucht etwas feuchten, kalkhaltigen Boden; in Kalkgebieten häufig, sonst selten.
Wissenswertes: Der widerliche Blütenduft wird durch Trimethylamin verursacht. Die Pflanze enthält in den Blättern herzwirksame Flavonoide und Procyanide, dazu Gerbstoffe. Heil- und Teepflanze (Blätter und Früchte). Früchte eßbar.

Eingriffeliger Weißdorn *Crataēgus monógyna*
Rosengewächse *Rosáceae*

Mai–Juni
2–8 m
♄

Beschreibung: Blüten in aufrechten Doldenrispen, 1–1,2 cm im Durchmesser, mit nur 1 Griffel (allenfalls einzelne Blüten mit 2 Griffeln). Zweige dornig, Blätter tief 5–7teilig, selten nur 3teilig; Zipfel mit abstehenden Zähnen.
Vorkommen: Waldränder, Gebüsche, Bahndämme, Raine. Braucht kalk- oder sonst basenreichen, lockeren, meist steinigen Lehmboden. Oft ortsnah gepflanzt; fehlt in Gegenden mit kalkarmen Gesteinen kleineren Gebieten; sonst häufig.
Wissenswertes: Duft und arzneiliche Verwendung: s. Zweigriffeliger Weißdorn, oben. Formen mit gefüllten, roten Blüten (Rotdorn) werden oft gepflanzt.

Schlehen-Schwarzdorn, Schlehe, Schwarzdorn *Prúnus spinósa*
Rosengewächse *Rosáceae*

März–Apr.
1–3 m
♄

Beschreibung: Blüten einzeln auf starren Stielen, und zwar dicht gehäuft an den Kurztrieben, 1–1,5 cm im Durchmesser. Steinfrucht schwarzblau. Kurztriebe meist dornig-spitz. Blätter eiförmig, beidseitig dunkelgrün, gezähnt.
Vorkommen: Waldränder, Steinhalden, Halbtrockenrasen, Raine und Dämme. Liebt kalk- oder basenreichen Boden. Fehlt im Tiefland örtlich, sonst häufig.
Wissenswertes: An den Dornen sieht man gelegentlich aufgespießte Insekten oder Mäuse. „Übeltäter" ist der Neuntöter, der gerne in Schlehenhecken nistet. Früher Heilpflanze. Die Früchte sind gerbstoffreich und schmecken daher (vor dem ersten Frost) herbsauer. Tee aus Blättern wirkt harntreibend und mäßig abführend.

BLÜTENFARBE WEISS

Vogel-Kirsche, Süß-Kirsche *Prúnus ávium*
Rosengewächse *Rosáceae*

Apr.–Mai
15–25 m
♄

Beschreibung: Blüten einzeln oder (oft paarweise) zu mehreren in Büscheln, die zunächst keine Blätter am Grund tragen. Frucht eine Kirsche (bei Wildformen nur um 1 cm im Durchmesser). Blätter breit-lanzettlich, doppelt gesägt.
Vorkommen: Lichte Laub- und Mischwälder. Liebt eher feuchten, basenreichen, oft kalkhaltigen Lehmboden. Fehlt im Tiefland gebietsweise, sonst häufig.
Wissenswertes: Wildform der Kulturkirsche. Die Griechen pflanzten schon im 4. Jahrhundert v. Chr. eine Kirsche. Sie wurde vermutlich 64 v. Chr. von Lukullus in Rom eingeführt. Manche glauben, Lukullus habe die Sauer-Kirsche importiert; dann hätten möglicherweise die Alemannen die Süß-Kirsche als erste kultiviert.

Echte Traubenkirsche, Ahl-Kirsche *Prúnus pádus*
Rosengewächse *Rosáceae*

Mai–Juni
2–10 m
♄ (☠)

Beschreibung: 10–25 Blüten stehen in einer der Trauben, die zunächst aufrecht wachsen, dann jedoch überhängen; sie messen 1–1,8 cm im Durchmesser. Frucht kugelig, schwarz, um 7 mm dick. Blätter nicht ledrig, doppelt gesägt.
Vorkommen: Lichte, nasse Stellen in Laub- und Mischwäldern, Auwälder, Ufergebüsch. Liebt nährstoffreichen Boden; erträgt Überflutung; oft angepflanzt. Fehlt in rauhen Lagen und im Tiefland kleineren Gebieten; sonst zerstreut.
Wissenswertes: Das etwas bittere Fruchtfleisch der Trauben-Kirsche ist eßbar. Die Samen und die übrigen Teile der Pflanze sind indessen giftig (Amygdalin).

Späte Traubenkirsche *Prúnus serótina*
Rosengewächse *Rosáceae*

Mai–Juni
10–25 m
♄ (☠)

Beschreibung: 10–25 Blüten stehen in einer der Trauben, die zunächst aufrecht wachsen, dann jedoch überhängen; sie messen 0,7–1,3 cm im Durchmesser. Frucht kugelig, schwarzrot, um 8 mm im Durchmesser. Blätter ledrig.
Vorkommen: Wälder, Gebüsche. Heimat: Nordamerika; bei uns nur angepflanzt und vereinzelt verwildert, z. B. im Tiefland und in warmen Lagen der Mittelgebirge.
Wissenswertes: Enthält Amygdalin, ein giftiges, bitter schmeckendes Blausäureglykosid. Liefert in ihrer Heimat das amerikanische Kirschholz, das seiner rotbraunen Farbe und seiner intensiven Maserung wegen berühmt ist.

Wald-Sauerklee *Óxalis acetosélla*
Sauerkleegewächse *Oxalidáceae*

Apr.–Mai
5–15 cm
♃ (☠)

Beschreibung: Blüten langgestielt, 1,5–2,5 cm im Durchmesser, violett geadert, am Grund gelb gefleckt. Blätter kleeblattartig, schütter behaart.
Vorkommen: Dichte Laub- und Mischwälder, Nadelforste. Liebt mullreiche Böden, geht aber auch auf nicht zu mächtigen Rohhumus. Fehlt örtlich im Tiefland und in reinen Sandgebieten; sonst sehr häufig und zuweilen in dichten Beständen.
Wissenswertes: Der Sauer-Klee enthält in seinen Blättern Oxalsäure und Oxalate (= Kleesalze; Name!) und ist deshalb schwach giftig. Er ist eine ausgesprochene Schattenpflanze und erreicht seine volle Photosyntheseleistung schon bei rund 10% des Tageslichts. Noch bei 1% des Tageslichts kann er überdauern.

BLÜTENFARBE WEISS

Purgier-Lein, Wiesen-Lein *Linum cathárticum*
Leingewächse *Lináceae*

Mai–Aug.
5–20 cm
☉ (☠)

Beschreibung: 5–25 Blüten stehen in einer lockeren, sparrigen Rispe; Blüten 5–9 mm im Durchmesser; Blütenblätter nicht eingekerbt, am Grunde mit einem gelben Fleck. Untere Blätter gegenständig, obere wechselständig, ganzrandig.
Vorkommen: Halbtrockenrasen, Trockenwiesen, Feuchtwiesen, Flachmoore. Braucht stickstoffsalzarmen, eher basenreichen und kalkhaltigen Boden. Fehlt im Tiefland und in Gegenden mit Sandböden auch größeren Gebieten.
Wissenswertes: Früher wurde die Pflanze als Abführmittel verwendet; darauf bezieht sich der Name Purgier-Lein (lat. purgare = reinigen, abführen). Die Pflanze enthält Gerbstoffe, ätherisches Öl und den giftigen Bitterstoff Linin.

Faulbaum *Frángula álnus*
Kreuzdorngewächse *Rhamnáceae*

Mai–Juni
1–3 m
♄ ☠

Beschreibung: Blüten zu 2–6 büschelig in den Blattachseln, um 5 mm im Durchmesser. Zweige dornenlos. Blätter wechselständig, eiförmig, ganzrandig.
Vorkommen: Laub-, Misch- und Nadelwälder, Auwälder, Ufergebüsch. Liebt feuchten, etwas sauren Lehm- oder Tonboden. Häufig, aber nur einzeln wachsend.
Wissenswertes: „Frangula" bezieht sich auf die Brüchigkeit des Holzes (lat. frangere – brechen). Der deutsche Artname Faulbaum wurde wegen des fauligen Geruchs der Rinde gewählt. In ihr wie in anderen Pflanzenteilen (Beeren!) sind Anthraglykoside enthalten, die Erbrechen, Durchfall, ja einen Kollaps auslösen können. Von der Selbstherstellung von Abführtees ist abzuraten!

Wassernabel *Hydrocótyle vulgáris*
Doldengewächse *Apiáceae (Umbelliferae)*

Juli–Aug.
10–90 cm
♃ ☠

Beschreibung: 3–6 Blüten in einem quirlig-kopfigen Blütenstand; Blüten um 2 mm im Durchmesser. Stengel kriechend, dünn, an den Knoten wurzelnd. Blätter kreisrund, gekerbt; Blattstiel entspringt in der Mitte der Blattunterseite.
Vorkommen: Schlenken in Hoch- und Zwischenmooren, Flachmoore, Gräben. Liebt stickstoffsalz- und basenarmen Boden. Im Tiefland zerstreut, sonst selten.
Wissenswertes: Der Wassernabel enthält Triterpensaponine, die als giftig gelten. Die Blätter schmecken beim Kauen brennend scharf. Tiere, die das Kraut gefressen hatten, sollen sehr schwere Magen-Darm-Störungen erlitten haben.

Sanikel *Sanícula europāēa*
Doldengewächse *Apiáceae (Umbelliferae)*

Mai–Juni
20–40 cm
♃

Beschreibung: Teilblütenstände kopfig, oft zu 2–3 auf langem, zusammen mit anderen doldig angeordnetem „Stiel"; Blüten um 2 mm im Durchmesser. Stengel unbeblättert oder mit 1–2 kleinen Blättern. Grundblätter handförmig geteilt.
Vorkommen: Laub- und Mischwälder, Auenwälder. Liebt kalk- und stickstoffsalzreichen, humosen Boden. Fehlt im Tiefland und in Gegenden mit kalkarmem Gestein; sonst zerstreut und zuweilen in lockeren, individuenreichen Beständen.
Wissenswertes: Die Pflanze galt früher als Wunderheilmittel (lat. sanare = heilen). Sie enthält Gerbstoffe und Saponine. Ihre Heilkraft ist umstritten.

BLÜTENFARBE WEISS

Große Sterndolde Astrántia májor
Doldengewächse Apiáceae (Umbelliferae)

Juni–Aug.
0,3–1 m
♃

Beschreibung: Zahlreiche Blüten in köpfchenartigen Döldchen, kaum 5 mm im Durchmesser; Hüllblätter der Döldchen lanzettlich bis schmal eiförmig. Grundblätter nicht ganz bis zum Grund handförmig 5–7teilig; Rand tief gesägt.
Vorkommen: Bergwiesen, Bergwälder. Liebt kalkreichen, lockeren Lehmboden. Mittelgebirge und Alpen zerstreut, meist über 500–700 m; fehlt sonst.
Wissenswertes: Bei der Sterndolde sind die Einzelblüten so klein und von so geringer Leuchtkraft, daß selbst Dolden wenig Lockwirkung haben. Diese wird durch die Hüllblätter wirksam erhöht. Bestäuber sind u. a. Käfer und Fliegen.

Feld-Mannstreu Erýngium campéstre
Doldengewächse Apiáceae (Umbelliferae)

Juli–Aug.
15–60 cm
♃ ▽

Beschreibung: Zahlreiche Blüten sitzen in den meist reichlich vorhandenen kugeligen Köpfchen, die um 1,5 cm im Durchmesser erreichen. Hüllblätter länger als der Blütenstand, dornig auslaufend. Blätter weißlich-grün, tief 3teilig; Teilblätter fiederteilig; Blattzähne mit aufgesetzt-stechender Grannenspitze.
Vorkommen: Halbtrockenrasen, Raine. Liebt kalk- und humusreichen, stickstoffsalzarmen Lehm- oder Lößboden. Nur in Wärmegebieten, selten; fehlt sonst.
Wissenswertes: Der Name „Manns-treu" bezieht sich vermutlich in ironischem Sinn auf die vom Winde verwehten und deswegen unstet „hin- und herlaufenden" Fruchtstände; diese sind auch als „Steppenhexe" oder „Laufdistel" bekannt.

Behaarter Kälberkropf Chaerophýllum hirsútum
Doldengewächse Apiáceae (Umbelliferae)

Mai–Juli
40–90 cm
♃

Beschreibung: Dolden 1. Ordnung ohne Hüllblätter, Dolden 2. Ordnung (Döldchen) mit 5–10 lanzettlichen Hüllchenblättern; Blüten um 3 mm im Durchmesser; Blütenblätter und Hüllchenblätter bewimpert. Stengel unter den Knoten kaum verdickt. Blätter doppelt 3zählig (3fach gefiedert); Fiedern unregelmäßig gezähnt.
Vorkommen: Auenwälder, Hochstaudenfluren, Ufer. In den niederschlagsreichen Gebieten der Mittelgebirge und im Alpenvorland zerstreut; fehlt sonst.
Wissenswertes: Angaben über das Vorkommen von giftigen Alkaloiden beim Behaarten Kälberkropf scheinen zu fehlen. Er gilt als ungiftig. Bei anderen Arten der Gattung hat man indessen derartige giftige Inhaltsstoffe gefunden.

Hecken-Kälberkropf, Taumel-Kälberkropf Chaerophýllum témulum
Doldengewächse Apiáceae (Umbelliferae)

Mai–Juli
0,3–1,5 m
☉ ☠

Beschreibung: Dolden 1. Ordnung ohne Hüllblätter, Dolden 2. Ordnung (Döldchen) mit 4–8 lanzettlichen Hüllchenblättern; Blüten um 3 mm im Durchmesser; Blütenblätter nicht, Hüllchenblätter deutlich bewimpert. Stengel steifhaarig, rot gefleckt. Blätter meist nur 2fach gefiedert; Fiedern eingekerbt; Kerben spitz.
Vorkommen: Waldränder, Gebüsche, Parkanlagen. Liebt feuchten, stickstoffsalzreichen Lehmboden. Unterhalb von ca. 700 m zerstreut; fehlt sonst weitgehend.
Wissenswertes: Die Pflanze enthält das giftige Alkaloid Chaerophyllin. Tiere, die das Kraut gefressen haben, taumeln erst (Name!) und erleiden zuletzt Lähmungen.

BLÜTENFARBE WEISS

Wilder Kerbel, Wiesen-Kerbel *Anthríscus sylvéstris*
Doldengewächse *Apiáceae (Umbellíferae)*

Apr.–Juli
0,6–1,5 m
♃

Beschreibung: Dolden 1. Ordnung ohne Hüllblätter (selten 1–2 kleine Blättchen), Dolden 2. Ordnung (Döldchen) mit 4–8 schmalen, langspitzigen, bewimperten Hüllchenblättern; Blüten um 4 mm im Durchmesser; Frucht oben verschmälert (Schnabel). Stengel ungefleckt. Blätter dunkelgrün, glänzend, 2–3fach gefiedert.
Vorkommen: Wiesen, Gebüsche, Waldränder, Wege. Tritt in Wiesen, die mit Jauche überdüngt sind, oft massenweise auf; Stickstoffsalzzeiger. Sehr häufig.
Wissenswertes: Die Art ist formenreich; eine in den Alpen und in den höheren Mittelgebirgen vorkommende Sippe zeichnet sich durch schmale Blattzipfel aus.

Große Bibernelle *Pimpinélla májor*
Doldengewächse *Apiáceae (Umbellíferae)*

Juni–Sept.
0,4–1 m
♃

Beschreibung: Dolde mit 9–15 dünnen, vor dem Aufblühen schlaffen Strahlen; Hüll- und Hüllchenblätter fehlen (selten 1–2 Hüllchenblätter). Stengel kantig gefurcht. Blätter einfach gefiedert, mit 3–9 ovalen Teilblättchen.
Vorkommen: Wiesen, Hochstaudenfluren, Weiden. Liebt stickstoffsalz- und basenreichen, feuchten Lehmboden. Fehlt im Tiefland gebietsweise; sonst häufig.
Wissenswertes: Alte Heilpflanze, die ätherische Öle, Gerbstoffe und scharf schmeckendes Pimpinellin enthält. Die getrockneten Wurzeln und Wurzelstöcke werden auch heute noch gelegentlich als Hustentee aufgebrüht oder extrahiert.

Kleine Bibernelle *Pimpinélla saxífraga*
Doldengewächse *Apiáceae (Umbellíferae)*

Juni–Okt.
15–60 cm
♃

Beschreibung: Dolde mit 9–15 dünnen, vor dem Aufblühen eher straffen Strahlen; Hüll- und Hüllchenblätter fehlen (selten 1–2 Hüllchenblätter). Stengel rund, nicht gefurcht, sondern fein gerillt. Blätter einfach gefiedert, mit 7–11 Teilblättchen, die an den oberen Stengelblättern sehr schmal sind.
Vorkommen: Trockenrasen, Raine, Trockengebüsche. Liebt basenreichen, stickstoffsalzarmen Lehmboden. Fehlt im Tiefland gebietsweise, sonst zerstreut.
Wissenswertes: Enthält dieselben Inhaltsstoffe wie *P. major* und wird wie diese verwendet. „Pimpinella" und „Bibernelle" haben die gleiche Wortwurzel wie lat. „piper" = Pfeffer. Die Namen verweisen auf den aromatisch-scharfen Geschmack.

Giersch, Geißfuß, Podagrakraut *Aegopódium podagrária*
Doldengewächse *Apiáceae (Umbellíferae)*

Mai–Juli
0,3–1 m
♃ (☠)

Beschreibung: Dolde mit 12–18 Strahlen; Hülle und Hüllchen fehlen. Stengel kahl. Blätter 3teilig oder doppelt 3teilig, am Stengel scheidig sitzend; Teilblättchen 3–10 cm lang, 1,5–4 cm breit, länglich-eiförmig, gesägt.
Vorkommen: Waldränder, Gebüsche, Gärten, Parkanlagen, Ufer. Liebt basen- und stickstoffsalzreichen Lehm- oder Tonboden; oft bestandsbildend; sehr häufig.
Wissenswertes: Alte Heilpflanze gegen rheumatische Beschwerden und gegen Gicht („Podagrakraut"). Die Inhaltsstoffe sind weitgehend unbekannt. Vor einiger Zeit hat man in der Wurzel Polyacetylene gefunden, die das Wachstum von Pilzen hemmen. Über Vergiftungen beim Menschen ist nichts veröffentlicht.

BLÜTENFARBE WEISS

Aufrechter Merk Bérula erécta
Doldengewächse Apiáceae (Umbellíferae)

Juli–Aug.
20–80 cm
♃

Beschreibung: Dolde mit 10–20 Strahlen; keine Hüllblätter, nur lanzettliche, oft etwas fiederteilige Hüllchenblätter. Stengel rund, hohl. Grundblätter 1fach unpaarig gefiedert, mit 2–9 Paaren fast gegenständiger Teilblättchen. Grundblätter oft untergetaucht und große, auffallende, grüne Kissen bildend.

Vorkommen: Gräben und Bäche mit kühlem, einigermaßen stickstoffsalzhaltigem Wasser. Fehlt im Tiefland und im höheren Bergland gebietsweise; sonst selten.

Wissenswertes: „Berula" meinte im Spätlateinischen „Brunnenkresse". Warum diese Bezeichnung auf den Merk angewendet worden ist, der mit Brunnenkresse nicht näher verwandt ist, bleibt im Dunkeln. Eßbar ist er jedenfalls nicht.

Großer Wasserfenchel, Wasser-Pferdesaat Oenánthe aquática
Doldengewächse Apiáceae (Umbellíferae)

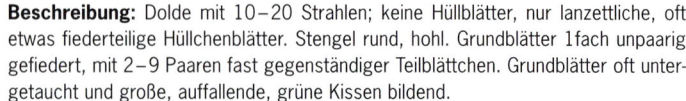

Juni–Aug.
0,3–1,5 m
☉ (☠)

Beschreibung: Dolde mit 8–12 Strahlen. Hülle wenigblättrig oder fehlend; Hüllchen vielblättrig. Stengel nicht fleckig. Blätter 2–3fach fiederteilig; Zipfel der nicht untergetauchten Blätter 4–6 mm lang, 1 mm breit.

Vorkommen: Röhricht an Tümpeln und Altwässern, Überflutungsbereich in Auwäldern. Liebt basenreiche, meist kalk- und stickstoffsalzhaltige Schlammböden. Im Tiefland zerstreut, in tiefen Lagen des Berglandes selten; fehlt sonst.

Wissenswertes: In den Wurzeln scheinen geringe Mengen von giftigen Polyinen vorzukommen. Vergiftungen beim Menschen sind nicht bekannt; alte Heilpflanze.

Hundspetersilie Aethúsa cynápium
Doldengewächse Apiáceae (Umbellíferae)

Juni–Okt.
0,1–1 m
☉ ☠

Beschreibung: Dolde mit 10–20 Strahlen; Hülle fehlt; nur 3, meist hängende Hüllchenblätter, und zwar an der Außenseite der Döldchen. Stengel aufrecht, zuweilen weinrot überlaufen und bläulich bereift. Blätter 2–3fach gefiedert.

Vorkommen: Ödland, Brachen, Hackfruchtkulturen, Gärten, Weinberge. Liebt basen- und stickstoffsalzreichen, lockeren, meist lehmigen Boden. Zerstreut.

Wissenswertes: Die Pflanze enthält die sehr giftigen Polyacetylene Aethusin und Aethusanol. Die Hundspetersilie ähnelt Formen der Garten-Petersilie, die keine krausen Blätter haben. Schwere, ja tödliche Vergiftungen sind vorgekommen. Daher sollte ausschließlich krausblättrige Petersilie angebaut werden.

Gefleckter Schierling Cónium maculátum
Doldengewächse Apiáceae (Umbellíferae)

Juni–Aug.
1–2 m
☉ ☠

Beschreibung: Dolde mit 7–20 Strahlen. Hülle der Dolde vielblättrig; 2–4 Hüllchenblätter nur an der Außenseite der Döldchen. Stengel blau bereift, unten rotfleckig. Blätter 2–4fach gefiedert bzw. fiederschnittig, kahl.

Vorkommen: Ödland, Gebüsche, Äcker, Gärten (selten). Liebt stickstoffsalzreiche, feuchte Lehmböden; wärmeliebend. Fehlt gebietsweise; sonst selten.

Wissenswertes: Enthält in allen Teilen – besonders in den reifenden Früchten – das sehr giftige Alkaloid Coniin. Aus ihnen stellten die Griechen im Altertum den Gifttrank her, den zum Tode Verurteilte (u. a. Sokrates) trinken mußten.

BLÜTENFARBE WEISS

Wasserschierling Cicúta virósa
Doldengewächse Apiáceae (Umbellíferae)

Juni–Aug.
0,5–1,5 m
♃ ☠

Beschreibung: Dolde mit 15–25 Strahlen. Hülle aus 1–2 Hüllblättchen, die auch fehlen können; viele Hüllchenblätter. Blätter 2–3fach gefiedert; Fiederchen lanzettlich, scharf gesägt. Wurzelstock länglich-knollig, innen mit hohlen Kammern; aus den Schnittflächen quillt gelbes Sekret. Geruch nach Sellerie.

Vorkommen: Ufer, Gräben, Röhricht. Liebt zeitweise überschwemmten Schlammboden. Im Tiefland zerstreut, sonst selten und in größeren Gebieten fehlend.

Wissenswertes: Die Pflanze enthält in allen Teilen, vor allem in dem angenehm (nach Sellerie oder Pastinak) riechenden Wurzelstock die sehr giftigen Polyacetylene Cicutoxin und Cicutol; eine Vergiftung durch sie ist oft tödlich.

Sichelmöhre Falcária vulgáris
Doldengewächse Apiáceae (Umbellíferae)

Juni–Aug.
20–60 cm
☉–♃

Beschreibung: Dolde mit 12–18 Strahlen; 4–8 ungleich lange, pfriemliche Hüllblätter; Hüllchenblätter gleich, nur kleiner. Blätter blaugrün, 3teilig; Endblatt oft nochmals 3schnittig; Zipfel bis 20 cm lang und 1,5 cm breit.

Vorkommen: Halbtrockenrasen, Raine, lichte Trockengebüsche, seltener an Wegrändern und auf Brachen. Liebt kalkreichen, stickstoffsalzarmen, trockenen Lehm- oder Lößboden. In den Kalkgebieten selten, fehlt sonst fast überall.

Wissenswertes: Die aus dem Mittelmeergebiet und Südosteuropa stammende Sichelmöhre war vor der Unkrautbekämpfung mit Herbiziden ein Getreideunkraut.

Wiesen-Kümmel Cárum cárvi
Doldengewächse Apiáceae (Umbellíferae)

Apr.–Juni
30–90 cm
☉

Beschreibung: Dolde mit 8–16 Strahlen; Hüll- und Hüllchenblätter fehlen meist. Blätter 2fach gefiedert; an den meisten Blättern sitzt das unterste Fiederpaar an der Basis der Blattscheide wie ein Nebenblattpaar am Stengel.

Vorkommen: Wiesen, Weiden, Wegränder, Raine. Liebt etwas stickstoffsalzhaltige Lehm- oder Tonböden. Im Tiefland gebietsweise fehlend, sonst zerstreut.

Wissenswertes: Zerrieben riecht das Kraut aromatisch. Die Früchte werden als Gewürz verwendet. Sie enthalten 3–7% ätherisches Öl (Kümmelgeschmack), das in geringen Mengen die Verdauung fördert; Destillate von Kümmelöl werden bei der Likörherstellung verwendet. Örtlich wird die Pflanze feldmäßig angebaut.

Wilde Engelwurz, Wald-Brustwurz Angélica sylvéstris
Doldengewächse Apiáceae (Umbellíferae)

Juli–Sept.
0,5–2 m
♃ (☠)

Beschreibung: Dolde mit 20–40 Strahlen. Hülle fehlt oder nur aus 1–3 Blättchen. Hüllchenblätter zahlreich, lineal. Stengel rund, hohl, weißlich bereift. Blätter 2–3fach fiederteilig, die unteren länger als 50 cm; Blattscheiden bauchig aufgeblasen.

Vorkommen: Berg- und Auwälder, Naßwiesen, Ufer und Wegränder. Liebt feuchten, nicht zu stickstoffsalzarmen Lehmboden; oft bestandsbildend; sehr häufig.

Wissenswertes: Die Pflanze enthält ätherische Öle, die in hoher Konzentration giftig wirken, sowie Furocumarine. Durch sie kann Pflanzensaft auf der Haut im Licht Rötungen, ja regelrechte Entzündungen hervorrufen. Alte Heilpflanze.

BLÜTENFARBE WEISS

Sumpf-Haarstrang Peucédanum palústre
Doldengewächse Apiáceae (Umbellíferae)

Juli–Aug.
0,5–1,5 m
♃ (☠)

Beschreibung: Dolde mit 20–30 Strahlen. Hülle und Hüllchen mehrblättrig. Stengel gefurcht, hohl, oft leicht weinrot überlaufen. Blätter 2–3fach fiederteilig, mehrere Dezimeter lang; Zipfel 0,5–3 cm lang, 1–2 mm breit.

Vorkommen: Bruchwälder, Ufer. Liebt mäßig stickstoffsalzhaltige, eher basenarme, torfig-humose Böden; erträgt Überflutung. Im Tiefland zerstreut; in den Mittelgebirgen mit kalkarmem Gestein und in den Alpen selten; fehlt sonst.

Wissenswertes: Früher Heilpflanze; enthält Cumarine und Furocumarine, in der Wurzel einen scharf-bitter schmeckenden Stoff; Saft kann Hautreizung auslösen.

Wiesen-Bärenklau Herácleum sphondýlium
Doldengewächse Apiáceae (Umbellíferae)

Juni–Okt.
0,3–1,5 m
♃ (☠)

Beschreibung: Dolden mit 15–30 Strahlen. Hülle fehlt oder ist weniger als 6blättrig. Hüllchenblätter zahlreich. Randblüten deutlich vergrößert. Stengel kantig gefurcht, steifhaarig. Blätter fast ungeteilt und gelappt bis fiederschnittig; Spreiten der oberen Blätter wenig geteilt, den Scheiden ansitzend.

Vorkommen: Wiesen, Wegränder, Hochstaudenfluren, lichte, frische Wälder. Liebt stickstoffsalzreiche, lockere Lehm- oder Tonböden. Sehr häufig.

Wissenswertes: Enthält ätherische Öle und Furocumarine. Ihretwegen kann Pflanzensaft auf der Haut im Licht Rötungen, ja Entzündungen verursachen.

Riesen-Bärenklau, Herkulesstaude Herácleum mantegazziánum
Doldengewächse Apiáceae (Umbellíferae)

Juni–Sept.
1–3 m
☉–♃ ☠

Beschreibung: Dolde mit 15–30 Strahlen, oft 30–50 cm im Durchmesser; Hüllblätter fehlen in der Regel; Hüllchenblätter zahlreich, pfriemlich. Stengel mißt an der Basis 2–10 cm im Durchmesser. Blätter bis 2 m lang.

Vorkommen: Siedlungsnahes Ödland, Ufer, Waldlichtungen und -ränder. Nicht selten in Gärten als Zierpflanze eingebracht. Liebt tiefgründigen Boden.

Wissenswertes: Der Riesen-Bärenklau enthält reichlich Furocumarine. Gelangt Saft aus Stengeln oder Blättern auf die Haut, dann können im Licht schwere Entzündungen (brandblasenartig) hervorgerufen werden, die nur langsam abheilen. Besonders Kinder sind gefährdet, wenn sie mit Pflanzenteilen spielen.

Wilde Möhre Daūcus caróta
Doldengewächse Apiáceae (Umbellíferae)

Mai–Sept.
30–90 cm
☉

Beschreibung: Dolde mit 15–30 Strahlen; Hüllblätter 3teilig oder fiederig; Hüllchenblätter pfriemlich oder fiederteilig, dünnzipflig; Mitten in der Dolde tiefrote oder schwarze „Mohrenblüte". Blätter 2–3fach fiederteilig.

Vorkommen: Wiesen, Halbtrockenrasen, Raine, Wegränder, auch in Wäldern. Liebt lockeren, mäßig stickstoffsalzhaltigen Lehmboden. Fehlt örtlich im Tiefland und auch in den Mittelgebirgen mit kalkarmem Gestein; sonst sehr häufig.

Wissenswertes: Einer der Stammeltern der Kulturmöhre. Wurzel im 1. Jahr eßbar, eher karotinarm und bleich, aber intensiv im Geschmack. Enthält 17 mg/100 g Provitamin A, Vitamine der B-Gruppe, aber nur etwa 5 mg/100 g Vitamin C.

BLÜTENFARBE WEISS

Rundblättriges Wintergrün Pýrola rotundifólia
Wintergrüngewächse *Pyroláceae*

Juni–Sept.
10–25 cm
♃ (☠) ▽

Beschreibung: 10–30 Blüten stehen – etwas nickend – in einer allseitswendigen Traube; sie messen um 1 cm im Durchmesser; der Griffel ragt aus der weitglockigen Blüte heraus. Blätter fast rund, rosettig, ledrig-derb, immergrün.
Vorkommen: Lichte Wälder und Gebüsche, auch auf alternden Mooren. Liebt oberflächlich versauerten, aber basenhaltigen, stickstoffsalzarmen Lehmboden. Fehlt im Tiefland fast ganz, in den Mittelgebirgen gebietsweise; sonst selten.
Wissenswertes: Enthält in geringen Mengen das Hydrochinonderivat Arbutin. Alte Heilpflanze, die wegen ihrer Seltenheit nicht mehr genutzt werden sollte.

Einblütiges Wintergrün, Einblütiges Moosauge Monéses uniflóra
Wintergrüngewächse *Pyroláceae*

Mai–Aug.
4–15 cm
♃ (☠) ▽

Beschreibung: Blüte einzeln, flach ausgebreitet, etwas nickend, duftend, 1,5–2,5 cm im Durchmesser, selten etwas rötlich überhaucht. Stengel blattlos. Blätter rosettig, immergrün, ledrig, rundlich-spatelig, am Rand gezähnelt.
Vorkommen: Nadelwälder, seltener Mischwälder. Liebt trockenen, mull- und kalkhaltigen Lehmboden. Fehlt im Tiefland weitgehend; sonst sehr selten.
Wissenswertes: Besiedelt moosige, eher lichte Nadelwälder der Mittelgebirge mit Kalkgestein und der Nördlichen Kalkalpen. Durch das Pflanzen engstehender Nadelholzforsten ist es seit etwa 100 Jahren beträchtlich zurückgegangen.

Preiselbeere, Kronsbeere Vaccínium vitis-idáēa
Heidekrautgewächse *Ericáceae*

Mai–Aug.
5–30 cm
♄

Beschreibung: Blüten in hängenden, armblütigen Trauben an den Triebenden, glockenförmig, auf die halbe Länge meist 4-, selten 5teilig. Blätter derb, immergrün, 1–3 cm lang, 0,5–1,5 cm breit, gekerbt, oberseits dunkelgrün.
Vorkommen: Nadel- und Moorwälder. Zwergstrauchbestände. Liebt rohhumusüberlagerten, sauren Boden. Tiefland, Silikatgebiete, Alpen zerstreut; fehlt sonst.
Wissenswertes: Die Preiselbeere ist eine wertvolle Wildfrucht. Ihre Beeren enthalten organische Säuren, Gerbstoffe, wenig Provitamin A und viel Vitamin C. Die Blätter enthalten in geringen Mengen Arbutin; deshalb wurden sie früher auch zu Blasentee aufgebrüht, der dem Tee aus Bärentrauben aber nachsteht.

Gewöhnliche Rauschbeere Vaccínium uliginósum
Heidekrautgewächse *Ericáceae*

Mai–Juni
20–60 cm
♄ (☠)

Beschreibung: Blüten zu 2–3 in den Achseln der oberen Blätter, weißlich oder rosa überlaufen, um 5 mm lang, mit 4–5 zurückgeschlagenen Zipfeln. Beere kugelig, dunkelblau, aber mit hellem Fleisch und hellem Saft. Blätter sommergrün, 2–3 cm lang, 1–1,5 cm breit, oberseits blaugrün, Rand schwach wulstig.
Vorkommen: Waldmoore, Hochmoore, Zwergstrauchgesellschaften. Im Tiefland, in den Silikatgebieten, im Alpenvorland und in den Alpen zerstreut; fehlt sonst.
Wissenswertes: Es ist umstritten, ob die Rauschbeere giftig ist. Schwindel, Lähmungen und Sehstörungen wurden nach Verzehr beobachtet, doch kein Gift in den Beeren gefunden. Vielleicht gelangt Gift durch Pilzbefall in die Beeren.

BLÜTENFARBE WEISS

Sumpf-Porst, Wilder Rosmarin *Ledum palústre*
Heidekrautgewächse *Ericáceae*

Mai–Juli
0,5–1,5 m
♄ ☠ ▽

Beschreibung: Blütenstand doldig-traubig; Blüten flach, 1–1,5 cm im Durchmesser. Junge Zweige rostrot filzig. Blätter um 3 cm lang, kaum 3 mm breit, am Rand umgerollt, oberseits kahl, glänzend, unterseits rostbraun filzig.
Vorkommen: Hochmoore, moorige Wälder. Liebt nassen, sauren, stickstoffsalzarmen Torfboden, geht auch auf Rohhumus über nassem Sand. Kommt nur im Tiefland vor; fehlt westlich der Weser; östlich von ihr sehr selten. Fehlt sonst.
Wissenswertes: Die Blätter enthalten ätherische Öle, die widerlich riechen, u. a. Ledol und Palustrol. Beide sind giftig. Beim Menschen ruft Ledol zunächst Erregungszustände hervor, führt aber dann zu Lähmungserscheinungen.

Zweihäusige Zaunrübe, Rote Zaunrübe *Bryónia dióica*
Kürbisgewächse *Cucurbitáceae*

Juni–Sept.
0,5–3 m
♃ ☠

Beschreibung: Pflanze entweder nur mit männlichen oder nur mit weiblichen Blüten. Blütenkrone um 1 cm lang; weibliche Blüten kurzstielig, männliche langstielig. Beeren erst grün, dann rot. Blätter wechselständig, 5lappig. Rankenkletterer.
Vorkommen: Gebüsche, Weinberge, Ödland, Wegränder, Zäune, Mauern. Liebt lockeren, kalkhaltigen Lehmboden. Fehlt im westlichen Tiefland oder kommt dort nur vereinzelt vor; im östlichen Tiefland selten, sonst in Lehmgebieten zerstreut.
Wissenswertes: Alte Heilpflanze. Enthält in der Wurzel Harz mit Cucurbitacinen, kraft derer der Wurzelsaft auf der Haut Entzündungen mit Blasenbildung hervorruft. Die Beeren sind sehr giftig; über ihre Gifte ist wenig bekannt.

Wasserfeder *Hottónia palústris*
Primelgewächse *Primuláceae*

Mai–Juli
20–90 cm
♃

Beschreibung: Blüten in quirlig-traubigem Blütenstand auf blattlosem Schaft, 1,5–2 cm im Durchmesser, rötlich überhaucht, am Grund gelb. Blätter fast quirlig dichtstehend, untergetaucht, bis zum Mittelnerv kammartig fiederteilig.
Vorkommen: Gräben, Altwässer, moorige Seen mit Schlammboden. Liebt kalk-, aber nicht basenarme, etwas stickstoffsalzhaltige Gewässer. Im Tiefland zerstreut und oft bestandsbildend; im Einzugsgebiet der großen Flüsse selten.
Wissenswertes: Die Blüten der Wasserfeder werden vor allem von Fliegen bestäubt. Zuweilen vorkommende untergetauchte Blüten bestäuben sich selbst.

Milchkraut *Glaūx marítima*
Primelgewächse *Primuláceae*

Mai–Aug.
5–30 cm
♃

Beschreibung: Die in einer beblätterten Ähre sitzenden Blüten bestehen nur aus dem verwachsenen, weißlichen, rosafarbenen oder weinroten Kelch; sie werden um 5 mm lang. Untere Blätter dicht kreuzgegenständig, fleischig, kurz.
Vorkommen: Dünen und Strandwiesen an Nord- und Ostseeküste (hier zerstreut), im Binnenland vereinzelt an Salzquellen. Liebt kochsalzhaltigen Boden.
Wissenswertes: Der Name „Milchkraut" ist rätselhaft. Dioskurides nannte eine Strandpflanze „glaux"; sie sollte die Milchleistung bei Tieren steigern. Um welche Art von Pflanze es sich dabei gehandelt hat, ist allerdings unklar.

BLÜTENFARBE WEISS

Fieberklee, Bitterklee, Biberklee *Menyánthes trifoliáta*
Fieberkleegewächse *Menyantháceae*

Mai – Juli
15 – 30 cm
♃ ▽

Beschreibung: Blüten in dichten Trauben, am Rande weißbärtig, 1 – 1,8 cm im Durchmesser. Blütenschaft blattlos. Blätter kleeartig, aber viel größer.
Vorkommen: Hoch-, Zwischen- und Flachmoore, Riedgrasbestände, Ufer mooriger Gräben und Tümpel. In Moorgegenden zerstreut, bestandsbildend, fehlt sonst.
Wissenswertes: Der Fieberklee enthält in der Wurzel und in den Blättern das Bitterstoffglykosid Foliamenthin, dazu Loganin und Gerbstoffe. Getrocknete Blätter werden heute indessen kaum noch arzneilich oder als Likörbeimischung verwendet, erfreulicherweise, da Standorte der Pflanze selten geworden sind.

Schwalbenwurz *Vincetóxicum hirundinária*
Schwalbenwurzgewächse *Asclepiadáceae*

Mai – Aug.
0,3 – 1,2 m
♃ ☠

Beschreibung: Zahlreiche Blüten doldig-traubig in den oberen Blattachseln und am Stengelende; Blüten 5 – 7 mm im Durchmesser. Stengel aufrecht, im oberen Drittel gelegentlich windend. Blätter gegenständig, herzförmig bis länglich.
Vorkommen: Halbtrockenrasen, Trockengebüsche, lichte Trockenwälder, seltener auf Steinschutthalden. Liebt basenreichen, stickstoffsalzarmen Boden. Fehlt im Tiefland und in den Mittelgebirgen mit kalkarmem Gestein; sonst zerstreut.
Wissenswertes: Die Blüte besitzt einen Klemm-Mechanismus: Das nektarsuchende Insekt gerät mit dem Rüssel in eine enge Spalte, aus der es sich nur befreien kann, wenn es die Pollenklumpen mitzieht. Enthält das giftige Vincetoxin.

Acker-Winde *Convólvulus arvénsis*
Windengewächse *Convolvuláceae*

Mai – Sept.
20 – 90 cm
♃

Beschreibung: Blüten einzeln auf 1 – 4 cm langen Stielen in den Blattachseln; sie sind weiß, weiß-rosa gestreift oder rötlich und erreichen 2,5 – 4 cm im Durchmesser. Stengel kriechend oder windend. Blätter pfeil- bis spießförmig.
Vorkommen: Äcker, Gärten, Ödland, Wege. Liebt basen- und stickstoffsalzreichen, humusarmen Lehm- oder Tonboden. Fehlt örtlich in Gegenden mit kalkfreiem Gestein, im westlichen Tiefland auch kleineren Gebieten; sonst sehr häufig.
Wissenswertes: Die Blüten der Acker-Winde öffnen sich zwischen 7 und 8 Uhr und schließen sich am selben Tag wieder gegen 13 – 14 Uhr; dann sind sie verblüht. Enthält in den Blättern Herzglykoside und Gerbstoffe. Heilpflanze.

Gewöhnliche Zaunwinde, Ufer-Zaunwinde *Calystégia sépium*
Windengewächse *Convolvuláceae*

Juni – Okt.
1 – 3 m
♃

Beschreibung: Blüten einzeln auf 5 – 12 cm langen Stielen in den oberen Blattachseln; sie messen 3,5 – 5 cm im Durchmesser. Stengel selten kriechend, meist windend. Blätter 4 – 12 cm lang, halb so breit, herz- oder pfeilförmig.
Vorkommen: Auwälder, feuchte Gebüsche, Waldränder, Röhricht, Zäune und Wege, Gärten. Liebt nassen, basen- und stickstoffsalzreichen Boden. Sehr häufig.
Wissenswertes: Die Blüten schließen sich bei trübem Wetter und bei Regen, können aber sonst zu jeder Tages- und Nachtzeit geöffnet sein. Die Blätter enthalten stark abführende Herzglykoside und Gerbstoffe. Alte Heilpflanze.

BLÜTENFARBE WEISS

Acker-Steinsame Buglossoídes arvénsis
Rauhblattgewächse Boragináceae

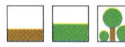

Apr.–Juni
10–50 cm
☉

Beschreibung: 3–7 Blüten stehen sehr kurz gestielt in einem scheintraubigen, beblätterten Blütenstand. Blütenkrone 3–5 mm im Durchmesser. Stengel einfach oder verzweigt. Blätter 1nervig, rauhhaarig, am Rand seidig bewimpert.
Vorkommen: Getreideäcker, seltener Trockenrasen und Trockengebüsche. Liebt basenreichen, aber nicht unbedingt kalkhaltigen Lehm- oder Tonboden. Im Tiefland selten, in den Lehmgebieten zerstreut; fehlt sonst oder ist sehr selten.
Wissenswertes: Die Wurzeln enthalten den roten Chinonfarbstoff Lithospermin. Ihn hat man früher als Schminke verwendet. Darauf beziehen sich (heutzutage zum Teil vergessene) Volksnamen wie „Bauernschminke" oder „Schminkwurz".

Echter Beinwell, Gemeiner Beinwell Sýmphytum officinále
Rauhblattgewächse Boragináceae

Mai–Sept.
30–90 cm
♃ (☠)

Beschreibung: Blütenstand trugdoldig, Blüten nickend, Krone 1–2 cm lang, weißlich, bläulich- oder rötlich-violett. Stengel oft vom Grund an verzweigt. Blätter schmal lanzettlich, die unteren bis 25 cm lang und 5 cm breit, die oberen kleiner, unterseits grobaderig, deutlich am Stengel herablaufend.
Vorkommen: Wiesen, Ufer, Gräben, lichte Stellen in Wäldern, Wege. Liebt feuchten Lehmboden. Fehlt im Tiefland oder ist dort selten; sonst zerstreut.
Wissenswertes: Die Pflanze wurde früher als Heilmittel bei Knochenbrüchen verwendet. Daher kommt der Name Beinwell. Enthält Alkaloide und Gerbstoffe.

Stechapfel, Weißer Stechapfel Datúra stramónium
Nachtschattengewächse Solanáceae

Juni–Okt.
0,3–1,2 m
☉ ☠

Beschreibung: Blüten einzeln in den oberen Blattachseln, gestielt; Krone 6–10 cm lang, trichterförmig, mit spitz auslaufenden Zipfeln; Frucht eine eiförmige, derbstachelige Kapsel. Blätter ungleich groß, grob buchtig gezähnt.
Vorkommen: Ortsnahes Ödland, Randgebiete von Gartenanlagen, Komposthaufen, Wegränder, selten Kleeäcker. Im Tiefland am Unterlauf der großen Ströme, sonst meist nur in klimagünstigen Gegenden; selten und meist unbeständig.
Wissenswertes: Der Stechapfel stammt aus Mexiko. Bei uns wird er zuweilen aus Südeuropa eingeschleppt. Er enthält stark giftige Alkaloide. Die Blüten öffnen sich erst zwischen 19 und 20 Uhr; Bestäuber sind Nachtschmetterlinge.

Schwarzer Nachtschatten Solánum nígrum
Nachtschattengewächse Solanáceae

Juni–Okt.
10–90 cm
☉ ☠

Beschreibung: Wenigblütige Trauben; Blüte ähnlich der einer Kartoffel, 1,2–1,8 cm im Durchmesser; Beeren schwarz. Stengel verästelt, meist kahl. Blätter wechselständig, langgestielt, ei-rautenförmig, am Rande lappig-buchtig.
Vorkommen: Hackfruchtäcker, Brachen, ortsnahes Ödland. Liebt stickstoffsalz- und basenreichen Lehm- oder Tonboden; wärmeliebend. Fehlt in Gegenden mit rauherem Klima oder in solchen mit kalkarmem Gestein; sonst zerstreut.
Wissenswertes: Enthält giftige Alkaloide, und zwar in der unreifen Frucht in besonders hoher Konzentration, weniger in den Blättern und in den Stengeln.

BLÜTENFARBE WEISS

Mehlige Königskerze, Lichtnelken-Königskerze *Verbáscum lychnítis*
Braunwurzgewächse *Scrophulariáceae*

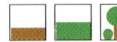

Juni – Sept.
0,5 – 1,5 m
☉

Beschreibung: Lange, schlanke, zumindest unten etwas verzweigte Traube; Blüten 1,2 – 2 cm im Durchmesser; Staubfäden weiß- bis hellgelb-wollig. Stengel kantig, oben mehlig. Blätter gekerbt, oberseits fast kahl, unterseits mehlig.
Vorkommen: Trockenrasen, Gebüsche, Raine, Wege, Ödland, Kahlschläge, Waldränder. Liebt stickstoffsalz- und basenreichen, kalkhaltigen Lehmboden. Fehlt im Tiefland und in Gegenden mit kalkarmem Gestein weitgehend; sonst zerstreut.
Wissenswertes: Plinius hatte eine Pflanze „Lychnites" genannt, deren wollige Blätter man zum Herstellen von Lampendochten (lychnos, griech. = Lampe) verwendete. Ob er mit diesem Namen indessen unsere Art meinte, ist zweifelhaft.

Zwerg-Holunder *Sambúcus ébulus*
Holundergewächse *Sambucáceae*

Juni – Aug.
0,5 – 2 m
⚃ (☠)

Beschreibung: Zahlreiche Blüten in flachem, dolden-rispigem Blütenstand; Dolden 5 – 10 cm, Blüten um 7 mm im Durchmesser; Staubbeutel purpurn; Beere schwarz. Blätter gefiedert, mit 7 – 9 Teilblättchen. Pflanze riecht widerlich.
Vorkommen: Gebüsch- und Waldränder, Lichtungen, Ödland, Brachen, Bahnanlagen. Liebt stickstoffsalz- und basenreichen Boden. Im Tiefland vereinzelt, ebenso in Gegenden mit kalkarmem Gestein; sonst zerstreut; meist bestandsbildend.
Wissenswertes: Enthält unerforschten Bitterstoff und wenig Blausäureglykosid; vor allem Beeren – frisch gegessen – sollen Erbrechen und Durchfall auslösen.

Schwarzer Holunder, Holler *Sambúcus nígra*
Holundergewächse *Sambucáceae*

Juni – Juli
2 – 10 m
♄ (☠)

Beschreibung: Zahlreiche Blüten stehen in flachen, doldig-rispigen Blütenständen; Dolden 10 – 20 cm, Blüten um 7 mm im Durchmesser; Staubblätter gelblich; Beere schwarz. Blätter mit 3 – 7 Teilblättchen. Pflanze riecht aromatisch.
Vorkommen: Gebüsche, Waldränder und -lichtungen. Liebt humus- und stickstoffsalzreiche, nicht zu trockene, ja oft ausgesprochen feuchte Böden. Häufig.
Wissenswertes: Alte Heilpflanze. Die Blätter enthalten ätherisches Öl, die Beeren in 100 g Frischgewicht rund 9 g Zucker, um 2 g Eiweiß und ca. 7 g Rohfaser, um 18 mg Vitamin C und etwa 700 mg Mineralstoffe. Nach dem Genuß frischer oder gar unreifer Beeren scheint es zu Brechdurchfall kommen zu können.

Gewöhnlicher Schneeball *Vibúrnum ópulus*
Holundergewächse *Sambucáceae*

Apr. – Juni
2 – 4 m
♄ (☠)

Beschreibung: Zahlreiche Blüten stehen in flachen, oft lockeren, doldenartigen Blütenständen von 5 – 10 cm Durchmesser; Randblüten steril, rein weiß, vergrößert; Beeren rot. Blätter 3lappig; Lappen unregelmäßig gezähnt.
Vorkommen: Auenwälder, feuchte und lichte Stellen in Laubwäldern, Ufer. Fehlt örtlich im Tiefland und in rauhen Lagen der Mittelgebirge; sonst häufig.
Wissenswertes: Alte Berichte über die starke Giftigkeit der Beeren sind zweifelhaft. Aus neuerer Zeit liegen Berichte über Vergiftungen nicht vor. Allerdings soll Brechdurchfall auftreten, wenn man viele oder unreife Beeren ißt.

BLÜTENFARBE WEISS

Wolliger Schneeball *Vibúrnum lantána*
Holundergewächse *Sambucáceae*

Apr.–Juni
1,5–5 m
♭ (✿)

Beschreibung: Zahlreiche Blüten stehen in oft schildkrötenpanzerartigen, scheindoldigen Blütenständen von 5–10 cm Durchmesser; Beeren erst rot, dann schwarz. Jüngste Äste graufilzig. Blätter unterseits runzelig, graufilzig.
Vorkommen: Gebüsche, Waldränder, lichte Stellen in Wäldern. Liebt basenreichen, meist kalk- und etwas stickstoffsalzhaltigen Lehmboden. Fehlt im Tiefland und in den Gebieten mit kalkarmem Gestein weitgehend; sonst zerstreut.
Wissenswertes: Der Strauch ist örtlich häufig. Obgleich früher über Vergiftungen berichtet worden ist, sind Inhaltsstoffe, die eine Giftwirkung erklären könnten, nicht bekannt; vorsichtshalber sollten die Beeren als giftig gelten.

Arznei-Baldrian, Echter Baldrian *Valeriána officinális*
Baldriangewächse *Valerianáceae*

Juli–Sept.
0,7–1,7 m
♃ (✿)

Beschreibung: Zahlreiche Blüten stehen an Stengel- und Astenden in rispig-doldigen, oft halbkugeligen Blütenständen; Blüten 2–4 mm im Durchmesser, oft rötlich. Blätter unpaarig gefiedert, mit 11–23 gezähnten Teilblättchen.
Vorkommen: Nasse Wälder und Gebüsche (auch Gartenhecken), Naßwiesen, Ufer. Liebt basenreichen und etwas stickstoffsalzhaltigen Lehm- oder Tonboden.
Wissenswertes: Enthält Valeprotiate, geringe Mengen von Alkaloiden und ätherisches Öl. Heilpflanze (getrocknete Wurzel). Der Blütenduft, der allerdings nicht von allen Leuten gleich stark wahrgenommen wird, soll Katzen anlocken.

Sumpf-Baldrian, Kleiner Baldrian *Valeriána dióica*
Baldriangewächse *Valerianáceae*

Mai–Juli
10–30 cm
♃

Beschreibung: Blütenstand aus mehreren, halbkugeligen oder schirmartigen Doldenrispen. Pflanzen 2häusig; männliche Blüten oft rosa, weibliche oft rein weiß. Untere Blätter ungeteilt, obere unpaarig gefiedert (1–5 Fiederpaare).
Vorkommen: Flachmoore, Sumpfwiesen, Gräben, Ufer, Naßstellen in Wäldern. Liebt grundwasserfeuchten, basenhaltigen, aber stickstoffsalzarmen Lehm- oder Torfboden. Fehlt im Tiefland und in Sandgebieten weithin; sonst zerstreut.
Wissenswertes: Der Sumpf-Baldrian enthält ähnliche Inhaltsstoffe wie der Arznei-Baldrian, allerdings in geringeren Mengen. Daher und wegen seiner Kleinheit scheint er auch früher nicht als Heilpflanze verwendet worden zu sein.

Ährige Teufelskralle, Ährige Rapunzel *Phyteūma spicátum*
Glockenblumengewächse *Campanuláceae*

Mai–Aug.
20–90 cm
♃

Beschreibung: Blüten in zuerst leicht pyramidalen, dann walzlichen Köpfchen, vor dem Aufblühen gekrümmt, meist weiß oder cremefarben, sehr selten bläulich. Grundblätter lang gestielt, etwa so lang wie breit, am Grund herzförmig.
Vorkommen: Laub- und Mischwälder, selten in lichten Nadelwäldern oder auf Bergwiesen. Liebt stickstoffsalzhaltigen, frischen Boden. Fehlt im Tiefland und westlich des Rheins ist dort sehr selten; sonst zerstreut.
Wissenswertes: „Teufelskralle" bezieht sich auf die nach oben gekrümmten Blütenknospen; „Rapunzel" verweist auf die verdickte Wurzel (rapum, lat. = Rübe).

BLÜTENFARBE WEISS

Weiße Seerose, Wasserrose *Nymphaéa álba*
Seerosengewächse *Nymphaeáceae*

Mai–Sept.
0,5–3 m
♃ (☠) ▽

Beschreibung: Blüten einzeln, auf sehr langen Stielen, schwimmend, schwach, aber angenehm duftend, bis zu 15 cm im Durchmesser; Narben gelb. Blattstiel seilartig; Spreite rundlich, tief herzförmig eingeschnitten, ganzrandig.
Vorkommen: Schwimmpflanzenbestand stehender oder langsam fließender Gewässer. Liebt stickstoffsalz- und basenhaltiges Wasser; zerstreut; bestandsbildend.
Wissenswertes: Der Wurzelstock enthält reichlich Gerbstoffe; er wurde früher zum Gerben verwendet. – Die Blüten der Weißen Seerose sind etwa von 7 bis 16 Uhr geöffnet. Sie werden durch Fliegen und Käfer bestäubt. – Enthält Alkaloide.

Busch-Windröschen, Weiße Osterblume *Anemóne nemorósa*
Hahnenfußgewächse *Ranunculáceae*

März–Mai
5–25 cm
♃ ☠

Beschreibung: Blütenstiel entspringt einzeln einem Quirl aus 3 gestielten, handförmig 3–5teiligen Hochblättern; Blüte 2–4 cm im Durchmesser; Blütenblätter außen oft rötlich überlaufen. Zur Blütezeit meist kein Grundblatt.
Vorkommen: Lichte Laub- und Mischwälder, Gebüsche, seltener schattige Wiesen. Liebt mullreichen Boden. Sehr häufig, meist in individuenreichen Beständen.
Wissenswertes: Enthält die Gifte Anemonin und Protoanemonin, die – mit Saft – auf die Haut gebracht, Entzündungen hervorrufen können. – Es ist unklar, woher der Name „Windröschen" kommt. Angeblich soll er darauf verweisen, daß bei manchen Arten der Gattung die Blüten rasch durch den Wind entblättert werden.

Kleines Mädesüß, Filipendelwurz *Filipéndula vulgáris*
Rosengewächse *Rosáceae*

Mai–Juli
30–80 cm
♃ (☠)

Beschreibung: Zahlreiche Blüten in ästiger Trugdolde; Blüten 0,8–1,8 cm im Durchmesser. Stengel dünn, rund. Blätter unpaarig gefiedert, mit 5–20 Paaren normaler, grob gesägter Fiedern, sowie mit eingeschobenen, kleinen Fiedern.
Vorkommen: Halbtrockenrasen, Trockengebüsche und -wälder, seltener Flachmoore. Liebt stickstoffsalzarmen, basenreichen und meist kalkhaltigen Lehm- oder Tonboden. Im Tiefland nur vereinzelt; sonst nur in den Mittelgebirgen mit Kalkgestein und in den Kalkalpen; auch hier selten und gebietsweise fehlend.
Wissenswertes: Name: s. Großes Mädesüß, S. 72. – Alte Heilpflanze, die – besonders in den Knollen – schwach giftige Glykoside enthält; früher Wildsalat.

Siebenstern *Trientális európaēa*
Primelgewächse *Primuláceae*

Mai–Juli
7–25 cm
♃ ▽

Beschreibung: Blüten einzeln auf 2–5 cm langem Stiel in den Blattachseln. Stengel aufrecht, im unteren Drittel blattlos oder mit kleinen, zum Teil schuppigen Blättern; oben 5–12 fast quirlig genäherte, lanzettliche Blätter.
Vorkommen: Fichten- und Moorbirkenwälder, selten bodensaure Eichenwälder. Liebt feuchten, moosigen Sand- oder Lehmboden. Im Tiefland und in den Gebieten mit kalkarmem Gestein selten, oft in kleinen Beständen; fehlt sonst.
Wissenswertes: Die mitteleuropäischen Standorte dieser nordischen Art sind in der Eiszeit entstanden. Vernichtete Standorte werden selten neu besiedelt.

BLÜTENFARBE WEISS

Gänseblümchen, Maßliebchen, Tausendschönchen *Béllis perénnis*
Korbblütengewächse *Asteráceae (Compósitae)*

Febr.–Dez.
3–15 cm
♃

Beschreibung: Blüten in einem Körbchen, das einzeln auf dem blattlosen Stengel steht; außen weiße oder rötlich getönte Zungenblüten; innen gelbe Röhrenblüten; Körbchenboden hohl. Blätter rosettig, verkehrt-eiförmig, schwach gekerbt.
Vorkommen: Fettwiesen, Weiden, Garten- und Parkrasen, Wegränder. Etwas stickstoffsalzliebend; stellt sonst keine besonderen Ansprüche; sehr häufig.
Wissenswertes: Die Blüten des Gänseblümchens ertragen bei trockener Luft bis –15 °C, ohne daß sie geschädigt werden. – Das Körbchen reagiert wie eine Einzelblüte; es schließt sich nachts und bei feuchtem Wetter. Außerdem dreht es sich – zumindest etwas – nach der Sonne. Alte Heilpflanze; enthält Saponine.

Alpen-Maßliebchen *Áster bellidiástrum*
Korbblütengewächse *Asteráceae (Compósitae)*

Mai–Juni
10–30 cm
♃

Beschreibung: Blüten in einem Körbchen, dieses einzeln auf blattlosem Stengel; außen weiße (selten rosa) Zungenblüten, innen gelbe Röhrenblüten; Körbchenboden fast flach, nie hohl. Blätter rosettig; Spreite rundlich-spatelig.
Vorkommen: Matten, feuchte Felsen, Erdanrisse, Quellmoore. Liebt stickstoffsalzarmen, basen- und meist auch kalkreichen Boden. Alpen, Schwäbischer und Schweizer Jura, Südschwarzwald, südliches Alpenvorland; hier zerstreut.
Wissenswertes: Wo das Alpen-Maßliebchen (als alpin-praealpine Art) außerhalb der Alpen vorkommt, darf es als Relikt aus der Eiszeit angesehen werden.

Einjähriges Berufkraut *Erígeron ánnuus*
Korbblütengewächse *Asteráceae (Compósitae)*

Juni–Okt.
0,3–1,5 m
☉

Beschreibung: Gesamtblütenstand rispig; Blüten in Körbchen; außen kaum 0,5 mm breite, weißliche, selten lila- oder rosaviolette Zungenblüten; innen gelbe Röhrenblüten. Blätter eiförmig-lanzettlich, in einen Stiel verschmälert.
Vorkommen: Ödland, Ufergebüsch, Auenwälder. Liebt lockeren Lehmboden. Zierpflanze aus Nordamerika; vielerorts verwildert und eingebürgert; fehlt im Tiefland und in den Gegenden mit Sandboden gebietsweise; sonst zerstreut.
Wissenswertes: „Berufkraut" bezieht sich auf das „Berufen" = Verhexen. Einheimische Arten der Gattung wurden als Abwehrmittel gegen das Verhextwerden benutzt. – Die Art kam wohl schon im 17. Jahrhundert als Zierpflanze nach Europa.

Kanadisches Berufkraut, Kanadischer Katzenschweif *Conýza canadénsis*
Korbblütengewächse *Asteráceae (Compósitae)*

Juni–Okt.
10–90 cm
☉

Beschreibung: Blüten in Körbchen, die oft zu Hunderten in einer walzlich-pyramidenförmigen Rispe stehen; Zungenblüten nur 1–3 mm lang, weißlich; innen unscheinbare gelbe Röhrenblüten. Blätter wechselständig, lineal-lanzettlich.
Vorkommen: Ödland in und um Siedlungen, Waldschläge. Liebt mäßig stickstoffsalzreichen Boden. Fehlt in Gebieten mit rauhem Klima; sonst häufig.
Wissenswertes: Exemplare der Art wurden erst Mitte des 17. Jahrhunderts aus Nordamerika nach Europa eingeschleppt. Ende des 18. Jh. war sie schon über ganz Mitteleuropa verbreitet. Alte Heilpflanze; enthält ätherische Öle und Gerbstoffe.

Gänseblümchen
Bellis perennis

Alpen-Maßliebchen
Aster bellidiastrum

Einjähriges Berufkraut
Erigeron annuus

Kanadisches Berufkraut
Conyza canadensis

BLÜTENFARBE WEISS

Wald-Ruhrkraut Gnaphálium sylváticum
Korbblütengewächse Asteráceae (Compósitae)

Juli–Sept.
10–60 cm
♃

Beschreibung: Körbchen zu 1–5 in den Achseln der oberen Blätter oder zu mehreren am Stengelende, um 4 mm lang; Blüten weiß-bräunlich; Randblüten fädlich, nur wenige innere. Blätter oberseits oft kahl, unterseits weißfilzig.

Vorkommen: Feuchte Weiden, lichte, bodensaure Wälder, Kahlschläge, verdichtete, staunasse Waldwege, Heiden. Liebt feuchten, etwas humosen und stickstoffsalzhaltigen Lehmboden. Fehlt örtlich, sonst zerstreut, aber unauffällig.

Wissenswertes: Arten aus der Gattung wurden früher als Heilmittel gegen Ruhr verwendet. Inhaltsstoffe, die dies rechtfertigen könnten, wurden indessen nicht gefunden. „Gnaphalion", griech. = Wollflocke, verweist auf die Behaarung.

Kleinblütiges Franzosenkraut Galinsóga parviflóra
Korbblütengewächse Asteráceae (Compósitae)

Juni–Okt.
20–60 cm
☉

Beschreibung: 2–9 Körbchen stehen locker traubig-doldig am Stengelende; meist nur 5 kurze, 3zähnige, weiße Zungenblüten; Röhrenblüten im Körbcheninnern gelb. Stengel oberwärts fast kahl oder kahl. Blätter eiförmig, fein gezähnt.

Vorkommen: Ödland in und um Siedlungen, Gärten, Äcker. Liebt Sommerwärme, hohe Luftfeuchtigkeit, außerdem stickstoffsalzhaltigen, kalkarmen Boden. Fehlt örtlich in Kalkgebieten und in Gegenden mit rauherem Klima; sonst zerstreut.

Wissenswertes: Ähnlich: Behaartes Franzosenkraut (G. ciliáta): Stengel zottig behaart. Heimat beider Arten: Süd- bzw. Mittelamerika; G. parviflora verwilderte um 1800 aus botanischen Gärten, G. ciliata wurde um 1850 eingeschleppt.

Acker-Hundskamille Ánthemis arvénsis
Korbblütengewächse Asteráceae (Compósitae)

Juni–Okt.
10–50 cm
☉

Beschreibung: Körbchen einzeln am Ende von Stengel und Ästen, 2–4 cm im Durchmesser; 8–13 weiße Zungenblüten; innen gelbe Röhrenblüten. Stengel meist reich verzweigt. Stengelblätter wechselständig, 2–3fach gefiedert.

Vorkommen: Äcker, Wege, Brachen, seltener ortsnahes Ödland. Liebt stickstoffsalzreichen, eher basenarmen und sauren Boden; wärmeliebend. Fehlt in den Kalkgebieten weithin, ebenso in Gegenden mit rauhem Klima; sonst zerstreut.

Wissenswertes: Im Gegensatz zur Echten Kamille (s. S. 114) riecht die Acker-Hundskamille nicht aromatisch. Sie enthält nur sehr wenig ätherische Öle.

Sumpf-Schafgarbe, Bertram-Schafgarbe Achilléa ptármica
Korbblütengewächse Asteráceae (Compósitae)

Juli–Sept.
30–90 cm
♃ (✿)

Beschreibung: Körbchen stehen in lockerer Trugdolde; sie messen um 1,5 cm im Durchmesser und haben außen 8–13 weiße Zungenblüten, innen weißliche Röhrenblüten. Stengel nur oben verzweigt. Blätter lineal-lanzettlich, gesägt.

Vorkommen: Sumpfwiesen, Gräben, Ufer, nasse Wege. Liebt feuchten, stickstoffsalzarmen Lehmboden. Fehlt in Gegenden mit rauhem Klima; sonst zerstreut.

Wissenswertes: Alte Heilpflanze, die in der Wurzel einen scharfschmeckenden Stoff enthält. Dieser Scharfstoff soll auf Insekten als Gift wirken. Wahrscheinlich handelt es sich bei ihm um ein Derivat der Dehydromatricariasäure.

BLÜTENFARBE WEISS

Wiesen-Schafgarbe, Gemeine Schafgarbe *Achilléa millefólium*
Korbblütengewächse *Asteráceae (Compósitae)*

Juni–Okt.
15–60 cm
♃ (☠)

Beschreibung: Körbchen stehen in dichter, schirmartiger Trugdolde; sie messen 4–9 mm im Durchmesser; außen meist 5 weiße Zungenblüten, innen 2–9 weißliche Röhrenblüten. Blätter doppelt fiederteilig. Pflanze riecht aromatisch.

Vorkommen: Halbtrockenrasen, Fettwiesen, Raine, Wegränder. Liebt mäßig stickstoffsalzhaltigen Lehmboden, der nicht zu feucht sein sollte; sehr häufig.

Wissenswertes: Alte Heilpflanze. Enthält ätherische Öle (manche Sippen mit Chamazulen bzw. dessen Vorstufen; auf diesen Substanzen beruht die Heilwirkung der Kamille) und außerdem geringe Mengen von Furocumarinen. Deretwegen kann Pflanzensaft auf der Haut im Licht Entzündungen hervorrufen.

Geruchlose Kamille, Geruchlose Strandkamille *Tripleurospérmum inodórum*
Korbblütengewächse *Asteráceae (Compósitae)*

Juni–Okt.
20–80 cm
☉

Beschreibung: Körbchen in lockerer Rispe, 2–4 cm im Durchmesser, außen weiße Zungenblüten, innen gelbe Röhrenblüten; Körbchenboden nicht hohl, sondern markig. Blätter 2–3fach fiederteilig. Pflanze riecht nicht aromatisch.

Vorkommen: Getreideäcker, Wegränder, Brachen, Ödland. Liebt recht basen- und stickstoffsalzreichen Lehmboden. Fehlt in Sandgebieten örtlich; sonst häufig.

Wissenswertes: Die Geruchlose Kamille enthält im Gegensatz zur Echten Kamille kaum ätherische Öle. Außer am meist fehlenden Duft (Körbchen zwischen den Fingern zerreiben) läßt die Art sich am markerfüllten Blütenboden erkennen.

Echte Kamille *Matricária chamomilla*
Korbblütengewächse *Asteráceae (Compósitae)*

Mai–Sept.
15–50 cm
☉

Beschreibung: Körbchen in mäßig lockerer Rispe, 1,5–2,5 cm im Durchmesser, außen weiße, oft herabgeschlagene Zungenblüten, innen gelbe Röhrenblüten. Körbchenboden hohl. Blätter 2fach fiederteilig. Pflanze riecht aromatisch.

Vorkommen: Äcker, Brachen, Ödland, Wegränder. Liebt kalkarmen, aber einigermaßen basen- und stickstoffsalzhaltigen Lehmboden. In Gegenden mit Sand- oder mit kalkreichen Böden örtlich fehlend oder doch sehr selten; sonst häufig.

Wissenswertes: Die Echte Kamille ist eine noch heute vielfach genutzte Heilpflanze. Sie enthält vor allem in den Blüten ätherisches Öl; beim Aufbrühen entsteht als wertvoller Bestandteil das entzündungshemmende Chamazulen.

Straußblütige Wucherblume *Tanacétum corymbósum*
Korbblütengewächse *Asteráceae (Compósitae)*

Juni–Aug.
0,3–1 m
♃

Beschreibung: 3–15 Körbchen stehen in einer lockeren Doldentraube; Körbchen 2–4 cm Durchmesser; außen weiße Zungenblüten; innen gelbe Röhrenblüten. Blätter unpaarig gefiedert; Fiedern tief gezähnt oder doppelt fiederspaltig.

Vorkommen: Lichte Stellen in Trocken- und in Laubwäldern, Trockengebüsche. Liebt basen- und vor allem kalkreichen, mulldurchsetzten Boden. Fehlt im Tiefland und in Gegenden mit kalkarmen oder -freien Böden; sonst zerstreut.

Wissenswertes: Besonders gut gedeiht die Straußblütige Wucherblume in den Krautsäumen der Trockenwälder, wie sie in klimagünstigen Gegenden auftreten.

BLÜTENFARBE WEISS

Margerite, Weiße Wucherblume *Leucánthemum vulgáre*
Korbblütengewächse *Asteráceae (Compósitae)*

Mai–Okt.
20–90 cm
♃

Beschreibung: Körbchen einzeln am Ende des Stengels oder der selten vorhandenen Äste, 3–5 cm Durchmesser; Zungenblüten weiß; Röhrenblüten gelb. Stengelblätter schmal eiförmig bis lineal, grob gezähnt, oberste fast ganzrandig.
Vorkommen: Halbtrockenrasen, Wiesen, trockene Gebüsche und lichte Stellen in Trockenwäldern, Waldwiesen. Nimmt mit Böden aller Art vorlieb. Sehr häufig.
Wissenswertes: Die Margerite kann in wenig gedüngten Wiesen und in Gartenrasen massenhaft auftreten. Nährstoffarmut begünstigt sie; Mahd läßt sie durch Wurzelstockteilung teppichartig wachsen. Hierauf bezieht sich „Wucherblume".

Weiße Pestwurz *Petasítes álbus*
Korbblütengewächse *Asteráceae (Compósitae)*

März–Apr.
15–35 cm
♃

Beschreibung: Körbchen in kurzrispigem, oft fast halbkugeligem Gesamtblütenstand. Stengel mit großen Schuppenblättern, jung filzig behaart. Grundblätter erscheinen nach der Blütezeit: Stiel sehr lang; Spreite herz-rundlich, bis 40 cm breit.
Vorkommen: Stellen mit Sickerwasseraustritten in lichten Laubwäldern, mehr oder minder steinige Schluchtwälder. Liebt mullreichen, locker-steinigen, mindestens zeitweise feucht-nassen Lehmboden. Nur im östlichen Tiefland und in den Lehmgebieten auf steindurchsetzten Böden, hier zerstreut; fehlt sonst.
Wissenswertes: Bemerkenswert ist das Auftreten der Art in den Buchenwäldern im Hinterland der Ostseeküste; hier bevorzugt sie Ufer von Gräben und Bächen.

Alpen-Pestwurz *Petasítes paradóxus*
Korbblütengewächse *Asteráceae (Compósitae)*

März–Mai
10–30 cm
♃

Beschreibung: Körbchen in kurztraubigem, zunächst eiförmig-kurzwalzlichem Gesamtblütenstand. Stengel mit großen, oft weinroten Schuppenblättern; Grundblätter erscheinen nach der Blütezeit: Stiel lang, Spreite herzförmig, bis 20 cm breit.
Vorkommen: Lichte Wälder, gut durchsickerte Steinschutthalden, Ufergeröll. Liebt basen- und meist kalkreichen, sickernassen, aber gleichwohl gut durchlüfteten, steinigen Lehmboden. Nur Alpenvorland und Alpen; hier zerstreut.
Wissenswertes: Bei den Pestwurz-Arten tragen die Individuen Körbchen, in denen meist entweder nur die Fruchtknoten oder nur die Staubgefäße funktionsfähig sind.

Silberdistel, Große Eberwurz, Wetterdistel *Carlína acaūlis*
Korbblütengewächse *Asteráceae (Compósitae)*

Juni–Okt.
5–40 cm
♃ ▽

Beschreibung: Körbchen einzeln am Ende des meist nur kurzen Stengels, 6–12 cm im Durchmesser; nur weiße bis weinrote Röhrenblüten; innere Hüllblätter lineal, silbrig weiß. Blätter tief fiederspaltig, stechend, unterseits spinnwebig.
Vorkommen: Halbtrockenrasen, magere Raine und Böschungen, lichte Trockenwälder und -gebüsche. Liebt stickstoffsalzarmen Lehmboden. Fehlt im Tiefland und in den Gegenden mit Sandboden; sonst zerstreut, oft in lockeren Beständen.
Wissenswertes: Die weißen Hüllblätter sind hygroskopisch (= wasseranziehend) und krümmen sich bei feuchter Luft nach innen, wogegen sie sich bei trockener Luft stark auseinanderspreizen. Hierauf bezieht sich der Name „Wetterdistel".

BLÜTENFARBE WEISS

Weißer Germer, Nieswurz *Verátrum álbum*
Germergewächse *Melanthiáceae*

Juni–Sept.
0,5–1,8 m
♃ ☠

Beschreibung: Blüten in einer endständigen, länglichen Rispe, 1–1,5 cm im Durchmesser, innen weißlich, gelbgrünlich, außen meist grünlich. Blätter wechselständig (beim Gelben Enzian gegenständig!), Blattunterseite flaumig.
Vorkommen: Feuchte Wiesen, Lägerfluren, lichte, nasse Waldstellen, Flachmoore, Ufer. Liebt ziemlich stickstoffsalzreiche Böden. Nur Alpen, Alpenvorland, Bayerischer Wald, Schwäbischer Jura; zerstreut, oft in lockeren Beständen.
Wissenswertes: Der Germer blüht erst nach mehreren Jahren. – Enthält rund 1 Dutzend verschiedener Alkaloide. Die Giftigkeit der Pflanze ist hoch. Germer-Alkaloide wirken u. a. durch Reizung von Nervenendigungen in Schleimhäuten.

Traubige Graslilie, Astlose Graslilie *Anthéricum liliágo*
Affodillgewächse *Asphodeláceae*

Mai–Juli
20–70 cm
♃

Beschreibung: Blütenstand einfache Traube; Blüten 3–5 cm im Durchmesser; innere und äußere Blütenblätter gleich. Stengel meist aufrecht, zuweilen aufgebogen. Blätter 2–6 mm breit, grasartig, allmählich spitz auslaufend.
Vorkommen: Trockenrasen, lichte Trockenwälder und -gebüsche. Liebt stickstoffsalz- und kalkarme, mäßig basenreiche, locker-sandige Böden. Im Tiefland im Westen nur vereinzelt, im Osten sehr selten; in den Mittelgebirgen selten.
Wissenswertes: Von den Blüten der Traube ist häufig nur 1 voll aufgeblüht. So gesehen wird die beachtliche Größe der Einzelblüten verständlich. Bestäuber sind Fliegen und Bienen. Der Nektar wird oben am Fruchtknoten abgeschieden.

Ästige Graslilie *Anthéricum ramósum*
Affodillgewächse *Asphodeláceae*

Mai–Aug.
30–90 cm
♃

Beschreibung: Blütenstand verzweigt (Rispe); Blüten 1,5–2,8 cm im Durchmesser; innere Blütenblätter deutlich breiter als äußere. Stengel meist aufrecht, selten aufgebogen. Blätter 2–6 mm breit, grasartig, spitz zulaufend.
Vorkommen: Trockene Rasen, lichte Trockenwälder und -gebüsche. Liebt basen- und meist kalkreichen, mäßig stickstoffsalzhaltigen, lockeren Boden. Fehlt im Tiefland weithin oder ist dort sehr selten; in den Kalkgebieten zerstreut.
Wissenswertes: Die Blüten der Ästigen Graslilie, deren Nektar offen liegt, werden durch Schwebfliegen, Bienen und sogar durch Schmetterlinge bestäubt.

Dolden-Milchstern, Doldiger Milchstern *Ornithógalum umbellátum*
Hyazinthengewächse *Hyacintháceae*

Apr.–Juni
10–30 cm
♃

Beschreibung: Leicht doldig verebnete Traube mit 3–12 Blüten; Blütenstiele 3–8 cm lang; Blütenblätter außen mit grünem Mittelstreif; Blüten 2–3,5 cm im Durchmesser. Stengel etwa so lang wie der Blütenstand. Blätter fein längsstreifig.
Vorkommen: Rasen, siedlungsnahe Wiesen. Liebt basen-, aber nicht unbedingt kalkreichen, etwas stickstoffsalzhaltigen Boden. Zierpflanze, die vielerorts aus herrschaftlichen Parkanlagen oder Bauerngärten beständig verwildert ist.
Wissenswertes: Die eigentliche Heimat des Dolden-Milchsterns liegt im westlichen Mittelmeergebiet. Schon im Mittelalter war er eine beliebte Zierpflanze.

BLÜTENFARBE WEISS

Bärlauch, Bären-Lauch *Allium ursinum*
Lauchgewächse *Alliáceae*

Apr.–Juni
15–50 cm
♃

Beschreibung: Reichblütige Scheindolde. Blüten schneeweiß, 1,2–2 cm im Durchmesser. Stengel blattlos. Meist 2 (selten 1 oder 3) Grundblätter, die maiglöckchenblattartig sind. Pflanze riecht zerrieben intensiv nach Knoblauch.
Vorkommen: Laub- und Mischwälder, Auwälder, Gebüsche, Parkanlagen. Liebt basen- und stickstoffsalzreichen, frischen, mullreichen Boden. Fehlt im Tiefland oder ist dort selten. In den Kalkgebieten zerstreut, bestandsbildend.
Wissenswertes: Der Bärlauch enthält ätherisches Öl mit stark riechenden Schwefelverbindungen, das in seiner Wirkung dem Knoblauchöl sehr nahe kommt. Bärlauch wird zuweilen wie Knoblauch als Volksheilmittel und als Gemüse genutzt.

Kohl-Lauch, Roß-Lauch *Allium oleráceum*
Lauchgewächse *Alliáceae*

Juni–Aug.
20–70 cm
♃

Beschreibung: Armblütige, lockere Scheindolde; zwischen den Blüten stets dunkelrote Brutzwiebeln (zuweilen nur Brutzwiebeln ausgebildet); Blütenstiele 2–4 cm, Blüten 5–8 mm lang, glockig. Blätter halbrund oder dicklich-flach.
Vorkommen: Trockene Rasen, Hecken, Weinberge, Stützmauern, Bahnschotter, selten nasse Wiesen. Liebt basenreichen, etwas stickstoffsalzhaltigen, lockeren Boden. Fehlt in Gegenden mit kalkarmen Böden weithin, sonst zerstreut.
Wissenswertes: Die Stengel sind hart, die Blätter zur Blütezeit meist verdorrt. Deshalb bietet sich die Pflanze – entgegen dem Namen Kohl-Lauch – nicht als Wildgemüse oder als Suppenwürze an. Darauf verweist der Name Roß-Lauch.

Maiglöckchen, Maiblume *Convallária majális*
Maiglöckchengewächse *Convallariáceae*

Mai–Juni
10–25 cm
♃ ☠ ▽

Beschreibung: Einseitswendige, armblütige, überhängende Traube; Blüten duften; Beeren rot. Stengel blattlos. Meist 2 (selten 1 oder 3) Grundblätter.
Vorkommen: Wälder verschiedener Art, alpine Matten. Liebt locker-warmen Boden. Fehlt in Nadelwaldgebieten örtlich; sonst sehr häufig; bestandsbildend.
Wissenswertes: Enthält herzwirksame Glykoside (Cardenolide). Sie gehen in Vasen, in denen die Maiglöckchen stehen, ins Wasser über. Schwere Vergiftungen durch Kauen der Blütenstiele sind bekanntgeworden. Das Fruchtfleisch der Beeren ist giftarm, doch sind Samen, Blüten, Blätter und Rhizom gifthaltig.

Quirlblättrige Weißwurz *Polygonátum verticillátum*
Maiglöckchengewächse *Convallariáceae*

Mai–Juni
30–90 cm
♃ ☠

Beschreibung: Die Blüten stehen meist in 2–6zähligen, quirligen Blütenständen in den Blattachseln; selten gibt es Einzelblüten; Blüten grünlich-weiß, um 1 cm lang. Blätter meist zu 3–8 quirlständig, schmal lanzettlich.
Vorkommen: Laub-, Misch- und Nadelwälder. Liebt leicht sauren, aber nicht basenarmen, stickstoffsalzhaltigen Lehmboden in Gegenden mit hoher Luftfeuchtigkeit. Fehlt im Tiefland und in Wärmegebieten weithin; sonst zerstreut.
Wissenswertes: Bestäuber sind kurzrüßlige Hummeln, Schmetterlinge und Bienen; bei anderen Weißwurz-Arten gelangen nur langrüßlige Hummeln an den Nektar.

BLÜTENFARBE WEISS

Vielblütige Weißwurz Polygonátum multiflórum
Maiglöckchengewächse Convallariáceae

Mai–Juni
30–70 cm
♃ (☠)

Beschreibung: Büschel aus 2–5 Blüten oder Einzelblüten in den Blattachseln; Blüten engglockig, 1–1,5 cm lang, vorn grünlich; Beeren blauschwarz. Stengel rund. Blätter fast 2zeilig, oberseits dunkelgrün, unterseits graugrün.
Vorkommen: Laub-, Misch- und Nadelwälder. Liebt lockere, basenreiche, oft kalkhaltige Lehmböden. Zerstreut; bildet meist individuenarme Bestände.
Wissenswertes: Die Vielblütige Weißwurz enthält Saponine, nach neueren Untersuchungen aber keine herzwirksamen Glykoside, wie man früher annahm. Wegen des engen Blüteneingangs kommen nur langrüßlige Insekten an den Nektar.

Salomonssiegel, Gewöhnliche Weißwurz Polygonátum odorátum
Maiglöckchengewächse Convallariáceae

Mai–Juni
20–50 cm
♃ ☠

Beschreibung: Blüten einzeln, selten 2–3 büschelig in den Blattachseln; Blüten engglockig, um 1,5 cm lang, vorn grünlich; Beeren dunkelblau. Stengel kantig. Blätter fast 2zeilig, leicht aufgerichtet, unterseits grau bereift.
Vorkommen: Lichte Trockenwälder und -gebüsche, selten Trockenrasen. Liebt flachgründigen, basenreichen, stickstoffsalzarmen Boden. Fehlt in Gebieten mit kalkarmen Böden weithin, im östlichen Tiefland selten; sonst zerstreut.
Wissenswertes: Das Salomonssiegel hat seinen Namen von Narben, die von früheren Blättern am Rhizom geblieben sind. Es soll die „Springwurz" der Märchen sein, die Fenster und Türen öffnet und Quellen aus Felsen springen läßt.

Frühlings-Knotenblume, Märzenbecher Leucójum vérnum
Narzissengewächse Amaryllidáceae

Febr.–Apr.
5–25 cm
♃ (☠) ▽

Beschreibung: Blüten einzeln, 1–1,5 cm lang; Blütenblätter alle gleich, an der Spitze mit gelbgrünem Fleck. Stengel dünn, zusammengedrückt, blattlos. Blätter schmal, etwas fleischig, unbereift, 10–20 cm lang, um 1 cm breit.
Vorkommen: Feuchte Wälder, Gebüsche, seltener auf Streuobst- oder Bergwiesen. Liebt sickerfeuchte, stickstoffsalz- und basenreiche lehmig-tonige Böden. Fehlt im Tiefland; in den Mittelgebirgen und Alpen selten, bestandsbildend.
Wissenswertes: Enthält geringe Mengen giftiger Alkaloide. Vergiftungen sind meines Wissens nicht beschrieben worden, wohl aber solche durch den Verzehr von Zwiebeln der nahe verwandten Narzisse. Die Blüten werden von Bienen bestäubt.

Kleines Schneeglöckchen, Schneeglöckchen Galánthus nivális
Narzissengewächse Amaryllidáceae

Febr.–Apr.
5–20 cm
♃ ☠ ▽

Beschreibung: Blüten einzeln; die 3 äußeren Blütenblätter um 1,5 cm lang, die 3 inneren 0,7–1,2 cm lang, mit grünem, umgekehrt v-förmigem Mal. Blätter schmal, bis 10 cm lang, um 1 cm breit, deutlich bereift und dadurch blaugrün.
Vorkommen: Laubmischwälder, Auwälder, Schluchtwälder, Bergwiesen. Liebt basen- und stickstoffsalzhaltigen Boden. Selten, örtlich verwildert; bestandsbildend.
Wissenswertes: Die grünen Flecken an den inneren Blütenblättern sind Saftmale, die ebenso wie die grünen Streifen auf der Innenseite der inneren Blütenblätter intensiver als die übrigen Blütenteile duften. Bestäuber sind Bienen.

BLÜTENFARBE WEISS

Rankender Lerchensporn *Corýdalis claviculáta*
Erdrauchgewächse *Fumariáceae*

Juni–Sept.
0,5–1 m
☉ ☠

Beschreibung: 3–12 Blüten stehen in dichten Trauben scheinbar blattgegenständig. Blüten um 1 cm lang; Sporn kurz, sackartig. Stengel dünn. Blätter unpaarig gefiedert; Endfieder und obere Seitenfiedern als Ranken ausgebildet.

Vorkommen: Säume von und lichte Stellen in Laubwäldern in Gegenden mit sommerkühlem Klima und durchschnittlich hoher Luftfeuchtigkeit. Westlich der Elbe im Tiefland zerstreut, sonst dort selten; fehlt im übrigen Mitteleuropa.

Wissenswertes: Der Rankende Lerchensporn ist eine typische Pflanze des atlantischen Florengebiets. – Wie andere Arten der Gattung enthält sie Alkaloide.

Hohler Lerchensporn *Corýdalis cáva*
Erdrauchgewächse *Fumariáceae*

März–Mai
10–30 cm
♃ ☠

Beschreibung: 10–20 Blüten stehen in einer eher dichten Traube; Tragblätter ganzrandig; Blüten meist trübrot, selten violett oder weiß. Stengel 2blättrig. Blätter doppelt 3zählig, eingeschnitten, blaugrün, zart. Knolle hohl (Name!).

Vorkommen: Auwälder, Laubwälder, warme Gebüsche, waldnahe Rasen, Weinbergsbrachen. Liebt feuchte, lockere, stickstoffsalz- und basenreiche Böden. Fehlt in Gegenden mit kalkarmem Gestein weithin; sonst selten aber bestandsbildend.

Wissenswertes: Die Samen des Hohlen Lerchensporns haben nährstoffreiche Anhängsel. Ameisen verschleppen die Samen, fressen die Anhängsel und verbreiten so die Art. – Enthält, besonders in der Knolle, Alkaloide; alte Heilpflanze.

Weiße Robinie, Falsche Akazie *Robínia pseūdacacia*
Schmetterlingsblütengewächse *Fabáceae (Leguminósae)*

Mai–Juni
10–20 m
♄

Beschreibung: Blüten in hängenden Trauben; wohlriechend, 1,5–2 cm lang. Mittelhoher Baum oder mehrstämmiger Strauch. Blätter unpaarig gefiedert, mit 4–10 Blattpaaren; an der Basis des Blattstiels zwei 1–2 cm lange Dornen.

Vorkommen: Trockenwälder, Trockengebüsche, Bahndämme, Raine. Liebt tiefgründigen Lehmboden. Ziergehölz, das zur Bodenverbesserung angepflanzt wird.

Wissenswertes: Die Weiße Robinie ist im östlichen Nordamerika beheimatet. Von dort wurde sie durch J. Robin 1601 nach Europa gebracht. Ihm zu Ehren wurde der wissenschaftliche Gattungsname vergeben. Früher hat man Robinien vor allem als „Bienenweide" und zur Befestigung von mageren Böschungen gepflanzt.

Weißer Steinklee, Honigklee, Bucharaklee *Melilótus álba*
Schmetterlingsblütengewächse *Fabáceae (Leguminósae)*

Juli–Sept.
0,5–1,5 m
☉

Beschreibung: Blüten in langen, schmalen, aufrechten Trauben, um 5 mm lang. Blätter kleeartig 3zählig; Teilblättchen verkehrt-eiförmig, grob gezähnt.

Vorkommen: Raine, Ödland, Schotter, lückige Rasen. Liebt stickstoffsalzarmen, basenreichen Untergrund. Fehlt in Gegenden mit kalkarmem Boden; sonst häufig.

Wissenswertes: Beim Trocknen duftet die Pflanze nach Waldmeister. Sie enthält – gebunden – Cumarin, das beim Trocknen frei wird. Ist Steinklee in feuchtem Heu enthalten, entsteht in ihm aus Cumarin ein Stoff, der bei Rindern, die das Heu gefressen haben, die Blutgerinnung hemmt; sie können sogar eventuell verbluten.

BLÜTENFARBE WEISS

Berg-Klee *Trifólium montánum*
Schmetterlingsblütengewächse *Fabáceae (Leguminósae)*

Mai–Sept.
10–50 cm
♃

Beschreibung: Köpfchen länglich-kugelig, 2–2,5 cm lang, 1,5–2 cm dick; Blüten 0,7–1 cm lang; Kelch mit 10 Nerven, behaart. Stengel wollig. Blätter 3teilig; Teilblättchen länglich-eiförmig, scharf gesägt, unterseits behaart.

Vorkommen: Halbtrockenrasen, Trockenwiesen, lichte Trockenwälder und -gebüsche, Flachmoore. Liebt stickstoffsalzarmen, basen- und meist kalkreichen Boden. Fehlt im Tiefland und in Gebieten mit kalkarmem Gestein; sonst selten.

Wissenswertes: Der Berg-Klee wurde früher als Heilpflanze verwendet. Inhaltsstoffe, die das rechtfertigen könnten, wurden indessen nicht gefunden.

Kriechender Weiß-Klee, Weiß-Klee, Lämmer-Klee *Trifólium répens*
Schmetterlingsblütengewächse *Fabáceae (Leguminósae)*

Mai–Okt.
5–20 cm
♃

Beschreibung: Köpfchen kugelig, 1,5–2,5 cm im Durchmesser; Blüten 0,7–1 cm lang; Kelch 10nervig. Stengel kriechend, an den Knoten wurzelnd, kahl. Blätter 3teilig; Teilblättchen breit verkehrt-eiförmig, unterseits kahl.

Vorkommen: Wiesen, Weiden, Garten- und Parkrasen, Wegränder, Waldwege. Liebt stickstoffsalzreichen Boden. Sehr häufig und meist in ausgedehnten Beständen.

Wissenswertes: Der Kriechende Weiß-Klee, der in Rasenmischungen häufig enthalten ist, gedeiht flächig nur auf Böden, die zumindest zeitweise feucht sind; nur dann können sich seine oberirdischen Ausläufer ausreichend bewurzeln.

Schweden-Klee, Bastard-Klee *Trifólium hýbridum*
Schmetterlingsblütengewächse *Fabáceae (Leguminósae)*

Mai–Aug.
20–40 cm
♃

Beschreibung: Köpfchen länglich-kugelig 1,7–2,5 cm lang, 1,2–1,8 cm dick; Blüten um 1 cm lang, zuerst weiß, dann rosa; Kelch 5nervig. Stengel meist kahl, nie an den Knoten wurzelnd. Blätter 3teilig. Teilblättchen breit eiförmig.

Vorkommen: Lückige Stellen in Fett- und Naßwiesen, Wegränder, Uferböschungen. Liebt basen- und mäßig stickstoffsalzreichen, feuchten Boden. Fehlt im Tiefland kleineren Gebieten, sonst zerstreut; wird auch mit anderen Klee-Arten angebaut.

Wissenswertes: Wegen des Wechsels der Blütenfarbe von Rot nach Weiß hielt man den Schweden-Klee irrtümlich für einen Bastard zwischen einer weiß- und einer rotblühenden Art. Hierauf bezieht sich der wissenschaftliche Artname.

Erdbeer-Klee *Trifólium fragíferum*
Schmetterlingsblütengewächse *Fabáceae (Leguminósae)*

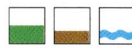

Juni–Sept.
5–20 cm
♃

Beschreibung: Köpfchen kugelig, zur Blütezeit knapp 1 cm, zur Fruchtzeit 1,5 cm im Durchmesser; Blüten um 5 mm lang, weißlich oder rosa; Kelch zur Fruchtzeit blasig erweitert, 10–20nervig. Blätter 3teilig, meist kahl.

Vorkommen: Wegränder, lückige, oft viel betretene Rasen in Küstennähe oder in der Nähe der Ströme und Flüsse. Im Küstengebiet zerstreut, im Binnenland nur in den tiefen und milden Lagen, selten, aber oft in lockeren Beständen.

Wissenswertes: Die brutzwiebelähnlichen, aufgeblasenen Kelche, die meist trübrot überlaufen sind und durch Farbe und Form an eine Erdbeere erinnern, haben der Art zu ihrem Namen verholfen. Der Erdbeer-Klee ist trittunempfindlich.

BLÜTENFARBE WEISS

Hasen-Klee, Acker-Klee, Mäuse-Klee *Trifólium arvénse*
Schmetterlingsblütengewächse *Fabáceae (Leguminósae)*

Juni–Okt.
5–30 cm
☉

Beschreibung: Köpfchen länglich, 1–2 cm lang, 0,8–1 cm dick; Blüten um 3 mm lang, erst weiß, später hell rosa; Kelch dicht und lang behaart (Köpfchen weidenkätzchenartig). Blätter 3teilig; Teilblättchen um 2 cm lang, 5 mm breit.

Vorkommen: Lückige Rasen, offene Sandböden, Wegränder, sandige Hackfruchtäcker, Ödland. Liebt lockeren, stickstoffsalz-, basen- und vor allem kalkarmen, sandigen oder grusigen Boden. Fehlt in den Kalkgebieten; sonst zerstreut.

Wissenswertes: Im Gegensatz zu vielen anderen Arten der Gattung ist der Hasen-Klee als Futterpflanze wertlos. Er schmeckt bitter und ist zudem hart. „Hasen"- oder „Mäuse"-Klee verweisen auf die Futteruntauglichkeit für Nutztiere.

Berg-Gamander *Tēūcrium montánum*
Lippenblütengewächse *Lamiáceae (Labiátae)*

Juni–Sept.
5–20 cm
♄

Beschreibung: Blüten zu 2–3 büschelig in den Achseln der oberen Blätter und kopfig gehäuft am Stengelende; Blüte um 1 cm lang, weißlich-hellgelb; Oberlippe fehlt; Unterlippe oft purpurn geädert. Blätter gegenständig, immergrün.

Vorkommen: Trockenrasen und -gebüsche, Feinschutt. Liebt kalkreichen, steinigen Lehmboden. Vereinzelt in der Eifel, im Hessischen Bergland, am Main und im Schwäbisch-Fränkischen Jura; im Alpenvorland und in den Alpen zerstreut.

Wissenswertes: Der Berg-Gamander kommt auch in den Pyrenäen, im Apennin und von den südosteuropäischen Gebirgen bis nach Rußland vor. Seine Vorkommen außerhalb der Gebirge sind Relikte aus den Kälteperioden der Eiszeit.

Weiße Taubnessel, Bienensaug *Lámium álbum*
Lippenblütengewächse *Lamiáceae (Labiátae)*

Apr.–Okt.
15–50 cm
♃

Beschreibung: 5–8 Blüten in blattachselständigen Scheinquirlen; Blüten 2–2,5 cm lang. Stengel 4kantig. Pflanze brennesselartig, aber ohne Brennhaare.

Vorkommen: Wege, Ödland, Raine, Gebüsche, Waldränder. Liebt stickstoffsalzreichen Lehmboden. Sehr häufig; oft in dichten, individuenarmen Beständen.

Wissenswertes: Die nektarreichen Blüten werden vor allem von langrüßligen Hummeln und von Bienen beflogen, weil nur sie „legal" an den am Grund der Blüte abgesonderten Nektar gelangen können. Kurzrüßlige Hummeln beißen zuweilen von außen die Blütenröhre an und rauben so den begehrten, nährenden Saft.

Ufer-Wolfstrapp, Gewöhnlicher Wolfstrapp *Lýcopus européēus*
Lippenblütengewächse *Lamiáceae (Labiátae)*

Juli–Aug.
20–90 cm
♃

Beschreibung: Blüten in fast kugeligen Blütenquirlen in den Blattachseln, nur undeutlich 2seitig symmetrisch, fast 4- bzw. 5zipflig, um 5 mm lang. Blätter gestielt, grob gezähnt, untere fast fiederteilig, obere kleiner als untere, eher gesägt.

Vorkommen: Röhricht stehender oder langsam fließender Gewässer, Ufer, Gräben, feuchte Wälder, Sumpfwiesen. Liebt nassen, stickstoffsalzreichen, lehmig-tonigen oder torfigen Boden. Fehlt in Gegenden mit rauhem Klima; sonst zerstreut.

Wissenswertes: Die Samen werden verschwemmt, außerdem von Wasservögeln verschleppt. – Enthält – nach Aufbereitung – Lithospermsäure; Heilpflanze.

BLÜTENFARBE WEISS

Wiesen-Augentrost, Gewöhnlicher Augentrost *Euphrásia rostkoviána*
Braunwurzgewächse *Scrophulariáceae*

Mai–Okt.
5–25 cm
☉ (☠)

Beschreibung: Blätterdurchsetzte Ähren an Stengel- und Astenden; Blüten 0,8–1,3 cm lang; Unterlippe 3lappig, mit gelbem Schlund und mit violetten Streifen; Oberlippe flach, mit aufgebogenem Vorderrand. Blätter grob gezähnt.
Vorkommen: Raine, Bergwiesen, Wege, Halbtrockenrasen. Liebt stickstoffsalzarme Böden. Im Tiefland gebietsweise fehlend oder selten, sonst zerstreut.
Wissenswertes: Halbschmarotzer. Enthält Aucubin, Gerbstoffe und ätherisches Öl; Heilpflanze; früher und zuweilen noch heute gegen Augenleiden verwendet (Name!). Ob diese Anwendung durch die Inhaltsstoffe gerechtfertigt ist, gilt als zweifelhaft. In dem gelben Saftmal im Schlund hat man wohl ein Augenbild gesehen.

Steifer Augentrost *Euphrásia stricta*
Braunwurzgewächse *Scrophulariáceae*

Juni–Sept.
5–25 cm
☉ (☠)

Beschreibung: Blätterdurchsetzte Ähren an Stengel- und Astenden; Blüten 0,6–1 cm lang; Oberlippe meist violett oder lila, Unterlippe randlich oft blauviolett, mit gelbem Fleck. Blätter jederseits mit 3–7 grannenspitzen Zähnen.
Vorkommen: Lückige Halbtrockenrasen, offene Stellen an trockenen, grasigen Wegen. Liebt stickstoffsalzarmen, basenreichen und oft kalkhaltigen Boden. In Gegenden mit basenreichen oder kalkhaltigen Gesteinen zerstreut; fehlt sonst.
Wissenswertes: Halbschmarotzer (wie die anderen Arten der Gattung). Zapft die Wurzeln seiner Wirtspflanzen an und entzieht ihnen Wasser und Nährsalze.

Alpen-Fettkraut *Pinguícula alpína*
Wasserschlauchgewächse *Lentibulariáceae*

Apr.–Juni
5–15 cm
♃

Beschreibung: Blüten einzeln, 1–1,6 cm lang, mit gelbem Fleck; Sporn kurz, gelblich. Blätter rosettig, hellgrün, fettig glänzend, klebrig, am Rand aufgebogen.
Vorkommen: Flachmoore, überrieselte Felsen, steinige Matten. Liebt nasse, basenreiche und meist kalkhaltige Böden in alpinem Klima. Nur Alpenvorland und Kalkalpen; hier zerstreut und in individuenarmen Beständen; fehlt sonst.
Wissenswertes: An den Standorten der Pflanze sind Stickstoffsalze Mangelware. Die Versorgung mit Stickstoff geschieht durch Kleintierfang: Insekten und Spinnen, die über die Blätter laufen, bleiben kleben und werden an der Blattfläche verdaut. Das klebrige Blattsekret enthält eiweißspaltende Enzyme.

Rote Heckenkirsche *Lonícera xylósteum*
Geißblattgewächse *Caprifoliáceae*

Apr.–Juni
1–2,5 m
♄ ☠

Beschreibung: Blüten paarweise auf 1 Stiel, blattachselständig, cremefarben, 2lippig, 1–1,5 cm lang; rote Doppelbeeren, nicht miteinander verwachsen. Zweige rutenförmig, nicht windend. Blätter gegenständig, rundlich-eiförmig, ganzrandig.
Vorkommen: Krautreiche Laub- und Mischwälder, Waldränder. Fehlt im Tiefland westlich der Elbe weithin; in Gegenden mit Kalkboden zerstreut; fehlt sonst.
Wissenswertes: Die Beeren enthalten einen unerforschten Bitterstoff, ein Glykoalkaloid und Saponine. Der Grad der Giftigkeit ist umstritten. Ältere Berichte sprechen von Todesfällen, neuere nennen Erbrechen als Hauptfolge.

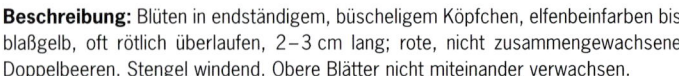

BLÜTENFARBE WEISS

Wald-Geißblatt, Deutsches Geißblatt *Lonicera periclýmenum*
Geißblattgewächse *Caprifoliáceae*

Mai–Aug.
2–5 m
♄ (☠)

Beschreibung: Blüten in endständigem, büscheligem Köpfchen, elfenbeinfarben bis blaßgelb, oft rötlich überlaufen, 2–3 cm lang; rote, nicht zusammengewachsene Doppelbeeren. Stengel windend. Obere Blätter nicht miteinander verwachsen.
Vorkommen: Laub- und Auwälder. Liebt Luftfeuchtigkeit sowie basen- und kalkarme, nur mäßig stickstoffsalzhaltige, frische Lehmböden. Im westlichen Tiefland und in tieferen Mittelgebirgslagen zerstreut; fehlt sonst weitgehend.
Wissenswertes: Die Beeren enthalten Saponine und Spuren von Alkaloiden. Über Vergiftungen ist wenig bekannt; für diese scheinen die Saponine und nicht die Alkaloide verantwortlich zu sein. Vom Verzehr ist jedenfalls abzuraten.

Sumpf-Stendelwurz, Sumpf-Sitter *Epipáctis palústris*
Orchideengewächse *Orchidáceae*

Juni–Aug.
20–60 cm
♃ ▽

Beschreibung: Fast einseitswendige Scheintraube (Ähre); Blüte leicht hängend, 2–3 cm im Durchmesser; Blütenblätter abstehend, äußere grünlich-bräunlich; Lippe weiß, rötlich geadert, ohne Sporn, deutlich quergegliedert, am Rand wellig.
Vorkommen: Flach- und Wiesenmoore, Pfeifengraswiesen, Auwälder, Dünentäler. Liebt basen-, vor allem kalkreichen, stickstoffsalzarmen Boden. Nördlich der Mainlinie sehr selten, südlich von ihr selten, im Alpenvorland zerstreut.
Wissenswertes: Die Lippe ist mit ihrem gewellten Rand ideal als Landeplatz für die Bestäuber: Bienen, Wespen und Fliegen. Mit ihren kurzen Rüsseln gelangen sie leicht an den Nektar, der auf dem hinteren Lippenglied abgesondert wird.

Violette Stendelwurz, Violette Sitter *Epipáctis purpuráta*
Orchideengewächse *Orchidáceae*

Juli–Sept.
20–80 cm
♃ ▽

Beschreibung: Reichblütige (bis 80 Blüten), dichte, allseitswendige Scheintraube (Ähre); Blüten um 2 cm im Durchmesser, grünlichweiß, meist violett überlaufen; Lippe ohne Sporn, etwa 1 cm lang, 2gliedrig; Hinterlippe innen violett-braun.
Vorkommen: Laub- und Mischwälder. Liebt basen-, aber nicht immer kalkreichen, durchaus stickstoffsalzhaltigen, mullreichen Lehmboden. Im Tiefland vereinzelt; in den Lehmgebieten der Mittelgebirge und des Alpenvorlands zerstreut.
Wissenswertes: Da die Violette Stendelwurz oft an Waldwegrändern wächst, ist sie gefährdet, wenn diese im Sommer gemäht werden, ehe die Pflanzen fruchten.

Weißes Waldvögelein, Bleiches Waldvögelein *Cephalanthéra damasónium*
Orchideengewächse *Orchidáceae*

Mai–Juli
20–50 cm
♃ ▽

Beschreibung: Blüten in armblütiger, sehr lockerer Scheintraube (Ähre), ausgebreitet 2,5–3,5 cm im Durchmesser, geschlossen oder nur wenig geöffnet, cremefarben, ohne Sporn. Stengel im Blütenstand deutlich geschlängelt, kantig, kahl.
Vorkommen: Laub-, Misch- und Kiefernwälder, selten lichte Gebüsche und Halbtrockenrasen. Liebt basen- und meist kalkreichen, nicht allzu stickstoffsalzarmen, mullhaltigen Lehmboden. Fehlt auf kalkarmen Böden, auch sonst eher selten.
Wissenswertes: Gelegentlich findet man vom Weißen Waldvögelein Exemplare, die chlorophyllfrei zu sein scheinen; Nährstoffe liefern ihnen wohl Wurzelpilze.

BLÜTENFARBE WEISS

Schwertblättriges Waldvögelein *Cephalanthéra longifólia*
Orchideengewächse *Orchidáceae*

Mai–Juni
20–60 cm
♃ ▽

Beschreibung: 5–20 Blüten stehen in lockerer Scheintraube (Ähre); Blüten rein weiß, knapp 2 cm lang, zur Blütezeit geschlossen oder nur wenig geöffnet; Lippe ohne Sporn, vorn mit organgegelben Leisten, hinten mit orangegelben Flecken.
Vorkommen: Laubwälder, trockene Kiefernwälder, buschige Trockenrasen. Liebt basenreichen, stickstoffsalzarmen Lehmboden. Im Tiefland vereinzelt; in den Kalkmittelgebirgen und in den Alpen sehr selten, oft in lockeren Beständen.
Wissenswertes: Wie andere Arten der Gattung ist auch das Schwertblättrige Waldvögelein wärmeliebend. An sehr warmen Standorten sind seine Blüten häufig geöffnet. Insektenbestäubung ist die Regel, Selbstbestäubung die Ausnahme.

Netzblatt *Goodyéra répens*
Orchideengewächse *Orchidáceae*

Juni–Aug.
10–20 cm
♃ ▽

Beschreibung: Armblütige, fast einseitswendige Scheintraube (Ähre). Blüten 5–9 mm im Durchmesser, oft grünlich- oder cremeweiß, duftend; Lippe ungeteilt, spornlos. Blätter rosettig, dunkelgrün, netznervig (Nerven oft hell).
Vorkommen: Kiefern- oder Fichtenwälder, in den Alpen bachbegleitendes Gebüsch. Liebt stickstoffsalzarmen, oft entkalkten, rohhumusüberlagerten Boden. Im Tiefland nur vereinzelt, auch sonst selten, weiten Gebieten ganz fehlend.
Wissenswertes: Der wissenschaftliche Gattungsname wurde zu Ehren des englischen Botanikers John Goodyer verliehen, der Anfang des 17. Jahrhunderts lebte.

Weiße Waldhyazinthe, Zweiblättrige Waldhyazinthe *Platanthéra bifólia*
Orchideengewächse *Orchidáceae*

Mai–Juli
20–50 cm
♃ ▽

Beschreibung: Reichblütige Scheintraube (Ähre); Blüten duftend, 1,5–3 cm im Durchmesser; Sporn dünn, spitz, viel länger als der gedrehte Fruchtknoten; Staubbeutel eng zusammenstehend, parallel. Nur 2 große, eiförmige Blätter.
Vorkommen: Lichte Laub-, Misch- und Nadelwälder, auch auf Magerrasen, Heiden und in Flachmooren. Liebt basenreichen, ziemlich stickstoffsalzarmen Boden. Im Tiefland und in den Silikatgebieten gebietsweise fehlend; sonst zerstreut.
Wissenswertes: Die Weiße Waldhyazinthe duftet besonders stark bei Nacht. Durch den Duft werden Nachtschmetterlinge angelockt, die mit ihrem langen Rüssel den Nektar erreichen können, der sich in der Spornspitze sammelt.

Berg-Waldhyazinthe, Grünliche Waldhyazinthe *Platanthéra chloróntha*
Orchideengewächse *Orchidáceae*

Mai–Juli
25–60 cm
♃ ▽

Beschreibung: Reichblütige Scheintraube (Ähre); Blüten kaum duftend, 1,6–3,3 cm im Durchmesser; Sporn am Ende sackartig verdickt, 2–4 cm lang. Staubbeutel deutlich getrennt, auseinanderspreizend. Stengel mit 2 Blättern.
Vorkommen: Nadel-, besonders Kiefernwälder, seltener Laubwälder, Heiden, buschige Halbtrockenrasen oder Flachmoore. Liebt basenreichen, ziemlich stickstoffsalzarmen Boden. Fehlt in Sand- und Silikatgebieten; sonst selten.
Wissenswertes: Der Eingang zum Sporn, in dem sich reichlich Nektar befindet, ist so eng, daß nur die dünnen Rüssel von (Nacht)Faltern Zugang finden.

BLÜTENFARBE GELB

Mistel *Viscum álbum*
Mistelgewächse *Viscáceae*

März–Mai
0,5–1 m
♄ (☠)

Beschreibung: Pflanze mit nestartigem Wuchs, gelbgrün, schmarotzt auf Bäumen; entweder nur mit weiblichen oder nur mit männlichen Blüten; diese unscheinbar; Frucht eine weiße oder cremefarbene Beere. Blätter ledrig, immergrün.

Vorkommen: 3 Sippen: Laubholz-Mistel (oft auf Apfelbaum, Pappeln), Tannen-Mistel (Tanne) und Kiefern-Mistel (Kiefern). Bevorzugt Gegenden mit durchschnittlich hoher Luftfeuchtigkeit. Im Tiefland vereinzelt; sonst zerstreut.

Wissenswertes: Die Mistel enthält in den grünen Teilen giftige Viscotoxine. Die Beeren dürften nur wenig Gift enthalten. Sie werden von Drosseln gefressen; die Samen bleiben unverdaut und gelangen mit dem Kot auf neue Wirte.

Gelbe Wiesenraute *Thalictrum flávum*
Hahnenfußgewächse *Ranunculáceae*

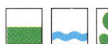

Juni–Aug.
0,5–1,2 m
♃

Beschreibung: Blüten in kopfigen Büscheln in einer Rispe, duftend, kaum 7 mm im Durchmesser (Blütenblätter fallen früh ab!). Staubblätter gelb. Stengel kahl, gerillt. Untere Blätter 2–3fach fiederteilig, obere 3–5teilig.

Vorkommen: Flachmoore, Gräben, Röhricht. Liebt basenreiche, wechselfeuchte Böden. Im Tiefland und in den Stromtälern zerstreut; sonst nur vereinzelt.

Wissenswertes: Die Gelbe Wiesenraute mit ihrem duftigen Blütenstand war ursprünglich auch in den Pfeifengraswiesen der Mittelgebirge und des Alpenvorlands reichlich vertreten. Diese wurden indessen im 20. Jahrhundert zunehmend durch Düngung in Fettwiesen umgewandelt und sind heutzutage weithin verschwunden.

Schöllkraut *Chelidónium május*
Mohngewächse *Papaveráceae*

Apr.–Okt.
20–90 cm
♃ ☠

Beschreibung: Blüten am Stengelende gehäuft und einzeln in den Blattachseln. Blätter unterseits grau-blaugrün bereift. Pflanze enthält gelben Milchsaft.

Vorkommen: Ödland, Wege, Wald- und Gebüschränder, Dorfanger, Mauern. Liebt stickstoffsalzreichen („Stickstoffzeiger"), lehmigen Boden. Sehr häufig.

Wissenswertes: Enthält Alkaloide. Heilpflanze. Milchsaft gilt als Heilmittel gegen Warzen, jedoch scheint die angebliche Wirkung mehr auf Autosuggestion als auf wirksamen Inhaltsstoffen zu beruhen. Obschon der Milchsaft die Haut nicht reizt, sondern nur verfärbt, sollte man ihn nicht ins Auge bringen.

Weg-Rauke *Sisýmbrium officinále*
Kreuzblütengewächse *Brassicáceae (Crucíferae)*

Mai–Okt.
20–60 cm
☉ (☠)

Beschreibung: Blüten in vielen, blattlosen, fast ährenartigen Trauben, blaßgelb, um 5 mm im Durchmesser; Frucht mehr als 3mal so lang wie breit (Schote), aufrecht stehend. Stengel sparrig verzweigt. Blätter bis fast zum Mittelnerv fiederteilig.

Vorkommen: Wegränder, Ödland, Dämme. Liebt ziemlich stickstoffsalzreichen Boden; etwas wärmeliebend. Fehlt in Gegenden mit rauhem Klima; sonst häufig.

Wissenswertes: Alte Heilpflanze. Enthält Senfölglykoside und Gerbstoffe. Außerdem hat man – wenn auch in geringen Mengen – herzwirksame, digitalisähnliche Glykoside gefunden. Daher ist vom Hausgebrauch als Heilpflanze abzuraten.

BLÜTENFARBE GELB

Besenrauke, Gemeines Sophienkraut *Descuraīnia sóphia*
Kreuzblütengewächse *Brassicáceae (Crucíferae)*

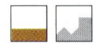

Mai–Okt.
20–90 cm
☉

Beschreibung: Meist mehrere, oben dichtblütige Trauben; Blüten um 3 mm im Durchmesser; Frucht mehr als 3mal so lang wie breit (Schote). Stengel aufrecht, oberwärts verzweigt. Blätter 2–3fach gefiedert; Zipfel schmal-lanzettlich.
Vorkommen: Wege, Ödland, Dämme, Schotter, Mauern. Liebt recht stickstoffsalzhaltigen Boden in Gegenden mit warmem Klima. In den milden, warmen Lagen des Tieflands und der Mittelgebirge zerstreut; sonst weiten Gebieten fehlend.
Wissenswertes: Die Besenrauke wurde in den Kräuterbüchern des 16. Jahrhunderts „sophia chirurgorum" (= Weisheit der Wundärzte) genannt, weil sie die Wundheilung fördern sollte. Wirkstoffe sind in der Pflanze indes nicht gefunden worden.

Färber-Waid, Waid *Ísatis tinctória*
Kreuzblütengewächse *Brassicáceae (Crucíferae)*

Apr.–Juli
0,3–1,5 m
☉–⚁ (⚘)

Beschreibung: Zahlreiche Trauben mit jeweils vielen Blüten; diese 4–8 mm im Durchmesser; Früchtchen etwa 3mal so lang wie breit (Schötchen), hängend. Blätter blaugrün, meist ganzrandig, herz- oder pfeilförmig stengelumfassend.
Vorkommen: Aufgelassene Weinberge und Steinbrüche, Wege, Dämme, seltener in Halbtrockenrasen. Liebt basenreichen, stickstoffsalzarmen, lockeren Boden in Gegenden mit warmem Klima. Kommt fast nur im Weinbaugebiet mit kalkhaltigen oder sonst basenreichen Böden vor; hier zerstreut, oft in lockeren Beständen.
Wissenswertes: Wurde seit der Römerzeit bis in die Neuzeit angebaut. Aus dem vergorenen Kraut gewann man Indigoblau; es entsteht aus dem Glykosid Indican.

Acker-Schöterich, Acker-Schotendotter *Erýsimum cheiranthoídes*
Kreuzblütengewächse *Brassicáceae (Crucíferae)*

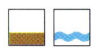

Mai–Okt.
20–60 cm
☉ ☠

Beschreibung: Doldig verebnete Trauben; Blüten 4–8 mm im Durchmesser; Frucht mehr als 3mal so lang wie breit (Schote); Blütenstiele 2–3mal so lang wie der Kelch. Blätter lanzettlich, ganzrandig oder wenig gezähnt.
Vorkommen: Äcker, Ödland, Wege, Ufer. Liebt basen- und stickstoffsalzreichen Lehmboden. In klimatisch begünstigten Gebieten zerstreut; sonst größere Lücken.
Wissenswertes: Die Pflanze enthält herzwirksame Glykoside (z. B. Erysimotoxin, Erysimosid und ein strophantinähnliches Glykosid). Von der Selbstmedikation ist abzuraten, auch wenn Vergiftungen anscheinend nicht bekannt sind.

Echtes Barbarakraut, Echtes Barbenkraut *Barbaréa vulgáris*
Kreuzblütengewächse *Brassicáceae (Crucíferae)*

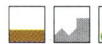

Apr.–Juni
20–90 cm
☉–⚁

Beschreibung: Trauben oben leicht doldig verebnet; Blüten 3–7 mm im Durchmesser; Frucht mehr als 3mal so lang wie breit (Schote). Untere Blätter unpaarig gefiedert (Endblättchen am größten), obere fiederschnittig bis ungeteilt.
Vorkommen: Feuchte Stellen an Wegen und Dämmen, auf Ödland und lichten Waldstellen, an Ufern und in Gräben. Liebt zumindest mäßig feuchten, basen- und stickstoffsalzreichen Boden. Fehlt im Tiefland gebietsweise; sonst häufig.
Wissenswertes: Die Gattung kam zu ihrem Namen, weil das Barbarakraut bis zum Barbaratag (4. 12.) grün bleibt und zu Wildsalat gesammelt werden kann.

BLÜTENFARBE GELB

Wasser-Sumpfkresse, Wasserkresse *Rorippa amphibia*
Kreuzblütengewächse *Brassicáceae (Cruciferae)*

Mai–Aug.
0,2–1 m
♃

Beschreibung: Oben leicht doldig verebnete Trauben; Blüten um 5 mm im Durchmesser; Frucht 3–6 mm lang, um 1 mm dick. Stengel hohl. Untere Blätter buchtig oder fiederspaltig, obere sitzend, lanzettlich, ganzrandig oder gekerbt.

Vorkommen: Röhricht stehender oder langsam fließender Gewässer, Sumpfwiesen, seltener an den nassesten Stellen in Auwäldern. Im Tiefland zerstreut; in den Mittelgebirgen meist nur in den tiefer gelegenen Tälern; selten; fehlt sonst.

Wissenswertes: Gelegentlich wächst die Wasser-Sumpfkresse untergetaucht. Solche Exemplare haben gelappte oder ungeteilte Blätter und weitröhrige Stengel. Der Artname (amphi, griech. = beidseitig) meint die verschiedenen Wuchsarten.

Wilde Sumpfkresse, Waldkresse *Rorippa sylvéstris*
Kreuzblütengewächse *Brassicáceae (Cruciferae)*

Juni–Sept.
15–50 cm
♃

Beschreibung: Oben leicht doldig verebnete Trauben; Blüten um 4 mm im Durchmesser; Frucht 0,8–1,8 cm lang, um 1 mm dick. Untere Blätter unpaarig gefiedert, Fiedern fiederschnittig oder tief gezähnt; Endblättchen am größten.

Vorkommen: Offene Stellen an Ufern, Feuchtstellen an Wegen, Straßen und auf Brachen, seltener in Ruinen. Liebt basenreichen, etwas stickstoffsalzhaltigen, gelegentlich verdichteten Boden. Fehlt in rauhen Lagen gebietsweise; sonst zerstreut.

Wissenswertes: Die Wilde Sumpfkresse wurzelt tief und bildet verzweigte, unterirdische Ausläufer. Dadurch trägt sie an Flüssen zur Uferfestigung bei.

Gewöhnliche Sumpfkresse, Kleinblütige Sumpfkresse *Rorippa palústris*
Kreuzblütengewächse *Brassicáceae (Cruciferae)*

Mai–Sept.
0,15–1 m
☉–♃

Beschreibung: Trauben locker, wenig doldig verebnet; Blüten um 3 mm im Durchmesser, hellgelb; Frucht 0,5–1 cm lang, 2–3 mm dick. Untere Blätter gestielt, fiederspaltig (Fiedern gezähnt), obere fast sitzend, fiederspaltig.

Vorkommen: Ufer, Gräben, Wege, Äcker. Liebt zeitweise nassen, stickstoffsalzreichen, oft kalkarmen Boden. Fehlt über Kalk gebietsweise; sonst zerstreut.

Wissenswertes: Die Gewöhnliche Sumpfkresse ist eine Pflanze der stickstoffsalzreichen Ufer, wie sie an stehenden oder sehr langsam fließenden Gewässern vorkommen. Auf gut gedüngten Äckern zeigt sie die nassesten Stellen an.

Neunblättrige Zahnwurz, Quirlblättrige Zahnwurz *Dentária enneaphýllos*
Kreuzblütengewächse *Brassicáceae (Cruciferae)*

Mai–Juli
15–30 cm
♃

Beschreibung: Traube wenigblütig, vor dem Aufblühen nickend; Blüten 1–1,6 cm im Durchmesser, hellgelb, selten fast weiß; Frucht 4–7 cm lang, um 3 mm dick. Meist 3 quirlständige Stengelblätter, die 3zählig gefingert sind.

Vorkommen: Laub- und Mischwälder in den Ostalpen und ihrem Vorland, hier zerstreut und in lockeren Beständen; vereinzelt im Bayerischen Wald und im Fränkischen Jura. Liebt basen- und stickstoffsalzreichen, lockeren Mullboden.

Wissenswertes: Der Name (ennea, griech. = neun) bezieht sich auf die Anzahl der Teilblättchen im Blattquirl. Kaut man die Blätter, dann fällt ein scharfer Geschmack unangenehm auf. Über Inhaltsstoffe scheint nichts bekannt zu sein.

Neunblättrige Zahnwurz
Dentaria enneaphyllos

Wilde Sumpfkresse
Rorippa sylvestris

Wasser-Sumpfkresse
Rorippa amphibia

Gewöhnliche Sumpfkresse
Rorippa palustris

BLÜTENFARBE GELB

Kelch-Steinkraut *Alýssum alyssoídes*
Kreuzblütengewächse *Brassicáceae (Crucíferae)*

Apr.–Sept.
5–20 cm
☉

Beschreibung: Reichblütige, etwas kopfige Traube; Blüten beim Verblühen ausbleichend, um 2,5 mm im Durchmesser; Frucht behaart, rundlich (Schötchen). Blätter bis 2 cm lang, schmal eiförmig, spitzlich, ganzrandig, graufilzig.
Vorkommen: Trocken- und Sandrasen, Felsen, Schotter, Steinschutt, Brachen, frisch angelegte Böschungen. Liebt ausgesprochen stickstoffsalzarme, basenreiche Böden. Fehlt über kalkarmem Gestein weiten Gebieten; sonst selten.
Wissenswertes: Das Hauptverbreitungsgebiet des wärmeliebenden Kelch-Steinkrauts liegt im Mittelmeerraum. Ins Tiefland wurde die Art vor allem durch Gras- und Kleesamen eingeschleppt, und zwar vermutlich erst im 19. Jahrhundert.

Berg-Steinkraut *Alýssum montánum*
Kreuzblütengewächse *Brassicáceae (Crucíferae)*

März–Juni
5–20 cm
♃

Beschreibung: Reichblütige, dichte, kopfige Traube; Blüten goldgelb, um 5 mm im Durchmesser; Frucht 4–6 mm lang, fast ebenso breit (Schötchen); Blätter verkehrteiförmig bis lanzettlich, ganzrandig, wie der Stengel graufilzig.
Vorkommen: Lückig-felsige Trockenrasen, Felsbänder und -spalten. Braucht ausgesprochen stickstoffsalzarmen, basenreichen Untergrund. Meist in den höheren Kalkmittelgebirgen, hier selten und gebietsweise fehlend; bestandsbildend.
Wissenswertes: Osteuropäisch-mittelmeerische Steppenpflanze, die erst in einer nacheiszeitlichen Wärmeperiode ihr Areal in Mitteleuropa eingenommen hat.

Finkensame, Rispen-Finkensame *Néslia paniculáta*
Kreuzblütengewächse *Brassicáceae (Crucíferae)*

Mai–Aug.
15–80 cm
☉

Beschreibung: Traube oben etwas doldig eingeebnet; Blüten 2–4 mm im Durchmesser, goldgelb; Frucht (Schötchen) kugelig, um 2,5 mm dick. Untere Stengelblätter gestielt, mittlere und obere sitzend, pfeilförmig stengelumfassend.
Vorkommen: Äcker, Ödland, gestörte Trockenrasen. Liebt basenreichen, stickstoffsalzhaltigen Boden. Kalkgebiete mit mildem Klima, selten; fehlt sonst.
Wissenswertes: Der Finkensame ist durch die Unkrautbekämpfung mit Herbiziden an vielen der Orte ausgerottet worden, an denen er noch zwischen 1950 und 1960 in örtlich durchaus ansehnlichen, lockeren Beständen vorgekommen ist.

Brillenschötchen *Biscutélla laevigáta*
Kreuzblütengewächse *Brassicáceae (Crucíferae)*

Mai–Juli
15–50 cm
♃

Beschreibung: Wenig kopfige, sehr lockere Traube; Blüten hellgelb, 0,4–1 cm im Durchmesser; Frucht „brillenartiges", 2fächriges, aufrecht abstehendes Schötchen. Stengelblätter schmallanzettlich, sitzend, halbstengelumfassend.
Vorkommen: Steinige Rasen, Rasenbänder in Felswänden, Geröllhalden, trockene Stellen in Flachmooren. Liebt basenreichen, stickstoffsalzarmen Boden. In den höheren Kalkmittelgebirgen sehr selten, Alpen und Alpenvorland zerstreut.
Wissenswertes: Wo das Brillenschötchen außerhalb der Alpen vorkommt, gilt es als Relikt aus den Kälteperioden der Eiszeit. In den Alpen wächst es – außer an den oben genannten Orten – auch in Latschen-, Arven- und Kiefernbeständen.

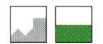
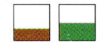
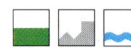

BLÜTENFARBE GELB

Schmalblättriger Doppelsame *Diplotáxis tenuifólia*
Kreuzblütengewächse *Brassicáceae (Crucíferae)*

Mai–Sept.
30–80 cm
♃

Beschreibung: Reichblütige, kaum doldig verebnete Trauben; Blüten schwefelgelb, um 1 cm im Durchmesser; Frucht zusammengedrückt, bis 6 cm lang (Schote). Untere Blätter gestielt, obere sitzend, bläulichgrün, tief fiederteilig.

Vorkommen: Wege, Raine, Ödland, Äcker (selten). Liebt mäßig basen- und stickstoffsalzhaltigen, sandig-lockeren Boden; wärmeliebend. Fluß- und Stromtäler im Tiefland und in den klimabegünstigten Lagen der Mittelgebirge; selten.

Wissenswertes: Die Pflanze enthält glykosidisch gebundene Senföle (z. B. Glucoerucin), vielleicht auch Vitamin C. Die Blätter wurden früher in Südfrankreich offenbar als Wildsalat gesammelt und gegessen (Skorbut-Vorbeugung?).

Mauer-Doppelsame *Diplotáxis murális*
Kreuzblütengewächse *Brassicáceae (Crucíferae)*

Juni–Sept.
10–50 cm
☉

Beschreibung: Armblütige, kaum doldig verebnete Trauben; Blüten zitronengelb, zuletzt bräunlich, um 1 cm im Durchmesser; Frucht bis 4,5 cm lang (Schote). Grundblätter buchtig fiederspaltig; Stengelblätter kleiner als Grundblätter.

Vorkommen: Äcker, Wege, Ödland, Weinberge, Mauern. Liebt basenreichen, stickstoffsalzhaltigen, locker-steinigen oder -sandigen Lehmboden, geht auch auf Löß, Schotter und Felsschutt. Warme Täler im Mittelgebirge und Tiefland; selten.

Wissenswertes: Das Hauptverbreitungsgebiet des Mauer-Doppelsamens liegt im Mittelmeergebiet; nach Mitteleuropa ist er seit dem 18. Jahrhundert vorgedrungen.

Acker-Senf *Sinápis arvénsis*
Kreuzblütengewächse *Brassicáceae (Crucíferae)*

Mai–Okt.
20–60 cm
☉

Beschreibung: Blüten in Trauben, um 1,5 cm im Durchmesser; Kelchblätter stehen waagrecht ab; Frucht bis 4 cm lang (Schote). Stengel abstehend behaart. Obere Stengelblätter sitzend, untere leierförmig, fiederteilig oder buchtig.

Vorkommen: Äcker, Ödland, Gärten. Liebt basenreichen, oft kalk- und stets stickstoffsalzhaltigen Lehmboden. Fehlt örtlich im Tiefland, sonst häufig.

Wissenswertes: Der Acker-Senf enthält – vor allem in den Samen – Senföl. Alte Arzneipflanze. Die Samen des Acker-Senfs bewahren ihre Keimfähigkeit über viele Jahre, ja vielleicht über mehrere Jahrzehnte. Deshalb tritt er da und dort auf lange unbebautem, dann frisch umgebrochenem Ackerland in Massen auf.

Hederich, Acker-Rettich *Ráphanus raphanístrum*
Kreuzblütengewächse *Brassicáceae (Crucíferae)*

Juni–Sept.
20–60 cm
☉

Beschreibung: Blüten lockertraubig, 1–2 cm im Durchmesser, weiß (violett geadert) oder hellgelb. Kelchblätter aufrecht. Untere Blätter fiederteilig.

Vorkommen: Äcker, Ödland, seltener in Gärten. Liebt schwach sauren, mäßig stickstoffsalzhaltigen Lehmboden. Sehr häufig; wird durch Unkrautbekämpfungsmittel seit Jahrzehnten zurückgedrängt und ist örtlich fast verschwunden.

Wissenswertes: Aus der engen Verwandtschaft des Hederichs stammt die Kulturpflanze Rettich. Sie wurde im Mittelmeergebiet oder im Kaukasus aus Wildformen gezüchtet. Theophrastos (371–285 v. Chr.) kannte schon mehrere Sorten.

BLÜTENFARBE GELB

Wechselblättriges Milzkraut Chrysosplénium alternifólium
Steinbrechgewächse Saxifragáceae

März – Juni
5 – 20 cm
♃

Beschreibung: Blüten doldig in den Achseln der grundblattähnlichen Tragblätter, um 4 mm im Durchmesser; nur Kelchblätter ausgebildet. Stengel 3kantig. Blätter wechselständig, rundlich-nierenförmig, gekerbt, lang borstig behaart.

Vorkommen: Laub- und Schluchtwälder, Ufer, Hochstaudenfluren. Liebt basenreichen, etwas stickstoffsalzhaltigen, ziemlich nassen Boden. Fehlt im Tiefland und in den Gegenden mit Silikatgestein gebietsweise; sonst zerstreut.

Wissenswertes: Alte Heilpflanze. Die Tragblattform hielt man für milzähnlich; darin sah man einen „Hinweis", man könne mit dieser Pflanze Krankheiten der Milz heilen. Inhaltsstoffe, die dies rechtfertigen, hat man nicht gefunden.

Gegenblättriges Milzkraut Chrysosplénium oppositifólium
Steinbrechgewächse Saxifragáceae

Apr. – Mai
5 – 20 cm
♃

Beschreibung: Blüten doldig in den Achseln der grundblattähnlichen Tragblätter, um 3 mm im Durchmesser; nur Kelchblätter ausgebildet. Stengel 4kantig. Blätter gegenständig, rundlich, oberseits schütter borstig, unterseits kahl.

Vorkommen: Bergwälder, Blockhalden, Ufer, Quellfluren. Liebt sickerfeuchten, humosen, sandigen Lehm- oder Tonboden; erträgt Überrieselung. Fehlt im westlichen Tiefland und in den Mittelgebirgen mit Kalkgestein; sonst zerstreut.

Wissenswertes: Liebt milde Winter und am Standort eine im Durchschnitt hohe Luftfeuchtigkeit; sein Hauptareal liegt im atlantischen Klimabereich.

Blutwurz, Aufrechtes Fingerkraut Potentílla erécta
Rosengewächse Rosáceae

Mai – Okt.
15 – 30 cm
♃

Beschreibung: Blüten einzeln in den Blattachseln, um 1 cm im Durchmesser. Stengel aufgebogen. Blätter sitzend, handförmig 5teilig; Teilblättchen 1 – 2 cm lang, kaum halb so breit, am Rand jederseits mit 2 – 6 groben Zähnen.

Vorkommen: Laub-, Misch- und Nadelwälder, Heiden, Magerwiesen, Flachmoore. Liebt stickstoffsalzarme, leicht versauerte Böden. Häufig; lockere Bestände.

Wissenswertes: Die Blutwurz ist eine alte Heilpflanze. Sie enthält Tormentillrot und Gerbstoffe. Auf letzteren beruht die Förderung der Blutgerinnung. Die Wurzelstöcke werden auch mit Schnaps zu einem Magenbitter angesetzt.

Warzen-Wolfsmilch Euphórbia verrucósa
Wolfsmilchgewächse Euphorbiáceae

Mai – Juni
20 – 40 cm
♃ ☠

Beschreibung: Scheindolde mit 5 Strahlen. Drüsen des Hüllbechers queroval; reife Kapsel 3 – 4 mm im Durchmesser, dicht warzig. Aus der Basis des vorjährigen Stengels entspringen mehrere Stengel; Pflanze daher büschelig. Blätter 2 – 5 cm lang, kaum halb so breit, fein gesägt. Pflanze mit weißem Milchsaft.

Vorkommen: Raine, Magerwiesen, sonnige Trockengebüsche. Liebt basenreichen, meist kalkhaltigen, stickstoffsalzarmen Boden. Nördlich des Mains nur in der Rhön; in den südlich des Mains gelegenen Kalkmittelgebirgen zerstreut.

Wissenswertes: Wird gelegentlich von dem Brandpilz Uromýces písi befallen und sieht dann verändert aus: Blätter kleiner, gelbgrün, unterseits rotpustelig.

BLÜTENFARBE GELB

Sonnenwend-Wolfsmilch *Euphórbia helioscópia*
Wolfsmilchgewächse *Euphorbiáceae*

Apr.–Okt.
5–40 cm
☉ ☠

Beschreibung: Scheindolde mit 4–5 Strahlen; Drüsen des Hüllbechers queroval. Blätter verkehrt-eiförmig, vorn gesägt. Pflanze mit weißem Milchsaft.
Vorkommen: Äcker, Gärten, Weinberge, Ödland. Liebt basen- und stickstoffsalzreichen Lehmboden. Fehlt örtlich in den Sandgebieten; sonst sehr häufig.
Wissenswertes: Die Sonnenwend-Wolfsmilch dreht ihre Blütenstände in die Richtung des einfallenden Lichts. Darauf beziehen sich wissenschaftlicher und deutscher Artname (griech. helios = Sonne; skopein = schauen). – Der Milchsaft enthält giftige Diterpene. Auf der Haut kann er Entzündungen hervorrufen.

Kleine Wolfsmilch *Euphórbia exígua*
Wolfsmilchgewächse *Euphorbiáceae*

Mai–Sept.
5–25 cm
☉ ☠

Beschreibung: Scheindolde mit 3–5 Strahlen; Drüsen des Hüllbechers halbmondförmig. Stengel niederliegend bis aufsteigend, meist reich verzweigt. Blätter lineal, spitzig, sitzend, ganzrandig. Pflanze mit weißem Milchsaft.
Vorkommen: Äcker, Ödland, Brachen, Wege, Dämme. Liebt basenreichen, stickstoffsalzhaltigen Lehmboden. Fehlt im Tiefland fast ganz, im Alpenvorland, in den Alpen und in Gegenden mit Silikatgestein größeren Gebieten; sonst zerstreut.
Wissenswertes: Die Art war ursprünglich im Mittelmeergebiet und in Westasien beheimatet. In Mitteleuropa konnte sie nur im Gefolge des Ackerbaues Fuß fassen und sich ausbreiten. Neuerdings geht sie durch Unkrautbekämpfung zurück.

Garten-Wolfsmilch *Euphórbia péplus*
Wolfsmilchgewächse *Euphorbiáceae*

Juni–Okt.
5–30 cm
☉ ☠

Beschreibung: Scheindolde mit 3 Strahlen; Drüsen des Hüllbechers halbmondförmig mit weißlichen Spitzen. Stengel aufrecht, meist verzweigt. Stengelblätter verkehrt-eiförmig, sitzend, früh abfallend. Pflanze mit weißem Milchsaft.
Vorkommen: Äcker, Gärten, Weinberge, ortsnahes Ödland. Liebt stickstoffsalzreichen, oft kalkarmen, lockeren Lehmboden, sommerliche Wärme und hohe Luftfeuchtigkeit. Fehlt örtlich in Gegenden mit rauhem Klima; sonst zerstreut.
Wissenswertes: Die „Blüte" der Wolfsmilch-Arten ist in Wirklichkeit ein stark rückgebildeter Blütenstand („Cyathium"). Zwischen den Hochblättern des Hüllbechers sitzen eine weibliche und mehrere, vereinfachte, männliche Blüten.

Zypressen-Wolfsmilch *Euphórbia cyparissias*
Wolfsmilchgewächse *Euphorbiáceae*

Apr.–Juli
15–50 cm
♃ ☠

Beschreibung: Scheindolde mit 10–20 Strahlen; Drüsen des Hüllbechers halbmondförmig, gelb. Blätter nadelig-lineal, blaugrün. Pflanze mit Milchsaft.
Vorkommen: Trockene Rasen, lückig bewachsene Böschungen, lichte Trockenwälder und -gebüsche, Schotter. Fehlt im Tiefland gebietsweise; sonst häufig.
Wissenswertes: Der Milchsaft enthält das giftige Euphorbon. Vom Vieh wird die Pflanze nicht gefressen. Merkwürdigerweise ist sie aber die einzige Futterpflanze für die Raupen des Wolfsmilchschwärmers. Sehr oft wird die Zypressen-Wolfsmilch vom Erbsenrost befallen (rote Pusteln) und sieht dann stark verändert aus.

BLÜTENFARBE GELB

Gewöhnliche Nachtkerze   Oenothéra biénnis
Nachtkerzengewächse Onagráceae

Juni–Sept.
0,5–1,5 m
☉

Beschreibung: Blüten einzeln in den Achseln der oberen Blätter, 3–8 cm im Durchmesser. Stengel aufrecht. Untere Blätter in einer Rosette.
Vorkommen: Lückig bewachsene Böschungen und Raine, Bahnschotter, Kiesflächen, ortsnahes Ödland. Liebt steinig-sandige, stickstoffsalzhaltige Lehmböden. Fehlt örtlich im Tiefland und in den höheren Gebirgslagen; sonst zerstreut.
Wissenswertes: Die Blüten der Nachtkerze öffnen sich abends gegen 18 Uhr, und 24 Stunden später schließen sie sich wieder. Zunächst stäuben die Staubbeutel. Zu dieser Zeit ist die Narbe noch nicht empfängnisfähig. Sie wird dies erst am Abend des nächsten Tages. Bestäuber sind vorwiegend Nachtschmetterlinge.

Kornelkirsche, Herlitze, Gelber Hartriegel Córnus más
Hartriegelgewächse Cornáceae

Jan.–Mai
2–6 m
♄

Beschreibung: Blüten in kleinen, doldigen Büscheln an den noch unbelaubten Zweigen, um 5 mm im Durchmesser; Frucht eine länglich-ellipsoide, rote Steinfrucht. Blätter gegenständig, ganzrandig, eiförmig, leicht bogennervig.
Vorkommen: Gebüsche, Waldsäume, Auwälder, Ufer. Liebt basen- und meist kalkreichen, stickstoffsalzhaltigen Lehmboden. Zierstrauch aus Südosteuropa, der in den Kalkgebieten örtlich verwildert ist; an der Donau wohl ursprünglich.
Wissenswertes: Die „Beeren" sind eßbar; sie schmecken säuerlich. Man hat sie früher in Notzeiten auch schon zu Marmelade und Gelees verarbeitet. Vögel fressen sie recht gern; dadurch wird der Same – ein Steinkern – verschleppt.

Echtes Labkraut Gálium vérum
Rötegewächse Rubiáceae

Mai–Okt.
10–70 cm
♃ (☠)

Beschreibung: Äußerst zahlreiche Blüten in scheindoldig-rispigem, dichtem Blütenstand; Blüten um 3 mm im Durchmesser, stark nach Honig duftend. Blätter zu 8–12 quirlständig, 1–2,5 cm lang, 0,5–2 mm breit, nadelförmig.
Vorkommen: Trockene Rasen und Gebüsche, Flachmoore. Liebt basenreiche, stickstoffsalzarme Lehmböden. Im Tiefland gebietsweise fehlend, sonst häufig.
Wissenswertes: Die Pflanze enthält in 100 g Blattgewebe 1 mg eines Stoffes, der wie das Labferment des Kälbermagens Milch zum Gerinnen bringt (Name). Deshalb wurde das Echte Labkraut früher zuweilen zur Käsebereitung verwendet.

Gewöhnliches Kreuzlabkraut, Breitblättriges Kreuzlabkraut Cruciáta laēvipes
Rötegewächse Rubiáceae

Apr.–Juni
15–60 cm
♃ (☠)

Beschreibung: Blüten in den Blattachseln, um 2,5 mm im Durchmesser. Stengel 4kantig. Blätter zu 4 quirlständig, 1–2 cm lang, 3–9 mm breit, 3nervig.
Vorkommen: Wald- und Wiesenränder, verbuschtes Ödland. Liebt ziemlich stickstoffsalz- und basenreiche Böden. Fehlt den Sandgebieten; sonst zerstreut.
Wissenswertes: Im Gewöhnlichen Kreuzlabkraut wurde Asperulin, ein aucubinähnliches Glykosid gefunden. Dieser Inhaltsstoff verweist – wie auch der Blütenbau – auf die Verwandtschaft zu den Labkräutern, zu denen die Art lange Zeit gestellt worden war. Neben Asperulin wurde auch ein Cumaringlykosid gefunden.

BLÜTENFARBE GELB

Gelbe Teichrose, Mummel *Núphar lútea*
Seerosengewächse *Nymphaeáceae*

Juni–Sept.
0,5–2,5 m
♃ (☠) ▽

Beschreibung: Blüten einzeln, 3,5–5 cm im Durchmesser, meist nicht schwimmend, sondern aus dem Wasser herausgehoben. Blätter 12–30 cm lang, 8–20 cm breit, eiförmig, herzförmig eingeschnitten, ganzrandig, schwimmend.

Vorkommen: Stehende oder langsam fließende Gewässer. Liebt Schlamm, Sand oder Kies sowie basenhaltiges Wasser; fehlt gebietsweise; sonst zerstreut.

Wissenswertes: Die Früchte der Teichrose schwimmen, weil im Fruchtgewebe Luftblasen eingeschlossen sind. In diesem Stadium werden sie verschwemmt. Nach einiger Zeit entweicht jedoch die Luft, und die Früchte sinken zu Boden.

Kleine Teichrose *Núphar púmila*
Seerosengewächse *Nymphaeáceae*

Juni–Sept.
0,5–3 m
♃ (☠) ▽

Beschreibung: Blüten einzeln, 2–3 cm im Durchmesser, nicht schwimmend, sondern aus dem Wasser herausgehoben. Blätter 5–10 cm lang, 3–5 cm breit.

Vorkommen: Stehende oder langsam fließende Gewässer. Liebt basen- und stickstoffsalzarme, kühle, ja kalte und etwas saure Umgebung. Nur im Südschwarzwald und im Alpenvorland in Moorseen oder in Gewässern mit moorigem Wasser.

Wissenswertes: Die Kleine Teichrose ist in Mitteleuropa ein Eiszeitrelikt. Ihr Verbreitungsgebiet reicht vom nördlichen Skandinavien bis nach Ostsibirien. Bis zum 2. Weltkrieg kam sie vereinzelt auch in Niedersachsen vor.

Sumpf-Dotterblume *Cáltha palústris*
Hahnenfußgewächse *Ranunculáceae*

März–Mai
15–60 cm
♃ (☠)

Beschreibung: Blüten ohne Kelchblätter, innen goldgelb und fettig glänzend, außen oft grünlich, 2,5–4 cm im Durchmesser. Stengel hohl, oft aufsteigend. Grundblätter gestielt, Stengelblätter sitzend, alle nierenförmig, glänzend.

Vorkommen: Naßwiesen, Flachmoore, Gräben, Ufer, Auwälder. Liebt nassen Lehm-, Ton- oder Torfboden. Im Tiefland selten, nur örtlich fehlend; sonst häufig.

Wissenswertes: Die Sumpf-Dotterblume hat Samen, die schwimmen und so verbreitet werden können. Die Blüten sondern an den Flanken des Fruchtknotens reichlich Nektar ab. Sie werden u. a. durch Fliegen und Hautflügler bestäubt. – Die Giftwirkung scheint durch Saponine oder Alkaloide hervorgerufen zu werden.

Gelbes Windröschen *Anemóne ranunculoídes*
Hahnenfußgewächse *Ranunculáceae*

März–Mai
5–20 cm
♃ ☠

Beschreibung: Meist 2, selten nur 1 oder sogar 3 Blüten entspringen aus einem Hochblattquirl. Hochblätter bis zum Grund 3teilig. Stengel sonst blattlos. Grundblätter fehlen in der Regel oder stehen nur einzeln am Wurzelstock.

Vorkommen: Au- und Schluchtwälder, feuchte Gebüsche und Wiesen. Liebt gut durchsickerten, basen- und stickstoffsalzreichen Boden. Fehlt im Tiefland und im Alpenvorland größeren Gebieten; sonst zerstreut und oft bestandsbildend.

Wissenswertes: Die Zahl der Blüten, die angelegt werden, scheint davon abzuhängen, ob der Standort für die Art besonders geeignet ist. Jedenfalls findet man an „guten" Standorten weit öfter 2blütige Exemplare als an „schlechten".

BLÜTENFARBE GELB

Wald-Hahnenfuß *Ranúnculus nemorósus*
Hahnenfußgewächse *Ranunculáceae*

Mai–Juli
20–80 cm
⚷ (☠)

Beschreibung: Lockere Rispe mit 3–15 Blüten; diese 2–3 cm im Durchmesser, leuchtend gelb; Schnabel der Frucht deutlich hakig eingerollt. Stengel abstehend behaart. Grundblätter bis fast zum Stielansatz handförmig 3teilig.
Vorkommen: Laubwälder, Trockenrasen, lichte Trockengebüsche. Liebt basenreichen, meist kalkhaltigen, stickstoffsalzarmen Lehmboden. Fehlt im Tiefland gebietsweise; in den bergigen Kalkgebieten und in den Kalkalpen zerstreut.
Wissenswertes: Exemplare dieser Art sind oft schwer eindeutig zu bestimmen. Die Art ist formenreich; dazu kommt, daß sie – wenn dies aufgrund gemeinsamen Vorkommens möglich ist – mit anderen, nahe verwandten Arten bastardiert.

Kriechender Hahnenfuß *Ranúnculus répens*
Hahnenfußgewächse *Ranunculáceae*

Mai–Aug.
10–50 cm
⚷ (☠)

Beschreibung: Wenige Blüten stehen in traubigem Blütenstand, einzelne in den Blattachseln; Blüten 2–3 cm im Durchmesser. Oberirdische Ausläufer, die an den Blattansätzen wurzeln. Grundblätter 3zählig; Mittelabschnitt gestielt.
Vorkommen: Gärten, nasse Äcker und Wiesen, Ödland, Brachen, Wege, Auwälder, Ufer. Liebt feuchten, ja nassen, verdichteten oder steinig-lockeren Lehm- oder Tonboden, der reichlich Stickstoffsalze enthalten kann. Sehr häufig.
Wissenswertes: An flachen Ufern oder in seichten Gräben kann der Kriechende Hahnenfuß ins Wasser vordringen und dort untergetaucht leben. Solche Pflanzen haben schmale, stärker aufgeteilte, längerstielige Blätter als die Landform.

Wolliger Hahnenfuß *Ranunculus lanuginósus*
Hahnenfußgewächse *Ranunculáceae*

Mai–Juli
30–90 cm
⚷ (☠)

Beschreibung: Mehrere Blüten stehen in traubig-rispigem Blütenstand; Blüten 2–2,5 cm im Durchmesser, dottergelb; Blütenstiele rund, nicht gefurcht. Stengel unten hohl und dicht abstehend behaart. Blätter handförmig 3teilig.
Vorkommen: Laub-, Schlucht- und Auwälder. Hochstaudenfluren. Liebt basen- bzw. kalk- und stickstoffsalzreichen, eher frischen als trockenen Lehmboden. Fehlt im westlichen Tiefland und über Silikatgestein; über Kalk zerstreut.
Wissenswertes: Der Wollige Hahnenfuß, der noch bei etwa 10% des vollen Tageslichts gut gedeiht, blüht – gemessen am spärlichen Lichtgenuß – relativ früh.

Scharfer Hahnenfuß *Ranúnculus ácris*
Hahnenfußgewächse *Ranunculáceae*

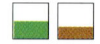

Mai–Sept.
0,3–1 m
⚷ ☠

Beschreibung: Mehrere Blüten stehen in traubig-rispigem Blütenstand; Blüten 2–3 cm im Durchmesser, goldgelb; Blütenstiel rund, nicht gefurcht, wie der Stengel kahl oder schütter angedrückt behaart. Grundblätter 5–7teilig.
Vorkommen: Wiesen, Wegränder. Liebt etwas feuchte, zumindest in mittlerem Maße basen- und stickstoffsalzhaltige Lehmböden. Sehr häufig; bestandsbildend.
Wissenswertes: Wegen des scharf schmeckenden Giftes Protoanemonin wird die Pflanze von Kühen nicht gefressen. Daher bleibt sie auf Weiden oft in auffälligen Inseln stehen. Der Pflanzensaft kann auf der Haut Entzündungen hervorrufen.

BLÜTENFARBE GELB

Knolliger Hahnenfuß *Ranúnculus bulbósus*
Hahnenfußgewächse *Ranunculáceae*

Mai–Juli
10–45 cm
♃ ☠

Beschreibung: Blüten an Stengel und Ästen endständig, 2–3 cm im Durchmesser, Kelchblätter zum Blütenstiel herabgeschlagen. Stengel unmittelbar unter der Erdoberfläche mit Knolle, behaart. Grundblätter bis zum Stiel 3teilig.
Vorkommen: Halbtrockenrasen, trockene Wiesen, Wege, Raine. Liebt basen- bzw. kalkreichen, stickstoffsalzarmen Boden. Fehlt im westlichen Tiefland sowie in den Silikatgebieten gebietsweise; sonst zerstreut; in Kalkgebieten häufig.
Wissenswertes: Der deutsche Gattungsname „Hahnenfuß" bezieht sich auf die „vogelfußartig"-handförmig geteilten Blätter, der wissenschaftliche auf die kleinen, gekrümmten, grünen Früchtchen (ranunculus, lat. = kleiner Frosch).

Acker-Hahnenfuß *Ranúnculus arvénsis*
Hahnenfußgewächse *Ranunculáceae*

Mai–Juli
10–50 cm
☉ ☠

Beschreibung: Einige Blüten in traubig-rispigem Blütenstand; Blüten 0,7–1,5 cm im Durchmesser, hellgelb; Früchtchen 5–7 mm lang, auf beiden Flächen hakig bestachelt. Grundblätter 3teilig; Abschnitte ziemlich schmalzipfelig.
Vorkommen: Getreideäcker, Brachen, Ödland. Liebt basen- und meist kalkreichen Lehm- oder Tonboden, der stickstoffsalzhaltig sein kann. Fehlt im Tiefland weithin, ebenso in Silikat- und Sandgebieten. In Kalkgebieten selten.
Wissenswertes: Die Früchtchen verhaken sich im Fell von Tieren und werden so verbreitet. Durch Herbizideinsatz vielerorts zurückgegangen und verschwunden.

Gold-Hahnenfuß, Goldschopf-Hahnenfuß *Ranúnculus auricómus*
Hahnenfußgewächse *Ranunculáceae*

März–Mai
15–40 cm
♃ (☠)

Beschreibung: Wenige Blüten in traubig-rispigem Blütenstand; Blüten 1–2 cm im Durchmesser, goldgelb; Blütenblätter früh abfallend; Blütenstiele behaart, rund, nicht gefurcht. 2–6 Grundblätter, klein, wenig geteilt, mit nierenförmigem Umriß.
Vorkommen: Lichte Laub- und Auwälder, sickerfeuchte Bergwiesen, seltener Garten- und Parkrasen. Liebt frischen, kalkhaltigen, humosen Lehmboden. Fehlt in den Silikatgebieten und im westlichen Tiefland gebietsweise; sonst häufig.
Wissenswertes: Die Samen werden bei dieser Art ungeschlechtlich aus einer diploid gebliebenen Zelle gebildet. Die Tochterpflanzen sind also Kopien der Elternpflanzen. Mit der Zeit entstehen so zahlreiche erbgleiche Exemplare.

Gift-Hahnenfuß *Ranúnculus scelerátus*
Hahnenfußgewächse *Ranunculáceae*

Mai–Aug.
20–90 cm
☉ ☠

Beschreibung: Mehrere Blüten in rispigem Blütenstand, 0,5–1 cm im Durchmesser, hellgelb; Fruchtköpfchen länglich-walzlich. Stengel hohl. Blätter dicklich.
Vorkommen: Ufer langsam fließender oder stehender Gewässer, Gräben, seichte Tümpel. Liebt basen- und stickstoffsalzreichen Schlammboden. Im Tiefland zerstreut; sonst in den sommerwarmen Gebieten selten, gebietsweise fehlend.
Wissenswertes: Enthält größere Mengen von Anemonin und Protoanemonin; giftigste einheimische Hahnenfuß-Art. Saft, der aus abgerissenen Blättern und Stengeln austritt, kann – auf die Haut gebracht – starke Entzündungen hervorrufen.

BLÜTENFARBE GELB

Brennender Hahnenfuß Ranúnculus flámmula
Hahnenfußgewächse Ranunculáceae

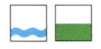

Mai–Sept.
10–50 cm
♃ (☠)

Beschreibung: Mehrere Blüten in einem traubig-rispigen, lockeren Blütenstand, 0,8–1,5 cm im Durchmesser. Stengelblätter schmal-lanzettlich, sitzend oder kurz gestielt; Grundblätter lanzettlich, in den Stiel verschmälert.
Vorkommen: Ufer, Flachmoore, Sumpfwiesen, Röhricht. Liebt stickstoffsalz- und basenarmen Boden. Fehlt örtlich in den Kalkgebieten; sonst zerstreut.
Wissenswertes: Der Brennende Hahnenfuß soll zu seinem Namen gekommen sein, weil sein Kraut scharf schmeckt. Dies dürfte durch Protoanemonin verursacht werden. In welcher Menge dieser Stoff vorkommt, scheint unbekannt zu sein.

Zungen-Hahnenfuß Ranúnculus lingua
Hahnenfußgewächse Ranunculáceae

Juni–Aug.
0,5–1,5 m
♃ ☠

Beschreibung: Blüten in traubig-rispigem Blütenstand, 2,5–4 cm im Durchmesser, goldgelb. Stengelblätter fast 2zeilig, wie die Grundblätter lanzettlich, bis 20 cm lang und bis 2 cm breit; zuweilen mit eiförmigen Schwimmblättern.
Vorkommen: Röhricht stehender und langsam fließender Gewässer. Liebt zeitweise überschwemmten, basen- und mäßig stickstoffsalzreichen Schlammboden. Im Tiefland zerstreut, gebietsweise fehlend, sonst selten, zuweilen ausgepflanzt.
Wissenswertes: Der Zungen-Hahnenfuß hat in den letzten Jahrzehnten nahezu die Hälfte seiner vordem bekannten Standorte durch Trockenlegen verloren.

Große Fetthenne Sédum teléphium
Dickblattgewächse Crassuláceae

Juli–Okt.
20–80 cm
♃ (☠)

Beschreibung: Zahlreiche Blüten stehen in dichter, fast halbkugeliger oder lappig-straußiger Scheindolde; sie sind blaßgelb oder purpurrot und erreichen 5–9 mm im Durchmesser. Blätter fleischig-flach, eiförmig, sitzend, oft ungleich gezähnt.
Vorkommen: Wege, Waldlichtungen, Felsen, Gesteinsschutt. Liebt basen- und stickstoffsalzarmen Untergrund. Zerstreut; im Tiefland und Alpenvorland örtlich fehlend.
Wissenswertes: Der deutsche Name bezieht sich auf die fleischigen Blätter, der wissenschaftliche auf die Verwendung zum Blutstillen (sedare, lat. = stillen). Alte Heilpflanze. Als Wirkstoffe werden Gerbstoffe, Flavonglykoside, Schleime und Alkaloide genannt. Vergiftungen sind nicht bekannt geworden.

Scharfer Mauerpfeffer, Scharfe Fetthenne Sédum ácre
Dickblattgewächse Crassuláceae

Juni–Aug.
3–15 cm
♃ (☠)

Beschreibung: Wenige Blüten in traubig-doldigem Blütenstand, 1–1,6 cm im Durchmesser. Blätter fleischig, halb-eiförmig, oberseits abgeflacht, unterseits gewölbt, 2–4 mm lang, spornlos, beim Kauen (nicht schlucken!) scharf.
Vorkommen: Mauern, Bahnschotter, Felsspalten, Kieswege, lückige Rasen. Liebt ausgesprochen stickstoffsalzarmen, doch kalkhaltigen Untergrund. Fehlt im Tiefland und in Gegenden mit kalkarmem Gestein gebietsweise; sonst zerstreut.
Wissenswertes: „Mauerpfeffer" bezieht sich auf den scharfen Geschmack und den Standort an Mauern. Der Scharfe Mauerpfeffer enthält ein giftiges Alkaloid. Vorsicht! Längeres Kauen von mehreren Blättern kann Erbrechen auslösen.

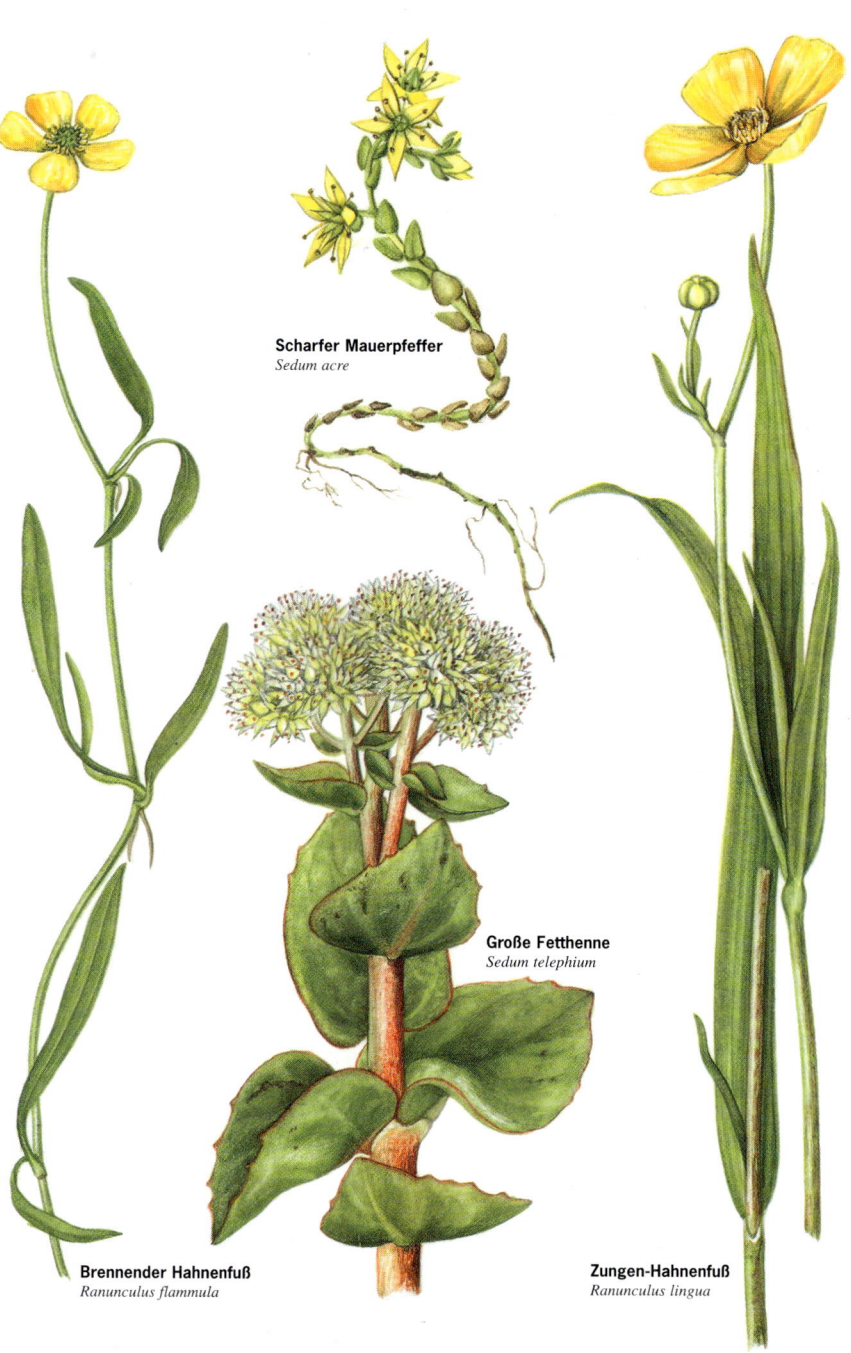

BLÜTENFARBE GELB

Gewöhnlicher Odermennig, Kleiner Odermennig *Agrimónia eupatória*
Rosengewächse *Rosáceae*

Juni–Sept.
0,3–1,5 m
♃

Beschreibung: Blüten in langer, ährenähnlicher Traube, 0,7–1 cm im Durchmesser. Kelch der Früchte borstig verhärtet, diese daher ketthaftend. Stengel rauhhaarig. Blätter gefiedert, große und kleine Fiederpaare im Wechsel.
Vorkommen: Halbtrockenrasen, Raine, trockene Gebüsche, Waldränder. Liebt basenreichen, kalk- und nur mäßig stickstoffsalzhaltigen Boden. Fehlt im Tiefland und in den Gegenden mit kalkfreiem Gestein gebietsweise, sonst häufig.
Wissenswertes: Das Epitheton „*eupatoria*" verweist auf die griechische Sage. Nach ihr soll König Mithridates Eupator (132–63 v. Chr.) die Heilkräfte des Odermennigs als erster entdeckt haben. Alte Heilpflanze; enthält Gerbstoffe.

Echte Nelkenwurz *Géum urbánum*
Rosengewächse *Rosáceae*

Mai–Okt.
0,25–1,25 m
♃ (☠)

Beschreibung: Blüten in wenigblütiger, lockerer Rispe, 1–1,8 cm im Durchmesser. Griffel an den Früchten hakig gekrümmt, diese daher ketthaftend. Stengel sparrig verästelt. Blätter gefiedert, große und kleine Fiederpaare im Wechsel.
Vorkommen: Lichte Waldstellen, Gebüsche, Zäune, Mauern, Ödland, Gärten. Liebt ziemlich stickstoffsalzreichen Boden. Häufig, aber meist nicht in Beständen.
Wissenswertes: Der Wurzelstock enthält das schwach giftige ätherische Öl Eugenol und Gerbstoffe. Alte Heilpflanze. Früher wurde der Wurzelstock als Gewürznelkenersatz verwendet. Mit Wurzelstockextrakten wurde gegurgelt.

Gänse-Fingerkraut *Potentilla anserina*
Rosengewächse *Rosáceae*

Mai–Aug.
5–15 cm
♃

Beschreibung: Blüten einzeln, lang gestielt. 1,5–2,5 cm im Durchmesser, goldgelb. Stengel kriechen bis zu 50 cm weit, wurzeln an den Knoten und bilden hier Tochterrosetten. Blätter einfach gefiedert, mit 5–21 Fiedern.
Vorkommen: Ufer, Ödland, Bahndämme, Schotter. Liebt dichten, feuchten, stickstoffsalzreichen, lehmig-tonigen Boden, geht auch auf steinigen Untergrund. Fehlt örtlich in den höchsten Lagen der Mittelgebirge und der Alpen; sonst häufig.
Wissenswertes: Blätter und Stengel enthalten einen chemisch noch nicht erforschten Wirkstoff, dazu Flavone und Gerbstoffe, der Wurzelstock auch Tormentol, das im Wurzelstock der Blutwurz (s. S. 146) ebenfalls enthalten ist.

Silber-Fingerkraut *Potentilla argéntea*
Rosengewächse *Rosáceae*

Juni–Okt.
10–30 cm
♃

Beschreibung: Wenige Blüten in lockerer Rispe, 1–1,5 cm im Durchmesser, Stengel aus der Rosettenmitte entspringend, niederliegend, aufsteigend oder aufrecht, behaart. Blattspreite handförmig 5–7teilig, unterseits weißlich.
Vorkommen: Sandrasen, Raine, Wege, Felsen. Liebt basen- und stickstoffsalzarme, steinig-sandige Böden. Im Tiefland, im Bergland mit kalkarmem Gestein (selten im Schwarzwald) und in Niederbayern zerstreut; sonst nur vereinzelt.
Wissenswertes: Vermehrt sich meist ungeschlechtlich durch Samen, die ohne Befruchtung ausreifen (Apomixie), daher gibt es hier zahlreiche ähnliche Sippen.

BLÜTENFARBE GELB

Rötliches Fingerkraut Potentilla heptaphýlla
Rosengewächse Rosáceae

Apr.–Juni
5–15 cm
♃

Beschreibung: Wenige Blüten in lockerer Rispe, 0,8–1,2 cm im Durchmesser. Stengel oft rötlich, niederliegend, an der Spitze aufgebogen, behaart, u.a. mit rotkopfigen Drüsenhaaren (Lupe). Oberirdische Ausläufer mit Tochterrosetten, zusammen oft polsterartig. Blattspreiten meist handförmig 7teilig.

Vorkommen: Trockenrasen und -gebüsche, Raine, Mauern. Auf kalkreichem, stickstoffsalzarmem Untergrund. Bergland mit Kalkgestein zerstreut; fehlt sonst.

Wissenswertes: Das Rötliche Fingerkraut hat seine Hauptverbreitung in Südosteuropa, wo es in Wiesensteppen, Trockengebüschen und -wäldern vorkommt.

Frühlings-Fingerkraut Potentilla vérna
Rosengewächse Rosáceae

März–Juni
5–15 cm
♃

Beschreibung: Wenige Blüten in lockerer Rispe, nacheinander aufblühend, 1–2 cm im Durchmesser, goldgelb. Stengel niederliegend oder aufsteigend, ohne rotköpfige Drüsenhaare (Lupe). Blattspreiten handförmig 3–7teilig.

Vorkommen: Trockenrasen, Raine, Felsen. Liebt trockenen, kalkreichen, stickstoffsalzarmen Boden, der sandig-steinig oder lehmig sein kann. Fehlt im Tiefland und in Gegenden mit kalkarmem Gestein fast ganz; sonst zerstreut.

Wissenswertes: Der Name Fingerkraut bezieht sich auf die handförmig geteilten Blätter, wie sie für diese und andere Arten der Gattung charakteristisch sind. Innerhalb der Art hat man mehrere Sippen als Kleinarten unterschieden.

Kriechendes Fingerkraut Potentilla réptans
Rosengewächse Rosáceae

Mai–Aug.
10–20 cm
♃

Beschreibung: Blüten einzeln in den Blattachseln, 1,5–2,5 cm im Durchmesser. Stengel bis zu 50 cm weit kriechend, ehe er Wurzeln schlägt und eine Tochterrosette bildet. Grundblätter langstielig, Spreite handförmig 5teilig.

Vorkommen: Feuchte, lückige Rasen, Ufer, Wegränder, Raine, Steinriegel, Ödland. Liebt basen-, aber nur mäßig stickstoffsalzreichen Boden. Fehlt im Tiefland und in den nördlichen Mittelgebirgen gebietsweise; sonst zerstreut.

Wissenswertes: Der Wurzelstock – er wurde ähnlich wie der der Blutwurz (s. S. 146) verwendet – und die Blätter enthalten Gerbstoffe, letztere auch Flavone.

Aufrechter Sauerklee Óxalis fontána
Sauerkleegewächse Oxalidáceae

Apr.–Okt.
15–40 cm
☉–♃ (☠)

Beschreibung: Wenige Blüten in sehr lockerer Traube, 1–1,5 cm im Durchmesser; Kapsel 1–1,5 cm lang, Fruchtblätter reif sich schlagartig einrollend und die Samen ausschleudernd. Blätter kleeartig 3teilig; keine Nebenblätter.

Vorkommen: Gärten, Hackfruchtkulturen, Friedhöfe, Waldwegränder. Liebt mäßig basen- und durchaus stickstoffsalzreichen Boden. Fehlt im Tiefland, im Bergland mit Kalkgestein oder mit rauhem Sommerklima gebietsweise; sonst zerstreut.

Wissenswertes: Wahrscheinlich Mitte des 16. Jahrhunderts von Nordamerika nach Spanien eingeschleppt; in Mitteleuropa erstmals im 19. Jahrhundert beobachtet. Als Unkraut gefürchtet, weil er sich außer durch Samen auch durch Ausläufer vermehrt.

Aufrechter Sauerklee
Oxalis fontana

Kriechendes Fingerkraut
Potentilla reptans

Rötliches Fingerkraut
Potentilla heptaphylla

Frühlings-Fingerkraut
Potentilla verna

BLÜTENFARBE GELB

Hornfrüchtiger Sauerklee *Óxalis corniculáta*
Sauerkleegewächse *Oxalidáceae*

Juni–Sept.
5–15 cm
☉ (☠)

Beschreibung: Wenige Blüten in sehr lockerer Traube, 0,8–1,2 cm im Durchmesser; Kapsel 1,2–2,5 cm lang; reife Fruchtblätter rollen sich schlagartig ein und schleudern die Samen aus. Stengel an den Knoten wurzelnd. Blätter kleeartig, rötlich überlaufen; Nebenblätter vorhanden. Keine Ausläufer.

Vorkommen: Gärten, Friedhöfe. Liebt mäßig stickstoffsalzreiche Böden. Im Weinbaugebiet und anderen klimagünstigen Gegenden selten, sonst vereinzelt.

Wissenswertes: In der Kapsel bläht sich unter den Samen ein Schwellgewebe so lange, bis es in die Richtung des Blütenbodens platzt. Der Rückstoß schleudert die Samen zwischen den geöffneten Kapselkappen hindurch ins Freie.

Spitz-Ahorn *Ácer platanoídes*
Ahorngewächse *Aceráceae*

Apr.–Mai
20–30 m
♄

Beschreibung: Zahlreiche Blüten in einem zunächst aufrechten, später nickend-hängenden, doldig-traubigen Blütenstand, um 1 cm im Durchmesser, gelbgrün, mit oder vor den Blättern erscheinend. Blätter 8–20 cm lang, handförmig auf 1/2 des Spreitendurchmessers 5lappig; Lappen mit lang zugespitzten Zähnen.

Vorkommen: Berg-, Schlucht- und Auwälder. Liebt lockeren, mullreichen Boden. Fehlt im Tiefland gebietsweise; sonst zerstreut, oft forstlich angepflanzt.

Wissenswertes: Im Frühjahr führt der Spitz-Ahorn einen zuckerhaltigen Saft in seinen Gefäßen, der nach Verletzungen der Zweige herabtropft. Aus dem Saft des verwandten nordamerikanischen Zucker-Ahorns kann man Zucker gewinnen.

Behaartes Johanniskraut, Rauhes Hartheu *Hypéricum hirsútum*
Johanniskrautgewächse *Hypericáceae*

Juni–Aug.
30–90 cm
♃

Beschreibung: Zahlreiche Blüten in pyramidenförmiger Rispe, 1,2–2,3 cm im Durchmesser, hell goldgelb; Staubblätter gebüschelt. Stengel rund, wie die Blätter dicht behaart. Blätter am Rand drüsenlos, durchscheinend punktiert.

Vorkommen: Lichte Wälder, Waldränder. Liebt basen- und stickstoffsalzreichen Boden. Fehlt über kalkarmem Gestein weithin (z. B. Tiefland); sonst zerstreut.

Wissenswertes: Enthält den roten Farbstoff Hypericin. Er ist verantwortlich für die „Lichtkrankheit", die bei Tieren auftritt, die Blüten gefressen haben. Doch nur wenn sie im vollen Tageslicht bleiben, kommt es zu schweren Vergiftungen.

Schönes Johanniskraut, Schönes Hartheu *Hypéricum púlchrum*
Johanniskrautgewächse *Hypericáceae*

Juni–Sept.
15–50 cm
♃

Beschreibung: Blüten in lockerer Rispe, 1–2 cm im Durchmesser, goldgelb, Blütenblätter am Rand mit schwarzroten Punkten; Staubblätter gebüschelt. Pflanze kahl. Blätter gegenständig, sitzend, durchscheinend punktiert.

Vorkommen: Laub- und Mischwälder, Waldränder, Lichtungen. Liebt sauren Sand- oder Lehmboden; kalk- und stickstoffsalzscheu. Fehlt im Tiefland, in den Kalkgebieten und in niederschlagsarmen Gegenden gebietsweise; sonst selten.

Wissenswertes: Enthält in den Blütenblättern den roten Farbstoff Hypericin, der bei Tieren die „Lichtkrankheit" hervorrufen kann (s. *H. hirsutum*, oben).

BLÜTENFARBE GELB

Berg-Johanniskraut, Berg-Hartheu *Hypéricum montánum*
Johanniskrautgewächse *Hypericáceae*

Juni–Aug.
30–90 cm
♃

Beschreibung: Blüten in kopfiger Rispe, 1–2,3 cm im Durchmesser; Blütenblätter ohne dunkelrote Drüsen am Rand; Staubblätter undeutlich gebüschelt. Blätter gegenständig, sitzend, halb stengelumfassend, randlich schwarz punktiert.
Vorkommen: Laub- und Mischwälder. Liebt basenreichen, kalkhaltigen, stickstoffsalzarmen Boden. Im Tiefland östlich der Weser vereinzelt, westlich der Weser ebenso wie im Bergland mit Silikatböden weithin fehlend; sonst selten.
Wissenswertes: Enthält in den Blüten den Farbstoff Hypericin (s. Behaartes Johanniskraut, S. 164). Das Berg-Johanniskraut gilt als typisch mitteleuropäische Art.

Geflügeltes Johanniskraut, Flügel-Hartheu *Hypéricum tetrápterum*
Johanniskrautgewächse *Hypericáceae*

Juni–Sept.
30–60 cm
♃

Beschreibung: Zahlreiche Blüten in rispiger Scheindolde, 1–1,8 cm im Durchmesser, goldgelb; Staubblätter in 3 undeutlichen Büscheln. Stengel deutlich 4kantig; 2 Kanten geflügelt. Blätter gegenständig, sitzend, undeutlich halb stengelumfassend, fein und dicht durchscheinend punktiert, meist drüsenlos.
Vorkommen: Ufer, Naßwiesen, Gehölze. Liebt nassen, basen- und stickstoffsalzhaltigen Boden. Fehlt z. T. im Tiefland und in Silikatgebieten; sonst zerstreut.
Wissenswertes: Die Blütenblätter enthalten den Farbstoff Hypericin (s. Behaartes Johanniskraut, S. 164). – Bestäuber sind vor allem Hummeln und Bienen.

Geflecktes Johanniskraut, Kanten-Hartheu *Hypéricum maculátum*
Johanniskrautgewächse *Hypericáceae*

Juni–Sept.
20–60 cm
♃

Beschreibung: Viele Blüten in rispiger Scheindolde, 1,3–2,3 cm im Durchmesser, goldgelb; Staubblätter in 3 undeutlichen Büscheln. Stengel mit 4, unten oft nur mit 2, von Glied zu Glied um 90° versetzten Kanten. Blätter kaum punktiert.
Vorkommen: Feuchte Wiesen, lichte Stellen in Wäldern, Ufergebüsch; Staudenfluren. Liebt basen- und stickstoffsalzarmen, mindestens schwach sauren Lehm- oder Tonboden. Fehlt im Tiefland kleineren Gebieten; sonst zerstreut.
Wissenswertes: Diese Art ist recht formenreich. Neben Sippen, die von einigen Autoren als Kleinarten, von anderen als Unterarten angesehen werden, rechnet man eine Reihe von Bastarden zu ihr. Diese Sippen sind schwer abzugrenzen.

Echtes Johanniskraut, Tüpfel-Hartheu *Hypéricum perforátum*
Johanniskrautgewächse *Hypericáceae*

Juni–Sept.
30–80 cm
♃

Beschreibung: Zahlreiche Blüten in lockerer, pyramidenförmiger Rispe, 2–2,5 cm im Durchmesser; Blütenblätter meist gekerbt-gezähnelt; Staubblätter in 3 undeutlichen Büscheln. Stengel mit 2 Längskanten. Blätter durchscheinend punktiert, unterseits am Rand und oft auch auf der Spreite mit schwarzen Drüsen.
Vorkommen: Wälder, Waldränder, Gebüsche, trockene Rasen, Raine, Heiden, Wege, Schotter. Stellt an den Boden keine besonderen Ansprüche. Sehr häufig.
Wissenswertes: Alte Heilpflanze, die Hypericin (s. Behaartes Johanniskraut, S. 164), Gerbstoffe und ätherische Öle enthält; wirkt möglicherweise antibiotisch. Als Volksheilmittel (Auszug der Blüten in Olivenöl) vielfach verwendet (Rotöl).

BLÜTENFARBE GELB

Gewöhnliches Sonnenröschen, Gelbes Sonnenröschen *Heliánthemum nummulárium*
Zistrosengewächse *Cistáceae*

Juni–Sept.
10–30 cm
⚄–♄

Beschreibung: Armblütige Traube; Blüten 1,5–2,5 cm im Durchmesser; zahlreiche Staubblätter; Kelchblätter oft rot gestreift, 2 kurz, 3 länger. Stengel am Grund holzig, niederliegend oder aufsteigend. Blätter gegenständig, eiförmig, bewimpert.

Vorkommen: Lückige Halbtrockenrasen, trockene, lichte Kiefernwälder, seltener an Rainen. Liebt basen- und oft kalkreichen, äußerst stickstoffsalzarmen Boden. Fehlt im Tiefland und im Bergland mit kalkarmem Gestein; sonst selten.

Wissenswertes: Sonnenbeschienene Blüten spreizen Blüten- und Staubblätter nach außen. Üblicherweise erfolgt nur an ihnen Fremdbestäubung durch Insekten.

Wiesensilge, Wiesen-Silau *Silaum silaus*
Doldengewächse *Apiáceae (Umbellíferae)*

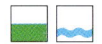

Juni–Sept.
0,3–1 m
⚄

Beschreibung: Dolde mit 4–10 Strahlen; 0–3 Hüllblätter; Hüllchenblätter zahlreich, lineal, kürzer als die Blütenstiele. Stengel rund, gefurcht, kahl. Blätter 3fach gefiedert; Blattzipfel 1–2,5 cm lang, 2–3 mm breit; obere Stengelblätter oft nur 1fach gefiedert oder bis auf eine Scheide verkümmert.

Vorkommen: Wiesen, Flachmoore, seltener an Feuchtstellen in Halbtrockenrasen. Liebt basenreiche, oft kalkhaltige, stickstoffsalzarme, zeitweise feuchte Böden („Wechselfeuchtezeiger"). Zerstreut; meidet Silikatboden und Hochlagen.

Wissenswertes: Die Wiesensilge ist eine der Futterpflanzen für die Raupen des Schwalbenschwanzes. Im August kann man sie manchmal an der Pflanze finden.

Sichelblättriges Hasenohr, Sichel-Hasenohr *Bupleúrum falcátum*
Doldengewächse *Apiáceae (Umbellíferae)*

Juni–Sept.
0,2–1 m
⚄

Beschreibung: Dolde mit 3–15 Strahlen; 0–3 lineale Hüllblätter; meist 5 lineallanzettliche Hüllchenblätter. Stengel aufrecht oder aufsteigend, meist leicht verbogen. Blätter wechselständig, obere oft sichelförmig gekrümmt.

Vorkommen: Halbtrockenrasen, Raine, lichte Trockenwälder und -gebüsche. Liebt basen- und meist auch kalkreichen, stickstoffsalzarmen Boden. Fehlt im Tiefland und im Bergland mit kalkarmen oder -freien Gesteinen; sonst zerstreut.

Wissenswertes: Der deutsche Gattungsname wurde wegen der Blätter vergeben. Bei manchen Arten erinnern sie ganz entfernt an aufgestellte Hasenohren.

Pastinak *Pastináca satíva*
Doldengewächse *Apiáceae (Umbellíferae)*

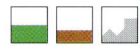

Juli–Sept.
0,3–1,2 cm
☉ (☠)

Beschreibung: Dolde mit 5–20 Strahlen; Hülle und Hüllchen fehlen, selten 1–2blättrig. Stengel gefurcht-gerillt. Blätter 1fach gefiedert, mit 2–7 Fiederpaaren; diese eiförmig, grob und ungleichmäßig gezähnt, unten gelappt. Stengelblätter meist nur als Scheide ausgebildet oder mit verkümmerter Spreite.

Vorkommen: Wiesen, Wege, Dämme, Ödland, Steinbrüche. Liebt basen- und oft kalkreichen, stickstoffsalzhaltigen Boden. Fehlt im Tiefland und im Bergland mit kalkarmen oder -freien Gesteinen größeren Gebieten; sonst zerstreut.

Wissenswertes: Wegen der würzig schmeckenden Wurzel auch in Kultursorten gezogen. Die Blätter eignen sich als Beimischung zu Gemüsen oder als Würze.

BLÜTENFARBE GELB

Stengellose Schlüsselblume, Stengellose Primel *Prímula vulgáris*
Primelgewächse *Primuláceae*

März – Apr.
5–12 cm
♃ ▽

Beschreibung: 5–20 lang gestielte Blüten auf 1 mm langem Schaft, scheinbar der Rosette entspringend; Krone 1,5–2,5 cm Durchmesser, hellgelb. Blätter in einer Rosette, oberseits runzelig, hell- bis sattgrün, unterseits graugrün.
Vorkommen: Wälder, Gebüsche, Wiesen, Raine. Liebt basenreichen, aber kalkfreien, stickstoffsalzhaltigen, feuchten Lehmboden in wintermilder Lage. In Schleswig-Holstein selten, aber bestandsbildend; sonst nur vereinzelt; oft in Gärten.
Wissenswertes: Wo die Stengellose Schlüsselblume zusammen mit der Großen Schlüsselblume wächst, gibt es gelegentlich Bastarde zwischen diesen Arten.

Große Schlüsselblume, Wald-Primel *Prímula elátior*
Primelgewächse *Primuláceae*

März – Mai
10–30 cm
♃ ▽

Beschreibung: 5–20 Blüten in einseitswendiger Dolde auf langem Schaft; Krone 1,2–2 cm im Durchmesser, schwefelgelb. Blätter in einer Rosette, oberseits runzelig, dunkelgrün, unterseits hellgrün, auf den Nerven schütter behaart.
Vorkommen: Laub-, Misch-, Au- und Bergwälder, feuchte Wiesen. Liebt basen- und stickstoffsalzreichen, lockeren Lehmboden. Fehlt im Tiefland und in Gegenden mit Sandböden gebietsweise; sonst sehr häufig; meist bestandsbildend.
Wissenswertes: „Schlüsselblume" verweist auf die Ähnlichkeit der Blütendolde mit dem Bart eines Schlüssels an langem Stiel. Die Große Schlüsselblume enthält Saponine; ihretwegen wird sie seit etwa 100 Jahren arzneilich verwendet.

Echte Schlüsselblume, Wiesen-Primel *Prímula véris*
Primelgewächse *Primuláceae*

März – Mai
5–30 cm
♃ ▽

Beschreibung: 5–20 Blüten stehen in mäßig einseitswendiger Dolde auf langem Schaft; Krone 0,8–1,5 cm im Durchmesser, goldgelb, orange gefleckt. Blätter in einer Rosette, oberseits dunkel(blau)grün, runzelig, unterseits hellgrün.
Vorkommen: Bergwiesen, trockene, lichte Laub-, Misch- und Nadelwälder. Liebt basen- und oft kalkreichen, stickstoffsalzarmen Boden. Im Tiefland (östlich der Elbe) und in Gegenden mit kalkarmem Gestein vereinzelt; sonst zerstreut.
Wissenswertes: Der Name „Primula" kommt aus dem Lateinischen (primus = der erste) und bezieht sich auf die frühe Blütezeit. – Enthält Saponine. Der Wurzelstock wurde schon seit langem als Volksheilmittel (Tee) verwendet.

Hain-Gilbweiderich *Lysimáchia némorum*
Primelgewächse *Primuláceae*

Mai – Juli
5–20 cm
♃

Beschreibung: Blüten einzeln in den Achseln der oberen Blätter, 1–1,5 cm im Durchmessser, hell goldgelb, am Grund etwas dunkler. Stengel aufsteigend, an den Knoten wurzelnd. Blätter gegenständig, eiförmig, spitzlich, kurzstielig.
Vorkommen: Schlucht- und Auwälder, im Gebirge bachbegleitendes Gebüsch. Liebt basen- und stickstoffsalzreichen, kalkarmen, feuchten Lehm- oder Tonboden. Fehlt im Tiefland und in den Silikatgebieten gebietsweise; sonst zerstreut.
Wissenswertes: Neben Bodenfeuchte braucht der Hain-Gilbweiderich ein Klima mit durchschnittlich hoher Luftfeuchtigkeit. In Trockengebieten fehlt er.

BLÜTENFARBE GELB

Gewöhnlicher Gilbweiderich, Gemeiner Gilbweiderich *Lysimáchia vulgáris*
Primelgewächse *Primuláceae*

Juni–Aug.
0,6–1,3 m
♃

Beschreibung: Blüten traubig-pyramidal an Stengel- und Astenden, 1,5–2,5 cm im Durchmesser, goldgelb. Stengel aufrecht, abstehend behaart. Blätter gegen- oder zu 3–4 quirlständig, gestielt oder sitzend, unterseits dicht behaart.
Vorkommen: Bruchwälder, Kahlschläge an feuchten Stellen, Gräben, Ufer, Flachmoore. Liebt feucht-nassen, moorigen oder sandig-lehmigen Boden. Fehlt in Trockengebieten örtlich; sonst häufig und nicht selten in kleinen Beständen.
Wissenswertes: „Gilbweiderich" bezieht sich auf die Blütenfarbe (gilb = gelb) und die Blattform: Sie erinnert an die Blattform mancher Weiden-Arten.

Pfennigkraut, Pfennig-Gilbweiderich *Lysimáchia nummulária*
Primelgewächse *Primuláceae*

Mai–Juli
5–50 cm
♃

Beschreibung: Blüten einzeln in den Achseln der oberen Blätter, 1–2,5 cm im Durchmesser, goldgelb. Stengel kriechend, im unteren Teil an den Blattansatzstellen wurzelnd. Blätter gegenständig, nahezu in eine Ebene nach oben gedreht, kurz gestielt, breit eiförmig-rundlich, am Grunde leicht herzförmig.
Vorkommen: Wiesen, Ufer, Gräben, feuchte Stellen in lichten Wäldern, selten in Gartengebüschen. Liebt stickstoffsalzhaltigen, feuchten Lehmboden. Fehlt örtlich im Tiefland und in Gegenden mit kalkarmem Gestein; sonst zerstreut.
Wissenswertes: „Pfennigkraut" bezieht sich auf die Blattform. Enthält in den Blättern Saponine und Gerbstoffe; wurde früher zur Wundbehandlung verwendet.

Straußblütiger Gilbweiderich, Strauß-Gilbweiderich *Lysimáchia thyrsiflóra*
Primelgewächse *Primuláceae*

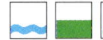 
Mai–Juli
25–70 cm
♃

Beschreibung: Zahlreiche Blüten in dichten, eiförmigen Trauben in den Achseln der mittleren Stengelblätter, um 1 cm im Durchmesser. Stengel aufrecht, meist unverzweigt. Blätter gegenständig, schmal lanzettlich, Rand oft umgerollt.
Vorkommen: Röhricht, Sumpfwiesen, Ufergehölze. Liebt stickstoffsalzarmen, nassen Boden. Im Tiefland und Alpenvorland zerstreut, sonst nur vereinzelt.
Wissenswertes: Die Pflanze hat viele ihrer noch zu Beginn des 20. Jahrhunderts bekannten Standorte verloren. Vor allem moorige Tümpel in nassen Streuwiesen wurden durch „Meliorisierung" trockengelegt und fielen dadurch als Wuchsort aus.

Gelber Enzian *Gentiána lútea*
Enziangewächse *Gentianáceae*

Juni–Aug.
0,5–1,4 m
♃ ▽

Beschreibung: In den Achseln der mittleren und oberen Stengelblätter und am Stengelende stehen – büschelig-doldig – jeweils 3–10 Blüten. Stengel dick. Blätter gegenständig, 8–30 cm lang, unterseits mit fast parallelen Rippen.
Vorkommen: Bergwiesen, Matten, Halbtrockenrasen, Latschen- und Trockengebüsche. Liebt basenreichen, stickstoffsalzarmen, frischen Lehm- oder Tonboden. In den Alpen und ihrem Vorland, im Jura und Schwarzwald selten; fehlt sonst.
Wissenswertes: Der Gelbe Enzian enthält in allen Organen, besonders aber in der Wurzel Bitterstoffe (z. B. Gentiopikrin) und Gerbstoffe. Alte Heilpflanze. Die Wurzel wird vielfach zur Schnapsherstellung eingesetzt („Enzian").

Straußblütiger Gilbweiderich
Lysimachia thyrsiflora

Pfennigkraut
Lysimachia nummularia

Gelber Enzian
Gentiana lutea

Gewöhnlicher Gilbweiderich
Lysimachia vulgaris

BLÜTENFARBE GELB

Knoten-Beinwell *Sýmphytum tuberósum*
Rauhblattgewächse *Boragináceae*

Apr.–Juni
20–30 cm
♃ (☠)

Beschreibung: Mehrere Blüten in doldig-rispigen, etwas einseitswendigen Blütenständen in den oberen Blattachseln und am Stengelende; Krone 1,5–2 cm lang, blaßgelb. Stengel nur oben verzweigt. Stengelblätter deutlich gestielt.
Vorkommen: Schlucht- und Bergwälder, Staudenfluren. Östlicher Frankenjura, westlicher Bayerischer Wald, Alpen und Alpenvorland selten; im Elbe- und Odergebiet sowie am Main und an der Bergstraße vereinzelt; fehlt sonst.
Wissenswertes: Hauptverbreitungsgebiet: Südosteuropa und Mittelmeergebiet. Früher in Gärten angebaut. Die stärkenreichen Knollen (Name! tuberosus = knollig) sollen gemahlen und in Notzeiten dem Brot beigemischt worden sein.

Schwarzes Bilsenkraut *Hyoscýamus níger*
Nachtschattengewächse *Solanáceae*

Juni–Sept.
30–80 cm
☉ ☠

Beschreibung: Blüten einzeln und fast einseitswendig in den Achseln der mittleren und oberen Blätter, 1–3 cm lang, mit netzartig verbundenen, violetten Nerven; Schlund dunkelviolett. Blätter buchtig gezähnt bis fiederteilig.
Vorkommen: Ortsnahes Ödland, Mauern, Gebüsche in Gegenden mit mildem Klima. Liebt basen- und ausgesprochen stickstoffsalzreichen Boden. Sehr selten.
Wissenswertes: Pflanze riecht unangenehm. Sie enthält mehrere, sehr giftige Alkaloide, darunter L-Hyoscyamin und Scopolamin. Die Samen gelten als besonders giftig. Früher soll Bilsenkraut für Giftmorde (Hamlet!) benutzt worden sein. Andererseits soll man es zum „Verstärken" von „schwachen" Bieren verwendet haben.

Großblütige Königskerze *Verbáscum densiflórum*
Braunwurzgewächse *Scrophulariáceae*

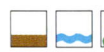

Juli–Sept.
0,5–2 m
☉

Beschreibung: Zahlreiche, kurz gestielte Blüten in langer, ährenartiger Traube, 2–4 cm im Durchmesser, hellgelb. Stengel wollig-filzig, durch herablaufende Blätter teilweise geflügelt. Stengelblätter eiförmig, flach gekerbt.
Vorkommen: Ufer, Schwemmflächen, Ödland, Dämme, Waldlichtungen. Liebt basenreichen, stickstoffsalzhaltigen Boden. Im Tiefland selten; sonst zerstreut.
Wissenswertes: Alte Heilpflanze. Enthält Schleimstoffe sowie in den Samen und in der Blüte auch Saponine. Die frische Pflanze verströmt einen eher widerlichen Geruch. Trotzdem wird sie öfters als Zierstaude in Gärten gepflanzt.

Kleinblütige Königskerze *Verbáscum thápsus*
Braunwurzgewächse *Scrophulariáceae*

Juli–Sept.
0,5–1,8 m
☉

Beschreibung: Zahlreiche kurz gestielte Blüten in langer, ährenartiger Traube, 1–2 cm im Durchmesser, hellgelb. Stengel grau-weißfilzig, durch herablaufende Blätter teilweise geflügelt. Stengelblätter eiförmig, flach gekerbt.
Vorkommen: Ödland, Raine, Ufer, Waldränder und -lichtungen. Liebt basen- und stickstoffsalzreichen Boden. Im Tiefland selten; sonst häufig.
Wissenswertes: Enthält Saponine und Schleimstoffe, wird aber nicht mehr arzneilich verwendet. In der Literatur wird gelegentlich angegeben, die Pflanze bzw. Extrakte aus ihr oder aus ihren Samen sollen für Fische giftig sein.

BLÜTENFARBE GELB

Schwarze Königskerze Verbáscum nigrum
Braunwurzgewächse *Scrophulariáceae*

Juni–Sept.
0,3–1 m
☉

Beschreibung: Zahlreiche kurz gestielte Blüten in langer, ährenartiger Traube, 1,5–2,5 cm im Durchmesser; Staubbeutel orange, Staubfäden purpurviolett-wollig. Blätter am Grund herzförmig, grob gekerbt, unterseits filzig.
Vorkommen: Ödland, Raine, Wege, Kahlschläge, Waldränder. Liebt basen- und stickstoffsalzreichen, zuweilen kalkarmen, lockeren Boden. Fehlt im Tiefland und in Gegenden mit schweren Tonböden kleineren Gebieten; sonst zerstreut.
Wissenswertes: Der Artname ist schwer verständlich. Am meisten fallen die violettwolligen Staubfäden auf. Was „schwarz" sein soll, will einem nicht einleuchten. Gemeint sind die Blätter, die besonders dunkelgrün erscheinen.

Mehlige Königskerze, Lichtnelken-Königskerze Verbáscum lychnítes
Braunwurzgewächse *Scrophulariáceae*

Juni–Sept.
0,5–1,5 m
☉

Beschreibung: Lange, schlanke, zumindest unten etwas verzweigte Traube; Blüten 1,2–2 cm im Durchmesser; Staubfäden weiß- bis hellgelb-wollig. Stengel kantig, oben mehlig. Blätter gekerbt, oberseits fast kahl, unterseits mehlig.
Vorkommen: Trockenrasen, Gebüsche, Raine, Wege, Ödland, Kahlschläge, Waldränder. Liebt stickstoffsalz- und basenreichen, kalkhaltigen Lehmboden. Fehlt im Tiefland und in Gegenden mit kalkarmem Gestein weitgehend; sonst zerstreut.
Wissenswertes: Plinius hatte eine Pflanze „Lychnites" genannt, deren wollige Blätter man zum Herstellen von Lampendochten (lychnos, griech. = Lampe) verwendete. Ob er mit diesem Namen indessen unsere Art meinte, ist zweifelhaft.

Trauben-Holunder, Roter Holunder, Berg-Holunder Sambúcus racemósa
Holundergewächse *Sambucáceae*

März–Mai
1–4 m
♄ (❀)

Beschreibung: Zahlreiche Blüten in kegelförmigen Rispen, grünlich-gelb, um 5 mm im Durchmesser; Frucht eine rote Beere. Mittelhoher Strauch, selten kleiner Baum. Blätter mit 3–7 Fiederblättchen, diese breit lanzettlich, gesägt-gezähnt.
Vorkommen: Lichte Laub- und Mischwälder. Liebt basenhaltigen, stickstoffsalzreichen, steinigen Lehmboden. Im Tiefland selten, z.T. fehlend; sonst häufig.
Wissenswertes: Das Fruchtfleisch enthält 25–65 mg Vitamin C/100 g Frischgewicht. Die Beeren gelten als eßbar, obwohl die Samen einen unbekannten Giftstoff enthalten. Deshalb werden sie bei der Marmeladenherstellung entfernt.

Mauerlattich, Zarter Mauerlattich Mycélis murális
Korbblütengewächse *Asteráceae (Compósitae)*

Juli–Sept.
0,25–1,5 m
♃

Beschreibung: Blüten in Körbchen; diese zahlreich in locker-sparriger Rispe. Körbchen mit 5 randlichen Zungenblüten, blaßgelb. Stengelblätter bis zum Mittelnerv unregelmäßig schrotsägeförmig fiederteilig. Pflanze führt Milchsaft.
Vorkommen: Mischwälder, Nadelforste, Ödland, Brachen, Mauern, Steinschutthalden. Liebt stickstoffsalzhaltigen, lockeren, nicht unbedingt basenreichen Boden. Im Tiefland westlich der Elbe gebietsweise fehlend; sonst häufig.
Wissenswertes: Die Blüten werden von Fliegen und Bienen bestäubt. Vor allem im Spätsommer und Herbst sind die Blätter rot- oder braun-violett überlaufen.

BLÜTENFARBE GELB

Trollblume, Europäische Trollblume *Tróllius europāēus*
Hahnenfußgewächse *Ranunculáceae*

Mai–Juni
15–60 cm
♃ (☠) ▽

Beschreibung: Am Stengelende 1, selten 2–3 Blüten, 2–3 cm im Durchmesser; Blütenblätter neigen kugelig zusammen. Blätter handförmig 3–5teilig.
Vorkommen: Bergwiesen und extensiv bewirtschaftete Naßwiesen. Liebt basen- und mäßig stickstoffsalzreichen, feuchten Boden. Fehlt im Tiefland und in den Mittelgebirgen gebietsweise, im Süden selten, in den Alpen zerstreut.
Wissenswertes: Enthält Protoanemonin und ist deshalb schwach giftig. – Die Herkunft des Gattungsnamens ist unklar. Möglicherweise hat er mit dem altnordischen „troll" = Berggeist zu tun, vielleicht auch mit „trolen" = runder Körper; auch an trulla, die runde Weinschöpfkelle der Römer, hat man schon gedacht.

Scharbockskraut, Feigwurz *Ranúnculus ficária*
Hahnenfußgewächse *Ranunculáceae*

März–Mai
5–30 cm
♃ (☠)

Beschreibung: Blüten einzeln, 2–3 cm im Durchmesser. Stengel niederliegend oder aufsteigend. Blätter gestielt, rundlich-herzförmig, die oberen handförmig 5eckig, etwas fleischig, glänzend. In den Blattachseln oft Brutknöllchen.
Vorkommen: Feuchte Wälder, Gebüsche, Wiesen, Garten- und Parkrasen. Liebt basen- und stickstoffsalzreichen Boden. Fehlt örtlich; sonst sehr häufig.
Wissenswertes: Früher aß man die Blätter, da sie im zeitigen Frühjahr schon grün waren, als Salat mit Heilwirkung gegen Skorbut („Scharbock"!). Skorbut ist eine Vitamin-C-Mangelkrankheit. Die Blätter enthalten viel Vitamin C, allerdings – wie der scharfe Geschmack ausweist – auch giftiges Protoanemonin.

Gewöhnliche Berberitze, Sauerdorn *Bérberis vulgáris*
Berberitzengewächse *Berberidáceae*

Apr.–Juni
1–3 m
♄ (☠)

Beschreibung: Blüten in hängenden, vielblütigen Trauben, fast kugelig, 5–9 mm im Durchmesser; Beeren länglich, rot. An den Zweigen anstelle der Blätter 3–7teilige Dornen, aus deren Achseln beblätterte Kurztriebe entspringen.
Vorkommen: Waldränder, Gebüsche. Liebt basen- und kalkreichen, stickstoffsalzarmen, ziemlich tiefen Boden. Fehlt im Tiefland; in den nördlichen Mittelgebirgen sehr selten; in den Kalkmittelgebirgen südlich des Mains selten.
Wissenswertes: Zwischenwirt des Getreiderostes. Befall zeigt sich durch rote Flecken an den Blättern. Früchte und Samen gelten als giftfrei; sonst giftig.

Gelber Enzian *Gentiána lútea*
Enziangewächse *Gentianáceae*

Juni–Aug.
0,5–1,4 m
♃ ▽

Beschreibung: In den Achseln der mittleren und oberen Stengelblätter und am Stengelende stehen – büschelig-doldig – jeweils 3–10 Blüten. Stengel dick, Blätter gegenständig, 8–30 cm lang, unterseits mit fast parallelen Rippen.
Vorkommen: Bergwiesen, Matten, Halbtrockenrasen, Latschen- und Trockengebüsche. Liebt basenreichen, stickstoffsalzarmen, frischen Lehm- oder Tonboden. In den Alpen und ihrem Vorland, im Jura und Schwarzwald selten; fehlt sonst.
Wissenswertes: Enthält besonders in der Wurzel Bitterstoffe (z. B. Gentiopikrin) und Gerbstoffe. Alte Heilpflanze. Schnapsherstellung aus der Wurzel („Enzian").

BLÜTENFARBE GELB

Gewöhnliche Goldrute, Echte Goldrute *Solidágo virgāurea*
Korbblütengewächse *Asteráceae (Compósitae)*

Juli–Okt.
0,2–1,2 m
♃

Beschreibung: Mehrere bis zahlreiche Körbchen in schlanker Traube oder Rispe. Körbchen 1–2 cm im Durchmesser, mit 6–12 Zungenblüten. Blätter wechselständig, untere schmal eiförmig, mittlere lanzettlich, obere lineal.
Vorkommen: Lichte Wälder, Trockengebüsche und -rasen. Liebt stickstoffsalzhaltigen, humosen Lehmboden. Fehlt im Tiefland gebietsweise; sonst zerstreut.
Wissenswertes: Alte Heilpflanze. Enthält Flavonoide, Saponine, Gerbstoffe und ätherisches Öl. Noch heute Teepflanze. – *Virgaurea* bedeutet „Goldrute". (virga, lat. = Rute; aurea, lat. = golden): Die Stengel sind unten oft gelbbraun überlaufen.

Kanadische Goldrute *Solidágo canadénsis*
Korbblütengewächse *Asteráceae (Compósitae)*

Aug.–Okt.
0,5–2 m
♃

Beschreibung: Hunderte von kleinen Körbchen (um 5 mm lang) in etwas einseitiger, ausladender Rispe. Zungenblüten kaum länger als die Röhrenblüten. Stengel aufrecht, jung behaart, im Blütenstand verzweigt. Blätter lanzettlich.
Vorkommen: Lichte Waldstellen, Ufer, Ödland. Liebt recht stickstoffsalzhaltigen Boden. Fehlt im Tiefland gebietsweise; sonst zerstreut; bestandsbildend.
Wissenswertes: Die Kanadische Goldrute kam – zusammen mit anderen, sehr ähnlichen Arten – als Zierpflanze nach Europa. Seit Mitte des letzten Jahrhunderts ist sie aus der Kultur ausgebrochen und verwildert; auch bei anderen Arten der Gattung ist dies der Fall. Die Ausbreitung aller Arten dauert noch an.

Weidenblättriger Alant, Weiden-Alant *Ínula salicína*
Korbblütengewächse *Asteráceae (Compósitae)*

Juni–Aug.
20–80 cm
♃

Beschreibung: Meist 1, seltener 2–5 Körbchen am Stengelende, 2,5–4 cm im Durchmesser; Zungenblüten 1–1,5 cm lang, um 1 mm breit, goldgelb; Früchtchen mit Haarkranz. Stengelblätter wechselständig, fast waagrecht abstehend.
Vorkommen: Halbtrockenrasen, Flachmoore, Waldränder, Gebüsche. Liebt basenreichen, oft kalkhaltigen, stickstoffsalzarmen Lehmboden. Im Tiefland nur östlich der Elbe, dort selten; im Bergland über Kalkgestein zerstreut.
Wissenswertes: Der Weidenblättrige Alant wird oft auf den ersten Blick mit dem Ochsenauge (s. S. 182) verwechselt. Dessen Früchtchen fehlt der Haarkranz.

Dürrwurz-Alant *Ínula conýza*
Korbblütengewächse *Asteráceae (Compósitae)*

Juni–Aug.
20–80 cm
♃

Beschreibung: Zahlreiche Körbchen in doldig verebneten, dichten Rispen, 5–9 mm im Durchmesser; Zungenblüten unscheinbar (den Röhrenblüten ähnlich). Pflanze nicht klebrig. Blätter eiförmig bis lanzettlich, unterseits kurzhaarig.
Vorkommen: Lichte, eher trockene Wälder und Gebüsche, Halbtrockenrasen. Liebt basenreiche, oft kalkhaltige, stickstoffsalzarme, steinig-lockere Lehmböden. Fehlt im Tiefland und in Gegenden mit kalkarmem Gestein; sonst zerstreut.
Wissenswertes: Ähnlich: Klebriger Alant (*Ínula gravéolens*); Blätter länglich, schmal; ganze Pflanze klebrig, mit Kampferduft; Heimat Mittelmeergebiet. Seit kurzem vom Ruhrgebiet her längs der Autobahnen in rascher Ausbreitung.

BLÜTENFARBE GELB

Großes Flohkraut Pulicária dysentérica
Korbblütengewächse Asteráceae (Compósitae)

Juli–Aug.
30–70 cm
♃

Beschreibung: Mehrere Körbchen in lockerer Doldentraube, 1,5–3 cm im Durchmesser; Randblüten zungenförmig; Zunge um 8 mm lang, 1 mm breit. Stengelblätter wechselständig, schmal eiförmig, die oberen herzförmig stengelumfassend.
Vorkommen: Röhricht, Sumpfwiesen, nasse Wege. Liebt recht stickstoffsalzhaltigen Lehm- oder Tonboden; erträgt Überflutung. Fehlt in Gegenden mit rauhem Klima. Fehlt auf weiten Strecken; sonst selten, aber in kleineren Beständen.
Wissenswertes: Enthält ätherische Öle. Früher als Heilmittel gegen Durchfall (Dysenterie = Ruhr) verwendet. Eine Heilwirkung ist indes nicht nachweisbar.

Ochsenauge, Gemeines Rindsauge Buphthálmum salicifólium
Korbblütengewächse Asteráceae (Compósitae)

Juni–Sept.
15–60 cm
♃

Beschreibung: Körbchen einzeln, sehr selten zu wenigen, 3–6 cm im Durchmesser; Zungen 1–1,5 cm lang, 2–3 mm breit; Früchtchen praktisch ohne Haarkranz (nur mit der Lupe ist ein schütterer Saum von kaum 0,5 mm (!) langen Borsten erkennbar). Stengelblätter wechselständig, zum Grund hin verschmälert, sitzend.
Vorkommen: Halbtrockenrasen, Trockenwälder und -gebüsche, Flachmoore. Braucht sehr basenreiche, kalkhaltige, stickstoffsalzarme Lehmböden. Im Jura, Alpenvorland und in den Alpen zerstreut, im Muschelkalk vereinzelt; fehlt sonst.
Wissenswertes: Der Gattungsname (bous, griech. = Rind; ophthalmos, griech. = Auge) bezieht sich auf das große, durch sein Gelb auffallende Blütenkörbchen.

Dreiteiliger Zweizahn Bídens tripártita
Korbblütengewächse Asteráceae (Compósitae)

Juli–Okt.
0,2–1,2 m
☉

Beschreibung: Wenige Körbchen traubig-rispig am Stengelende, um 1 cm im Durchmesser; nur Röhrenblüten (selten einzelne Zungenblüten); Früchtchen beidseits mit 2–3 mm langer Granne; kein Haarkranz. Untere und mittlere Stengelblätter gegenständig, obere wechselständig, 3–5teilig fiederig.
Vorkommen: Ufer von Teichen und Tümpeln, Gräben. Liebt stickstoffsalzreichen, schlammigen, zumindest zeitweise überfluteten Boden. Fehlt in Gegenden mit Kalk- oder Sandböden gebietsweise, ebenso in rauhem Klima; sonst zerstreut.
Wissenswertes: Der Dreiteilige Zweizahn besiedelt als einer der ersten Pioniere Schlammboden, ehe dieser zu Schlick gereift ist. Vernässungszeiger.

Nickender Zweizahn Bídens cérnua
Korbblütengewächse Asteráceae (Compósitae)

Aug.–Okt.
15–90 cm
☉

Beschreibung: Wenige Körbchen (oft nur 1) locker am Stengelende, 2,5–4,5 cm im Durchmesser, aufrecht, später nickend; meist mit 6–9 Zungenblüten; Zungen 1–1,5 cm lang, 3–5 mm breit; äußere Hüllblätter des Körbchens stengelblattähnlich. Stengelblätter wechselständig oder zu 3 im Quirl, ungeteilt.
Vorkommen: Teich- und Tümpelufer. Liebt stickstoffsalzreiche, überflutete Schlickböden. Im Tiefland zerstreut; sonst in Gegenden mit Teichwirtschaft selten.
Wissenswertes: Zuweilen gibt es Exemplare, denen zungenförmige Blüten fehlen. Woran dies liegt, ist unklar; eine besondere Sippe kennzeichnet dies nicht.

BLÜTENFARBE GELB

Topinambur *Heliánthus tuberósus*
Korbblütengewächse *Asteráceae (Compósitae)*

Aug.–Nov.
1–3 m
♃

Beschreibung: Körbchen 5–8 cm im Durchmesser; 12–20 randliche Zungenblüten; Hüllblätter dunkelgrün. Stengelblätter gegenständig oder zu 3 im Quirl, oberste wechselständig, eiförmig-lanzettlich. Pflanze mit Wurzelknollen.
Vorkommen: Ufer, Waldränder, Ödland. Liebt basen- und stickstoffsalzreichen Sand- oder Lehmboden; wärmeliebend. Vor allem in Flußtälern; zerstreut.
Wissenswertes: Gemüse-, Futter- und Zierpflanze aus Nordamerika; früher örtlich angebaut; kam Anfang des 17. Jahrhunderts nach Europa. Kulturpflanze der Indianer. Die Knollen wurden verfüttert und gegessen. Sie schmecken leicht süßlich und etwas fade. Neuerdings werden sie von Feinschmeckern wieder geschätzt.

Färberkamille *Ánthemis tinctória*
Korbblütengewächse *Asteráceae (Compósitae)*

Juli–Sept.
20–60 cm
♃

Beschreibung: Körbchen einzeln, 2–4 cm im Durchmesser; Zungenblüten 0,5–1 cm lang, um 2 mm breit. Früchtchen ohne Haarkranz. Stengel oben mäßig dicht, weiter unten filzig behaart. Stengelblätter wechselständig, fiederspaltig.
Vorkommen: Trockenrasen, Dämme, Wegränder, Ödland. Liebt recht basen- und etwas stickstoffsalzhaltigen, steinig-flachgründigen Boden. In Gegenden mit kalkhaltigen oder sonst basischen Böden selten, im übrigen Gebiet weithin fehlend.
Wissenswertes: In den Blüten gibt es einen gelben Farbstoff, der früher zum Färben von Wolle benutzt wurde. Die Pflanze enthält etwas ätherisches Öl.

Strahlenlose Kamille *Matricária discoídea*
Korbblütengewächse *Asteráceae (Compósitae)*

Juni–Sept.
5–40 cm
☉

Beschreibung: Körbchen einzeln, gelbgrün, halbkugelig, 5–8 mm im Durchmesser, meist nur mit Röhrenblüten, selten mit einigen verkümmerten, weißen Zungenblüten. Stengel reich beblättert. Blätter fein doppelt fiederteilig.
Vorkommen: Ortsnahes Ödland, Wegränder, stark begangene grasige Wege. Liebt basen- und stickstoffsalzreichen, verdichteten Lehmboden und Wärme. Häufig.
Wissenswertes: Riecht ausgeprägt aromatisch. Enthält ein Gemisch ätherischer Öle, dem allerdings Chamazulen und damit die Heilwirkung der Echten Kamille fehlt. – Die Art kam erst um 1850 nach Europa. Ihre Heimat ist das westliche Nordamerika und das nördliche Asien. Sie ist heute weltweit eingebürgert.

Rainfarn, Gemeiner Rainfarn *Tanacétum vulgáre*
Korbblütengewächse *Asteráceae (Compósitae)*

Juli–Sept.
0,4–1,5 m
♃ (☠)

Beschreibung: Körbchen in doldig verebneter Rispe, 0,5–1,1 cm im Durchmesser; Zungenblüten fehlend oder undeutlich; Röhrenblüten goldgelb; Früchtchen ohne Haarkranz. Blätter 1fach fiederteilig; Fiedern tief gesägt.
Vorkommen: Ufer, feuchtes Ödland, Dämme, Wege, Waldränder und lichte, feuchte Waldstellen. Liebt mäßig stickstoffsalzreiche, feuchte Lehmböden. In höheren, rauhen Lagen örtlich selten; sonst häufig, zuweilen in lockeren Beständen.
Wissenswertes: Der deutsche Name bezieht sich auf die farnähnlichen Blätter und den Standort. – Enthält ätherische Öle und Bitterstoffe. Alte Heilpflanze.

BLÜTENFARBE GELB

Gewöhnlicher Beifuß, Gemeiner Beifuß *Artemísia vulgáris*
Korbblütengewächse *Asteráceae (Compósitae)*

Juli–Okt.
0,3–1,5 m
⚃ (☠)

Beschreibung: Zahlreiche kleine Körbchen in zusammengesetzt-rispigem Blütenstand, um 4 mm lang, weißfilzig; Blüten bräunlich-rötlich oder -gelblich, die Körbchenhülle nur wenig überragend. Stengelblätter wechselständig, oberseits grün und kahl, unterseits grauweiß-filzig behaart, fiederteilig; Abschnitte tief gezähnt.
Vorkommen: Ödland, Wege, Ufer, Gebüsche. Liebt stickstoffsalzreiche, frische, ja feuchte Böden, die basenreich sein können, aber nicht müssen. Sehr häufig.
Wissenswertes: Alte Heilpflanze. Enthält einen Bitterstoff und ätherische Öle, u. a. mit Cineol, aber nur geringe Mengen des giftigen Thujons.

Huflattich *Tussilágo fárfara*
Korbblütengewächse *Asteráceae (Compósitae)*

Febr.–Mai
5–15 cm
⚃ (☠)

Beschreibung: Körbchen einzeln, 2–2,5 cm im Durchmesser; Randblüten zungenförmig, zahlreich, 0,7–1 cm lang; innere Blüten röhrenförmig. Stengel mit olivrötlichen Blattschuppen, filzig behaart. Blätter fehlen zur Blütezeit; sie sind langstielig, rundlich-herzförmig, gezähnt, unterseits weißfilzig.
Vorkommen: Ödland, Wege, Baustellen, lichte Waldstellen, Ufer, Steinbrüche. Liebt feuchten, humusarmen Untergrund. Sehr häufig, oft in kleinen Beständen.
Wissenswertes: Die verblühten Stengel nicken. – Heilpflanze; enthält vor allem im Blatt Schleim- und Gerbstoffe, sowie Spuren krebserregender Pyrrolizidin-Alkaloide; von der Daueranwendung gesammelter Blätter als Tee ist abzuraten.

Arnika, Berg-Wohlverleih *Árnica montána*
Korbblütengewächse *Asteráceae (Compósitae)*

Mai–Aug.
20–60 cm
⚃ (☠) ▽

Beschreibung: Körbchen einzeln am Ende des Stengels und der spärlichen Äste; Zungenblüten 2–3 cm lang, 3–6 mm breit, wie die röhrigen inneren Blüten goldgelb. Früchtchen mit Haarkranz. Stengel mäßig bis dicht borstig-drüsig behaart. Grundblattrosette; 1–3 Paare gegenständiger Stengelblätter.
Vorkommen: Heiden, Bergweiden, lichte Wälder, Moore. Liebt basen- und stickstoffsalzarme, frische Böden. Fehlt größeren Gebieten; sonst zerstreut.
Wissenswertes: Heilpflanze; enthält ätherisches Öl, Bitterstoffe und Cumarine. Arnikatinktur kann allergische Hautreizungen auslösen; bei innerer Anwendung sind Vergiftungen bekannt geworden (Erbrechen, Durchfall, Blutungen).

Fuchs' Greiskraut, Fuchs' Kreuzkraut *Senécio fúchsii*
Korbblütengewächse *Asteráceae (Compósitae)*

Juni–Aug.
0,5–1,5 m
⚃ (☠)

Beschreibung: Körbchen zahlreich, doldenähnlich angeordnet, mit 5, selten mit 6–8 Zungenblüten, 2–3,5 cm im Durchmesser; Früchtchen mit Haarkranz. Stengelblätter wechselständig, lanzettlich, obere 5–10mal so lang wie breit.
Vorkommen: Wälder, Gebüsche, Schläge. Liebt stickstoffsalz- und basenreichen, nicht immer kalkhaltigen Lehmboden. Im Tiefland vereinzelt; sonst zerstreut.
Wissenswertes: Der Artname ehrt den Arzt und Botaniker Leonhard Fuchs (1501–1565). Er war Autor eines deutschsprachigen Pflanzenbuchs und mehrfach Rektor der Universität Tübingen, zu deren Erneuerung er beigetragen hat.

BLÜTENFARBE GELB

Spatelblättriges Greiskraut, Spatelblättriges Kreuzkraut *Senécio helenítes*
Korbblütengewächse *Asteráceae (Compósitae)*

Mai–Juli
20–70 cm
♃ ▽

Beschreibung: 3–15 Körbchen, um 2 cm im Durchmesser; 12–15 Zungenblüten; Früchtchen mit Haarkranz. Stengel gerieft, oft weinrot überlaufen. Mittlere Stengelblätter wechselständig, lanzettlich, leicht stengelumfassend sitzend.
Vorkommen: Flachmoore, feuchte Stellen in lichten Wäldern und in trockenen Gebüschen. Liebt basenreichen, meist kalk- und stickstoffsalzarmen Lehm- oder Tonboden. Fehlt im Tiefland. Im Kalk-Bergland und im Alpenvorland selten.
Wissenswertes: Literaturhinweise darüber, daß in dieser Art – wie in anderen der Gattung – giftige Alkaloide vorkommen, sind mir nicht bekanntgeworden.

Jakobs-Greiskraut, Jakobs-Kreuzkraut *Senécio jacobāēa*
Korbblütengewächse *Asteráceae (Compósitae)*

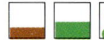
Juli–Okt.
0,3–1,2 m
☉–♃ ☠

Beschreibung: Körbchen doldenähnlich angeordnet, um 2 cm im Durchmesser; um 13 Zungenblüten; Röhrenblüten goldgelb; 1–2 Blätter der Außenhülle stehen ab. Stengelblätter fiederteilig; mittlere Blätter mit vielzipfligen Öhrchen.
Vorkommen: Raine, Wege, Waldränder, Halbtrockenrasen, Weiden. Liebt basen- und mäßig stickstoffsalzreiche lehmig-tonige Böden. Fehlt im Tiefland sowie im Bergland und im Alpenvorland in Gegenden mit Sandböden; sonst zerstreut.
Wissenswertes: Enthält Pyrrolizidin-Alkaloide, die Leberschäden hervorrufen und Krebs auslösen können. – Schwer von *Senecio erucifolius* (s. u.) zu unterscheiden.

Raukenblättriges Greiskraut *Senécio erucifólius*
Korbblütengewächse *Asteráceae (Compósitae)*

Juli–Okt.
0,3–1,2 m
☉–♃ (☠)

Beschreibung: Körbchen doldenähnlich angeordnet, um 2 cm im Durchmesser; um 13 Zungenblüten; Röhrenblüten goldgelb; 4–6 Blätter der Außenhülle stehen ab. Stengelblätter fiederteilig; mittlere Blätter ohne vielzipfige Öhrchen.
Vorkommen: Halbtrockenrasen, Wege, Raine, Gebüsche, Waldränder, Flachmoore. Liebt basenreichen, mäßig stickstoffsalzhaltigen Lehmboden. Im Tiefland und in den Mittelgebirgen mit Silikatgestein gebietsweise fehlend, sonst häufig.
Wissenswertes: Das Raukenblättrige Greiskraut ist nicht immer sicher vom Jakobs-Greiskraut zu unterscheiden. Man sollte es deswegen für giftig ansehen, obschon ihm Pyrrolizidin-Alkaloide nicht ausdrücklich zugeschrieben werden.

Wasser-Greiskraut, Wasser-Kreuzkraut *Senécio aquáticus*
Korbblütengewächse *Asteráceae (Compósitae)*

Juni–Sept.
20–60 cm
♃ ☠

Beschreibung: Körbchen in straußig verebneter Rispe, 2–3 cm im Durchmesser; 12–15 Zungenblüten; Haarkranz der Früchtchen kurz, leicht abfallend. Grundblätter und untere Stengelblätter z. T. ungeteilt, übrige meist fiederspaltig.
Vorkommen: Gräben, Sumpfwiesen, Röhricht. Liebt mäßig basen- und stickstoffsalzhaltigen, oft entkalkten Ton- oder Torfboden. Im Tiefland und in den milden Lagen der Mittelgebirge mit kalkarmen Gesteinen zerstreut; fehlt sonst.
Wissenswertes: Vor allem im Tiefland kennzeichnen Bestände des Wasser-Greiskrauts Wiesen, die zwar relativ minderwertigen Ertrag liefern, aber deren getrocknetes Mähgut dennoch nicht vorwiegend als Streu verwendet werden muß.

BLÜTENFARBE GELB

Frühlings-Greiskraut, Frühlings-Kreuzkraut *Senécio vernális*
Korbblütengewächse *Asteráceae (Compósitae)*

Apr.–Sept.
10–40 cm
☉ ☠

Beschreibung: Körbchen in straußig verebneter Traube oder Rispe, 2–2,5 cm im Durchmesser; um 13 Zungenblüten. Stengel aufrecht, spinnwebig-wollig, früh lückig verkahlend. Stengelblätter mit leicht geöhrtem Grund etwas stengelumfassend, buchtig fiederlappig bis fiederteilig, spinnwebig-wollig bis kahl.

Vorkommen: Hackfrucht- und Kleeäcker, Wege. Liebt basenreichen, stickstoffsalzhaltigen, oft kalkarmen Lehm- oder Sandboden. Im westlichen Tiefland vereinzelt, südlich der Mainlinie selten, gebietsweise fehlend; sonst zerstreut.

Wissenswertes: Hauptverbreitungsgebiet der Art ist Süd- und Mittelrußland. Von dort wanderte die Art in der 2. Hälfte des 19. Jahrhunderts in Mitteleuropa ein.

Wald-Greiskraut, Wald-Kreuzkraut *Senécio sylváticus*
Korbblütengewächse *Asteráceae (Compósitae)*

Juli–Sept.
20–80 cm
☉ ☠

Beschreibung: Körbchen in straußig verebneter Rispe; um 13, oft umgerollte Zungenblüten; Haarkranz der Früchtchen trübweiß, um 5 mm lang. Junge Stengel spinnwebig, früh verkahlend. Stengelblätter fiederteilig, jung spinnwebig-flockig.

Vorkommen: Schlag- und Windwurfflächen, lichte Waldstellen. Liebt feuchten, basen- und vor allem kalkarmen, stickstoffsalzreichen Lehm- oder Sandboden. Fehlt vor allem in Gegenden mit rauhem Klima gebietsweise; sonst zerstreut.

Wissenswertes: Obschon das Wald-Greiskraut nur auf Waldböden gut gedeiht, ist es doch so lichtbedürftig, daß es selbst unter lockerem Kronendach eingeht.

Klebriges Greiskraut, Klebriges Kreuzkraut *Senécio viscósus*
Korbblütengewächse *Asteráceae (Compósitae)*

Juni–Okt.
15–60 cm
☉ ☠

Beschreibung: Körbchen in kaum verebneter Rispe; um 13, oft umgerollte Zungenblüten; Haarkranz der Früchtchen weiß, um 7 mm lang. Stengel hin- und hergebogen, klebrig-drüsig. Blätter fiederteilig, klebrig-drüsig, jung spinnwebflockig.

Vorkommen: Bahnschotter, Fels- und Bauschutt, Wege, Kahlschläge. Liebt basen-, aber nicht unbedingt kalkhaltigen, mäßig stickstoffsalzreichen Untergrund. Fehlt im westlichen Tiefland und im Alpenvorland gebietsweise; sonst häufig.

Wissenswertes: Hat sich entlang der Eisenbahnlinien und Straßen ausgebreitet. Riecht für Geruchsempfindliche widerlich (im Unterschied zu *S. sylváticus*, s. oben).

Gewöhnliches Greiskraut, Gewöhnliches Kreuzkraut *Senécio vulgáris*
Korbblütengewächse *Asteráceae (Compósitae)*

Jan.–Dez.
10–40 cm
☉ ☠

Beschreibung: Körbchen in Rispe, oft nickend, um 5 mm im Durchmesser; keine Zungenblüten. Stengel jung flockig behaart, früh verkahlend. Stengelblätter grobzähnig oder bis zur Spreitenhälfte fiederteilig, unterseits spinnwebig.

Vorkommen: Gärten, Weinberge, seltener Hackfruchtäcker oder Ödland. Liebt stickstoffsalzreiche, frische, basenreiche oder basenarme Böden. Sehr häufig.

Wissenswertes: Enthält Pyrrolizidin-Alkaloide, die als leberschädigend und krebsauslösend gelten. Alte Heilpflanze, auf deren Verwendung man verzichten sollte. – Nach der Fruchtreife sieht man bei dieser Art die weißen Flughaare der Früchtchen besonders deutlich. Sie erinnern an Greisenhaar (Name!).

BLÜTENFARBE GELB

Golddistel *Carlína vulgáris*
Korbblütengewächse *Asteráceae (Compósitae)*

Juli–Sept.
10–50 cm
☉–⚄ ▽

Beschreibung: Pflanze distelartig. Körbchen einzeln am Ende von Stengel und (spärlichen) Ästen, 2,5–4 cm im Durchmesser; nur Röhrenblüten; äußere Hüllblätter dornig gezähnt, innere lineal, trübweiß bis strohgelb. Stengelblätter ungeteilt oder leicht fiederteilig, Rand sparrig-kraus, stachelig gezähnt.

Vorkommen: Trockenrasen, -gebüsche und -wälder. Liebt basenreichen, meist kalkhaltigen, stickstoffsalzarmen Lehmboden. Im westlichen Tiefland vereinzelt, im östlichen Tiefland und in den Mittelgebirgen mit Lehmböden selten.

Wissenswertes: Die Röhrenblüten werden von Bienen, Fliegen und Schmetterlingen bestäubt. Anlockend wirken die auffallend glänzenden inneren Hüllblätter.

Kohldistel, Kohl-Kratzdistel *Círsium oleráceum*
Korbblütengewächse *Asteráceae (Compósitae)*

Juni–Okt.
0,3–1,5 m
⚄

Beschreibung: Körbchen endständig, von weichstacheligen Hochblättern umgeben, 2–3,5 cm lang; nur weißlichgelbe Röhrenblüten. Blätter nicht herablaufend, etwas stachelig, kahl, obere ungeteilt, stengelumfassend, untere fiederspaltig.

Vorkommen: Naßwiesen, Flachmoore, Gräben, Ufer, Auwälder. Liebt basen- und mäßig stickstoffsalzreichen Boden. Fehlt im westlichen Tiefland und im Rheinischen Schiefergebirge gebietsweise; sonst häufig und oft bestandsbildend.

Wissenswertes: Die Kohldistel ist, anders als man es aus dem Namen deuten könnte, keine wertvolle Futterpflanze; sie ist wäßrig, wird aber vom Vieh recht gerne gefressen. Im Heu trocknet sie schlecht und zerbröselt rasch.

Gewöhnliches Ferkelkraut *Hypochoēris radicáta*
Korbblütengewächse *Asteráceae (Compósitae)*

Juni–Okt.
20–60 cm
⚄

Beschreibung: Körbchen einzeln am Ende des Stengels und der (wenigen) Äste, 2,5–4 cm im Durchmesser; nur Zungenblüten. Pflanze mit Milchsaft. Stengel unten etwas steifhaarig. Rosettenblätter im Umriß eiförmig, tief gezähnt.

Vorkommen: Wiesen, Rasen, Heiden. Liebt mäßig basenhaltigen, stickstoffsalzarmen, sandigen Lehmboden. Fehlt in rauhen Lagen örtlich; sonst häufig.

Wissenswertes: „Ferkelkraut" bezieht sich auf eine frühe Verwendung als Ferkelfutter. Welche positive Auswirkung die Verfütterung gebracht haben könnte, ist unbekannt. Vermutlich gab es einen derartigen Vorteil gar nicht.

Herbst-Löwenzahn *Leóntodon autumnális*
Korbblütengewächse *Asteráceae (Compósitae)*

Juni–Okt.
15–50 cm
⚄

Beschreibung: Körbchen einzeln am Ende des Stengels und der (wenigen) Äste, 2,5–3,5 cm im Durchmesser; nur Zungenblüten; Haare der Früchtchen federig. Pflanze mit Milchsaft. Rosettenblätter fast bis zum Mittelnerv fiederteilig.

Vorkommen: Wiesen, Park- und Gartenrasen, grasige Feldwege. Liebt mäßig stickstoffsalzreichen, oftmals verdichteten Lehm- oder Tonboden. Sehr häufig.

Wissenswertes: „Löwenzahn" bezieht sich auf die zahnartigen Fiederabschnitte. Ähnliche Blätter gibt es auch bei anderen Korbblütengewächsen. „Löwenzahn" wird – irreführend – infolgedessen auch für *Taraxacum* (s. S. 198) gebraucht.

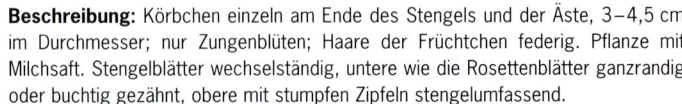

BLÜTENFARBE GELB

Gewöhnliches Bitterkraut, Habichtskraut-Bitterkraut *Picris hieracioídes*
Korbblütengewächse *Asteráceae (Compósitae)*

Juli–Okt.
30–90 cm
⊙–♃ (⚥)

Beschreibung: Körbchen einzeln am Ende des Stengels und der Äste, 3–4,5 cm im Durchmesser; nur Zungenblüten; Haare der Früchtchen federig. Pflanze mit Milchsaft. Stengelblätter wechselständig, untere wie die Rosettenblätter ganzrandig oder buchtig gezähnt, obere mit stumpfen Zipfeln stengelumfassend.
Vorkommen: Halbtrockenrasen, Wegränder, Raine, seltener feinerdereicher Gesteinsschutt. Liebt basen- und meist kalkreichen, stickstoffsalzhaltigen, wenig humosen Lehm- oder Tonboden. Im Tiefland und Alpenvorland sehr selten und gebietsweise fehlend; in den Alpen selten; in den Mittelgebirgen häufig.
Wissenswertes: Die Früchtchen sind eventuell alkaloidhaltig und daher bitter.

Niedrige Schwarzwurzel *Scorzonéra húmilis*
Korbblütengewächse *Asteráceae (Compósitae)*

Mai–Juli
10–40 cm
♃

Beschreibung: Körbchen einzeln, 2,5–4 cm im Durchmesser; nur Zungenblüten; Haare der Früchtchen schmutzigweiß, federig. Stengel blattlos, spinnwebig; Pflanze mit Milchsaft. Rosettenblätter ganzrandig, jung wollig behaart, früh verkahlend.
Vorkommen: Flachmoore, Naßstellen in lichten Wäldern oder in Kalkmagerrasen. Im Tiefland westlich der Weser vereinzelt, östlich von ihr zerstreut; im Bergland südlich des Mains selten, nach Osten häufiger werdend; fehlt sonst.
Wissenswertes: „Scorzonera" soll von „escorzon", span., stammen und ein giftiges Reptil meinen. Gegen dessen Biß soll die Wurzel verwendet worden sein.

Südlicher Wiesen-Bocksbart, Wiesen-Bocksbart *Tragopógon orientális*
Korbblütengewächse *Asteráceae (Compósitae)*

Mai–Juli
30–70 cm
⊙–♃

Beschreibung: Körbchen einzeln, 4–6 cm im Durchmesser; nur Zungenblüten; Haarkrone der Früchtchen federig. Pflanze mit Milchsaft. Stengel kahl oder flockig. Blätter wechselständig, schmal-lanzettlich, ganzrandig, blaugrün.
Vorkommen: Fettwiesen. Liebt basen- und stickstoffsalzreichen Lehm- oder Tonboden. Fehlt im Tiefland westlich der Elbe gebietsweise; sonst häufig.
Wissenswertes: „Bocksbart" (tragos, griech. = Bock; pogon, griech. = Bart) bezieht sich auf die Haare der reifenden Früchtchen, die bartähnlich aus den geschlossenen Hüllblättern herausragen. Blühende Körbchen öffnen sich gegen 8 Uhr und schließen sich gegen 11 bzw. 14 Uhr (bei unseren 3 Kleinarten).

Rauhe Gänsedistel *Sónchus ásper*
Korbblütengewächse *Asteráceae (Compósitae)*

Juni–Okt.
0,3–1,2 m
⊙

Beschreibung: Körbchen traubig-doldig verebnet, 1,5–2,5 cm im Durchmesser; Haare der Früchtchen einfach. Pflanze mit Milchsaft. Stengelblätter wechselständig, derb, mit herzförmigem, geöhrtem Grund sitzend, etwas fiederteilig.
Vorkommen: Gärten, Ödland, Mauern. Liebt basen- und stickstoffsalzreichen Boden. Fehlt örtlich im Tiefland und im rauhen Bergland; sonst sehr häufig.
Wissenswertes: Die Rauhe Gänsedistel ist schwer von der Kohl-Gänsedistel (s. S. 196) zu unterscheiden, am ehesten an der Form der Blattöhrchen, die bei der Rauhen Gänsedistel herzförmig, bei der Kohl-Gänsedistel pfeilförmig sind.

BLÜTENFARBE GELB

Kohl-Gänsedistel *Sónchus oleráceus*
Korbblütengewächse *Asteráceae (Compósitae)*

Juni–Okt.
30–90 cm
☉

Beschreibung: Körbchen traubig-doldig verebnet, 1,5–2,5 cm im Durchmesser; Haare der Früchtchen einfach. Pflanze mit Milchsaft. Stengelblätter wechselständig, weich, mit breit pfeilförmigem, geöhrtem Grund sitzend, etwas fiederteilig.
Vorkommen: Gärten, Äcker, Ödland. Liebt basen- und stickstoffsalzreichen Boden. Fehlt örtlich im Tiefland und im rauhen Bergland; sonst sehr häufig.
Wissenswertes: Die Pflanze soll noch im Mittelalter als ein spinatähnliches Gemüse gekocht und gegessen worden sein. Dies ist insofern bemerkenswert, als daß die Blätter sowohl ziemlich rohfaserreich als auch ausgesprochen wäßrig sind.

Acker-Gänsedistel *Sónchus arvénsis*
Korbblütengewächse *Asteráceae (Compósitae)*

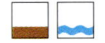

Juli–Okt.
0,5–1,5 m
♃

Beschreibung: Wenige Körbchen, locker traubig-doldig, 3–4,5 cm im Durchmesser; nur Zungenblüten; Hüllblätter drüsig behaart; Haare der Früchtchen einfach. Pflanze mit Milchsaft. Stengelblätter tief buchtig, stachelig gezähnt.
Vorkommen: Äcker, Ufer, Ödland. Liebt basen- und stickstoffsalzreichen Lehmboden. Fehlt örtlich im Tiefland und im rauhen Bergland; sonst sehr häufig.
Wissenswertes: Die Körbchen öffnen sich nur bei sonnigem Wetter, und zwar zwischen 7 und 8 Uhr. Zwischen 10 und 14 Uhr schließen sie sich. – Die Acker-Gänsedistel gehört zu den heute seltenen mehrjährigen Ackerunkräutern. Sie hat Ausläufer, aus denen – beim Pflügen zerrissen – erneut Pflanzen austreiben.

Kompaß-Lattich, Stachel-Lattich *Lactúca serríola*
Korbblütengewächse *Asteráceae (Compósitae)*

Mai–Okt.
0,3–1,8 m
☉

Beschreibung: Körbchen in einer Rispe, 1–1,5 cm im Durchmesser; nur Zungenblüten; Haare der Früchtchen einfach. Pflanze mit Milchsaft. Stengelblätter wechselständig, untere schrotsägeförmig gelappt, Spreiten in eine senkrechte Ebene gedreht, unterseits auf dem Mittelnerv stachelig, Rand stachelspitz gezähnt.
Vorkommen: Ödland, Wege, Äcker. Liebt Licht und Wärme. Fehlt im Tiefland, im rauhen Berg- und im Alpenvorland gebietsweise, sonst bis 1000 m zerstreut.
Wissenswertes: Die Ränder der Blätter sind – obwohl wechselständig – etwa in Nord-Süd-Richtung einreguliert. Dadurch wird eine zu starke Bestrahlung und eine Erhitzung der Blätter durch die Mittagssonne vermieden (Kompaßpflanze!).

Mauerlattich, Zarter Mauerlattich *Mycélis murális*
Korbblütengewächse *Asteráceae (Compósitae)*

 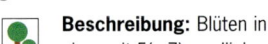

Juli–Sept.
0,25–1,5 m
♃

Beschreibung: Blüten in Körbchen; diese zahlreich in locker-sparriger Rispe. Körbchen mit 5(–7) randlichen Zungenblüten, blaßgelb. Stengelblätter bis zum Mittelnerv unregelmäßig schrotsägeförmig fiederteilig. Pflanze führt Milchsaft.
Vorkommen: Mischwälder, Nadelforste, Ödland, Brachen, Mauern, Steinschutthalden. Liebt stickstoffsalzhaltigen, lockeren, nicht unbedingt basenhaltigen Boden. Im Tiefland westlich der Elbe gebietsweise fehlend; sonst häufig.
Wissenswertes: Die Blüten werden von Fliegen und Bienen bestäubt. Vor allem im Spätsommer und Herbst sind die Blätter rot- oder braun-violett überlaufen.

BLÜTENFARBE GELB

Wiesen-Löwenzahn, Gemeine Kuhblume *Taráxacum officinále*
Korbblütengewächse *Asteráceae (Compósitae)*

März–Nov.
5–50 cm
♃ (☠)

Beschreibung: Körbchen einzeln; nur Zungenblüten; Haare der Früchtchen einfach. Pflanze mit Milchsaft. Schaft blattlos, hohl, kahl oder flockig. Blätter in einer Rosette, lanzettlich, bis nahe zum Mittelnerv schrotsägeförmig fiederteilig.
Vorkommen: Rasen, Wiesen, Ödland, Äcker, Gärten, Wälder. Liebt stickstoffsalzreichen Boden. Überall sehr häufig und in manchen Wiesen bestandsbildend.
Wissenswertes: Die Art ist vielgestaltig. Alte Heil- (Wurzel) und Wildsalatpflanze (Blätter). Enthält Sesquiterpenlacton-Bitterstoff. Bei Kindern, die an Stengeln gesaugt hatten, wurden Vergiftungserscheinungen beobachtet. – Die Körbchen sind nur an hellen Tagen geöffnet, bei trübem Wetter geschlossen.

Rainkohl, Gemeiner Rainkohl *Lapsána commúnis*
Korbblütengewächse *Asteráceae (Compósitae)*

Mai–Sept.
0,2–1,2 m
☉

Beschreibung: Körbchen zahlreich, rispig angeordnet; nur Zungenblüten; Früchtchen ohne Haarkranz. Pflanze mit Milchsaft. Stengelblätter wechselständig, die unteren lang, die mittleren kurz gestielt, leierförmig, mit großem Endlappen, dessen Rand weitbuchtig und grob gezähnt ist; obere Blätter fast sitzend.
Vorkommen: Ödland, Äcker, Gärten, Gebüsche, Waldränder, Lichtungen. Liebt mäßig stickstoffsalz-, doch nicht unbedingt basenreiche Lehmböden. Sehr häufig.
Wissenswertes: Die Körbchen öffnen sich zwischen 6 und 7 Uhr; zwischen 15 und 16 Uhr schließen sie sich wieder. – Ob der Rainkohl mit dem Getreideanbau nach Mitteleuropa gekommen ist oder hier ursprünglich war, ist umstritten.

Sumpf-Pippau, Sumpf-Feste *Crépis paludósa*
Korbblütengewächse *Asteráceae (Compósitae)*

Mai–Aug.
0,2–1,2 m
♃

Beschreibung: Körbchen traubig-rispig angeordnet, straußig verebnet, 2,5–3,5 cm im Durchmessser; nur Zungenblüten; Früchtchen mit einfachen, gelblich-weißen Haaren. Pflanze mit Milchsaft. Unterste Blätter gestielt, buchtig gezähnt; übrige Stengelblätter sitzend, mit spitzen Zipfeln stengelumfassend.
Vorkommen: Flachmoore, Naßwiesen, Bergwiesen, quellige, lichte Stellen in Auenwäldern. Liebt basenreichen, stickstoffsalzhaltigen Tonboden. Fehlt in Sandgebieten sowie im westlichen Tiefland gebietsweise; sonst zerstreut.
Wissenswertes: Bestände von Sumpf-Pippau in Fettwiesen zeigen Nässe an.

Wiesen-Pippau, Wiesen-Feste *Crépis biénnis*
Korbblütengewächse *Asteráceae (Compósitae)*

Mai–Sept.
0,3–1,2 m
☉

Beschreibung: Körbchen doldenrispig angeordnet, 3–4 cm im Durchmesser; nur Zungenblüten; Früchtchen mit einfachen, weißen Haaren. Pflanze mit Milchsaft. Stengelblätter tief buchtig gezähnt bis fiederteilig, die unteren gestielt.
Vorkommen: Wiesen, Wege, Ödland. Liebt mäßig basen- und stickstoffsalzreichen Ton- oder Lehmboden. Fehlt im westlichen Tiefland gebietsweise; sonst häufig.
Wissenswertes: Wo der Wiesen-Pippau in größerer Zahl in Fettwiesen auftaucht, gilt er als „Wiesenunkraut"; er liefert hartes Heu und wird vom Vieh als Futterpflanze nicht geschätzt. – Früchtchen zuweilen als Kanarienvogelfutter.

BLÜTENFARBE GELB

Kleines Habichtskraut *Hierácium pilosélla*
Korbblütengewächse *Asteráceae (Compósitae)*

Mai–Okt.
5–30 cm
♃

Beschreibung: Körbchen einzeln, 2–3 cm im Durchmesser; nur Zungenblüten; Früchtchen mit einfachen, schmutzigweißen Haaren. Pflanze mit Milchsaft. Stengel graufilzig, blattlos. Rosettenblätter länglich, oberseits mit langen Haaren, unterseits graufilzig; oberirdische Ausläufer mit Tochterrosetten.

Vorkommen: Trockenrasen, Heiden, Wege, Raine, lichte Wälder, Felsspalten. Liebt stickstoffsalzarmen Boden. Häufig, oft in nestartigen Beständen.

Wissenswertes: Pflanzt sich sowohl geschlechtlich als auch ungeschlechtlich fort. Als Folge davon haben sich zahlreiche Sippen herausgebildet, die allerdings nur von Spezialisten einigermaßen sicher unterschieden werden können.

Wald-Habichtskraut *Hierácium sylváticum*
Korbblütengewächse *Asteráceae (Compósitae)*

Mai–Sept.
20–50 cm
♃

Beschreibung: Körbchen in doldiger, armästiger Rispe, 2,5–3,5 cm im Durchmesser; nur Zungenblüten; Früchtchen mit einfachen, schmutzigweißen Haaren. Pflanze mit Milchsaft. Stengel meist mit nur 1 tief stehenden Blatt. Grundblätter rosettig, am Rand unregelmäßig und gegen den Grund grob gezähnt.

Vorkommen: Wälder, Waldwiesen, Blockhalden, Mauern. Liebt mäßig basen- und stickstoffsalzhaltigen Boden. Im westlichen Tiefland selten; sonst häufig.

Wissenswertes: Formenreiche Art, die sich von ähnlichen Arten nur schwer unterscheiden läßt, nicht zuletzt deshalb, weil es häufig auch Bastarde gibt.

Doldiges Habichtskraut *Hierácium umbellátum*
Korbblütengewächse *Asteráceae (Compósitae)*

Juli–Okt.
0,2–1,2 m
♃

Beschreibung: Körbchen in doldig verebneter Rispe, 2–3 cm im Durchmesser, Hüllblätter umgebogen; nur Zungenblüten; Früchtchen mit einfachen, schmutzigweißen Haaren. Pflanze mit Milchsaft. Stengel vielblättrig. Keine Grundblattrosette.

Vorkommen: Wälder, Gebüsche, Heiden, Blockhalden. Liebt basenhaltigen, stickstoffsalzarmen Boden. Fehlt in rauhen Lagen gebietsweise; sonst zerstreut.

Wissenswertes: Wie andere Habichtskraut-Arten, so pflanzt sich auch das Doldige Habichtskraut sowohl geschlechtlich als auch ungeschlechtlich fort. Als Folge davon haben sich zahlreiche, nur schwer unterscheidbare Sippen gebildet.

Kelch-Simsenlilie *Tofiéldia calyculáta*
Germergewächse *Melanthiáceae*

Juni–Sept.
5–30 cm
♃

Beschreibung: Blüten in einer 3–5 cm langen, dichten Traube, 5–7 mm im Durchmesser, gelb, gelblich oder cremeweiß; 6 Blütenblätter; am Blütenstiel zwischen Tragblatt und Blütenblättern ein 3höckriges Gebilde. Stengel beblättert. Stengel- und Grundblätter grasartig schmal, mit 5 oder mehr Nerven.

Vorkommen: Flachmoore, Streuwiesen, Quellmoore, Austrittsstellen von Hangdruckwasser. Liebt basen- und kalkreiche, stickstoffsalzarme Böden. Fehlt im Tiefland und in Gegenden mit Sandböden großen Gebieten; sonst selten.

Wissenswertes: „calyculata", lat. = „kleiner Kelch" (frei übersetzt) bezieht sich auf das 3höckrige Vorblatt, das sich direkt unter der Blüte befindet.

BLÜTENFARBE GELB

Beinbrech *Narthécium ossifragum*
Germergewächse *Melanthiáceae*

Juli–Aug.
10–30 cm
♃ (☠) ▽

Beschreibung: Blüten in einer 5–8 cm langen, lockeren Traube, 1–1,5 cm im Durchmesser; innen gelb, außen grünlichgelb; 6 Blütenblätter; Staubfäden wollig behaart; Staubbeutel rot. Untere Blätter schwertförmig-grasartig.

Vorkommen: Heidemoore. Liebt basen- und äußerst stickstoffsalzarmen, torfig-schlammigen, sauren Boden. Braucht stets andauernde, hohe Luftfeuchtigkeit. Im Tiefland und in den nordwestlichen Mittelgebirgen selten; fehlt sonst.

Wissenswertes: Früher glaubte man, die Knochen von Kühen, die Beinbrech gefressen hatten, würden brüchig; so erklärt sich der merkwürdige Name. Gleichwohl ist Beinbrech für Schafe giftig: Gefressen stört er die Leberfunktion.

Wiesen-Goldstern, Wiesen-Gelbstern *Gágea praténsis*
Liliengewächse *Liliáceae*

März–Mai
5–20 cm
♃

Beschreibung: Blüten einzeln oder zu 2–5, 2–3 cm im Durchmesser, gelb; Blütenblätter 6. Stengel kürzer als das einzige Grundblatt; dieses mindestens 2 mm, meist aber 3–5 mm breit, außen scharf gekielt, unten rot überlaufen.

Vorkommen: Weinberge, Äcker, Böschungen in klimatisch begünstigten Gebieten. Liebt basenhaltigen, aber oft kalkarmen, locker-sandigen Boden. Im östlichen Tiefland und in milden Lagen des Berglands mit Sandböden selten; fehlt sonst.

Wissenswertes: Der Wiesen-Gelbstern war noch in der ersten Hälfte des 20. Jahrhunderts örtlich so häufig, daß man ihn als lästiges Unkraut angesehen hat. Durch den Einsatz von Herbiziden ist er seit etwa 1960 dramatisch zurückgegangen.

Wald-Goldstern, Gemeiner Goldstern, Wald-Gelbstern *Gágea lútea*
Liliengewächse *Liliáceae*

März–Mai
5–20 cm
♃

Beschreibung: Blüten einzeln oder zu 2–7, 2–3 cm im Durchmesser, gelb; Blütenblätter 6. Stengel kürzer als das Grundblatt; unterstes Stengelblatt kürzer als der Blütenstand; Grundblatt mindestens 7 mm breit, oft ungekielt.

Vorkommen: Auen- und feuchte Laubmischwälder, Ufer, Wiesen. Liebt basen- und stickstoffsalzreichen, feuchten, locker-humosen Boden. Vorwiegend im östlichen Tiefland und im Bergland mit Kalkgestein, hier zerstreut; fehlt sonst weitgehend.

Wissenswertes: Wo Wald-Goldstern in Auwäldern bestandsbildend auftritt, zeigt er Grundwasserdurchzug an; Stellen, an denen sich Wasser staut, meidet er.

Sumpf-Schwertlilie, Wasser-Schwertlilie *Íris pseudácorus*
Schwertliliengewächse *Iridáceae*

Mai–Juli
0,5–1,5 m
♃ ☠ ▽

Beschreibung: 2–5blütig; äußere Blütenblätter ohne Haarkamm, dunkel geadert; innere kleiner, aufrecht; Griffeläste blütenblattartig; Blüte gelb. Blätter bis 90 cm lang, 1–3 cm breit, grün oder blau-grau-grün, mit Mittelrippe.

Vorkommen: Ufer, Gräben, Bruchwälder. Liebt nasse, schlammige Böden; erträgt Überschwemmung. Zerstreut; fehlt örtlich in Gegenden mit rauhem Klima.

Wissenswertes: Enthält scharf schmeckende Giftstoffe, die ihre Giftigkeit auch durch Trocknen des Krautes nicht verlieren. Vieh, das Schwertlilienblätter oder -stengel gefressen hat, bekommt heftige und blutige Durchfälle.

BLÜTENFARBE GELB

Gewöhnliche Osterluzei, Aufrechte Osterluzei *Aristolóchia clematítis*
Osterluzeigewächse *Aristolochiáceae*

Mai–Juni
30–80 cm
♃ ✿

Beschreibung: Blüten in den Blattachseln, 3–5 cm lang, röhrig-tütig, am Grund bauchig erweitert. Stengel unverzweigt, gelblich-grün, aufrecht oder leicht gewunden. Blätter wechselständig, herz-eiförmig, lang gestielt.
Vorkommen: Weinberge, Mauern, Gebüsche, Auwälder. Liebt basen- und stickstoffsalzreiche Böden. Im Weinbaugebiet und im Tiefland selten; fehlt sonst.
Wissenswertes: Die Blüte ist eine Fliegenkesselfalle. Landende Fliegen rutschen ab und fallen in den Kessel. Dort hindern sie Haare am Herauskriechen. Haben sie Osterluzeipollen mitgebracht, bestäuben sie die Narben am Kesselgrund. Beim Welken der Blüte werden sie freigelassen. – Giftig durch Aristolochiasäure.

Gelber Eisenhut, Wolfs-Eisenhut *Acónitum vulpária*
Hahnenfußgewächse *Ranunculáceae*

Juni–Aug.
0,5–1,5 m
♃ ✿ ▽

Beschreibung: Blüten in lockeren Trauben, blaßgelb, 1,5–2 cm hoch, 5–8 mm breit. Stengel aufrecht oder aufgebogen. Stengelblätter handförmig 3–5teilig, oberste weniger zerteilt als untere. Grundblätter handförmig 5–7teilig.
Vorkommen: Auwälder, Schluchtwälder, feuchte Laubwälder, Hochstaudenfluren. Liebt basen- und stickstoffsalzreiche Böden. Fehlt im Tiefland ganz, im westlichen Bergland größeren und sonst kleineren Gebieten; insgesamt selten.
Wissenswertes: Enthält reichlich Alkaloide, besonders im Wurzelstock; dieser ist daher stark giftig. Früher zur Herstellung von Pfeilgift genutzt. Extrakte wurden zum Vergiften von Ködern für Füchse und Wölfe verwendet (vulpes, lat. = Fuchs).

Gelber Lerchensporn *Corýdalis lútea*
Erdrauchgewächse *Fumariáceae*

Mai–Okt.
10–30 cm
♃ ✿

Beschreibung: Blüten praktisch einseitswendig in einer Traube, 1,5–2 cm lang, goldgelb; Sporn fast gerade. Stengel aufrecht, meist verzweigt, zart, kahl. Blätter hellgrün, unterseits graugrün, 2–3fach gefiedert, gestielt.
Vorkommen: Wild wohl nur in den südlichen Kalkalpen. Häufig in Steingärten gepflanzt; in klimatisch begünstigten Gegenden örtlich beständig an Mauern, in Gebüschen oder Wäldern verwildert (z. B. in milden Lagen des Berglands); selten.
Wissenswertes: Nektarsuchende Insekten drücken die Blüte auseinander. Bestäubte Blüten bleiben offen; dies ist ein Signal für nachfolgende Besucher.

Schwarzwerdender Geißklee, Bohnenstrauch *Lembotrópis nígricans*
Schmetterlingsblütengewächse *Fabáceae (Leguminósae)*

Juni–Aug.
0,3–1,5 m
♄

Beschreibung: Zahlreiche Blüten in langer, schlanker Traube, um 1 cm lang, goldgelb, duftend. Strauch mit kurzen Ästen, von denen krautige Zweige rutenartig abgehen. Blätter kleeblattartig 3teilig; Teilblättchen 1–2 cm lang.
Vorkommen: Wegraine, trockene Gebüsche, lichte Trockenwälder, Waldränder. Liebt basenreichen Ton- oder Lehmboden, der auch kalkarm sein kann. Im Bergland südlich der Mainlinie selten; im Alpenvorland sehr selten; fehlt sonst.
Wissenswertes: Der Pollen wird von den Staubbeuteln in das Schiffchen entleert, von wo er herausgepreßt wird, wenn ein Insekt die Schiffchenspitze herabdrückt.

BLÜTENFARBE GELB

Gewöhnlicher Besenginster *Cýtisus scopárius*
Schmetterlingsblütengewächse *Fabáceae (Leguminósae)*

Mai–Juni
0,5–2 m
♃ ☠

Beschreibung: Blüten einzeln oder zu zweien blattachselständig, 2–2,5 cm lang, goldgelb. Äste kantig. Blätter kleeartig 3teilig, früh abfallend.
Vorkommen: Lichte Stellen in Wäldern, Heiden. Liebt basen- und stickstoffsalzarme Böden, die lehmig, sandig oder steinig sein können; zur Begrünung von Böschungen gepflanzt. Fehlt in den Kalkgebieten weithin; sonst zerstreut.
Wissenswertes: Wird besonders in Wäldern auf armen Sandböden angepflanzt, um den Boden mit Stickstoffsalzen anzureichern: In den Wurzeln leben Knöllchenbakterien, die den Stickstoff der Luft binden. Verwesen die Wurzeln, dann werden nach bakterieller Zersetzung Stickstoffsalze in den Boden abgegeben.

Färber-Ginster *Genísta tinctória*
Schmetterlingsblütengewächse *Fabáceae (Leguminósae)*

Mai–Juli
30–80 cm
♃ ☠

Beschreibung: Viele Blüten in 2–6 cm langen Trauben, 1–1,5 cm lang, goldgelb; Fahne kahl, so lang wie das Schiffchen. Niedriger Strauch mit dornenlosen, fast krautigen Zweigen. Blätter 1–3 cm lang, lanzettlich, fast kahl.
Vorkommen: Waldränder, lichte Wälder, Gebüsche, Böschungen, trockene Stellen in Flachmooren. Liebt basenhaltige, stickstoffsalzarme, zumindest zeitweise feuchte Lehm- oder Tonböden. Fehlt im Tiefland gebietsweise; sonst zerstreut.
Wissenswertes: Zweige, Blätter und Blüten enthalten die gelben Farbstoffe Genistein und Luteolin, die früher zum Färben von Wolle und Leinen benutzt worden sind. Alle Organe enthalten außerdem giftige Alkaloide (z. B. Cytisin).

Behaarter Ginster *Genísta pilósa*
Schmetterlingsblütengewächse *Fabáceae (Leguminósae)*

Apr.–Aug.
10–40 cm
♃ (☠)

Beschreibung: Blüten einzeln oder zu 2–3 büschelig in den Blattachseln, um 1 cm lang, gelb; Fahne so lang wie das Schiffchen, beide etwas seidig behaart. Zweige dornenlos. Blätter schmal-eiförmig, jung beidseitig seidig behaart.
Vorkommen: Heiden, lichte Wälder, Trockengebüsche, Trockenrasen. Liebt ausgesprochen stickstoffsalzarme, basenarme, sandig-steinige oder torfige Böden sowie ein Klima, in dem durchschnittlich eine hohe Luftfeuchtigkeit herrscht. Im Tiefland und im westlichen Bergland zerstreut; fehlt sonst weitgehend.
Wissenswertes: Giftverdächtig, obschon Alkaloide nicht nachgewiesen wurden.

Englischer Ginster *Genísta ánglica*
Schmetterlingsblütengewächse *Fabáceae (Leguminósae)*

Mai–Juni
20–60 cm
♃ (☠)

Beschreibung: Blüten in kurzen Trauben, knapp 1 cm lang, gelb; Schiffchen kahl, deutlich länger als die kahle Fahne. Ältere Zweige dornig und blattlos, junge dornenlos, kantig, kahl. Blätter schmal-eiförmig, kahl, bläulich-grün.
Vorkommen: Heiden, extensiv genutzte Weiden in Gegenden mit milden Wintern. Liebt stickstoffsalzarmen, basenhaltigen Sand- oder Lehmboden. Im Tiefland und in den nordwestlichen Mittelgebirgen zerstreut; fehlt sonst weitgehend.
Wissenswertes: Ob der Englische Ginster Alkaloide besitzt, scheint unbekannt zu sein; vorsichtshalber sollte man die Pflanze als giftverdächtig ansehen.

BLÜTENFARBE GELB

Deutscher Ginster Genísta germánica
Schmetterlingsblütengewächse Fabáceae (Leguminósae)

Mai–Juni
20–60 cm
♄ ☠

Beschreibung: Blüten in kurzen Trauben, knapp 1 cm lang, gelb; Schiffchen deutlich länger als die steil gestellte, kahle Fahne. Ältere Zweige dornig und blattlos; junge Zweige oben dornenlos, kantig, abstehend behaart. Blätter grasgrün, breit lanzettlich bis schmal-eiförmig, am Rand deutlich behaart.

Vorkommen: Waldränder, lichte Trockenwälder und -gebüsche, Heiden, Raine. Liebt basen- und stickstoffsalzarmen, sandig-lockeren, versauerten Lehmboden. Fehlt im Tiefland weithin, desgleichen in den Kalkgebieten; sonst zerstreut.

Wissenswertes: Zumindest die Samen enthalten giftige Alkaloide (u. a. Cytisin).

Flügel-Ginster, Pfeil-Ginster, Pfeil-Kleinginster Chamaespártium sagittále
Schmetterlingsblütengewächse Fabáceae (Leguminósae)

Mai–Juli
10–30 cm
♃–♄

Beschreibung: Blüten in kurzen Trauben, 1–1,5 cm lang, goldgelb; Fahne, Schiffchen und Flügel gleich lang. Halbstrauch, bei dem nur die unterirdisch kriechenden Zweige verholzt sind; oberirdische Stengel krautig, breit geflügelt, dornenlos, in 3–6 Abschnitte gegliedert. Nur wenige eiförmige Blätter.

Vorkommen: Magerrasen, Sandsteinfelsen, lichte, trockene Waldstellen, Heiden. Liebt basenhaltigen, stickstoffsalzarmen, sandig-steinigen Boden. Mittelrheinische Mittelgebirge, Bergland südlich der Mainlinie, zerstreut; fehlt sonst.

Wissenswertes: Die Stengelflügel ersetzen die Blätter als Orte der Photosynthese. Sie sind Anpassungen an Trockenheit und starke Sonneneinstrahlung.

Stechginster, Gaspeldorn, Heckensame Úlex europǣus
Schmetterlingsblütengewächse Fabáceae (Leguminósae)

Apr.–Juli
0,6–2 m
♄ ☠

Beschreibung: Blüten einzeln oder zu zweien in den Achseln von Schuppenblättern, 1,5–2 cm lang. Stark verzweigter, sehr dorniger, mittelhoher Strauch. Blätter dornenähnlich; in ihren Achseln verzweigte, 1–3 cm lange Dornen.

Vorkommen: Lichte Waldstellen, Böschungen, Heiden in wintermilden Gegenden mit hoher Luftfeuchtigkeit. Liebt mäßig basen- und stickstoffsalzhaltigen Boden. Bei uns meist nur angepflanzt; in den Silikatgebieten nördlich des Mains und im Tiefland vereinzelt, jedoch örtlich bestandsbildend.

Wissenswertes: Das Hauptverbreitungsgebiet des Stechginsters liegt in Westeuropa; dort tritt er auf geeigneten Böden örtlich in größeren Beständen auf.

Bärenschote, Süßholz-Tragant Astrágalus glycyphýllos
Schmetterlingsblütengewächse Fabáceae (Leguminósae)

Mai–Aug.
20–70 cm
♃

Beschreibung: Blüten in fast kopfig gedrungener Traube, um 1,5 cm lang, grüngelb. Stengel kriechend (bis 1,5 m) vorn aufsteigend. Blätter unpaarig gefiedert.

Vorkommen: Lichte, trockene Laubwälder, Waldwege, trockene Gebüsche. Liebt basenreichen, meist kalk- und stickstoffsalzhaltigen Lehmboden. Fehlt im westlichen Tiefland und in den Silikatgebieten weitgehend; sonst zerstreut.

Wissenswertes: Die Bärenschote enthält in Wurzel und Blättern Zucker und andere süßschmeckende Verbindungen, vor allem Glyzyrrhizin. Dieser Stoff kommt auch im echten Süßholz vor. – Alte, heute nicht mehr verwendete Heilpflanze.

BLÜTENFARBE GELB

Kicher-Tragant *Astrágalus cícer*
Schmetterlingsblütengewächse *Fabáceae (Leguminósae)*

Juni–Aug.
20–60 cm
♃

Beschreibung: Blüten in kurzen Trauben, 1–1,5 cm lang, hellgelb. Stengel niederliegend. Blätter unpaarig gefiedert; Teilblättchen schmal-eiförmig.
Vorkommen: Trockene Gebüsche, Waldränder, Waldwege und -lichtungen, Hänge mit vergrustem, mergeligem Gesteinsschutt. Liebt basen- und kalkreiche, stickstoffsalzarme Tonböden in Kalkgebieten mit mildem Klima; selten; fehlt sonst.
Wissenswertes: Auffallend sind an der Pflanze die reifen Hülsen: Bei einer Länge von 1–1,5 cm sind sie nahezu 1 cm dick, also stark aufgeblasen, vorne außerdem deutlich geschnäbelt. Das Hauptareal der Art liegt in Südosteuropa.

Wiesen-Platterbse *Láthyrus praténsis*
Schmetterlingsblütengewächse *Fabáceae (Leguminósae)*

Juni–Aug.
20–90 cm
♃

Beschreibung: Blüten in langgestielten Trauben in den Blattachseln, 1–2 cm lang; Staubblätter röhrig verwachsen. Stengel ungeflügelt. Blätter mit nur 1 Teilblättchenpaar und einfacher oder verzweigter Ranke; Nebenblätter pfeilförmig.
Vorkommen: Fettwiesen, Naßwiesen, Flachmoore, Gebüsche, Waldränder, Waldlichtungen. Liebt basen- und mäßig stickstoffsalzreichen Boden. Sehr häufig.
Wissenswertes: Die Wiesen-Platterbse enthält Bitterstoffe und wird deshalb von Rindern meist verschmäht, obschon sie in Kraut und Samen – wie auch andere Arten der Familie – wertvolle Eiweiße in nicht unbeträchtlicher Menge enthält.

Ranken-Platterbse *Láthyrus áphaca*
Schmetterlingsblütengewächse *Fabáceae (Leguminósae)*

Mai–Juli
15–50 cm
☉ (☠)

Beschreibung: Blüten meist einzeln in den Achseln der in der Regel einfachen Ranken, 0,9–1,4 cm lang, gelb. Stengel 4kantig, aufsteigend oder kletternd. Blätter fehlen; zwischen den beiden großen, herz-eiförmigen, blaugrünen Nebenblättern entspringt die meist unverzweigte Ranke, die dem Blatt entspricht.
Vorkommen: Getreideäcker, Brachen, Feldgehölze, Trockenrasen. Liebt kalkarme, basen- und stickstoffsalzhaltige Böden. Nur noch vereinzelt in milden Lagen.
Wissenswertes: Die Samen der Ranken-Platterbse sollen giftig sein; über die chemische Natur des Giftstoffs scheint nichts bekannt zu sein. Die Art ist stark zurückgegangen, seit man Unkräuter im Getreide mit Herbiziden bekämpft.

Echter Steinklee *Melilótus officinális*
Schmetterlingsblütengewächse *Fabáceae (Leguminósae)*

Juni–Sept.
0,3–1,2 m
☉

Beschreibung: Blüten in langgestielten, ährenartigen Trauben blattachsel- oder endständig, um 6 mm lang. Blätter kleeartig 3teilig; Teilblättchen verkehrt-eiförmig, deutlich gesägt. Getrocknete Pflanze duftet nach Waldmeister.
Vorkommen: Ödland, Bahnschotter, Kiesgruben, Steinbrüche, Waldwege. Liebt basenreichen, kalk- und mäßig stickstoffsalzhaltigen Boden. Fehlt im Tiefland und in den Gegenden mit kalkarmem Gestein kleineren Gebieten; sonst häufig.
Wissenswertes: Der Waldmeisterduft wird durch Cumarin hervorgerufen, das beim Trocknen frei wird. Heilpflanze, die außer Cumaringlykosiden u. a. Gerb- und Schleimstoffe enthält. Bei hoher Dosierung kann es zu Kopfschmerzen kommen.

BLÜTENFARBE GELB

Hopfenklee, Hopfen-Schneckenklee, Hopfen-Luzerne *Medicágo lupulína*
Schmetterlingsblütengewächse *Fabáceae (Leguminósae)*

Mai–Sept.
10–30 cm
☉–♃

Beschreibung: 10–50 Blüten in einem 5 mm breiten Köpfchen, um 3 mm lang; Blütenblätter nach dem Verblühen abfallend; Frucht eine nieren- oder sichelförmige, stachellose Hülse. Blätter kleeartig 3teilig; mittleres Teilblättchen deutlich länger gestielt als seitliche, alle unterseits deutlich behaart.

Vorkommen: Wege, Wiesen, Trockenrasen, Waldwege. Liebt basen- und meist kalkreichen Boden. Fehlt im Tiefland und in den Silikatgebieten; sonst häufig.

Wissenswertes: „Hopfenklee" bezieht sich auf die Form der Blütenstände, die denen das Hopfens ähneln. „Schnecken-Klee" weist auf die Fruchtform hin: Die Hülsen der *Medicago*-Arten sind schneckenartig gekrümmt bis eingerollt.

Sichelklee, Sichel-Luzerne *Medicágo falcáta*
Schmetterlingsblütengewächse *Fabáceae (Leguminósae)*

Mai–Aug.
20–60 cm
♃

Beschreibung: Blüten in einem kopfig-traubigen Blütenstand, 0,7–1 cm lang, gelb; Frucht eine sichel- bis hufeisenförmig gebogene Hülse. Stengel aufsteigend. Blätter kleeartig 3teilig; Teilblättchen vorn „abgebissen" gezähnt.

Vorkommen: Halbtrockenrasen, Raine, lichte Gebüsche, Ränder trockener Wälder. Liebt sehr basenreiche, stickstoffsalzarme, lockere Böden. Fehlt im Tiefland und in den Gegenden mit kalkarmen Gesteinen weithin; sonst zerstreut.

Wissenswertes: Der Sichelklee ist mit der Blauen Luzerne (*M. satíva* s. S. 370) nahe verwandt. Oft bilden sich Bastarde zwischen beiden Arten, deren Blüten gelblich aufblühen, dann grünlich werden und bläulich-violett verblühen.

Gold-Klee *Trifólium āureum*
Schmetterlingsblütengewächse *Fabáceae (Leguminósae)*

Juni–Juli
10–40 cm
☉

Beschreibung: 20–40 Blüten in eiförmigem Köpfchen, um 6 mm lang, goldgelb; Blütenblätter nach dem Verblühen bleibend, hellbraun. Stengel aufrecht, kahl. Blätter 3teilig; Teilblättchen schmal-eiförmig, alle 3 fast sitzend.

Vorkommen: Halbtrockenrasen, Heiden, Wege, Raine, Waldränder. Liebt eher basen- und ausgesprochen stickstoffsalzarme Böden. Im Tiefland und in rauhen Lagen des Berglands nur vereinzelt und weithin fehlend; sonst zerstreut.

Wissenswertes: Besiedelt als „Pionierpflanze" offene Stellen in Magerrasen. Erdanrisse oder Böschungen, bemerkenswerterweise aber auch dichte Waldsäume.

Feld-Klee, Gelber Acker-Klee *Trifólium campéstre*
Schmetterlingsblütengewächse *Fabáceae (Leguminósae)*

Juni–Sept.
5–30 cm
☉

Beschreibung: 20–30 Blüten, um 5 mm lang, hellgelb, stehen in einem fast kugeligen Köpfchen von 0,7–1,2 cm Länge. Blütenblätter nach dem Verblühen bleibend, hellbraun. Stengel meist niederliegend. Blätter 3teilig; mittleres Teilblättchen deutlich länger gestielt als seitliche, diese fast sitzend.

Vorkommen: Schotter, Rasen, Waldwege, Wiesen. Liebt kalk- und stickstoffsalzarme, basenhaltige Böden. Fehlt im Tiefland gebietsweise; sonst zerstreut.

Wissenswertes: Die nach dem Verblühen bleibenden Blütenblätter sind ein primitives „Flugorgan": Sie sind sperrig und bieten dem Wind Angriffsflächen.

BLÜTENFARBE GELB

Gewöhnlicher Faden-Klee *Trifólium dúbium*
Schmetterlingsblütengewächse *Fabáceae (Leguminósae)*

Mai–Sept.
10–20 cm
☉

Beschreibung: 5–10 Blüten stehen in fast kugeligem, 5–8 mm dickem Köpfchen, um 4 mm lang, hellgelb, nach dem Verblühen hellbraun. Stengel meist niederliegend. Blätter 3teilig, bläulich-grün, Teilblättchen um 1 cm lang, mittleres etwas länger gestielt als die beiden seitlichen, vorn buchtig gezähnt.

Vorkommen: Wiesen, Weiden, Garten- und Parkrasen, Wege. Liebt stickstoffsalz- und basenhaltigen, aber kalkarmen und etwas sauren Lehmboden; sehr häufig.

Wissenswertes: Der Gewöhnliche Faden-Klee ist sehr unauffällig. Er wird nicht selten selbst in Gartenrasen übersehen, obwohl er oftmals reichlich vorkommt.

Blaßgelber Klee *Trifólium ochroleūcon*
Schmetterlingsblütengewächse *Fabáceae (Leguminósae)*

Juni–Juli
20–40 cm
♃

Beschreibung: 25–60 Blüten in breit-eiförmigem, 1,2–2,5 cm dickem Köpfchen, um 1,5 cm lang, hell grünlich-schwefelgelb. Stengel kurz und dicht behaart. Blätter 3teilig; Teilblättchen 2–4 cm lang, 4–8 mm breit.

Vorkommen: Wechseltrockene Rasen, lichte Waldstellen, trockenere Stellen in Flachmooren. Liebt sehr basenreiche, doch kalk- und stickstoffsalzarme, oft tonige Böden. Fehlt nördlich der Mainlinie fast ganz; auch sonst nur selten.

Wissenswertes: Die Art hat ihre Hauptverbreitung in Südosteuropa und im Mittelmeergebiet. Bei uns wächst sie vorwiegend über Keupermergel.

Hufeisenklee, Schopf-Hufeisenklee *Hippocrépis comósa*
Schmetterlingsblütengewächse *Fabáceae (Leguminósae)*

Mai–Sept.
5–20 cm
♃

Beschreibung: 4–10 Blüten in kopfig-doldigem Blütenstand, um 1 cm lang, gelb. Frucht eine schlängelig-verbogene, in „hufeisenförmige" Abschnitte gegliederte, 1–3 cm lange Hülse. Blätter unpaarig gefiedert; Teilblättchen um 1 cm lang, um 5 mm breit, ohne Knorpelrand, dunkelgrün oder dunkel blaugrün.

Vorkommen: Trockenrasen, Steinbrüche, Kalkschotter auf Wegen, lichte Trockenwälder und -gebüsche. Liebt basenreichen, stickstoffsalzarmen Lehm- oder Lößboden. Fehlt im Tiefland sowie in den Silikatgebieten; sonst zerstreut.

Wissenswertes: Der Name bezieht sich auf die Form der Fruchtglieder, in die die reife Hülse zerfällt. Sie werden vor allem durch den Wind verbreitet.

Scheiden-Kronwicke *Coronilla vaginális*
Schmetterlingsblütengewächse *Fabáceae (Leguminósae)*

Mai–Juni
5–15 cm
♄ (☠)

Beschreibung: 3–10 Blüten in kopfig-doldigem Blütenstand, um 8 mm lang, gelb. Frucht mehr oder minder gerade, in kurze Abschnitte gegliederte, 2–4 cm lange Hülse. Blätter unpaarig gefiedert; Teilblättchen um 7 mm lang, um 4 mm breit, mit deutlichem Knorpelrand, etwas fleischig, daher Nerven kaum sichtbar.

Vorkommen: Trockenwälder und -gebüsche, Felsbänder. Liebt ausgesprochen basen- und kalkreiche, stickstoffsalzarme Böden. Eifel, Rhön, Fränkischer Jura sehr selten; Schwäbischer Jura, Alpenvorland und Alpen selten; fehlt sonst.

Wissenswertes: Über giftige Inhaltsstoffe der Scheiden-Kronwicke ist nichts bekannt, doch kommen solche bei nahe verwandten Arten der Gattung vor.

BLÜTENFARBE GELB

Gewöhnlicher Hornklee, Wiesen-Hornklee *Lótus corniculátus*
Schmetterlingsblütengewächse *Fabáceae (Leguminósae)*

Mai–Aug.
5–30 cm
♃

Beschreibung: 3–8 Blüten in doldig-halbkugeligem, lockerem Köpfchen, 0,8–1,3 cm lang, gelb; Fahne und Schiffchen zuweilen purpurn überlaufen. Blätter scheinbar 5teilig (2 „Teilblätter" sind Nebenblätter, Blatt also 3teilig).
Vorkommen: Trockenrasen, Fettwiesen, Raine, Waldränder und -lichtungen. Liebt basenreiche, meist kalkhaltige, stickstoffsalzarme Lehmböden. Sehr häufig.
Wissenswertes: Der Name bezieht sich auf die gekrümmten Früchte (Hülsen). Besonders auf trockenen Standorten treibt der Hornklee außerordentlich lange und tiefreichende Wurzeln; sie sollen günstigenfalls bis 1 m lang werden können.

Sumpf-Hornklee *Lótus uliginósus*
Schmetterlingsblütengewächse *Fabáceae (Leguminósae)*

Mai–Juli
10–60 cm
♃

Beschreibung: 8–14 Blüten in doldig-halbkugeligem, lockerem Köpfchen, 1,2–1,5 cm lang, gelb. Blätter 5zählig gefiedert, wobei das unterste Fiederpaar tief, ja stengelnah ansitzt und daher nebenblattartig wirkt. Die Nebenblätter selbst sind weitgehend rückgebildet; Teilblättchen unterseits bläulichgrün.
Vorkommen: Flachmoore, Naßwiesen, Gräben, Ufer. Liebt mäßig basen- und ziemlich stickstoffsalzhaltigen, oft kalkfreien Tonboden. Fehlt in den Kalkgebieten weithin, ebenso in den niederschlagsarmen Gegenden; sonst zerstreut.
Wissenswertes: Früher hat man den Sumpf-Hornklee örtlich als Futterpflanze angebaut; er ist jedoch gegenüber anderen Futterpflanzen recht unergiebig.

Spargelbohne, Gelbe Spargelerbse *Tetragonólobus marítimus*
Schmetterlingsblütengewächse *Fabáceae (Leguminósae)*

Mai–Juli
5–25 cm
♃

Beschreibung: Blüten einzeln, 2–3 cm lang, hellgelb. Stengel niederliegend-aufsteigend. Blätter 3teilig; Nebenblätter sitzen wie ein unterstes Fiederpaar am Stengel; Teilblättchen dicklich, grau-blaugrün, am Rande bewimpert.
Vorkommen: Flachmoore, Quellsümpfe, Stellen mit austretendem Hangdruckwasser in Halbtrockenrasen. Liebt ausgesprochen basen- und kalkreichen, nassen, verdichteten Tonboden. Fehlt im Tiefland, in den Mittelgebirgen mit kalkarmem Gestein sowie in niederschlagsarmen Gebieten ganz oder weithin; sonst selten.
Wissenswertes: Örtlich wurde die Spargelerbse früher als Futterpflanze angebaut. Ihre Hülsen sollen auch als Gemüse oder als Salat gegessen worden sein.

Echter Wundklee, Gemeiner Wundklee *Anthýllis vulnerária*
Schmetterlingsblütengewächse *Fabáceae (Leguminósae)*

Mai–Sept.
10–40 cm
♃

Beschreibung: 10–30 Blüten sitzen köpfchenartig in den Achseln fingerig geteilter Hochblätter, 1–2 cm lang, gelb; Kelch bauchig. Untere Blätter gestielt, unpaarig gefiedert; Endblättchen sehr viel größer als Seitenfiedern.
Vorkommen: Trockenrasen, -wälder und -gebüsche, Wege. Liebt basenreichen, meist kalkhaltigen, stickstoffsalzarmen Boden; fehlt im Tiefland und in Gegenden mit kalk- oder allgemein basenarmen Böden weithin; sonst zerstreut.
Wissenswertes: Der Wundklee wurde früher als Wundheilmittel benutzt. Als Inhaltsstoffe wurden Saponine und Gerbstoffe (blutstillende Wirkung) gefunden.

BLÜTENFARBE GELB

Buchsblättrige Kreuzblume, Alpen-Zwergbuchs *Polýgala chamaebúxus*
Kreuzblumengewächse *Polygaláceae*

März–Juni
5–25 cm
♄ ▽

Beschreibung: 1–2 Blüten stehen in den Achseln der mittleren und oberen Blätter, 2–3 cm lang, weiß-gelb-orange. Stengel aufsteigend. Blätter wechselständig, immergrün, ledrig, fast ungestielt, schmal-eiförmig mit aufgesetzter Spitze.
Vorkommen: Halbtrockenrasen, Trockenwälder und -gebüsche, feinerdereiche Gesteinsspalten. Liebt kalk- oder sonst basenreichen, stickstoffsalzarmen Untergrund. Höhere Kalkmittelgebirge, Alpenvorland, Alpen selten; fehlt sonst.
Wissenswertes: Die außeralpinen Standorte gelten als Relikte der Eiszeit; im Alpenvorland sind Standorte auch durch Abschwemmen von Pflanzen entstanden.

Rührmichnichtan, Echtes Springkraut *Impátiens noli-tángere*
Balsaminengewächse *Balsamináceae*

Juli–Okt.
0,5–1 m
☉ (☠)

Beschreibung: Blüten zu 1–4 hängend in den Achseln der oberen Blätter, 2–3 cm lang, gelb mit weinroten Punkten, gespornt. Stengel glasig, an den Gelenken geschwollen, oft rötlich überlaufen. Blätter eiförmig, grob gesägt.
Vorkommen: Au- und Schluchtwälder, Naßstellen in Laubwäldern. Liebt basenreiche, stickstoffsalzhaltige Böden. Fehlt örtlich im Tiefland; sonst häufig.
Wissenswertes: Die zentrale Gewebesäule in der langgestreckten Fruchtkapsel steht unter hoher Gewebespannung. Ist die Frucht reif, genügt Berührung oder stärkere Erschütterung, damit sich die Fruchtblätter voneinander trennen; sie rollen sich schlagartig ein und schleudern die Samen zuweilen meterweit aus.

Kleines Springkraut *Impátiens parviflóra*
Balsaminengewächse *Balsamináceae*

Juni–Sept.
20–60 cm
☉ (☠)

Beschreibung: 4–10 Blüten in aufrechten, scheindoldig gestauchten Trauben in den Achseln der oberen Blätter, um 1 cm lang, blaßgelb, im Schlund mit dunkelgelbem Fleck und braunroten, strichartigen Saftmalen, gespornt. Stengel leicht glasig, an den Gelenken geschwollen. Blätter eiförmig, scharf gesägt.
Vorkommen: Wälder und Gebüsche, Ödland, Gärten. Liebt stickstoffsalzhaltige Böden. Fehlt im Tiefland und in rauhen Lagen gebietsweise; sonst zerstreut.
Wissenswertes: Soll – wie das Rührmichnichtan (s. oben) – einen giftigen Bitterstoff enthalten. Er soll Übelkeit mit Schwindel sowie Erbrechen und Durchfall auslösen. – Die Art ist um 1840 aus Botanischen Gärten verwildert.

Wildes Stiefmütterchen, Acker-Stiefmütterchen *Víola trícolor*
Veilchengewächse *Violáceae*

Mai–Okt.
10–25 cm
☉

Beschreibung: Blüten einzeln, mehr als 1,5 cm lang, entweder ganz gelb oder obere Blütenblätter violett, auch unteres weiß-gelb, oberes violett (tricolor = dreifarbig). Stengel aufsteigend-aufrecht. Untere Blätter herz-eiförmig, gekerbt.
Vorkommen: Äcker, Wege, Böschungen. Keine besonderen Ansprüche; selten.
Wissenswertes: „Stiefmütterchen" bezieht sich auf die ungleich gestalteten, in manchen Sippen ungleich gefärbten Blütenblätter; das untere Blatt ist die „Stiefmutter"; die benachbarten, ähnlich gefärbten Blütenblätter symbolisierten die „Töchter", die oberen, oft andersfarbenen Blätter die „Stieftöchter" (s. auch nächste Art).

BLÜTENFARBE GELB

Acker-Stiefmütterchen Víola arvénsis
Veilchengewächse Violáceae

Mai–Okt.
10–20 cm
☉

Beschreibung: Blüten einzeln, weniger als 1,5 cm lang, meist gelb, selten obere Blütenblätter violett oder unteres weiß-gelb, oberes violett (tricolor = dreifarbig). Stengel meist aufrecht. Untere Blätter herz-eiförmig, gekerbt.
Vorkommen: Äcker. Stellt keine besonderen Ansprüche an den Untergrund; häufig.
Wissenswertes: Das Acker-Stiefmütterchen wird mit dem Wilden Stiefmütterchen (s. S. 218) und mit mehreren anderen Sippen zu einer Sammelart zusammengefaßt. Angehörige dieser Sippen lassen sich nicht immer eindeutig voneinander unterscheiden. Außerhalb der Alpen ist die hier beschriebene Sippe die häufigste.

Salbei-Gamander Teūcrium scorodónia
Lippenblütengewächse Lamiáceae (Labiátae)

Juni–Sept.
30–70 cm
♃

Beschreibung: Zahlreiche Blüten in ährenartigen Blütenständen am Stengelende und in den Achseln der obersten Blätter, etwas einseitswendig, um 1 cm lang, gelbgrün; Oberlippe fehlt. Stengel 4kantig, behaart, am Grunde mit Ausläufern, zerrieben unangenehm riechend. Stengelblätter wechselständig, runzelig.
Vorkommen: Wälder, Wege. Liebt ausgesprochen basen- und stickstoffsalzarme Böden. Im westlichen Bergland zerstreut, im Tiefland selten; fehlt sonst.
Wissenswertes: Der Salbei-Gamander braucht zum guten Gedeihen eine im Durchschnitt hohe Luftfeuchtigkeit. Daher nimmt er von West nach Ost rasch ab.

Bunter Hohlzahn Galeópsis speciósa
Lippenblütengewächse Lamiáceae (Labiátae)

Juli–Sept.
30–80 cm
☉

Beschreibung: 6–15 Blüten in dichten, quirlartigen Blütenständen, 2–3 cm lang; Oberlippe helmförmig; Unterlippe 3teilig, violett gezeichnet oder fast ganz violett; Stengel 4kantig, unter den Blattansatzstellen verdickt, anliegend weich- und abstehend steifhaarig. Blätter gegenständig, 3–12 cm lang.
Vorkommen: Waldränder, lichte Wälder, Wegränder, Ufer, seltener auf Äckern. Braucht basen- und stickstoffsalzreichen Boden. Im nördlichen und östlichen Tiefland, im östlichen Bergland und im Alpenvorland zerstreut; fehlt sonst.
Wissenswertes: Die Färbung der Unterlippe variiert stark, scheint aber nicht geeignet, Sippen gegeneinander abzugrenzen. Bastardiert mit G. tetrahit (s. S. 306).

Goldnessel, Gold-Taubnessel Lamiástrum galeóbdolon
Lippenblütengewächse Lamiáceae (Labiátae)

Mai–Juni
15–50 cm
♃

Beschreibung: 6–10 Blüten quirlartig in den Achseln der oberen Blätter, 1,5–2,5 cm lang; Oberlippe helmförmig; Unterlippe 3teilig, braunrot gezeichnet. Stengel 4kantig, oben fast kahl. Blätter gegenständig, brennesselähnlich.
Vorkommen: Wälder. Liebt basenreichen, ziemlich stickstoffsalzhaltigen, mullreichen Boden. Fehlt im westlichen Tiefland größeren Gebieten; sonst häufig.
Wissenswertes: Oft sieht man Individuen mit weißfleckigen Blättern. Diese Flecken fallen vor allem an Ausläufern auf, die den Boden flächig überziehen. Die Fleckung kommt zustande, weil sich die Blattoberhaut vom Blattgewebe abhebt. An der so entstandenen Luftschicht wird das Licht total reflektiert.

BLÜTENFARBE GELB

Aufrechter Ziest, Berg-Ziest *Stáchys récta*
Lippenblütengewächse *Lamiáceae (Labiátae)*

Juni–Okt.
20–60 cm
♃

Beschreibung: 6–10 Blüten in quirlartigen Blütenständen in den Achseln der oberen Blätter oder in pyramidaler „Quirlähre" am Stengelende, 1–2 cm lang, hellgelb. Stengel 4kantig, behaart. Blätter gegenständig, leicht runzelig.

Vorkommen: Halbtrockenrasen, Trockengebüsche und -wälder, Brachen (aufgelassene Weinberge). Liebt basenreichen, stickstoffsalzarmen, lockeren Boden. Im Bergland mit Kalkböden selten, im Alpenvorland vereinzelt; fehlt sonst.

Wissenswertes: Die römischen Gladiatoren sollen Teile dieser Pflanze als Amulett gegen Hieb- und Stichverletzungen bei ihren Kämpfen getragen haben.

Gelbe Gauklerblume *Mímulus guttátus*
Braunwurzgewächse *Scrophulariáceae*

Juli–Aug.
30–60 cm
♃

Beschreibung: Blüten einzeln in den Blattachseln, 3–4 cm lang, 2lippig; Oberlippe aufgerichtet, 2zipflig; Unterlippe 3zipflig, vorgestreckt, Mittelzipfel meist rot gepunktet. Blätter gegenständig, unregelmäßig gezähnt.

Vorkommen: Ufer, Gräben, Quellen, Kies- und Sandbänke. Liebt stickstoffsalzreichen, basenhaltigen, aber kalkarmen, besser kalkfreien Untergrund. Heimat: Rocky Mountains. In den Silikatmittelgebirgen vereinzelt eingebürgert.

Wissenswertes: Die Gelbe Gauklerblume wurde Anfang des 19. Jahrhunderts als Zierpflanze nach Europa gebracht. 1814 trat sie erstmals in Schottland, 1824 in England verwildert auf. Um diese Zeit wurde sie auch in Deutschland beobachtet.

Gewöhnliches Leinkraut, Frauenflachs *Linária vulgáris*
Braunwurzgewächse *Scrophulariáceae*

Juni–Okt.
20–60 cm
♃

Beschreibung: Blüten in schlanken Trauben, 2–3,5 cm lang, hellgelb, mit dunkel- oder orangegelbem „Gaumen"; Sporn 1–1,5 cm lang. Stengel aufrecht, oben kurz behaart. Blätter wechselständig, 2–6 cm lang, 1–5 mm breit.

Vorkommen: Lückige Trockenrasen, Ödland, Wege, Mauern, Bahnschotter, Steinbrüche, Kahlschläge. Liebt basenreiche, stickstoffsalzarme, lockere und daher oft sandig-steinige Lehmböden. Fehlt örtlich im Alpenvorland; sonst häufig.

Wissenswertes: Die Blüten werden durch Hummeln bestäubt. Die Samenproduktion ist sehr groß (bis 32 000/Pflanze). – Die Herkunft des Namens „Frauenflachs" ist dunkel; angeblich hat sie mit „alchimistischem Goldmachen" zu tun.

Eiblättriges Tännelkraut, Unechtes Tännelkraut *Kíckxia spúria*
Braunwurzgewächse *Scrophulariáceae*

Juli–Okt.
10–30 cm
☉

Beschreibung: Blüten einzeln in den Achseln der Blätter, 1,4–1,8 cm lang (mit Sporn); Oberlippe innen violett, Unterlippe dunkler gelb; Sporn gebogen, etwa so lang wie die Krone. Blätter wechselständig, breit eiförmig-rundlich.

Vorkommen: Äcker, Brachen, Ödland. Liebt basenreichen, aber kalk- und stickstoffsalzarmen Lehmboden. In Gegenden mit mildem Klima und Lehmböden zerstreut.

Wissenswertes: Der wissenschaftliche Gattungsname wurde zu Ehren des Brüsseler Botanikprofessors Johann Kickx (1775–1831) gegeben. – Durch die verstärkte Düngung hat das Eiblättrige Tännelkraut viele Standorte verloren.

BLÜTENFARBE GELB

Großblütiger Fingerhut, Blasser Fingerhut *Digitális grandiflóra*
Braunwurzgewächse *Scrophulariáceae*

Juni–Sept.
0,3–1,3 m
♃ ☠ ▽

Beschreibung: Blüten in langer, einseitswendiger Traube, 3–4,5 cm lang, blaßgelb, innen mit einer dunkelbraunen, unregelmäßigen Netzzeichnung; Unterlippe 3zipflig; Zipfel und Blüte innen behaart. Stengelblätter wechselständig.
Vorkommen: Berg- und Mischwälder, Lichtungen, Gebüsche, Bergwiesen. Liebt mäßig basen-, mull- und stickstoffsalzreichen, oft kalkarmen Lehmboden. Fehlt im Tiefland und in den tiefen Lagen des Berglands weithin; sonst selten.
Wissenswertes: Enthält giftige Digitalisglykoside, vor allem Lanatosid A, dazu Flavonoide und Saponine. Anscheinend wurde der Großblütige Fingerhut bei uns bisher nicht als Heilpflanze genutzt, obschon dies möglich erscheint.

Acker-Wachtelweizen *Melampýrum arvénse*
Braunwurzgewächse *Scrophulariáceae*

Mai–Juli
10–30 cm
☉ (☠) ▽

Beschreibung: Blüten in zylindrischer Ähre, um 2 cm lang, meistens purpurn, mit weißen und gelben Flecken; Oberlippe zusammengedrückt; Blätter im Blütenstand verschieden von den unteren Stengelblättern: mit grannenförmigen Zähnen, die obersten purpurn; untere Stengelblätter lanzettlich, ganzrandig.
Vorkommen: Äcker, Halbtrockenrasen. Liebt basen- und meist auch kalkreichen, stickstoffsalzarmen Lehmboden. Fehlt im Tiefland und in den Mittelgebirgen mit Silikatgestein weithin; im Alpenvorland nur vereinzelt; sonst selten (geworden).
Wissenswertes: Halbschmarotzer. Den Namen „Wachtelweizen" verdanken wir der irrtümlich im Volk verbreiteten Meinung, daß Wachteln den Samen gerne fräßen.

Wald-Wachtelweizen *Melampýrum sylváticum*
Braunwurzgewächse *Scrophulariáceae*

Juni–Aug.
10–25 cm
☉ (☠)

Beschreibung: Blüten oft paarweise in einseitswendiger, ährenähnlicher Traube, 0,6–1 cm lang, dottergelb; Unterlippe der Oberlippe nicht anliegend. Blätter unterhalb der Blütenstände lanzettlich, ganzrandig, fast sitzend.
Vorkommen: Bodensaure Wälder und Gebüsche, seltener in verheideten Mooren. Liebt basen-, kalk- und stickstoffsalzarmen Lehm- oder Tonboden. Selten in den Lehmgebieten des Berglands; im Alpenvorland und in den Alpen zerstreut.
Wissenswertes: Halbschmarotzer. – Die Blüten werden zuweilen von kurzrüssligen Bienen am Grund angebissen, weil sie anders nicht zum Nektar gelangen können.

Wiesen-Wachtelweizen *Melampýrum praténse*
Braunwurzgewächse *Scrophulariáceae*

Juni–Sept.
10–40 cm
☉ (☠)

Beschreibung: Blüten in einseitswendiger, ährenähnlicher Traube, 1–2 cm lang, weißlich, hellgelb oder gelb; Unterlippe der Oberlippe nicht anliegend, Schlund offen. Blätter praktisch sitzend, 1,5–10 cm lang, 0,3–2 cm breit.
Vorkommen: Bodensaure Wälder, Heiden, Moore. Liebt basen-, kalk- und stickstoffsalzarme Böden. Häufig, oft in individuenreichen, lockeren Beständen.
Wissenswertes: Halbschmarotzer wie alle Arten der Gattung. Zapft Wurzeln von Bäumen und Sträuchern an (z. B. Buche, Eiche, Birke, aber auch Weißtanne, Wacholder, Heidelbeere); entnimmt den befallenen Wurzeln Wasser und Nährsalze.

BLÜTENFARBE GELB

Gelber Zahntrost Odontites lútea
Braunwurzgewächse Scrophulariáceae

Aug.–Okt.
10–30 cm
☉ (✿) ▽

Beschreibung: Blüten in dichten, ziemlich einseitswendigen Trauben, 5–8 mm lang, hell dottergelb; Oberlippe flach helmförmig; Unterlippe mit abgespreizten Seitenzipfeln. Blätter lineal, ganzrandig oder mit einzelnen Zähnen.

Vorkommen: Trockenrasen, -gebüsche und -wälder. Liebt ausgesprochen basen- und meist auch kalkreichen, stickstoffsalzarmen Lehm- oder Lößboden. In den Kalkmittelgebirgen südlich der Linie Eifel – Rhön vereinzelt; fehlt sonst.

Wissenswertes: Halbschmarotzer, der die Wurzeln anderer Arten anzapft und ihnen Wasser und Nährsalze entnimmt. Gelegentlich sollen einzelne Individuen auch Wurzeln von Artgenossen befallen; sie sollen auffallend klein bleiben.

Kleiner Klappertopf Rhinánthus mínor
Braunwurzgewächse Scrophulariáceae

Mai–Sept.
10–40 cm
☉ (✿)

Beschreibung: Blüten einzeln in den oberen Blattachseln, 1,3–1,7 cm lang, dottergelb, beim Verblühen bräunlich (vor allem Oberlippe). Blütenröhre gerade; Zähnchen der Oberlippe um 0,5 mm lang, weiß oder blaßblau. Blätter langspitzig gezähnt.

Vorkommen: Magerwiesen und -weiden, Trockenrasen. Liebt stickstoffsalzarmen, mäßig basenhaltigen, kalkarmen Boden. Im Tiefland selten; sonst zerstreut.

Wissenswertes: Halbschmarotzer. Die Wurzeln des Kleinen Klappertopfs zapfen vor allem Wurzeln von Gräsern an, denen sie Wasser und Nährsalze entnehmen. Galt als „Wiesenschädling", der durch Düngung kurzgehalten werden konnte.

Schmalblättriger Klappertopf Rhinánthus glaciális
Braunwurzgewächse Scrophulariáceae

Juni–Sept.
10–50 cm
☉ (✿)

Beschreibung: Blüten in den Achseln von Tragblättern in ährenähnlichem Blütenstand, 1,5–1,8 cm lang, hell dottergelb; Blütenröhre gekrümmt; Zähnchen der Oberlippe 1–2 mm lang, violett oder weißlich; Hochblätter mit 4–8 mm langen, grannenspitzen Zähnen. Stengelblätter praktisch sitzend, abgestumpft gesägt.

Vorkommen: Bergwiesen, Matten, Halbtrockenrasen, ruhender Felsschutt. Liebt basenreichen, stickstoffsalzarmen, etwas feuchten Boden. Nur in den rauhen Lagen der Kalkmittelgebirge, im Alpenvorland und in den Alpen; fehlt sonst.

Wissenswertes: Halbschmarotzer (s. oben). Der Schmalblättrige Klappertopf wird mit ähnlichen Sippen in der Regel zur Sammelart *Rh. aristatus* vereint.

Großer Klappertopf Rhinánthus serótinus
Braunwurzgewächse Scrophulariáceae

Mai–Sept.
15–50 cm
☉ (✿)

Beschreibung: Blüten in den Achseln der oberen Blätter und von Tragblättern, 1,7–2 cm lang; Oberlippenzähnchen 1,5 mm lang, weißlich oder violett; Schlund praktisch geschlossen; Kelch kahl. Tragblätter gleichen den Stengelblättern.

Vorkommen: Flachmoore, Sumpfwiesen. Liebt stickstoffsalzarmen, basenreichen, zumindest zeitweise feuchten Boden. Im Tiefland zerstreut; sonst selten.

Wissenswertes: Halbschmarotzer (s. oben). Individuen, die keine Wurzeln angezapft haben, scheinen dennoch blühen zu können, wenngleich sie nur kümmerlich wachsen. Dies ist beim Zottigen Klappertopf (s. S. 228) anscheinend nicht so.

BLÜTENFARBE GELB

Zottiger Klappertopf *Rhinánthus alectorólophus*
Braunwurzgewächse *Scrophulariáceae*

Mai–Juli
10–50 cm
☉ (☠)

Beschreibung: Blüten in den Achseln der oberen Blätter und von Tragblättern, 1,8–2,5 cm lang; Oberlippenzähnchen 2–3 mm lang, bläulich-violett; Schlund wenig geöffnet; Kelch kraus behaart. Stengelblätter kerbig-stumpf gezähnt.

Vorkommen: Halbtrockenrasen, trockene Wiesen. Liebt basenreichen, oft kalkhaltigen, stickstoffsalzarmen Boden. Fehlt im Tiefland und in den Sandgebieten; im Bergland über Kalk und auf Lehmböden zerstreut, oft bestandsbildend.

Wissenswertes: Halbschmarotzer (s. S. 226). „Klappertopf" bezieht sich auf die dürren Kapseln, in denen die Samen im Wind klappern. – Enthält – wie auch andere Arten der Gattung – im Kraut und in den Samen das Insektengift Aucubin.

Kleiner Wasserschlauch, Kleiner Wasserhelm *Utriculária mínor*
Wasserschlauchgewächse *Lentibulariáceae*

Juni–Sept.
5–50 cm
♃ ▽

Beschreibung: Blüten an langem Stiel über die Wasserfläche erhoben, zu 2–5 traubig angeordnet, um 7 mm lang, zitronengelb; Sporn 1–2 mm lang. Pflanze steckt oft im Schlamm. Blätter bis 2 cm lang, 3teilig, Abschnitte 2–3mal in insgesamt 7–20 Zipfel gegabelt; an jedem Blatt 1–7 eiförmige Fangschläuche.

Vorkommen: Flachmoorschlenken. Liebt basenreiche, stickstoffsalzhaltige Gewässer. Tiefland, Alpenvorland und Alpen zerstreut; sonst nur vereinzelt.

Wissenswertes: Bienen und Hummeln landen auf der Unterlippe, dringen mit Kopf und Rücken in die Blüte ein, bestäuben sie und beladen sich erneut mit Pollen.

Gewöhnlicher Wasserschlauch, Großer Wasserhelm *Utriculária vulgáris*
Wasserschlauchgewächse *Lentibulariáceae*

Juni–Aug.
0,1–2 m
♃ ▽

Beschreibung: Blüten über der Wasserfläche, 1,5 cm lang, dottergelb. Pflanze flutet. Blätter 2–8 cm lang, gefiedert, vielzipflig, mit 20–200 Schläuchen.

Vorkommen: Seen, Altwässer. Liebt basen- und stickstoffsalzhaltige, kalkarme Gewässer. Tiefland, Alpenvorland, Stromtäler zerstreut; sonst weithin fehlend.

Wissenswertes: Der Wasserschlauch ernährt sich auch von Tieren. Jede Blase ist durch eine „Schwingtüre" verschlossen, auf der lange Haare stehen; sie liegt einem sperrenden Zellwall auf. In der Blase herrscht Unterdruck. Stößt z.B. ein Wasserfloh an ein Türhaar, so schwingt die Tür auf; die Beute wird ins Innere gesaugt. Dort wird sie verdaut, die Abbauprodukte werden resorbiert.

Wald-Geißblatt, Deutsches Geißblatt *Lonícera periclýmenum*
Geißblattgewächse *Caprifoliáceae*

Mai–Aug.
2–5 m
♄ (☠)

Beschreibung: Blüten in büscheligem Köpfchen, blaßgelb, oft rötlich überlaufen, 2–3 cm lang; rote Doppelbeeren. Stengel windend. Blätter gegenständig.

Vorkommen: Laub- und Auwälder. Liebt Luftfeuchtigkeit sowie basen- und kalkarme, nur mäßig stickstoffsalzhaltige, frische Lehmböden. Im westlichen Tiefland und in tieferen Mittelgebirgslagen zerstreut; fehlt sonst weitgehend.

Wissenswertes: Die Beeren enthalten Saponine und Spuren von Alkaloiden. Über Vergiftungen ist wenig bekannt; für diese scheinen die Saponine und nicht die Alkaloide verantwortlich zu sein. Vom Verzehr ist jedenfalls abzuraten.

BLÜTENFARBE GELB

Frauenschuh, Rotbrauner Frauenschuh *Cypripédium calcéolus*
Orchideengewächse *Orchidáceae*

Mai–Juni
20–80 cm
♃ ▽

Beschreibung: 1–4 Blüten; Lippe schuhförmig, aufgeblasen, gelb, schwach gestreift; äußere Blütenblätter braunviolett bis rotbraun, abstehend, wellig oder verdreht. 2–4 Stengelblätter, 6–12 cm lang, gut halb so breit.

Vorkommen: Wälder, Legföhrengebüsch. Liebt basen- und meist kalkreichen, frischen, modrig-humosen Lehmboden. Im Tiefland nur vereinzelt; in den Kalkmittelgebirgen, im Alpenvorland und in den Alpen sehr selten; fehlt sonst.

Wissenswertes: Fliegen, die auf dem Schuhrand landen, rutschen ab (Kesselfalle); da die Wände glatt sind, können sie nur an Narbe und Staubgefäßen vorbei herausklettern. Dabei bestäuben sie mit mitgebrachtem Pollen und laden neuen auf.

Widerbart *Epipógium aphýllum*
Orchideengewächse *Orchidáceae*

Juli–Aug.
10–20 cm
♃ ▽

Beschreibung: Pflanze ohne grüne Blätter, mit nur 1–5 blaßgelben, oft rötlich überhauchten Blüten von 1,5–2,2 cm Durchmesser; Lippe der Blüte zeigt nach oben, sie ist mit schwachen Leisten versehen, die meist purpurn gefleckt sind.

Vorkommen: Nadel- und Mischwälder, selten Laubwälder. Liebt basen- und meist etwas kalkhaltigen, modrig-humosen Lehmboden. Vereinzelt in den Kalkmittelgebirgen und im Alpenvorland, selten über kristallinem Gestein; fehlt weithin.

Wissenswertes: Parasitiert auf einem Wurzelpilz. – Der Name „Widerbart" bezieht sich auf die Stellung der Blüte: Sie ist „wider" die Regel, denn die Lippe zeigt nach oben, die seitlichen Blütenblätter hängen „bartartig" herab.

Weißzüngel, Weißzunge *Pseudórchis álbida*
Orchideengewächse *Orchidáceae*

Mai–Sept.
10–30 cm
♃ ▽

Beschreibung: Blüten in 4–6 cm langer, dichter „Traube", um 6 mm lang, elfenbeinfarben bis schwefelgelb, nickend; Sporn kaum 3 mm lang. Stengelblätter lanzettlich, 3–8 cm lang, 1–1,5 cm breit, stumpflich, die oberen kleiner.

Vorkommen: Magerwiesen und -weiden, Zwergstrauchheiden. Liebt basenhaltigen, fast kalkfreien, stickstoffsalzarmen Boden. Schwarzwald, Vogesen, Bayerischer Wald, Fichtelgebirge, Spessart, Rhön selten; Alpen zerstreut; fehlt sonst.

Wissenswertes: Wird von Schmetterlingen bestäubt; trotz der kleinen Blüten erreichen nur sie mit ihren meist dünnen Rüsseln den Nektar im engen Sporn.

Korallenwurz *Corallorhiza trífida*
Orchideengewächse *Orchidáceae*

Mai–Juli
5–20 cm
♃ ▽

Beschreibung: Pflanze ohne grüne Blätter. 4–10 Blüten ährenartig angeordnet, 0,5–1 cm lang, gelblich, oft gegen den Rand rötlich-bräunlich, mit rötlichen Flecken; seitliche Blütenblätter abstehend, länger als die Lippe.

Vorkommen: Nadelwälder. Liebt stickstoffsalz- und basenarmen, modrig-humosen Lehmboden. Fehlt im Tiefland; sonst sehr selten; weiten Gebieten fehlend.

Wissenswertes: Parasitiert auf einem Pilz. Dieser durchdringt die korallenartig verzweigten Wurzeln (Name!), die ihm Wasser, Nährsalze und organische Stoffe entnehmen. Der Pilz konnte noch nicht eindeutig bestimmt werden.

BLÜTENFARBE GELB

Glanzstendel, Glanzkraut, Glanzorchis *Líparis loesélii*
Orchideengewächse *Orchidáceae*

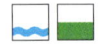

Mai–Juli
5–20 cm
♃ ▽

Beschreibung: 3–10 Blüten stehen ährenartig-locker am Stengel, 0,6–1 cm im Durchmesser, grünlich-gelb; Lippe kaum 5 mm lang, ungeteilt, meist nach oben gerichtet, ohne Sporn. Stengel blattlos. 2–3 fettig glänzende Grundblätter.
Vorkommen: Flachmoore, Quellsümpfe, Austritt von Hangdruckwasser. Liebt sehr basen- und meist auch kalkreichen, nassen, ja zeitweilig überfluteten Boden. Im Tief- und im Bergland vereinzelt, im Alpenvorland selten; fehlt sonst.
Wissenswertes: Der wissenschaftliche Artname „loeselii" soll an den Königsberger Medizinprofessor Johann Loesel erinnern, der von 1607–1657 lebte.

Einblattorchis, Kleingriffel *Maláxis monophýllos*
Orchideengewächse *Orchidáceae*

Juni–Juli
5–25 cm
♃ ▽

Beschreibung: 20–100 Blüten stehen ährenartig-locker am Stengel, um 5 mm im Durchmesser, gelbgrün; Lippe steht nach oben, ungeteilt, eiförmig, plötzlich zugespitzt, spornlos; übrige Blütenblätter abstehend. Meist nur 1 Grundblatt.
Vorkommen: Naßstellen in Bergwäldern, moosüberwachsene, nasse Felsen. Liebt basenreichen, aber oft kalkarmen, feuchtnassen Boden an beschattetem Wuchsort. Fehlt nördlich der Mainlinie, südlich davon gebietsweise; sehr selten.
Wissenswertes: Die Lippe steht hier nach oben, weil der Fruchtknoten um 360° verdreht ist (bei vielen Orchideen um 180°, bei einigen um 0°).

Weichstendel, Weichwurz, Weichorchis *Hammárbya paludósa*
Orchideengewächse *Orchidáceae*

Juli–Aug.
5–15 cm
♃ ▽

Beschreibung: 10–30 Blüten stehen ährenartig-locker am Stengel, um 5 mm im Durchmesser, gelblich-grün; Lippe bei geöffneten Blüten nach oben gerichtet, spornlos; übrige Blütenblätter 3eckig, um 2 mm lang. 2–3 trüb gelblich-grüne Stengelblätter, von denen das oberste am größten ist (bis 2,5 cm lang).
Vorkommen: Flache Schlenken in Mooren. Liebt basen- und stickstoffsalzarmen Torfschlammboden. Tiefland, Alpenvorland und Alpen sehr selten; fehlt sonst.
Wissenswertes: Wird – da kleinwüchsig und in Torfmoosrasen eingebettet – leicht übersehen. Soll nicht in jedem Jahr blühen. – „Hammarbya" wurde nach Linnés Gut Hammerby benannt, das in Südostschweden in der Nähe von Uppsala liegt.

Blasses Knabenkraut, Bleiches Knabenkraut *Órchis póllens*
Orchideengewächse *Orchidáceae*

Apr.–Juni
10–35 cm
♃ ▽

Beschreibung: 10–30 Blüten traubig-pyramidal angeordnet, um 1 cm lang, hell schwefelgelb; Lippe 3lappig; seitliche Blütenblätter zurückgeschlagen; obere flach helmförmig; Sporn kaum aufwärts gebogen. Blätter ungefleckt, glänzend.
Vorkommen: Wälder, Bergwiesen. Liebt basen- und mullreiche, kalk- und mäßig stickstoffsalzhaltige Lehm- oder Tonböden. Hainich, Rhön, Frankenjura, Alpenvorland vereinzelt; Schwäbische Alb, Hegau und Alpen selten; fehlt sonst.
Wissenswertes: Das Blasse Knabenkraut ist wohl eher eine Pflanze der Wälder als der trockenen Rasen. Wo sie auf Bergwiesen oder Halbtrockenrasen wächst, bevorzugt sie Stellen, die wenigstens im Frühjahr Tiefenfeuchte aufweisen.

BLÜTENFARBE ROT

Wiesen-Sauerampfer, Sauer-Ampfer *Rúmex acetósa*
Knöterichgewächse *Polygonáceae*

Mai–Aug.
0,3–1 m
⚃ (☠)

Beschreibung: Blütenstand eine Rispe; männliche und weibliche Blüten auf verschiedenen Pflanzen; Blüten in Knäueln, unscheinbar. Untere Blätter eiförmig bis länglich; Spießecken – falls vorhanden (unterste Blätter) – abwärts gerichtet.

Vorkommen: Wiesen, Ufer, Kiesbänke, Wege, Ödland. Liebt mäßig stickstoffsalzreichen, frischen, tiefgründig-lockeren, lehmig-tonigen Boden. Sehr häufig.

Wissenswertes: Der Wiesen-Sauerampfer wird zuweilen wegen seines Gehaltes an Vitamin C zu Wildgemüse gekocht oder roh gegessen. Der sauer schmeckende Stoff (Kleesalz und Oxalsäure) ist indes für Menschen gesundheitsschädlich, wenn größere Mengen gegessen werden. Vor allem Nierenkranke sind gefährdet.

Klatsch-Mohn *Papáver rhōēas*
Mohngewächse *Papaveráceae*

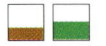

Mai–Juli
20–90 cm
☉ (☠)

Beschreibung: Blüten 5–8 cm im Durchmesser; Fruchtknoten kugelig-kreiselförmig, kahl; Narbenscheibe flach, mit 8–18 Strahlen. Blätter fiederbuchtig oder -teilig. Blütenstiele abstehend borstig. Pflanze mit weißem Milchsaft.

Vorkommen: Äcker, Brachen, Ödland, Wege, Böschungen. Liebt basenreiche, ziemlich stickstoffsalzhaltige Böden. Fehlt im Tiefland weithin; sonst häufig.

Wissenswertes: Der Klatschmohn enthält im Milchsaft geringe Mengen giftiger Alkaloide. – „Klatschmohn" heißt die Pflanze, weil Kinder früher die Blütenblätter gerne „geklatscht" haben; noch lieber indessen fertigten sie aus Knospen durch Umschlagen der noch unentfalteten Blütenblätter „Kleiderpüppchen".

Saat-Mohn *Papáver dúbium*
Mohngewächse *Papaveráceae*

Mai–Juni
30–60 cm
☉ (☠)

Beschreibung: Blüten 2–5 cm im Durchmesser; Fruchtknoten keulenförmig, kahl; Narbenscheibe mit 4–10 Strahlen. Blätter einfach oder doppelt fiederteilig. Blütenstiele angedrückt behaart. Pflanze mit weißem Milchsaft.

Vorkommen: Äcker, Böschungen, Ödland, Schotter, Steinbrüche. Liebt mäßig basen- und stickstoffsalzreichen Untergrund. Fehlt im Tiefland, in den Mittelgebirgen mit Kalkgestein und im Alpenvorland größeren Gebieten; sonst zerstreut.

Wissenswertes: Enthält im Milchsaft geringe Mengen von giftigen Alkaloiden. – „*Dubium*" (= zweifelhaft) besagt, daß man die Art lange nicht abzugrenzen wußte.

Gewöhnliche Nachtviole, Echte Nachtviole *Hésperis matronális*
Kreuzblütengewächse *Brassicáceae (Cruciferae)*

Apr.–Juli
40–90 cm
☉–⚃

Beschreibung: Blüten in Trauben, 1,5–2,5 cm im Durchmesser, purpurrot, violett oder lila. Fruchtknoten länglich. Grundblätter eiförmig bis lanzettlich, bis 15 cm lang, buchtig gezähnt oder ganzrandig; Stengelblätter kleiner.

Vorkommen: Auwälder, Naßstellen in Laubwäldern, schattige Ufer, Ödland. Liebt basen- und stickstoffsalzhaltigen Boden, der feucht sein sollte. Zierpflanze. Im Tiefland sehr selten; sonst zerstreut und kleineren Gebieten fehlend.

Wissenswertes: Die Blüten öffnen sich abends zwischen 19 und 20 Uhr. Sie verströmen einen intensiven Veilchenduft. Darauf verweist der deutsche Name.

BLÜTENFARBE ROT

Zwiebel-Zahnwurz *Dentária bulbífera*
Kreuzblütengewächse *Brassicáceae (Crucíferae)*

Apr. – Mai
30 – 60 cm
♃

Beschreibung: Blüten in lockeren Trauben, 1,5 – 2,5 cm im Durchmesser, meist violett oder rosa. Frucht länglich (Schote). Stengelblätter unpaarig gefiedert, mit 3 – 7 Teilblättchen, oft fast quirlständig; obere Stengelblätter ungeteilt, gekerbt-gezähnt; in ihren Achseln Brutzwiebeln. Grundblätter fehlen meist.
Vorkommen: Wälder. Fehlt großräumig im westelbischen Tiefland, Saarland, Schwarzwald, nördlichen Alpenvorland und in Mittelfranken; sonst zerstreut.
Wissenswertes: Obwohl die Blüten meist von Insekten bestäubt werden, ist die Bildung von keimfähigen Samen sehr selten. Die Hauptvermehrung erfolgt durch die Brutzwiebeln, die in den Achseln der oberen Blätter gebildet werden.

Wiesen-Schaumkraut *Cardámine praténsis*
Kreuzblütengewächse *Brassicáceae (Crucíferae)*

Apr. – Juni
15 – 50 cm
♃

Beschreibung: Blüten traubig-doldig angeordnet, 1 – 2 cm im Durchmesser, violett, rosa, lila; Frucht länglich (Schote). Stengel rund. Grundblätter rosettig, unpaarig gefiedert; Teilblättchen rundlich; Endblättchen deutlich vergrößert.
Vorkommen: Wiesen, Wälder, Ufer. Liebt feucht-nasse, lehmig-tonige oder torfige Böden. Tritt oft in aspektbildenden Massenbeständen auf; sehr häufig.
Wissenswertes: „Schaumkraut" bezieht sich auf das häufige Vorkommen von speichelähnlichen Schaumhäufchen, die einer Schaumzikade als Lebensraum dienen. Sie saugt Saft aus dem Stengel. Der Überschuß zusammen mit einem verseiften Wachs ausgeschieden, wird durch ihre Atemluft speichelartig aufgetrieben.

Sand-Schaumkresse *Cardaminópsis arenósa*
Kreuzblütengewächse *Brassicáceae (Crucíferae)*

Apr. – Juni
15 – 40 cm
☉

Beschreibung: Blüten in lockerer, oben leicht doldig verebneter Traube, weiß, oft rosa, seltener lila überlaufen, 5 – 9 mm im Durchmesser. Grundblätter rosettig, fiederteilig, behaart; Endabschnitt vergrößert, eiförmig, gezähnt.
Vorkommen: Höchstens lückig bewachsener Kalkfeinschutt, Eisenbahnschotter oder Spalten im Kalkfels. Meidet stickstoffsalzreichen Untergrund. Fehlt im Tiefland und in den Mittelgebirgen mit kalkfreiem Gestein; sonst selten.
Wissenswertes: Die Sand-Schaumkresse gehört zu den Arten, die ausschließlich in Europa beheimatet sind. Bestäuber sind kurzrüßlige Bienen und Fliegen.

Meersenf *Cákile marítima*
Kreuzblütengewächse *Brassicáceae (Crucíferae)*

Juli – Sept.
10 – 30 cm
☉

Beschreibung: Blüten in kopfiger, doldig verebneter Traube, rosa oder lila, 4 – 7 mm im Durchmesser; Frucht eine 2teilige Schote. Stengel niederliegend-aufsteigend, ästig. Blätter dicklich-fleischig, ungeteilt bis 2fach fiederspaltig.
Vorkommen: Nord- und Ostseeküste, Mündungsbereich der Mereszuflüsse. Liebt stickstoffsalz- und kochsalzreichen, sandigen Boden. An den Küsten zerstreut.
Wissenswertes: Einjährige Pflanzen, wie der Meersenf eine ist, haben es im Spülsaum schwer, Fuß zu fassen. Ihre Samen liegen oft lange im Salzwasser. Beim Meersenf wird dadurch die Keimfähigkeit auf nahezu 100 % gesteigert.

BLÜTENFARBE ROT

Großer Wiesenknopf Sanguisórba officinális
Rosengewächse Rosáceae

Juni–Sept.
0,3–1,5 m
♃

Beschreibung: Blüten in endständigen, 1–3 cm langen, eiförmig-kugeligen Köpfchen, 1–3 mm im Durchmesser, dunkelrot; Blütenblätter fehlen; 4 Kelchblätter. Grundblätter unpaarig gefiedert, mit 7–15 gezähnten Teilblättchen.

Vorkommen: Flachmoore, feuchte Wiesen, Gräben, Naßstellen in Matten. Liebt stickstoffsalzarme Böden. Fehlt im Tiefland größeren Gebieten; sonst häufig.

Wissenswertes: „Sanguisorba" (= Blutkugel) bezieht sich auf Form und Farbe des Blütenstandes. Der Große Wiesenknopf ist windblütig; in dieser Eigenschaft unterscheidet er sich von den meisten Rosengewächsen. Die Pflanze enthält vor allem im Wurzelstock Gerbstoffe (u. a. Tannin). Alte Heilpflanze.

Gewöhnlicher Seidelbast Dáphne mezéreum
Seidelbastgewächse Thymelaeáceae

Febr.–Mai
0,4–1,5 m
♄ ☠ ▽

Beschreibung: Blüten direkt am Stamm oder an den Ästen, 0,6–1 cm im Durchmesser, duftend; beerenartige, rote Steinfrucht. Niedriger Strauch; Rinde runzelig. Zur Blütezeit blattlos oder nur mit 1 Blattbüschel am Zweigende.

Vorkommen: Wälder. Liebt basen- und mäßig stickstoffsalzreichen Mullboden. Fehlt im Tief- und im Bergland mit basenarmem Gestein weithin; sonst selten.

Wissenswertes: Enthält das scharf schmeckende, starke Gift Mezerin, weiterhin die sehr wirksamen Gifte Daphnetoxin und Daphnin (ein Cumaringlykosid). Rinden und Fruchtsaft können auf der Haut Blasen und schwer heilende Wunden erzeugen. Bettler sollen das früher ausgenutzt haben, um damit Mitleid zu erregen.

Schmalblättriges Weidenröschen, Stauden-Feuerkraut Epilóbium angustifólium
Nachtkerzengewächse Onagráceae

Juni–Aug.
0,5–1,8 m
♃

Beschreibung: Blüten in langen, lockeren Trauben, 2–3 cm im Durchmesser; 4 sternförmig ausgebreitete Narben. Blätter wechselständig, schmal-lanzettlich, 5–15 cm lang, 1–2,5 cm breit, oberseits dunkel-, unterseits bläulichgrün.

Vorkommen: Lichtungen, Waldränder, Gebüsche, Ödland, Bahnschotter, in den Alpen Felsschutt. Liebt ziemlich basenarmen, stickstoffsalzreichen, frischen Untergrund. Sehr häufig und oft in ausgedehnten, individuenreichen Beständen.

Wissenswertes: Die Samen werden von Ameisen verschleppt. Zu dem herdenartigen Auftreten kommt es, weil der Wurzelstock kriecht und Tochtersprosse bildet.

Zottiges Weidenröschen, Rauhhaariges Weidenröschen Epilóbium hirsútum
Nachtkerzengewächse Onagráceae

Juli–Sept.
0,5–1,5 m
♃

Beschreibung: Blüten in den Achseln der oberen Blätter, 2–4 cm im Durchmesser; 4 sternförmig ausgebreitete Narben. Untere Blätter meist gegenständig, mittlere und obere wechselständig, lanzettlich, sitzend, 6–12 cm lang.

Vorkommen: Gräben, Ufer, Auwälder, Sumpfwiesen. Liebt basen- und stickstoffsalzreichen Boden. Fehlt im Tiefland kleineren Gebieten; sonst zerstreut.

Wissenswertes: Die Samen der Weidenröschen-Arten haben lange Samenhaare, die sich jedoch nicht verspinnen lassen. Gelegentlich wurden sie zu Dochten verarbeitet. Früher war das Zottige Weidenröschen Zierpflanze in Bauerngärten.

BLÜTENFARBE ROT

Kleinblütiges Weidenröschen, Bach-Weidenröschen *Epilóbium parviflórum*
Nachtkerzengewächse *Onagráceae*

Juni–Sept.
20–80 cm
♃

Beschreibung: Blüten in den Achseln der oberen Blätter, 1–1,8 cm im Durchmesser; 4 sternförmig ausgebreitete Narben. Stengel oben kurzhaarig. Untere Blätter gegenständig, mittlere und obere wechselständig, 3–7 cm lang.
Vorkommen: Ufer, Gräben, Quellsümpfe, vernäßte Ränder von Waldwegen. Liebt basen- und mäßig stickstoffsalzreichen Boden; erträgt zeitweise Überflutung. Fehlt im Tiefland kleineren, im Bergland größeren Gebieten; sonst zerstreut.
Wissenswertes: Das Kleinblütige Weidenröschen enthält u. a. Gerbstoffe. Es wurde schon als Teepflanze gesammelt; seine Heilwirkung ist indes umstritten.

Berg-Weidenröschen *Epilóbium montánum*
Nachtkerzengewächse *Onagráceae*

Juni–Sept.
30–90 cm
♃

Beschreibung: Blüten in den Achseln der oberen Blätter, 1,5–2,2 cm im Durchmesser; 4 kurze Narben. Stengel oben mit 2 – oft undeutlichen – Leisten. Oft alle Blätter gegenständig, selten obere wechsel- oder zu 3 quirlständig.
Vorkommen: Wälder, Hecken, Gärten, feuchter Steinschutt. Liebt mäßig basen- und stickstoffsalzreiche Böden. Fehlt im Tiefland gebietsweise; sonst häufig.
Wissenswertes: Das Berg-Weidenröschen ist formenreich. Dennoch ist eine Untergliederung der Art offensichtlich nicht möglich. Seine Anpassungsfähigkeit zeigt sich u. a. in den verschiedenen Standorten, die es besiedelt. Neuerdings findet man es auch auf Flachdächern, auf denen Kies schon jahrelang liegt.

Vierkantiges Weidenröschen *Epilóbium tetrágonum*
Nachtkerzengewächse *Onagráceae*

Juli–Aug.
20–80 cm
♃

Beschreibung: Blüten in den Achseln der oberen Blätter, 1–1,5 cm im Durchmesser, trichterig, rotviolett; 4 kopfig verwachsene Narben. Stengel oben undeutlich kantig, unten rund. Blätter gegenständig, in der Regel sitzend.
Vorkommen: Ufer, Gräben, Quellsümpfe, Hochstaudenfluren, Waldwege, feuchtes Ödland. Liebt basen- und stickstoffsalzhaltige, feuchte Lehm- oder Tonböden und Sommerwärme. Fehlt in rauhen bzw. regenarmen Lagen; sonst zerstreut.
Wissenswertes: Die Art hat ihr Hauptareal in Westeuropa und in nicht zu trockenen Bereichen des Mittelmeergebiets. Dies erklärt ihre Standortsansprüche.

Rosarotes Weidenröschen *Epilóbium roséum*
Nachtkerzengewächse *Onagráceae*

Juli–Sept.
20–90 cm
♃

Beschreibung: Blüten in den Achseln der oberen Blätter, 1–1,5 cm im Durchmesser, trichterig, zuerst fast weiß, dann rosa; 4 kopfig verwachsene Narben. Stengel oben undeutlich kantig, Kanten behaart. Blätter gegenständig.
Vorkommen: Röhricht an Bächen und Flüssen, Kiesbänke, Gräben. Liebt basen- und stickstoffsalzreichen Untergrund. Fehlt im Tiefland ganz, im Bergland mit kalkfreiem oder -armem Gestein und im Alpenvorland gebietsweise; sonst zerstreut.
Wissenswertes: Obwohl die Blüten von Insekten beflogen werden, scheint beim Rosaroten Weidenröschen Selbstbestäubung die Fremdbestäubung zu überwiegen. Worin dabei der Vorteil für die Art liegen könnte, ist nicht ersichtlich.

BLÜTENFARBE ROT

Sumpf-Weidenröschen Epilóbium palústre
Nachtkerzengewächse Onagráceae

Juli–Sept.
10–50 cm
♃

Beschreibung: Blüten in den Achseln der oberen Blätter, 1–1,5 cm im Durchmesser, trichterig, rotviolett; 4 zu einem keulig verdickten Köpfchen verwachsene Narben. Stengel rund. Blätter gegenständig, 3–6 cm lang, sitzend.
Vorkommen: Flachmoore, Gräben, Quellsümpfe, Naßwiesen. Liebt stickstoffsalz- und basenarme, nasse Böden; erträgt länger andauernde oder stärkere Überflutung schlecht. Fehlt im Bergland mit Kalkgestein weithin; sonst zerstreut.
Wissenswertes: Das Sumpf-Weidenröschen hat im 20. Jahrhundert zahlreiche seiner früheren Standorte durch intensivere Nutzung von Sumpfwiesen verloren.

Glocken-Heide, Sumpf-Heide Erica tetrálix
Heidekrautgewächse Ericáceae

Juni–Aug.
10–50 cm
♄ ▽

Beschreibung: Blüten traubig-kopfig angeordnet, krugförmig, um 7 mm lang. Blätter zu 4 quirlständig, 4–7 mm lang, nadelförmig, am Rande bewimpert.
Vorkommen: Hochmoore, Naßstellen in Heiden. Liebt hohe Luftfeuchtigkeit, nassen und extrem basen- und stickstoffsalzarmen Boden. Im Tiefland häufig, nach Osten seltener werdend; sonst nur vereinzelt verwildert oder ausgepflanzt.
Wissenswertes: Die Glocken-Heide – nicht die häufigere Besen-Heide (*Calluna vulgaris*, s. unten) – ist die von Dichtern besungene „Heide". Sie ist, wo sie in Massen auftritt, eine vorzügliche Bienenweide; allerdings müssen die Rüssel der Bestäuber mindestens 7 mm lang sein, wenn sie an den Nektar gelangen wollen.

Schnee-Heide Erica herbácea
Heidekrautgewächse Ericáceae

März–Juni
10–30 cm
♄

Beschreibung: Blüten einseitswendig-traubig angeordnet, eng und lang krugförmig, um 6 mm lang, hellrot bis tief purpurrosa. Kriechend-aufsteigender Zwergstrauch. Blätter zu 4 quirlständig, nadelförmig, 0,6–1 cm lang, um 1 mm breit, spitz.
Vorkommen: Lichte Wälder, Legföhrengebüsch in den Alpen, ihrem Vorland und im Bayerischen Wald. Liebt stickstoffsalzarmen Boden; sonst häufige Zierpflanze.
Wissenswertes: Die Schnee-Heide wird vielfach in Gärten oder auf Gräbern als frühblühender Bodendecker in zahlreichen Kultursorten gepflanzt, die sich u. a. in der Blütenfarbe (weiß oder tiefrot blühend) voneinander unterscheiden.

Besen-Heide, Gemeines Heidekraut, Besenheide Callúna vulgáris
Heidekrautgewächse Ericáceae

Juni–Sept.
10–50 cm
♄

Beschreibung: Blüten in einseitswendigen, 5–15 cm langen Trauben, knapp 4 mm lang; 4 Kelchblätter, gleichfarben wie die 4 Blütenblätter, länger als diese. Zwergstrauch. Stämmchen niederliegend-aufsteigend, mit vielen „besenartigen" Zweigen (Name!). Blätter schuppenartig, in 4 Längszeilen angeordnet.
Vorkommen: Heiden, Wälder, trockene Stellen in Hochmooren. Liebt äußerst basen- und wohl auch stickstoffsalzarmen Boden. Fehlt örtlich; sonst häufig.
Wissenswertes: Die Blüten liefern das „Rohmaterial" für den berühmten dunklen Heidehonig. Neben Bienen sieht man Fliegen, Hummeln sowie Schmetterlinge als Bestäuber. Alte Heilpflanze; enthält Gerbstoffe und Flavonglykoside.

BLÜTENFARBE ROT

Gewöhnliche Moosbeere, Moosbeere *Vaccínium oxycóccos*
Heidekrautgewächse *Ericáceae*

Mai–Aug.
bis 1 m lang
♄

Beschreibung: Blüten einzeln auf fadenförmigen Stielen, nickend, turbanartig, um 6 mm im Durchmesser; Beeren rot. Stengel kriechend. Blätter dunkelgrün.
Vorkommen: Hoch- und Zwischenmoore; auf Torfmoospolstern oder Bulten. Liebt basen- und extrem stickstoffsalzarmen Untergrund. Im Tiefland und im Alpenvorland zerstreut, in lockeren, individuenreichen Beständen; sonst selten.
Wissenswertes: Die Früchte der Moosbeere enthalten reichlich Vitamin C. Sie schmecken jedoch erst dann gut, wenn sie wenigstens einmal durchgefroren waren. Zur Herstellung von Kompott hat man sie früher örtlich gesammelt. Wegen der Kleinheit der Beeren sind sie indessen als Wildobst bedeutungslos.

Schwarze Krähenbeere *Émpetrum nígrum*
Krähenbeerengewächse *Empetráceae*

Apr.–Juni
30–50 cm
♄ (☠)

Beschreibung: Blüten überwiegend getrenntgeschlechtlich (Pflanzen 2häusig), unscheinbar, um 5 mm im Durchmesser; 3 Blütenblätter, 3 Kelchblätter; beerenartige, blauschwarze Steinfrucht. Kriechend-aufsteigender Zwergstrauch; junge Zweige häufig rötlich. Blätter kurznadelig, um 5 mm lang, um 1 mm breit.
Vorkommen: Dünen, trockene Stellen in Hochmooren. Liebt stickstoffsalz- und basenarmen, feuchten Untergrund. Tiefland zerstreut, sonst nur vereinzelt.
Wissenswertes: Die Schwarze Krähenbeere enthält in geringen Mengen das giftige Andrometoxin, und zwar zumindest in den Blättern. Die „Beeren" gelten als praktisch giftfrei. Jedenfalls scheinen sie vielerorts gegessen zu werden.

Wasser-Minze *Méntha aquática*
Lippenblütengewächse *Lamiáceae (Labiátae)*

Juli–Okt.
20–90 cm
♃

Beschreibung: Blüten in ährig-kopfigem Blütenstand, um 6 mm lang, rosa bis lila; unter dem endständigen Blütenstand befinden sich oft noch 1–2 blattachselständige Scheinquirle. Stengel kantig. Blätter kreuzgegenständig, gesägt.
Vorkommen: Gräben, Ufer, Flachmoore, Sumpfwiesen, selten Brachen oder Äcker. Liebt basenreiche, stickstoffsalzhaltige, nasse Böden; erträgt Überflutung. Fehlt örtlich in Gegenden mit rauhem Klima; sonst häufig; bestandsbildend.
Wissenswertes: Enthält ätherische Öle und Gerbstoff. Früher wie die Pfeffer-Minze verwendet, die ein Bastard der Wasser-Minze und der Ähren-Minze ist.

Hügel-Meister *Aspérula cynánchica*
Rötegewächse *Rubiáceae*

Juni–Juli
10–40 cm
♃ (☠)

Beschreibung: 3–9 Blüten locker doldenartig angeordnet, weittrichterig, um 4 mm im Durchmesser, sehr hell rosa. Stengel aufsteigend, 4kantig. Blätter zu 4 quirlständig, obere oft gegenständig, 1–4 cm lang, 1–2 mm breit, spitz.
Vorkommen: Trockene Rasen, Trockenwälder und -gebüsche, Sandrasen. Liebt basenreichen, stickstoffsalzarmen, lockeren Boden. Kalkmittelgebirge, Alpenvorland und Kalkalpen zerstreut; im östlichen Tiefland sehr selten; fehlt sonst.
Wissenswertes: Die Art hat ihr Hauptareal im Mittelmeergebiet und in Südosteuropa. In Mitteleuropa besiedelt sie nur trockene und sommerwarme Standorte.

BLÜTENFARBE ROT

Vogel-Knöterich Polýgonum aviculáre
Knöterichgewächse Polygonáceae

Juni–Okt.
10–50 cm
☉

Beschreibung: Blüten in den Blattachseln, um 3 mm lang, rosa, selten grünlich oder weißlich. Junge Stengel aufrecht-aufsteigend, ausgewachsene liegend. Blätter wechselständig, meist sitzend, 1–3 cm lang, 1–7 mm breit.
Vorkommen: Gärten, Äcker, Wege, Wegränder, Pflasterritzen. Liebt zumindest mäßig stickstoffsalz- und basenreiche Böden; erträgt Betretenwerden. Häufig.
Wissenswertes: Der Vogel-Knöterich enthält bis zu 1 % seines Trockengewichts Kieselsäure, dazu Gerb- und Schleimstoffe sowie Flavonglykoside. Alte Heilpflanze, die auch heute noch verwendet wird. – Der Name bezieht sich darauf, daß die Samen von Vögeln – vor allem von Sperlingen – gefressen werden sollen.

Wasserpfeffer, Pfeffer-Knöterich Polýgonum hydropíper
Knöterichgewächse Polygonáceae

Juli–Okt.
20–70 cm
☉ (✿)

Beschreibung: Blüten in lockerer, dünner, oft nickender Ähre, grünlich oder rosa, selten weiß, kaum 3 mm lang. Rand der leicht aufgeblasenen Blattscheiden ungleich lang und schütter bewimpert. Blätter kurz gestielt oder sitzend, lanzettlich, beidseits verschmälert, schmecken gekaut pfefferartig (nicht schlucken!).
Vorkommen: Gräben, Ufer, Waldwege, Ödland. Liebt mäßig basenhaltige, stickstoffsalzreiche Tonböden. Fehlt örtlich in den Kalkgebieten; sonst häufig.
Wissenswertes: Der scharfe Geschmack beim Kauen wird durch ätherische Öle verursacht; er „wirkt nach", so daß man die „Kauprobe" erst nach etwa 1/2 Stunde wiederholen kann. Vergiftungen bei Tieren sind berichtet worden.

Floh-Knöterich, Pfirsichblättriger Knöterich Polýgonum persicária
Knöterichgewächse Polygonáceae

Juli–Okt.
10–70 cm
☉ (✿)

Beschreibung: Blüten in mäßig dichter Ähre, rot, rosa, selten grünlich oder weiß, kaum 3 mm lang. Stengel oft niederliegend-aufsteigend. Oberer Rand der Blattscheiden mittig mit einzelnen langen, fast borstigen Wimpernhaaren. Blätter kurz gestielt, lanzettlich, beidseits verschmälert, oft mit dunklem Fleck.
Vorkommen: Äcker, Gärten, Gräben, Ufer, Ödland, Schotterflächen. Liebt stickstoffsalz-, aber nicht immer basenreichen Untergrund. Fast überall häufig.
Wissenswertes: Der Floh-Knöterich schmeckt scharf, weil er ätherische Öle enthält. Früher benutzte man ihn zum Vertreiben von Flöhen; daher der Name.

Ampfer-Knöterich Polýgonum lapathifólium
Knöterichgewächse Polygonáceae

Juli–Okt.
20–90 cm
☉

Beschreibung: Ähren blattachsel- und endständig. Blüten unscheinbar, kaum 3 mm lang. Rand der Blattscheiden unbehaart; Blattscheiden locker anliegend, kahl oder etwas spinnwebig; Blätter im untersten Drittel am breitesten.
Vorkommen: Gärten, Ödland, Äcker, Ufer. Braucht stickstoffsalzreichen, frischen bis feuchten Lehm-, Ton- oder Schlammboden; seltener auf Sand. Häufig.
Wissenswertes: Vom Ampfer-Knöterich gibt es neben weißlich oder cremefarben blühenden Exemplaren auch solche, die rötlich blühen. In der Regel finden sich an größeren Standorten Individuen beider Ausprägungen der Blütenfarbe.

BLÜTENFARBE ROT

Wasser-Knöterich *Polýgonum amphíbium*
Knöterichgewächse *Polygonáceae*

Juni–Sept.
30–80 cm
♃

Beschreibung: Blüten in dichten Ähren, rosa, kaum 5 mm lang. Stengel schwimmend oder aufrecht. Blattstiele (kaum 1 cm lang) gehen oberhalb der Mitte der Blattscheiden ab; Spreiten zuweilen (fast) ungestielt. Schwimmblätter bis 15 cm lang, schmal eiförmig, spitz, am Grund abgerundet oder herzförmig, lang gestielt.
Vorkommen: Stehende Gewässer, Äcker, Wiesen, Ödland. Liebt stickstoffsalzreichen, aber meist basenarmen, nassen Boden. Fehlt örtlich; sonst zerstreut.
Wissenswertes: An Land zeigt der Wasser-Knöterich Nässe an. Seine Früchte schwimmen und werden durch Wasser verschwemmt. Bei Wasserformen gibt es zusätzlich auch ungeschlechtliche Vermehrung durch Stengelstücke.

Schlangen-Knöterich, Wiesen-Knöterich *Polýgonum bistórta*
Knöterichgewächse *Polygonáceae*

Mai–Aug.
0,3–1,2 m
♃

Beschreibung: Blüten in dichtwalzlicher Ähre, knapp 5 mm lang, hell oder dunkel rosa. Blätter länglich-eiförmig, unterseits graugrün; Stengelblätter kürzer als die Grundblätter; diese mit gestutztem oder herzförmigem Grund.
Vorkommen: Wiesen, Matten, Bach- und Grabenränder, feuchte Stellen in Wäldern. Liebt mäßig basen- und stickstoffsalzreichen, oft kalkarmen Boden. Fehlt im Tiefland und in den Sandgegenden größerer Gebiete; sonst häufig.
Wissenswertes: Der Schlangen-Knöterich verdankt seinen Namen der Form des Wurzelstocks. Er ist schlangenartig gewunden, kurz, fast knollig gegliedert und mit Blattresten bedeckt, die man als Schuppen deuten könnte.

Roter Spärkling *Spergulária rúbra*
Nelkengewächse *Caryophylláceae*

Mai–Sept.
3–25 cm
☉–♃

Beschreibung: Blüten locker traubig-doldig angeordnet, um 7 mm im Durchmesser, rosa. Stengel niederliegend bis aufsteigend. Stengelblätter gegenständig, 1–2,5 cm lang, um 0,5 mm (!) breit, stachelspitzig; in den Blattachseln entwickeln sich büschelige Sprosse. Nebenblätter weißhäutig, zerschlitzt.
Vorkommen: Wege, Ödland, Ufer, Schlammbänke, lückig bewachsene, betretene, feuchtnasse, lichte Waldstellen. Liebt basenarme, mäßig stickstoffsalzhaltige Ton- und Schlammböden. Fehlt in Gegenden mit Kalkgestein; sonst zerstreut.
Wissenswertes: „Spargere", lat. = ausbreiten; der Name meint die Wuchsform.

Kuckucks-Lichtnelke, Kranzrade *Lýchnis flos-cúculi*
Nelkengewächse *Caryophylláceae*

Apr.–Juni
30–70 cm
♃ (☣)

Beschreibung: Blüten locker-rispig; Blütenblätter 1,5–2,5 cm lang, tief in 4 Zipfel zerschlitzt, am Schlund mit einer Schuppe; Schuppen bilden eine „Nebenkrone". Stengelblätter gegenständig, 3–5 Paare, obere schmal-lanzettlich.
Vorkommen: Wiesen, Waldränder, Ufer. Liebt feucht-nassen, oft mäßig basen- und stickstoffsalzhaltigen Lehmboden. Häufig, zuweilen in lockeren Beständen.
Wissenswertes: Über speichelähnlichen Schaum („Kuckucksspeichel"), der oft am Stengel zu finden ist: s. Wiesen-Schaumkraut, S. 236. – Enthält Saponin, das nierenschädigend wirken soll; Vergiftungen scheinen nicht bekannt zu sein.

BLÜTENFARBE ROT

Echte Pechnelke, Gemeine Pechnelke *Lýchnis viscária*
Nelkengewächse *Caryophylláceae*

Mai–Juni
10–50 cm
♃ (☠)

Beschreibung: Blüten in einer Rispe mit gegenständigen Hauptästen, 1,5–2,5 cm im Durchmesser. Stengel unter den oberen Stengelblättern mit schwärzlichem, klebrigem Leimring. Stengelblätter gegenständig, Grundblätter rosettig.
Vorkommen: Rasen, Heiden, Wälder, trockene Gebüsche. Liebt mäßig basenhaltige kalk- und stickstoffsalzarme Böden. Nordostbayern zerstreut, sonst selten und großen Gebieten fehlend, vor allem in den Kalkgebieten und im Tiefland.
Wissenswertes: Enthält Saponine, die möglicherweise nierenschädigend wirken. Über Vergiftungen scheint nichts bekannt zu sein. – Die Blüten werden zwar auch von Bienen, überwiegend indessen von Schmetterlingen bestäubt.

Korn-Rade, Rade *Agrostémma githágo*
Nelkengewächse *Caryophylláceae*

Juni–Sept.
30–90 cm
☉ ☠ ▽

Beschreibung: Blüten einzeln, 2,5–4 cm im Durchmesser; Kelchzipfel länger als die Blütenblätter. Blätter gegenständig, lineal-lanzettlich, grauhaarig.
Vorkommen: Getreideäcker, Brachen, Ödland. Liebt mäßig basen- und stickstoffsalzhaltigen, trockenen Boden. Heute überall sehr selten und unbeständig.
Wissenswertes: Enthält giftige Saponine. War noch im 19. Jahrhundert ein häufiges und wegen ihrer giftigen Samen gefürchtetes Getreideunkraut; ehe man das Mahl- und das Saatgut durch Sieben reinigen konnte, wurden Samen in oft großer Zahl mit den Getreidekörnern zu Mehl vermahlen. Massenvergiftungen waren nicht selten. Durch die Saatgutreinigung ist die Korn-Rade weithin verschwunden.

Rote Lichtnelke, Rotes Leimkraut, Rote Nachtnelke *Siléne dióica*
Nelkengewächse *Caryophylláceae*

Apr.–Sept.
0,3–1 m
♃

Beschreibung: Blüten entweder männlich oder weiblich (Pflanze 2häusig), sparrig angeordnet, 1,5–2,5 cm im Durchmesser, rot oder rosa, mit weißem Nebenkrönchen am Schlund. Stengel nicht klebrig; Blätter gegenständig, schmal-eiförmig.
Vorkommen: Naßstellen in Wäldern und Wiesen, Ufer. Liebt stickstoffsalz- und basenreichen Boden. Fehlt örtlich in Moor- und Sandgebieten; sonst häufig.
Wissenswertes: Wird von Schmetterlingen und Hummeln bestäubt. Tagblüher im Gegensatz zu verwandten Arten (s. Weiße Lichtnelke, S. 64). Die Blüten werden gelegentlich von einem Brandpilz befallen und sehen dann „verrußt" aus.

Mauer-Gipskraut *Gypsóphila murális*
Nelkengewächse *Caryophylláceae*

Juni–Sept.
5–25 cm
☉

Beschreibung: Blüten in rispenartigen Blütenständen, um 1 cm im Durchmesser, rosa, dunkelrot geädert. Stengel meist vom Grund an verzweigt; keine nichtblühende Sprosse! Blätter gegenständig, 1–2 cm lang, 1–2 mm breit, schmal-lineal.
Vorkommen: Offenes Erdreich an Ufern, Gräben, nassen Acker- oder Wegrändern. Liebt basen- und stickstoffsalzarmen Boden; erträgt Überflutung. Im Küstengebiet und in den tiefen, milden Lagen des Berglands sehr selten; fehlt sonst.
Wissenswertes: Einige Arten der Gattung, die Steppen oder Gebirge bewohnen, bevorzugen Kalkfelsen oder gipsreichen Boden; so erklärt sich der Name.

BLÜTENFARBE ROT

Echtes Seifenkraut *Saponária officinális*
Nelkengewächse *Caryophylláceae*

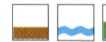

Juli–Sept.
30–60 cm
♃

Beschreibung: Blüten in dichten, endständigen Büscheln am Stengel und an den Ästen. Blütenblätter ausgerandet; im Schlund Nebenkrone. Stengel aufrecht, feinflaumig, oft rotviolett angelaufen. Blätter gegenständig, lanzettlich.
Vorkommen: Ufer, Wegränder, Ödland, lückig begraste Raine und Böschungen. Liebt lockeren, sandig-kiesigen oder sandig-lehmigen, frischen bis feuchten Boden. Bevorzugt warme Täler; geht kaum über etwa 700 m; sonst zerstreut.
Wissenswertes: Enthält reichlich Saponine, die Schaum erzeugen, wenn man das Kraut im Wasser zerreibt. Darauf beziehen sich die Gattungsnamen (sapo, lat. = Seife). Die Pflanze wurde früher als Waschmittel genutzt. Alte Heilpflanze.

Sprossende Felsennelke *Petrorhágia prolífera*
Nelkengewächse *Caryophylláceae*

Juni–Okt.
10–40 cm
☉

Beschreibung: Blüten meist einzeln, 0,5–1 cm im Durchmesser, rosa bis lila; Kelch unten krugförmig erweitert, 1–1,5 cm lang, nach oben rötlichbraun überlaufen. Blätter sitzen gegenständig, 2–3 cm lang, 2 mm breit, spitz.
Vorkommen: Bahnschotter, vergruste Steinböden, lückige Sandrasen, Dünen, Anbrüche an Lößwegen. Liebt stickstoffsalzarme, lockere Böden. In tiefen, milden Lagen des Berglands zerstreut; sonst selten und großen Gebieten fehlend.
Wissenswertes: Die Blüten der Sprossenden Felsennelke bestäuben sich in der Regel selbst. Insektenbesuch ist selten, der Samenansatz indessen reichlich.

Busch-Nelke *Diánthus seguiéri*
Nelkengewächse *Caryophylláceae*

Juni–Aug.
20–60 cm
♃ ▽

Beschreibung: Blüten einzeln oder zu wenigen, 2,5–3,5 cm im Durchmesser, tief rosa bis purpurrot; Blütenblätter vorn grob gezähnt, vor dem Schlund mit einer Reihe dunkler Punkte. Stengelblätter gegenständig, 1–5 cm lang, bis 5 mm breit.
Vorkommen: Halbtrockenrasen, lichte Gebüsche und Waldränder in sommerwarmen Lagen. Liebt mäßig basenreichen, stickstoff- und kalkarmen, oft verdichteten Boden. Im Fränkischen und Schwäbischen Jura sehr selten; fehlt sonst.
Wissenswertes: Der wissenschaftliche Artname soll den französischen Botaniker J. F. Séguier ehren, der von 1703–1784 lebte. – Erträgt Mahd nicht.

Pfingst-Nelke, Felsen-Nelke *Diánthus gratianopolitánus*
Nelkengewächse *Caryophylláceae*

Mai–Juni
10–30 cm
♃ ▽

Beschreibung: Blüten einzeln, 2–2,5 cm im Durchmesser, hellpurpurn oder rosa; Blütenblätter vorn nur schwach und unregelmäßig gezähnt. Stengelblätter gegenständig, 2–6 cm lang, um 2 mm breit; Rosettenblätter etwa gleich groß.
Vorkommen: Felsbänder, Steinschutthalden, lichte Kiefernwälder. Liebt basenreichen, oft kalk- und stets stickstoffsalzarmen Untergrund. Fränkischer und Schwäbischer Jura selten, übrige Kalkmittelgebirge vereinzelt; fehlt sonst.
Wissenswertes: Der wissenschaftliche Name „gratianopolitanus" ist von Gratianopolis abgeleitet, der lateinischen Bezeichnung für die französische Stadt Grenoble. Bemerkenswerterweise kommt die Pfingst-Nelke dort gar nicht vor.

BLÜTENFARBE ROT

Pracht-Nelke Diánthus supérbus
Nelkengewächse *Caryophylláceae*

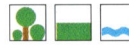

Juni–Okt.
25–80 cm
♃ ▽

Beschreibung: Blüten einzeln oder zu wenigen, 3–4,5 cm im Durchmesser, im Schlund mit grünlicher Zeichnung; Blütenblätter vorn tief und unregelmäßig zerschlitzt. Stengelblätter gegenständig, bis 8 cm lang und um 5 mm breit.
Vorkommen: Mischwälder, alpine Wiesen, Heiden, Moorwiesen. Liebt basenreichen, oft kalk- und stets stickstoffsalzarmen, dichten Lehm- oder Tonboden. Im Tiefland und im Bergland nördlich des Mains vereinzelt; sonst zerstreut.
Wissenswertes: In den duftenden Blüten ist der Nektar tief in der Kelchröhre verborgen. Das hat zur Folge, daß er selbst von Faltern nicht erreicht werden kann. Nur Tagschwärmer, deren Rüssel sehr lang ist, können ihn sich holen.

Heide-Nelke Diánthus deltoides
Nelkengewächse *Caryophylláceae*

Juni–Sept.
10–35 cm
♃ ▽

Beschreibung: Blüten meist einzeln, 1,2–1,8 cm im Durchmesser; Blütenblätter vorn gezähnt, auf der Oberseite mit weißen Punkten und am Schlund mit einzelnen Haaren. Stengelblätter gegenständig, 1–3 cm lang, 1–3 mm breit.
Vorkommen: Heiden, verheidete Hochmoorränder, sandige Böschungen und Halbtrockenrasen. Liebt basen- und stickstoffsalzhaltige, sandig-steinige Lehm- oder reine Sandböden. Fehlt in Gegenden mit kühlen Sommern; sonst selten.
Wissenswertes: Die Heide-Nelke überwintert nicht, indem sie Rosetten bildet, sondern in Form von Kriechsprossen, an deren Spitze Blätter gehäuft stehen.

Büschel-Nelke, Rauhe Nelke Diánthus arméria
Nelkengewächse *Caryophylláceae*

Juni–Juli
20–50 cm
☉ ▽

Beschreibung: 2–10 Blüten (1–3 gleichzeitig geöffnet) in dichtbüscheligem Blütenstand, um 1 cm im Durchmesser; Blütenblätter grob gezähnt, mit weißen Punkten. Stengelblätter gegenständig, 3–10 cm lang, 1–5 mm breit.
Vorkommen: Waldränder, Gebüsche, Halbtrockenrasen, aufgelassene Weinberge. Liebt basen- und stickstoffsalzarme, sandig-lehmige Böden. Im Tiefland sehr selten, im Bergland mit kalkarmem Gestein zerstreut; fehlt sonst weitgehend.
Wissenswertes: Die Blüten der Büschel-Nelke befruchten sich selbst. Sie bilden indessen reichlich Samen. Bemerkenswerterweise ist die Art 2jährig.

Karthäuser-Nelke, Echte Stein-Nelke Diánthus carthusianórum
Nelkengewächse *Caryophylláceae*

Juni–Sept.
10–50 cm
♃ ▽

Beschreibung: 5–10 Blüten (meist 2 geöffnet) in dichtbüscheligem Blütenstand, 1,5–2,5 cm im Durchmesser; Blütenblätter grob gezähnt, mit einzelnen silbrigen Haaren; Kelch am Grund mit trockenhäutigen Hochblättern, diese kürzer als der Kelch. Stengelblätter gegenständig, 2–5 cm lang, 1–5 mm breit.
Vorkommen: Halbtrockenrasen, Trockengebüsche und -wälder. Liebt basen- und meist auch kalkreichen, stickstoffsalzarmen Lehm- oder Lößboden. Im Tiefland und im Bergland mit kalkarmem Gestein fehlend oder selten; sonst zerstreut.
Wissenswertes: Der Name soll wohl den Arzt J. F. Karthauser (1704–1777) und seinen Sohn, den Arzt und Botaniker F. A. Karthauser (1734–1796), ehren.

Karthäuser-Nelke
Dianthus carthusianorum

Büschel-Nelke
Dianthus armeria

Pracht-Nelke
Dianthus superbus

Heide-Nelke
Dianthus deltoides

BLÜTENFARBE ROT

Große Fetthenne Sédum teléphium
Dickblattgewächse Crassuláceae

Juli–Okt.
20–80 cm
♃

Beschreibung: Zahlreiche Blüten stehen in dichter, fast halbkugeliger oder lappig-straußiger Scheindolde; sie sind blaßgelb oder purpurrot und erreichen 5–9 mm im Durchmesser. Blätter fleischig, eiförmig, sitzend, oft ungleich gezähnt.

Vorkommen: Wege, Waldlichtungen, Felsen, Gesteinsschutt. Liebt basen- und stickstoffsalzarmen Untergrund. Zerstreut; im Tiefland und Alpenvorland örtlich fehlend.

Wissenswertes: Der deutsche Name bezieht sich auf die fleischigen Blätter, der wissenschaftliche auf die Verwendung zum Blutstillen (sedare, lat. = stillen). Alte Heilpflanze. Als Wirkstoffe werden Gerbstoffe, Flavonglykoside, Schleime und Alkaloide genannt. Vergiftungen sind nicht bekanntgeworden.

Essig-Rose Rósa gállica
Rosengewächse Rosáceae

Juni–Juli
20–90 cm
♄

Beschreibung: Blüten einzeln, 5–7 cm im Durchmesser, rosa bis rot, duftend; Griffel kopfig-sitzend; Kelchblätter fiederteilig. Nadelfeine Stachelborsten und sichelkrumme, bis 7 mm lange Stacheln. Fiederblättchen etwas ledrig.

Vorkommen: Lichte Waldstellen, Waldwege, Waldränder. Liebt basenreiche, nicht allzu stickstoffsalzarme, frische oder wechselfeuchte Lehm- oder Tonböden. Fehlt nördlich der Mainlinie oder ist dort sehr selten; sonst zerstreut, örtlich selten.

Wissenswertes: Eine der Stammpflanzen europäischer Gartenrosen. Noch im letzten Jahrhundert wurden von der Essig-Rose zahlreiche Sorten kultiviert.

Hecken-Rose, Hunds-Rose Rósa canína
Rosengewächse Rosáceae

Juni
1–3 m
♄

Beschreibung: Blüten einzeln oder zu 2–3, rosa bis hellrosa, 4–5 cm im Durchmesser; Kelchblätter fiederteilig, früh abfallend. Sichelförmig gekrümmte Stacheln, mit breitem Grund (1 cm) ansitzend. Fiederblättchen breit-eiförmig.

Vorkommen: Gebüsche, Waldränder. Liebt warmen, lichtreichen Stand und tiefgründigen Lehmboden. Fehlt in Schleswig-Holstein gebietsweise, sonst häufig.

Wissenswertes: Die Früchte (Hagebutten) sind außerordentlich reich an Vitamin C (bis zu 1700 mg auf 100 g frische Früchte). Daneben enthalten sie Provitamin A, und zwar bis zu 5 mg auf 100 g frische Früchte. – „canina" von canis, lat. = Hund, spielt abschätzig auf die duftlosen bzw. duftarmen Blüten an.

Wein-Rose Rósa rubinósa
Rosengewächse Rosáceae

Juni–Juli
1–2 m
♄

Beschreibung: Blüten einzeln oder zu 2–3, rosa bis hellrot, 2–4 cm im Durchmesser; Kelchblätter fiederteilig, nach der Blüte aufgerichtet, bleibend, drüsigborstig. Sichelförmig gekrümmte Stacheln mit breitem Grund (um 1 cm).

Vorkommen: Gebüsche, Waldränder. Liebt basenreichen, stickstoffsalzarmen, trockenen, oft steinigen Lehmboden und warmen, lichtreichen Stand. Fehlt im Tiefland und im Bergland mit kalkarmen Gesteinen gebietsweise; sonst zerstreut.

Wissenswertes: Färbung und Duft weisen darauf hin, daß Rosen Insekten anlocken, von denen ihre Blüten bestäubt werden. Als „Lohn" erhalten sie Pollen.

BLÜTENFARBE ROT

Bach-Nelkenwurz *Géum rivále*
Rosengewächse *Rosáceae*

Apr.–Juni
15–60 cm
♃ (☠)

Beschreibung: Blüten einzeln oder zu 2–6 locker am Stengelende, nickend, 1–1,5 cm lang, glockig; Blütenblätter blaßgelb oder -rot, deutlich geädert; Kelchblätter braunrot. Rosettenblätter unpaarig gefiedert, Endblättchen sehr groß.

Vorkommen: Flachmoore, feuchte Wiesen, Ufer, feuchte Wälder. Liebt stickstoffsalzhaltige Böden; erträgt zeitweilige Überflutung. Fehlt im westlichen Teil des Tieflandes und der Mittelgebirge größeren Gebieten; sonst häufig.

Wissenswertes: Der Wurzelstock enthält ätherische Öle mit dem schwach giftigen Eugenol. Alte Heilpflanze. Die Blüten werden zuweilen von kurzrüßligen Erdhummeln von oben angebissen, anders kommen sie kaum an den Nektar heran.

Sumpf-Blutauge *Potentilla palústris*
Rosengewächse *Rosáceae*

Mai–Juli
10–50 cm
♃

Beschreibung: Blüten einzeln oder zu 2–6 am Stengelende, aufrecht, 1,5–2,5 cm im Durchmesser, dunkelrot; Blütenblätter vergleichsweise unscheinbar; innere Kelchblätter blütenblattartig, breit-lanzettlich, außen zottig. Stengel aufsteigend. Blätter eng (fast handförmig) fiederteilig, mit 5–7 Fiedern.

Vorkommen: Moore, Sumpfwiesen. Liebt basen- und stickstoffsalzarme Böden. Tiefland, Alpenvorland und Bayerischer Wald zerstreut; sonst sehr selten.

Wissenswertes: Der Blütenbau ist nicht sofort zu durchschauen. Die Kelchblätter sind größer als die Blütenblätter und auf der Innenseite meist intensiv dunkelpurpurn gefärbt. – Die Blüten werden von verschiedenen Insekten bestäubt.

Apfelbaum *Málus sylvéstris*
Rosengewächse *Rosáceae*

Mai–Juni
5–10 m
♄

Beschreibung: Blüten einzeln oder traubig-doldig, um 3 cm im Durchmesser, außen oft rötlich, Staubbeutel gelb; Frucht Apfel. Blätter gekerbt-gezähnt.

Vorkommen: Auwälder und eher feuchte Gebüsche. Liebt basenreiche, meist kalkhaltige, lockere, steinige Böden. Wild selten; in vielen Sorten gepflanzt.

Wissenswertes: Die Wildform (Holzapfel; Zweige dornig) ist ausgesprochen selten und fehlt gebietsweise. Aus ihr und asiatischen Apfelsorten ist die kultivierte Sippe vermutlich schon vor mehr als 2000 Jahren gezüchtet worden. Äpfel sind das wirtschaftlich bedeutendste Obst in den gemäßigten Breiten.

Blutroter Storchschnabel, Blut-Storchschnabel *Geránium sanguíneum*
Storchschnabelgewächse *Geraniáceae*

Mai–Sept.
20–60 cm
♃

Beschreibung: Blüten einzeln in den Achseln der oberen Blätter, 3–4 cm im Durchmesser; Blütenblätter flach ausgerandet. Stengel und Blütenstiele abstehend behaart. Stengelblätter gegenständig, bis zur Basis handförmig 7teilig.

Vorkommen: Trockengebüsche und -wälder, Trockenrasen. Liebt stickstoffsalzarmen, basenreichen Boden. Im Bergland mit Kalkgestein zerstreut; fehlt sonst.

Wissenswertes: Enthält besonders im Wurzelstock Gerbstoffe, die blutstillend wirken. Früher Blutstillmittel. Darauf und nicht auf die Blütenfarbe soll sich der Artname beziehen. Enthält außer Gerbstoffen noch einen Bitterstoff.

BLÜTENFARBE ROT

Wald-Storchschnabel Geránium sylváticum
Storchschnabelgewächse Geraniáceae

Juni–Aug.
30–60 cm
♃

Beschreibung: Blüten in straußig-rispigem Blütenstand, 1,7–3,3 cm im Durchmesser, blau- oder rotviolett. Blütenstiele und oberer Stengel dicht behaart. Blätter meist grundständig, nicht ganz bis zum Grund handförmig 5–7teilig.
Vorkommen: Wald- und Gebüschsäume, Bergwälder, Hochstaudenfluren, Bergwiesen. Liebt ziemlich basenhaltigen, mäßig stickstoffsalzreichen, tiefgründigen Boden. Im Bergland mit Kalkgestein und im Alpenvorland zerstreut; fehlt sonst.
Wissenswertes: Enthält vor allem im Wurzelstock Gerbstoffe; anders als der Blutrote Storchschnabel, der ebenso Gerbstoff führt, wurde er arzneilich nicht genutzt, obschon er in etwa denselben Gegenden vorkommt wie dieser.

Sumpf-Storchschnabel Geránium palústre
Storchschnabelgewächse Geraniáceae

Juni–Sept.
30–70 cm
♃

Beschreibung: Je 2 Blüten in den Achseln der oberen Blätter, 2,5–3,5 cm im Durchmesser, rotviolett. Stengel und Blütenstiele abstehend behaart. Blätter handförmig bis zu 2/3 der Fläche 5–7teilig; Blattzähne so breit wie lang.
Vorkommen: Auwälder, Ufer, Sumpfwiesen. Liebt basen- und stickstoffsalzreichen Boden; erträgt zeitweise Überflutung. Fehlt im westlichen Tiefland und im Bergland mit kalkarmem Gestein; sonst zerstreut, oft bestandsbildend.
Wissenswertes: Bei dieser Gattung sind die Spitzen der 5 Fruchtklappen zum „Storchschnabel" verwachsen und gespannt. Zur Vollreife löst sich die Spannung schlagartig, die Klappen rollen sich auf und schleudern den Samen aus.

Pyrenäen-Storchschnabel Geránium pyrenáicum
Storchschnabelgewächse Geraniáceae

Mai–Okt.
25–60 cm
♃

Beschreibung: Je 2 Blüten in den Achseln der oberen Blätter, über diese emporgehoben, 1–2 cm im Durchmesser, hell rot-, selten blauviolett. Stengel und Blütenstiele kurzhaarig. Stengelblätter im Umriß nierenförmig, 5–9teilig.
Vorkommen: Waldsäume, Gebüsche, Ödland, Böschungen, Wege, Hochstaudenfluren. Liebt ziemlich stickstoffsalzhaltige, oft humusarme Böden. Fehlt in Gegenden mit kalkarmen Böden und frühjahrskaltem, trockenem Klima; sonst zerstreut.
Wissenswertes: Die Empfindlichkeit gegen sommerliche Trockenheit und Frühjahrsfröste verweist auf die ursprüngliche Heimat der Art in Westeuropa.

Rundblättriger Storchschnabel Geránium rotundifólium
Storchschnabelgewächse Geraniáceae

Mai–Okt.
10–30 cm
☉

Beschreibung: Je 2 Blüten in den Achseln der oberen Blätter, nicht über diese emporgehoben, um 1 cm im Durchmesser; Blütenblätter keilförmig-spatelig, vorn gerundet, dunkler geadert. Stengel aufsteigend. Stengelblätter gegenständig, 1–2 cm im Durchmesser, im Umriß rundlich-nierenförmig, 7–9teilig, kurzhaarig.
Vorkommen: Äcker, Weinberge, Ödland, Mauern. Liebt mäßig stickstoffsalzhaltigen Boden in warmer Lage. Fast ausschließlich in den Weinbaugebieten; selten.
Wissenswertes: Ursprünglich war der Rundblättrige Storchschnabel wahrscheinlich im Mittelmeergebiet beheimatet. Heute ist er fast weltweit verschleppt.

BLÜTENFARBE ROT

Weicher Storchschnabel *Geránium mólle*
Storchschnabelgewächse *Geraniáceae*

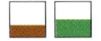

Mai–Sept.
10–30 cm
☉

Beschreibung: Je 2 Blüten in den Achseln der oberen Blätter, kaum über diese emporgehoben, 1–1,5 cm im Durchmesser; Blütenblätter verkehrt-eiförmig, vorn herzförmig eingekerbt. Stengel aufsteigend. Stengelblätter oft wechselständig, 2–4 cm im Durchmesser, bis zur Spreitenmitte 5–9teilig, weich behaart.
Vorkommen: Äcker, Weinberge, lückige Rasen, Ödland. Liebt basen- und stickstoffsalzhaltigen, oft kalkarmen, sandigen Boden. Fehlt in den Kalkgebieten und in Gegenden mit rauhem Klima ganz oder gebietsweise; sonst zerstreut.
Wissenswertes: Zwar werden die Blüten des Weichen Storchschnabels in der Regel von Insekten bestäubt, doch ist Selbstbestäubung ebenfalls nicht selten.

Kleiner Storchschnabel *Geránium pusillum*
Storchschnabelgewächse *Geraniáceae*

Mai–Okt.
10–30 cm
☉

Beschreibung: Je 2 Blüten in den Achseln der oberen Blätter, kaum über diese emporgehoben, um 7 mm im Durchmesser, rötlich-lila; Blütenblätter verkehrt-eiförmig, schwach ausgerandet. Stengel aufsteigend. Untere Stengelblätter gegenständig, 2–4 cm im Durchmesser, alle ziemlich tief 5–9teilig, weich behaart.
Vorkommen: Ödland, Wege, Äcker, Weinberge. Liebt stickstoffsalzreichen, kalkarmen, sandigen Boden. Fehlt in rauhen Lagen des Berglands; sonst zerstreut.
Wissenswertes: Ähnelt dem Weichen Storchschnabel (s. oben), ist aber an den kleinen Blüten kenntlich; besitzt unter den heimischen Arten die kleinsten Blüten.

Schlitzblättriger Storchschnabel, Schlitz-Storchschnabel *Geránium disséctum*
Storchschnabelgewächse *Geraniáceae*

Mai–Okt.
10–40 cm
☉

Beschreibung: Je 2 Blüten in den Achseln der oberen Blätter, fast sitzend, um 1 cm im Durchmesser, rot; Blütenblätter verkehrt-eiförmig-keilig, ausgerandet. Stengel aufrecht. Stengelblätter gegenständig, 2–4 cm im Durchmesser, fast bis zum Grund handförmig 5–7teilig; Abschnitte wiederum tief 2–4teilig.
Vorkommen: Äcker, Wege. Liebt basen- und stickstoffsalzhaltigen Boden. Fehlt in Gegenden mit Sandböden und rauhem Klima gebietsweise; sonst zerstreut.
Wissenswertes: Der Schlitzblättrige Storchschnabel stammt aus dem westlichen Mittelmeergebiet. Er ist erst mit dem Ackerbau nach Mitteleuropa gekommen.

Stinkender Storchschnabel, Ruprechts-Storchschnabel *Geránium robertiánum*
Storchschnabelgewächse *Geraniáceae*

Mai–Okt.
10–50 cm
☉

Beschreibung: Je 2 blattachselständige Blüten, 1,5–2,5 cm im Durchmesser, rosa oder hell purpurviolett; Blütenblätter verkehrt-eiförmig-keilig, abgerundet. Stengelblätter aus 3 völlig getrennten, zumindest kurz gestielten Teilblättchen; diese fiederschnittig-gelappt. Riecht (oft schwach) widerlich.
Vorkommen: Wälder, Steinbrüche, Steinschutthalden, Mauern, Dächer. Liebt stickstoffsalzreichen Untergrund. Fehlt örtlich im Tiefland; sonst häufig.
Wissenswertes: Für den 2. Artnamen stand der heilige Ruprecht Pate. Der Stinkende Storchschnabel enthält ätherisches Öl, das den unangenehmen Geruch verursacht, dazu Gerbstoffe und den Bitterstoff Geraniin. Alte Heilpflanze.

BLÜTENFARBE ROT

Gewöhnlicher Reiherschnabel, Schierlings-Reiherschnabel *Eródium cicutárium*
Storchschnabelgewächse *Geraniáceae*

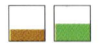
Apr.–Sept.
5–40 cm
☉

Beschreibung: 3–8 Blüten in sparrig-lockerer Dolde, 1–2 cm im Durchmesser; Blütenblätter verkehrt-eiförmig-keilig, vorn gerundet; Frucht 3–4 cm lang. Stengel liegend-aufrecht. Blätter bis zum Mittelnerv fiederteilig, kurz behaart.

Vorkommen: Lückige Rasen, Weinberge, Brachen, Ödland. Liebt stickstoffsalz- und basenhaltige, oft kalkarme, trockene Böden. Fehlt im Tiefland und in niederschlagsreichen Gegenden des Berglandes kleinen Gebieten; sonst zerstreut.

Wissenswertes: Die Frucht zerplatzt in 5 begrannte, 1samige Teile. Die Granne kann sich in Fell oder Balg von Tieren verfangen (Verbreitungshilfe), bei wechselnder Luftfeuchte kann sie auch die Teilfrucht ins Erdreich bohren.

Rosen-Malve, Spitzblättrige Malve, Sigmarskraut *Málva álcea*
Malvengewächse *Malváceae*

Juni–Sept.
0,4–1,2 m
♃

Beschreibung: Blüten blattachsel- und traubig-kopfig endständig, 4–7 cm im Durchmesser, rosa bis hell purpurviolett; Außenkelchblätter eiförmig, höchstens 3mal so lang wie breit. Blätter sehr tief 3–7teilig; Abschnitte tief gezähnt.

Vorkommen: Ödland, Trockengebüsche, Böschungen, Wegränder. Liebt basen- und stickstoffsalzreichen Boden. Fehlt im Tiefland, im Bergland mit kalkarmem Gestein und im Alpenvorland gebietsweise; sonst zerstreut, oft in Beständen.

Wissenswertes: Die Art hat ihr Hauptareal in Südosteuropa und im Mittelmeergebiet. Frühere Zier- und Arzneipflanze, die örtlich wohl verwildert ist.

Moschus-Malve *Málva moscháta*
Malvengewächse *Malváceae*

Juni–Sept.
0,4–1 m
♃

Beschreibung: Blüten blattachsel- und traubig-kopfig endständig, 4–6 cm im Durchmesser, rosa bis hell purpurviolett; Außenkelchblätter lineal-lanzettlich, 3–5mal so lang wie breit. Blätter tief 3–7teilig; Abschnitte tief gezähnt.

Vorkommen: Trockenrasen, Böschungen, Waldränder, Ödland. Liebt eher mäßig basen- und stickstoffsalzhaltigen, oft kalkarmen Boden. Fehlt im Tiefland, in rauheren Lagen im Bergland und im Alpenvorland gebietsweise; sonst zerstreut.

Wissenswertes: War ursprünglich wohl im Mittelmeergebiet beheimatet. Bei uns früher Zierpflanze. Breitet sich entlang von Straßen und Eisenbahnlinien aus.

Wilde Malve, Roßpappel *Málva sylvéstris*
Malvengewächse *Malváceae*

Mai–Sept.
0,4–1,2 m
♃

Beschreibung: Blüten blattachsel- und traubig endständig, 3–5 cm im Durchmesser, rosa bis purpurviolett; Blütenblätter mäßig tief ausgerandet, dunkler geadert. Untere Blätter herzförmig, etwas gelappt; obere wenig tief 3–7teilig.

Vorkommen: Ödland, Kleeäcker, Wege, Gebüsche, Mauern. Liebt stickstoffsalz- und basenreichen Boden. Fehlt im Tiefland ganz, im Bergland mit kalkarmem Gestein gebietsweise; sonst selten; zuweilen mit Kleesaaten eingeschleppt.

Wissenswertes: Heilpflanze; enthält Schleimstoffe. – Die Wilde Malve war ursprünglich vom östlichen Mittelmeer bis nach Südsibirien verbreitet. Seit der jüngeren Steinzeit ist sie als Kulturbegleiter in Mitteleuropa aufgetreten.

BLÜTENFARBE ROT

Weg-Malve, Käsepappel *Málva neglécta*
Malvengewächse *Malváceae*

Juni–Sept.
10–50 cm
☉–⚁

Beschreibung: Blüten meist einzeln blattachselständig, 1–2,5 cm im Durchmesser, hell rosa; Blütenblätter ausgerandet, dunkler geadert. Stengel niederliegend-aufsteigend. Blätter rundlich-nierenförmig, undeutlich 5–7lappig.
Vorkommen: Dorfanger, Wege, Mauern, Ödland. Liebt stickstoffsalzreiche Böden. Fehlt in Sandgebieten des Tief- und Berglands gebietsweise; sonst zerstreut.
Wissenswertes: Alte Heilpflanze; enthält Schleimstoffe. – Die Weg-Malve kam mit dem Menschen nach Mitteleuropa. Sie hat sich vor allem auf ortsnahem Ödland und in der Nähe von Dunglegen angesiedelt. Neuerdings wird sie seltener.

Wilde Engelwurz, Wald-Brustwurz *Angélica sylvéstris*
Doldengewächse *Apiáceae (Umbelliferae)*

Juli–Sept.
0,5–2 m
⚁ (☠)

Beschreibung: Dolde mit 20–40 Strahlen. Hülle fehlt oder nur aus 1–3 Blättchen. Hüllenblätter zahlreich, lineal. Stengel rund, hohl, weißlich bereift. Blätter 2–3fach fiederteilig, die unteren länger als 50 cm.
Vorkommen: Berg- und Auwälder, Naßwiesen, Ufer und Wegränder. Liebt feuchten, nicht zu stickstoffsalzarmen Lehmboden; oft bestandsbildend; sehr häufig.
Wissenswertes: Die Pflanze enthält ätherische Öle, die in hoher Konzentration giftig wirken, sowie Furocumarine. Durch sie kann Pflanzensaft auf der Haut im Licht Rötungen, ja regelrechte Entzündungen hervorrufen. Alte Heilpflanze. Auf die Heilkraft spielt auch der Gattungsname an (angelicus, lat. = Engels-).

Rosmarinheide, Polei-Gränke, Wilder Rosmarin *Andrómeda polifólia*
Heidekrautgewächse *Ericáceae*

Mai–Aug.
10–30 cm
♄ (☠) ▽

Beschreibung: Wenige Blüten doldig-traubig angeordnet, glockig nickend, um 5 mm lang. Kriechender Halbstrauch; Äste aufrecht. Blätter oft lineal-lanzettlich, selten schmal-eiförmig, immergrün, ledrig, unterseits hell blaugrün.
Vorkommen: Torfmoosrasen in Mooren. Liebt extrem basen- und stickstoffsalzarmen Untergrund. Tiefland und Alpenvorland zerstreut; niederschlagsreiche süddeutsche Mittelgebirge (z.B. Südschwarzwald) selten; sonst nur vereinzelt.
Wissenswertes: Der Name bezieht sich auf Andromeda, die Tochter des Königs Kepheus und der Kassiopeia aus der griechischen Sage.

Heidelbeere, Blaubeere, Bickbeere *Vaccínium myrtillus*
Heidekrautgewächse *Ericáceae*

Mai–Juni
10–50 cm
♄

Beschreibung: Blüten einzeln in den Achseln der oberen Blätter, kugelig-krugförmig, um 5 mm im Durchmesser; Frucht eine kugelige, dunkelblaue, oft bereifte Beere. Niedriger, reich verzweigter Strauch. Stengel kantig, grün.
Vorkommen: Wälder, verheidete Moore, Zwergstrauchbestände. Liebt basen- und stickstoffsalzarme Böden. Fehlt auf stark kalkhaltigem Boden; sonst häufig.
Wissenswertes: Die Beeren sind ein geschätztes Wildobst, das vielfach gesammelt und zu Kompott oder zu Marmelade verarbeitet wird. Sie enthalten um 13 g Zucker und um 20 mg Vitamin C pro 100 g Frischgewicht. Der Mineralstoffgehalt ist allerdings recht niedrig. Alte Heilpflanze (Gerbstoffe in den Blättern).

BLÜTENFARBE ROT

Mehl-Primel, Mehl-Schlüsselblume *Prímula farinósa*
Primelgewächse *Primuláceae*

Mai–Juli
5–20 cm
♃ ▽

Beschreibung: 3–15 Blüten doldig-allseitswendig auf blattlosem Schaft, 0,8–1,5 cm im Durchmesser, purpurrosa. Schaft oben mehlig bestäubt. Blätter in einer Rosette, oberseits dunkelgrün, unten weißlich bestäubt ("mehlig" – Name!).
Vorkommen: Flachmoore, Naßstellen auf Matten. Liebt basenreichen, stickstoff-salzarmen, feuchtnassen Boden. Nördlich des Mains nur in Ost-Mecklenburg; im gesamten Jura selten, im Alpenvorland und in den Kalkalpen zerstreut.
Wissenswertes: Bei der Mehl-Primel weist der gelbe Ring am Blütenschlund den besuchenden Insekten den Weg zum Nektar. Die Blütenröhre ist so eng, daß nur Falter und Hummeln mit ihren langen, dünnen Rüsseln den Nektar erreichen.

Milchkraut *Glaūx marítima*
Primelgewächse *Primuláceae*

Mai–Aug.
5–30 cm
♃

Beschreibung: Die in einer beblätterten Ähre sitzenden Blüten bestehen nur aus dem verwachsenen, weißlichen, rosafarbenen oder weinroten Kelch; sie werden um 5 mm lang. Untere Blätter dicht kreuzgegenständig, fleischig, kurz.
Vorkommen: Dünen und Strandwiesen an Nord- und Ostseeküste (hier zerstreut), im Binnenland vereinzelt an Salzquellen. Liebt kochsalzhaltigen Boden.
Wissenswertes: Der Name „Milchkraut" ist rätselhaft. Dioskurides nannte eine Strandpflanze „glaux"; sie sollte die Milchleistung beim Vieh steigern. Um welche Art von Pflanze es sich dabei gehandelt hat, ist allerdings unklar.

Acker-Gauchheil, Roter Gauchheil *Anagállis arvénsis*
Primelgewächse *Primuláceae*

Juni–Okt.
10–25 cm
☉ ☠

Beschreibung: Blüten einzeln in den Blattachseln, 4–8 mm im Durchmesser, ziegelrot, selten blauviolett. Stengel niederliegend-aufsteigend, kantig. Blätter gegenständig, eiförmig, 1–2 cm lang, 0,5–1 cm breit, sitzend, trübgrün.
Vorkommen: Äcker, Weinberge, Brachen, Straßenränder. Liebt mäßig stickstoff-salz- und basenreichen Lehmboden. Fehlt im westlichen Tiefland größeren und in Gegenden mit kalkarmen Gesteinen kleineren Gebieten; sonst zerstreut.
Wissenswertes: „Gauchheil" (Gauch = Kuckuck, Tor) meinte im Mittelhochdeutschen: heilt Geisteskranke. Die Pflanze enthält Saponine, wird aber nicht mehr arzneilich verwendet; die behauptete Wirkung haben diese Stoffe nicht.

Gewöhnliche Grasnelke, Gemeine Grasnelke *Armería marítima*
Bleiwurzgewächse *Plumbagináceae*

Mai–Sept.
15–40 cm
♃

Beschreibung: Blüten in dichter, kopfiger, 1,5–2 cm dicker Doldenrispe am Ende eines blattlosen Schaftes, um 5 mm im Durchmesser, rosa. Grundblätter zahlreich, 5–12 cm lang, 1–3 mm breit, rinnig, dicklich, bleichgrün.
Vorkommen: Wattwiesen, Dünen, Sandrasen. Liebt basen- und vor allem stickstoff-salzarmen sandigen Untergrund. Im Tiefland und in Sandgebieten selten.
Wissenswertes: In dieser Sammelart werden Sippen zusammengefaßt, die sich gestaltlich wenig unterscheiden; sie haben aber z.T. unterschiedliche Standortsansprüche. Neben der beschriebenen Küstensippe gibt es eine alpine Sippe.

BLÜTENFARBE ROT

Echtes Tausendgüldenkraut Centaūrium erythraēa
Enziangewächse Gentianáceae

Juli–Sept.
10–40 cm
☉ ▽

Beschreibung: Zahlreiche Blüten in erst dichtem, später lockerem, doldenartigem Blütenstand, 0,7–1,2 cm im Durchmesser, rosa. Stengel aufrecht, 4kantig. Stengelblätter gegenständig, schmal eiförmig, 5nervig. Grundblätter rosettig.
Vorkommen: Lichte Wälder, trockene Gebüsche und Rasen. Liebt stickstoffsalzhaltige, basenreiche Böden. Fehlt in Sandgebieten weithin; sonst zerstreut.
Wissenswertes: Der Gattungsname weist auf die griechische Sage: Der verwundete Zentaur Chiron soll durch das Kraut geheilt worden sein, daher „Centaurium". Dieses Wort übersetzte man fälschlich mit Hundertguldenkraut (centum, lat. = hundert; aureus, lat. = golden). Daraus wurde Tausendgüldenkraut.

Deutscher Enzian, Deutscher Kleinenzian Gentianélla germánica
Enziangewächse Gentianáceae

Juli–Okt.
5–35 cm
☉ ▽

Beschreibung: Mehrere bis zahlreiche Blüten, 1–2,5 cm im Durchmesser, rotviolett, mit 5 Zipfeln und bärtigem Schlund. Stengel aufrecht, 4kantig. Stengelblätter gegenständig, lanzettlich-eiförmig, 1–4 cm lang, kaum halb so breit.
Vorkommen: Trockenrasen und -gebüsche, Flachmoore. Liebt basenreiche, stickstoffsalzarme Böden. Fehlt im Tiefland. In Gegenden mit Kalkgestein selten.
Wissenswertes: Formenreiche Sammelart, in der mehrere Kleinarten voneinander unterschieden werden. Die sippentypischen Unterschiede sind nicht immer zweifelsfrei zu erkennen. Sie betreffen vor allem die Blattform und die Stengelverzweigung. Auch in den Standortsansprüchen unterscheiden sich die Sippen zuweilen.

Nessel-Seide Cúscuta europaēa
Seidengewächse Cuscutáceae

Juni–Sept.
0,2–1 m
☉

Beschreibung: Vollschmarotzer: ein Geflecht grünlich-roter, dünner Stengel umgibt die Wirtspflanze (Brennessel, Zaunwinde, Beifuß). Blüten in Knäueln von 1–2 cm im Durchmesser; sie sind hellrötlich, glockig, 3–4 mm lang.
Vorkommen: Ödland, Ufer. Befällt bevorzugt die Große Brennessel (Urtica dioica), geht aber auch auf Gewöhnliche Zaunwinde (Calystegia sepium) und Gewöhnlichen Beifuß (Artemisia vulgaris). Gedeiht auf wohlgenährten Wirten am besten.
Wissenswertes: Entzieht ihren Wirtspflanzen Nährstoffe und Wasser mit eigens dafür gebildeten Saugorganen („Haustorien"). Wurzeln besitzt sie nicht.

Acker-Winde Convólvulus arvénsis
Windengewächse Convolvuláceae

Mai–Sept.
20–90 cm
♃

Beschreibung: Blüten einzeln in den Blattachseln, oft rötlich, 2,5–4 cm im Durchmesser. Stengel kriechend oder windend. Blätter pfeil- bis spießförmig.
Vorkommen: Äcker, Gärten, Ödland, Wege. Liebt basen- und stickstoffsalzreiche, humusarme Lehm- oder Tonböden. Fehlt örtlich in Gegenden mit kalkfreiem Gestein, im westlichen Tiefland auch kleineren Gebieten; sonst sehr häufig.
Wissenswertes: Die Blüten der Acker-Winde öffnen sich zwischen 7 und 8 Uhr und schließen sich am selben Tag wieder gegen 13–14 Uhr; dann sind sie verblüht. Enthält in den Blättern Herzglykoside und Gerbstoffe. Heilpflanze.

BLÜTENFARBE ROT

Echter Beinwell, Gemeiner Beinwell *Sýmphytum officinále*
Rauhblattgewächse *Boragináceae*

Mai–Sept.
30–90 cm
♃ (☠)

Beschreibung: Blütenstand trugdoldig, Blüten nickend, Krone 1–2 cm lang, weißlich, bläulich- oder rötlich-violett. Stengel oft vom Grund an verzweigt. Blätter schmal lanzettlich, die unteren bis 25 cm lang und 5 cm breit, die oberen kleiner, unterseits grobaderig, deutlich am Stengel herablaufend.

Vorkommen: Wiesen, Ufer, Gräben, lichte Stellen in Wäldern, Wege. Liebt feuchten Lehmboden. Fehlt im Tiefland oder ist dort selten; sonst zerstreut.

Wissenswertes: Die Pflanze wurde früher als Heilmittel bei Knochenbrüchen verwendet. Daher kommt der Name Beinwell. Enthält Alkaloide und Gerbstoffe.

Arznei-Baldrian, Echter Baldrian *Valeriána officinális*
Baldriangewächse *Valerianáceae*

Juli–Sept.
0,7–1,7 m
♃ (☠)

Beschreibung: Zahlreiche Blüten stehen an Stengel- und Astenden in rispig-doldigen, oft halbkugeligen Blütenständen; Blüten 2–4 mm im Durchmesser, oft rötlich. Blätter unpaarig gefiedert, mit 11–23 gezähnten Teilblättchen.

Vorkommen: Nasse Wälder und Gebüsche (auch Gartenhecken), Naßwiesen, Ufer. Liebt basenreichen und etwas stickstoffsalzhaltigen Lehm- oder Tonboden.

Wissenswertes: Enthält Valeprotiate, geringe Mengen von Alkaloiden und ätherisches Öl. Heilpflanze (getrocknete Wurzel). Der Blütenduft, der allerdings nicht von allen Leuten gleich stark wahrgenommen wird, soll Katzen anlocken.

Sumpf-Baldrian, Kleiner Baldrian *Valeriána dióica*
Baldriangewächse *Valerianáceae*

Mai–Juli
10–30 cm
♃

Beschreibung: Blütenstand aus mehreren, halbkugeligen oder schirmartigen Doldenrispen. Pflanzen 2häusig; männliche Blüten oft rosa, weibliche oft rein weiß. Untere Blätter ungeteilt, obere unpaarig gefiedert (1–5 Fiederpaare).

Vorkommen: Flachmoore, Sumpfwiesen, Gräben, Ufer, Naßstellen in Wäldern. Liebt grundwasserfeuchten, basenhaltigen, aber stickstoffsalzarmen Lehm- oder Torfboden. Fehlt im Tiefland und in Sandgebieten weithin; sonst zerstreut.

Wissenswertes: Der Sumpf-Baldrian enthält ähnliche Inhaltsstoffe wie der Arznei-Baldrian, allerdings in geringeren Mengen. Daher und wegen seiner Kleinheit scheint er auch früher nicht als Heilpflanze verwendet worden zu sein.

Hasenlattich, Roter Hasenlattich *Prenánthes purpúrea*
Korbblütengewächse *Asteráceae (Compósitae)*

Juli–Sept.
0,3–2 m
♃

Beschreibung: 5 Zungenblüten im Körbchen; Körbchen rispig angeordnet, 1–1,5 cm im Durchmesser. Pflanze mit Milchsaft. Stengel im Blütenstandsbereich oft vornübergebogen. Untere Stengelblätter gezähnt, obere ganzrandig sitzend.

Vorkommen: Lichte Wälder. Liebt ziemlich stickstoffsalzhaltige, eher kalkarme, frische Böden in Lagen mit hoher Luftfeuchtigkeit. Fehlt nördlich der „Mainlinie" weithin. Im kalkarmen Bergland südlich dieser Linie zerstreut; sonst selten.

Wissenswertes: „Prenanthes" verweist auf das eigentümliche Nicken des Blütenstands (prenes, griech. = vorwärts geneigt; anthos, griech. = Blüte); ob „Hasenlattich" bedeutet, daß Hasen die Pflanze gerne fressen, ist umstritten.

BLÜTENFARBE ROT

Sommer-Adonisröschen, Sommer-Teufelsauge *Adónis aestivális*
Hahnenfußgewächse *Ranunculáceae*

Mai–Juli
20–50 cm
☉ ♣ ▽

Beschreibung: Blüten 1,5–3 cm im Durchmesser; Staubbeutel schwarzviolett; Kelchblätter der Blüte anliegend, kahl. Stengel kahl. Blätter mehrfach fiederteilig.
Vorkommen: Getreideäcker, Ödland. Liebt basen- und meist kalkreichen, mäßig stickstoffsalzhaltigen Boden. Nur in den Kalkgebieten, selten; fehlt sonst.
Wissenswertes: Die Gattungsnamen *Adonis* bzw. Adonisröschen weisen zurück auf die griechische Sage. Als der schöne Adonis auf der Jagd von einem Eber getötet wurde, entsproß der Erde überall da ein Adonisröschen, wo Blut auf die Erde tropfte. Der im Deutschen ebenfalls benutzte Name Teufelsauge bezieht sich wohl auf den Gegensatz zwischen lockender Schönheit und Giftigkeit.

Blut-Weiderich, Ähren-Weiderich *Lýthrum salicária*
Weiderichgewächse *Lythráceae*

Juni–Sept.
0,5–2 m
♃

Beschreibung: Blüten in dichter, quirliger, ährenartiger Traube, 1,5–2,5 cm im Durchmesser, weinrot bis hell purpurviolett; meist 6 Blütenblätter. Stengel 4kantig. Blätter gegenständig, lanzettlich, am Grund abgerundet oder herzförmig.
Vorkommen: Ufer, Gräben, Flachmoore, Sumpfwiesen, Bruchwälder. Liebt basenreichen, mäßig stickstoffsalzhaltigen Boden; erträgt Überflutung. Zerstreut.
Wissenswertes: Selbstbestäubung ist unmöglich, weil sich beim Blut-Weiderich 3 Blütentypen entwickelt haben, die sich in der Griffel- und Staubblattlänge sowie in der Pollengröße und Pollenfarbe voneinander unterscheiden. Pollenübertragung durch Insekten ist nur zwischen sich ergänzenden Bautypen möglich.

Wasserdost, Wasserhanf, Kunigundenkraut *Eupatórium cannábinum*
Korbblütengewächse *Asteráceae (Compósitae)*

Juli–Sept.
0,7–1,5 m
♃

Beschreibung: Blüten in Körbchen, alle röhrenförmig. Stengel dicht beblättert. Blätter unexakt gegenständig, sehr kurz gestielt, handförmig 3–5teilig.
Vorkommen: Lichte, feuchte Wälder, Ufer. Liebt basen- und stickstoffsalzreichen, meist kalkhaltigen Boden. Häufig, fehlt aber in rauhen Lagen örtlich.
Wissenswertes: „Wasserhanf" und „Wasserdost" beziehen sich auf die Ähnlichkeit der Blätter mit Hanfblättern bzw. der Blütenstände mit denen des Wilden Dosts (s. S. 312). Alte Heilpflanze (Kunigundenkraut); enthält die Bitterstoffe Eupatoriopikrin, Euparin, Lactucerol sowie ätherisches Öl, Gerbstoffe und Saponine.

Gewöhnliches Katzenpfötchen, Zweihäusiges Katzenpfötchen *Antennária dióica*
Korbblütengewächse *Asteráceae (Compósitae)*

Mai–Juli
5–25 cm
♃

Beschreibung: Blüten in Körbchen, diese kopfig gedrängt am Stengelende, 3–7 mm im Durchmesser, rein männliche meist weiß, rein weibliche meist rot (Pflanze 2häusig). Stengel flockig weißgrau-filzig. Blätter spatelig-stumpflich, oberseits kahl, unterseits graufilzig. Oberirdische, beblätterte Ausläufer.
Vorkommen: Magerrasen, Kiefernwälder, Gebüsche. Liebt basen- und stickstoffsalzarmen, sandigen Boden. Auf Sand und entkalktem Lehm selten; fehlt sonst.
Wissenswertes: „Katzenpfötchen" bezieht sich auf die weiche Behaarung vor allem des Blütenstandes. Alte Heilpflanze; enthält u. a. Bitter- und Gerbstoffe.

BLÜTENFARBE ROT

Wiesen-Schafgarbe, Gemeine Schafgarbe *Achilléa millefólium*
Korbblütengewächse *Asteráceae (Compósitae)*

Juni–Okt.
15–60 cm
♃ (※)

Beschreibung: Körbchen stehen in dichter, schirmartiger Trugdolde; sie messen 4–9 mm im Durchmesser; außen meist weiße Zungen-, innen weißliche Röhrenblüten; Blüten selten rot. Blätter doppelt fiederteilig. Pflanze riecht aromatisch.
Vorkommen: Halbtrockenrasen, Fettwiesen, Raine, Wegränder. Liebt mäßig stickstoffsalzhaltigen Lehmboden, der nicht zu feucht sein sollte; rote Form selten.
Wissenswertes: Alte Heilpflanze, die ätherische Öle (manche Sippen mit Chamazulen bzw. dessen Vorstufen; auf diesen Substanzen beruht die Heilwirkung der Kamille) und außerdem geringe Mengen von Furocumarinen enthält. Ihretwegen kann Pflanzensaft auf der Haut im Licht Entzündungen hervorrufen.

Gewöhnlicher Beifuß, Gemeiner Beifuß *Artemísia vulgáris*
Korbblütengewächse *Asteráceae (Compósitae)*

Juli–Okt.
0,3–1,5 m
♃ (※)

Beschreibung: Blüten in zahlreichen kleinen Körbchen, diese in zusammengesetzt-rispigem Blütenstand, um 4 mm lang, weißfilzig, Blüten bräunlich-rötlich oder -gelblich. Stengelblätter wechselständig, oberseits grün und kahl, unterseits grauweißfilzig behaart, fiederteilig; Abschnitte tief gezähnt.
Vorkommen: Ödland, Wege, Ufer, Gebüsche. Liebt stickstoffsalzreiche, frische, ja feuchte Böden, die basenreich sein können, aber nicht müssen. Sehr häufig.
Wissenswertes: Alte Heilpflanze. Enthält ätherische Öle, u. a. mit Cineol, aber mit nur geringen Mengen des giftigen Thujons, sowie einen Bitterstoff.

Rote Pestwurz, Gemeine Pestwurz *Petasítes hýbridus*
Korbblütengewächse *Asteráceae (Compósitae)*

Febr.–Mai
10–40 cm
♃ (※)

Beschreibung: Blüten purpurn bis blaß rosa; zahlreiche Körbchen in traubigem Gesamtblütenstand, 0,5–1 cm im Durchmesser. Pflanze zur Blütezeit ohne Blätter; diese entwickeln sich später; Spreite rundlich-herzförmig, bis 60 cm lang.
Vorkommen: Ufer, Gräben, feuchte Waldstellen. Liebt basen- und stickstoffsalzreichen Boden. Fehlt im Tiefland und auf Sand gebietsweise; sonst häufig.
Wissenswertes: „Pestwurz" erinnert an die frühere Verwendung der Pflanze als Pestheilmittel. Enthält im Wurzelstock ätherische Öle, Bitterstoff und Gerbstoffe und in geringer Menge giftige Pyrrolizidinalkaloide. Keiner dieser Inhaltsstoffe kann Pesterreger abtöten oder Pestsymptome wirklich lindern.

Grauer Alpendost, Filz-Alpendost *Adenostýles alliáriae*
Korbblütengewächse *Asteráceae (Compósitae)*

Juli–Aug.
0,6–1,5 m
♃

Beschreibung: Blüten in Körbchen, diese in doldig-rispigem Gesamtblütenstand, um 1 cm lang. Stengel oben reifartig kurzhaarig, in der unteren Hälfte praktisch kahl. Grundblätter langstielig, bis 50 cm im Durchmesser, unregelmäßig grob gezähnt, unterseits filzig, am Stielansatz herzförmig eingebuchtet.
Vorkommen: Bergwälder, Hochstaudenfluren. Liebt stickstoffsalzreichen, basenhaltigen Boden. Schwarzwald, Alpenvorland, Alpen zerstreut; fehlt sonst.
Wissenswertes: Der Graue Alpendost ist eine alpine Art. Wo er außerhalb der Alpen vorkommt, muß er als ein Relikt der Eiszeiten angesehen werden.

BLÜTENFARBE ROT

Filzige Klette, Filz-Klette *Árctium tomentósum*
Korbblütengewächse *Asteráceae (Compósitae)*

Juli–Sept.
0,5–1,2 m
☉

Beschreibung: Blüten in kugeligen, stark spinnwebig behaarten, rispig angeordneten Körbchen, diese 2–3 cm im Durchmesser; nur Röhrenblüten; Hüllblätter der Körbchen hakig. Stengel beblättert. Blätter am Grund herzförmig-rundlich.
Vorkommen: Ödland, Wege, Ufer. Liebt ausgesprochen basen- und stickstoffsalzreichen, eher frischen als trockenen Lehm- oder Tonboden. Fehlt im westlichen Tiefland und in Gebieten mit kalkarmem Gestein weithin; sonst zerstreut.
Wissenswertes: Enthält u.a. Schleimstoffe, ätherische und fettende Öle sowie Polyacetylene, die pilztötend und bakterienhemmend wirken; alte Heilpflanze.

Große Klette *Árctium láppa*
Korbblütengewächse *Asteráceae (Compósitae)*

Juli–Sept.
0,5–1,5 m
☉

Beschreibung: Blüten in kugeligen, kaum spinnwebig behaarten, rispig angeordneten Körbchen von 3–4 cm im Durchmesser; nur Röhrenblüten; Hüllblätter hakig. Stengel beblättert. Blätter breit-herzförmig, bis 50 cm im Durchmesser.
Vorkommen: Ödland, Wege, Ufer. Liebt basen- und vor allem stickstoffsalzreichen, eher frischen als trockenen Boden. Im Tiefland westlich der Weser und im Bergland mit Sand- oder Silikatböden weithin fehlend; sonst zerstreut.
Wissenswertes: Die Wurzelstöcke und die jungen Triebe sollen früher gegessen worden sein; dies erscheint zweifelhaft, weil erstere unangenehm riechen.

Kleine Klette *Árctium mínus*
Korbblütengewächse *Asteráceae (Compósitae)*

Juli–Sept.
0,5–1,3 m
☉

Beschreibung: Blüten in fast kahlen Körbchen, diese 1,5–2,5 cm im Durchmesser; nur Röhrenblüten; Hüllblätter hakig, die inneren oft mit rötlicher Spitze. Stengel oft purpurn überlaufen. Blätter breit-eiförmig, bis 25 cm lang.
Vorkommen: Ödland, Wege, Ufer. Liebt basen- und besonders stickstoffsalzreichen Boden. Fehlt in Gegenden mit rauhem Klima oder Sandboden; sonst häufig.
Wissenswertes: Die Kletten-Arten bilden ihre Samen meist durch Selbstbefruchtung. Fremdbefruchtung kommt ebenfalls vor. Da die Arten unter sich kreuzbar sind, kommt es leicht zu Bastarden, die wiederum bastardieren können. Viele der auftretenden Formen sind daher nicht eindeutig bestimmbar.

Hain-Klette *Árctium nemorósum*
Korbblütengewächse *Asteráceae (Compósitae)*

Juli–Sept.
1–2,5 m
☉

Beschreibung: Blüten in kugeligen, mäßig dicht spinnwebig behaarten, an Stengel und Ästen locker, nach oben hin eher gedrängt traubig angeordneten Körbchen; diese um 2,5 cm hoch, 3–4 cm dick; nur Röhrenblüten; Hüllblätter hakig. Äste oft überhängend. Blätter breit-herzförmig, bis 50 cm lang, 2/3 so breit.
Vorkommen: Waldlichtungen und -wege, waldnahes Ödland. Liebt kalkhaltige, mäßig basen- und sehr stickstoffsalzreiche Böden. Fehlt im Tiefland westlich der Elbe und in den Mittelgebirgen mit kalkarmem Gestein; sonst zerstreut.
Wissenswertes: Wird üblicherweise als Kleinart der Kleinen Klette angesehen. Bastarde (s. oben) erschweren die Zuordnung mancher Individuen zu den Arten.

BLÜTENFARBE ROT

Nickende Distel *Cárduus nútans*
Korbblütengewächse *Asteráceae (Compósitae)*

Juli–Sept.
0,3–1,5 m
☉

Beschreibung: Blüten in einzelnen, nickenden Körbchen von 3,5–7 cm Durchmesser; nur Röhrenblüten; Hüllblätter des Körbchens mit Stachelspitze; Haare der Früchte nicht gefiedert (Lupe!). Blätter fiederspaltig, Abschnitte bestachelt.

Vorkommen: Ödland, Raine. Liebt basen- und stickstoffsalzreichen Boden. Fehlt im Tiefland und in den Gebieten mit kalkarmen Böden weithin; sonst zerstreut.

Wissenswertes: Die Bestachelung von Stengel und Blättern ist ein wirksamer Fraßschutz. Man kann dies gelegentlich sehen, wenn die Nickende Distel Viehweiden besiedelt: Das Weidevieh verschmäht sie, so daß sie auf der kurzgefressenen Weide meist schon von weitem und auf den ersten Blick auffällt.

Weg-Distel *Cárduus acanthoídes*
Korbblütengewächse *Asteráceae (Compósitae)*

Juli–Okt.
0,3–1,2 m
☉

Beschreibung: Pflanze hartstachelig; Blüten in einzelnen oder zu 2–3 gedrängten Körbchen, die um 2,5 cm lang und um 3 cm dick werden; nur Röhrenblüten, Hüllblätter des Körbchens mit gelblicher Stachelspitze, locker spinnwebig behaart; Haare der Früchte nicht gefiedert (Lupe!). Stengel kraus-stachelig schmal geflügelt. Blätter kahl, fiederspaltig; Abschnitte bestachelt.

Vorkommen: Wege, Ödland. Liebt stickstoffsalz- und meist basenreiche Böden in warmer Lage. Im östlichen Bergland zerstreut; sonst selten oder fehlend.

Wissenswertes: Bestäuber der Blüten sind Bienen und langrüßlige Hummeln.

Krause Distel *Cárduus críspus*
Korbblütengewächse *Asteráceae (Compósitae)*

Juli–Sept.
0,5–2 m
♃

Beschreibung: Pflanze weichstachelig; Blüten in Körbchen, die um 2 cm lang und um 1,5 cm dick werden; nur Röhrenblüten; Hüllblätter mit zarter Stachelspitze, fast kahl; Haare der Früchte nicht gefiedert (Lupe!). Stengel kraus-stachelig schmal geflügelt. Blätter unterseits filzig, fiederspaltig, bestachelt.

Vorkommen: Ödland, Wege, Ufer. Liebt basen- und stickstoffsalzreichen Boden. Fehlt im Tiefland und in rauhen Lagen des Berglands weithin; sonst zerstreut.

Wissenswertes: Scheint eine gewisse Vorliebe für eine relativ hohe Luftfeuchtigkeit zu haben. In Flußtälern tritt sie oft in lockeren Beständen auf.

Alpen-Distel, Berg-Distel *Cárduus deflorátus*
Korbblütengewächse *Asteráceae (Compósitae)*

Juni–Okt.
10–90 cm
♃

Beschreibung: Blüten in einzelnen, oft nickenden Körbchen von 2 cm Durchmesser; nur Röhrenblüten; Hüllblätter des Körbchens kaum stachelig; Haare der Früchte nicht gefiedert (Lupe!). Stengel oberwärts meist unbeblättert und stachellos. Stengelblätter fiederspaltig oder ungeteilt, stachelig gezähnt.

Vorkommen: Halbtrockenrasen, Flachmoore, Trockenwälder und -gebüsche. Liebt basenreichen, aber nicht allzu stickstoffsalzhaltigen Boden. Kalkmittelgebirge, Alpenvorland, Kalkalpen zerstreut; Schwarzwald vereinzelt; fehlt sonst.

Wissenswertes: Die Art ist sehr formenreich. Blattform, Blattfarbe, Höhe des Stengelabschnitts, der unbeblättert ist, und Grad der Bestachelung variieren.

BLÜTENFARBE ROT

Wollköpfige Kratzdistel, Woll-Kratzdistel *Cirsium eriophorum*
Korbblütengewächse *Asteráceae (Compósitae)*

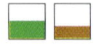

Juli–Sept.
0,5–1,5 m
☉

Beschreibung: Pflanze distelartig; Körbchen nur mit Röhrenblüten, 3–5 cm lang, 3–6 cm breit; Hüllblätter mit langem Stachel, spinnwebig-wollig; Haare der Früchte gefiedert. Stengel stachellos, ohne herablaufende Blattleisten. Fiederabschnitte in einen langen, gelblichen Stachel auslaufend.

Vorkommen: Weiden, Raine, Ödland. Liebt stickstoffsalz- und kalkhaltigen, ja basenreichen Boden. Fehlt im Tief- und im Bergland mit kalkarmen Gesteinen sowie im Alpenvorland oder kommt dort nur vereinzelt vor; sonst zerstreut.

Wissenswertes: Auf Weiden fällt die Woll-Kratzdistel auf, weil sie vom Vieh verschmäht wird. Ihr sparriger Wuchs macht sie schon von weitem kenntlich.

Gewöhnliche Kratzdistel, Lanzett-Kratzdistel *Cirsium vulgáre*
Korbblütengewächse *Asteráceae (Compósitae)*

Juni–Okt.
0,5–1,5 m
☉

Beschreibung: Pflanze distelartig; Körbchen nur mit Röhrenblüten, 3–4 cm lang, 2–3 cm breit; Hüllblätter mit langem Stachel, kaum spinnwebig; Haare der Früchte gefiedert. Stengel mit herablaufenden, stacheligen Blattleisten, stechend-steifhaarig. Fiederabschnitte in einen Stachel auslaufend.

Vorkommen: Ödland, Wege, Raine, Ufer, Waldlichtungen. Liebt stickstoffsalzreiche, meist basenhaltige, frische Böden. Fehlt kaum irgendwo; sehr häufig.

Wissenswertes: Die Blüten werden außer von Bienen und Hummeln vielfach von Schmetterlingen (z. B. Pfauenauge, Kaisermantel, Blutströpfchen) bestäubt.

Bach-Kratzdistel *Cirsium riváre*
Korbblütengewächse *Asteráceae (Compósitae)*

Mai–Juli
0,3–1,2 m
♃

Beschreibung: Pflanze distelartig; Körbchen nur mit Röhrenblüten, 2–3 cm lang, ebenso breit; mittlere Hüllblätter mit eher weicher, abgebogener Spitze; Haare der Früchte gefiedert. Stengel in der oberen Hälfte blattlos; oberste Stengelblätter lanzettlich, sitzend, untere fiederteilig, weichstachelig.

Vorkommen: Ufer, Gräben, Sumpfwiesen. Liebt basenreichen, stickstoffsalzhaltigen, feuchtnassen Boden. Vereinzelt in der Oberlausitz; im Schwäbischen Jura und im Alpenvorland zerstreut, oft in lockeren Beständen; fehlt sonst.

Wissenswertes: Größere Vorkommen der Bach-Kratzdistel zeigen Düngung an.

Stengellose Kratzdistel, Erd-Kratzdistel *Cirsium acaūle*
Korbblütengewächse *Asteráceae (Compósitae)*

Juli–Sept.
5–25 cm
♃

Beschreibung: Pflanze distelartig; Körbchen nur mit Röhrenblüten, 2,5–3,5 cm lang, 1–2 cm breit; äußere und mittlere Hüllblätter mit kaum stechender Spitze; Haare der Früchte gefiedert. Stengel nur wenige cm lang oder fehlend; Blätter fiederteilig; Fiedern 3–4lappig; Lappen in einen Stachel auslaufend.

Vorkommen: Halbtrockenrasen, Trockengebüsche, extensiv genutzte Weiden. Liebt basenreichen, stickstoffsalzarmen Boden. Im Bergland mit kalkhaltigen oder sonst basenreichen Böden und im östlichen Tiefland zerstreut; fehlt sonst.

Wissenswertes: Möglicherweise hängt die Stengelbildung von der Lichtmenge ab, die die Pflanze bekommt; im hohen Gras sind Pflanzen mit Stengel häufiger.

BLÜTENFARBE ROT

Sumpf-Kratzdistel *Cirsium palústre*
Korbblütengewächse *Asteráceae (Compósitae)*

Juli–Okt.
0,5–2 m
☉

Beschreibung: Pflanze distelartig; Körbchen zu 2–8 kopfig-doldig, nur mit Röhrenblüten, 1–1,5 cm lang, kaum 1 cm breit; äußere Hüllblätter mit eher weicher, abgebogener Spitze; Haare der Früchte gefiedert. Stengel bis fast unter die Körbchen mit herablaufenden Blatträndern, diese reich bestachelt.

Vorkommen: Feuchtstellen in Wäldern, an Wegen, in Hochstaudenfluren und an Ufern. Liebt mäßig basenhaltigen, stickstoffsalzarmen Boden. Häufig.

Wissenswertes: An den Stengeln der Sumpf-Kratzdistel hängen zuweilen speichelartige Klümpchen, die im Volksmund „Kuckucksspeichel" heißen. Es handelt sich um die Kinderstube von Schaumzikaden aus der Gattung *Philaēnus* (s. auch S. 236).

Acker-Kratzdistel *Círsium arvénse*
Korbblütengewächse *Asteráceae (Compósitae)*

Juli–Okt.
0,5–1,5 m
♃

Beschreibung: Pflanze distelartig; Körbchen zu 1–5 locker traubig angeordnet, nur mit Röhrenblüten, um 1,5 cm lang und halb so breit; Hüllblätter in einen oft schwarzroten Stachel auslaufend; Haare der Früchte gefiedert. Stengel nicht geflügelt. Blätter ungeteilt und buchtig gezähnt oder fiederteilig.

Vorkommen: Äcker, Waldlichtungen, Ufer. Liebt mäßig stickstoffsalzreichen Boden, der auch basen- und kalkarm sein kann. Sehr häufig und oft in Beständen.

Wissenswertes: Die Acker-Kratzdistel war eine Pflanze lichter Wälder oder der Flußufer, ehe sie mit dem aufkommenden Ackerbau zum „Unkraut" geworden ist.

Echte Färberscharte, Färber-Scharte *Serrátula tinctória*
Korbblütengewächse *Asteráceae (Compósitae)*

Juli–Sept.
0,2–1,2 m
♃

Beschreibung: Körbchen zahlreich, locker doldig-rispig angeordnet, 1,5–2 cm lang, 5–9 mm breit; nur Röhrenblüten; Hüllblätter schwarzviolett, kurz weiß bewimpert. Stengelblätter fein und scharf oder tief gezähnt bis fiederteilig.

Vorkommen: Flachmoore, Gräben, lichte Laubwälder. Liebt basen- und mäßig stickstoffsalzreichen, wechselfeuchten Boden. Im Tiefland und im Bergland mit kalkarmem Gestein oder rauhem Klima fehlend oder vereinzelt; sonst selten.

Wissenswertes: Enthält in den Blättern die farblose Vorstufe (= Serratulin) des Farbstoffes „Schüttgelb", der früher zum Färben von Wolle und Baumwolle verwendet worden ist. Die Vorstufe wird in Laugen zum Farbstoff umgewandelt.

Skabiosen-Flockenblume, Grind-Flockenblume *Centaūrea scabiósa*
Korbblütengewächse *Asteráceae (Compósitae)*

Juni–Okt.
0,3–1,2 m
♃

Beschreibung: Blüten in Körbchen, die 2–3 cm lang und 3–5 cm breit werden; nur Röhrenblüten; Randblüten vergrößert; Hüllblätter graugrün mit schwarzbrauner, dicht und lang gefranster Spitze. Blätter fiederteilig.

Vorkommen: Halbtrockenrasen, trockene Magerwiesen, Raine. Liebt basen- und meist kalkreichen, stickstoffsalzarmen Boden. Fehlt im westlichen Tiefland und in den Mittelgebirgen mit kalkfreiem Gestein weithin; sonst zerstreut.

Wissenswertes: Der Gattungsname wird vom Zentaur Chiron hergeleitet, einer Figur aus der griechischen Sage. Ihm wurden Kenntnisse in der Heilkunde zugeschrieben.

Echte Färberscharte
Serratula tinctoria

Sumpf-Kratzdistel
Cirsium palustre

Acker-Kratzdistel
Cirsium arvense

Skabiosen-Flockenblume
Centaurea scabiosa

BLÜTENFARBE ROT

Wiesen-Flockenblume, Gemeine Flockenblume Centaūrea jacéa
Korbblütengewächse *Asteráceae (Compósitae)*

Juni–Okt.
10–90 cm
♃

Beschreibung: Blüten in Körbchen, die 1–2,5 cm lang und 2–4 cm breit werden; nur Röhrenblüten; Randblüten vergrößert; Hüllblätter grün, mit hellbraunem, häutigen Anhängsel, dieses meist grob zerlappt. Blätter ganzrandig oder gezähnt.
Vorkommen: Wiesen, Weiden, Flachmoore. Liebt basen- und stickstoffsalzhaltige Böden. Fehlt im westlichen Tiefland kleineren Gebieten; sonst häufig.
Wissenswertes: Bei der Wiesen-Flockenblume wirkt – wie auch bei den übrigen Arten der Gattung – das Körbchen als Ganzes anlockend auf bestäubende Insekten. Die vergrößerten Randblüten sind sogar unfruchtbar und dienen als Schauapparat. Enthält Gerbstoffe; ist als Heilpflanze wohl nicht verwendet worden.

Schwarze Flockenblume Centaūrea nígra
Korbblütengewächse *Asteráceae (Compósitae)*

Juli–Sept.
10–70 cm
♃

Beschreibung: Blüten in Körbchen, die 1,5–2 cm lang und ebenso breit werden; nur Röhrenblüten; Randblüten nicht vergrößert; Hüllblätter mit einem braun-schwarzen Anhängsel, dieses meist tief und regelmäßig kammartig gefranst. Blätter lanzettlich, ganzrandig oder fein gezähnt, jung unterseits spinnwebig-wollig.
Vorkommen: Wälder, Magerweiden, Heiden. Liebt basen- und stickstoffsalzarmen, sandigen Lehmboden. Westliches Bergland mit kalkarmem Gestein; zerstreut.
Wissenswertes: Die Art hat ihr Hauptareal in West- und Südwesteuropa. Sie erreicht in Deutschland und in der Toscana die Ostgrenze ihres Vorkommens.

Hasenlattich, Roter Hasenlattich Prenánthes purpúrea
Korbblütengewächse *Asteráceae (Compósitae)*

Juli–Sept.
0,3–2 m
♃

Beschreibung: Meist 5 Zungenblüten im Körbchen; Körbchen rispig angeordnet, 1–1,5 cm im Durchmesser. Pflanze mit Milchsaft. Stengel im Blütenstandsbereich oft vornübergebogen. Untere Stengelblätter gezähnt, obere ganzrandig, sitzend.
Vorkommen: Lichte Wälder. Liebt ziemlich stickstoffsalzhaltige, eher kalkarme, frische Böden in Lagen mit hoher Luftfeuchtigkeit. Fehlt nördlich der „Mainlinie" weithin. Im kalkarmen Bergland südlich dieser Linie zerstreut.
Wissenswertes: „Prenanthes" verweist auf das eigentümliche Nicken des Blütenstands (prenes, griech. = vorwärtsgeneigt; anthos, griech. = Blüte); ob „Hasenlattich" bedeutet, daß Hasen die Pflanze gerne fressen, ist umstritten.

Orangerotes Habichtskraut Hierácium aurantíacum
Korbblütengewächse *Asteráceae (Compósitae)*

Juni–Aug.
20–40 cm
♃

Beschreibung: Körbchen zu 2–12 in zunächst gedrungener, doldenartiger Rispe, 2–3 cm im Durchmesser; nur Zungenblüten, diese orangegelb oder orangerot; Haare der Früchte schmutzigweiß, brüchig. Grundblätter blaß blaugrün, stumpf.
Vorkommen: Bergwiesen, extensiv genutzte Weiden, Rasen. Liebt mäßig basenhaltige, stickstoffsalzarme Böden. Nur in Gegenden mit kalkarmen Böden; selten.
Wissenswertes: Die Pflanze wurde früher recht oft in Bauerngärten als Zierpflanze gehalten. Aus solchen Kulturen ist sie nicht selten verwildert und hat sich ortsnah – und zwar oft in Nordlagen oder am Waldrand – angesiedelt.

BLÜTENFARBE ROT

Schwanenblume, Wasserliesch *Bútomus umbellátus*
Schwanenblumengewächse *Butomáceae*

Juni–Aug.
0,5–1,8 m
♃

Beschreibung: Blütenstand doldig; Blüten 2–3 cm im Durchmesser; die 3 äußeren Blütenhüllblätter außen oft grünlich; die 3 inneren durchweg rosa, alle dunkler geadert. Stengel rund. Blätter grasartig, rinnig, am Grund scheidenartig.
Vorkommen: Röhricht am Ufer stehender oder sehr langsam fließender Gewässer. Liebt stickstoffsalzreichen Schlammboden. Fehlt größeren Gebieten; selten.
Wissenswertes: Je nachdem, ob die Pflanze im Wasser steht, also zumindest mit Teilen untertaucht, oder auf dem Trockenen wächst, ändert sich vor allem die Blattform. An untergetauchten Exemplaren wurden Blätter gefunden, die kaum 2 mm breit, aber um 2 m lang waren. Ganz untergetauchte Pflanzen blühen nicht.

Herbst-Zeitlose, Zeitlose *Cólchicum autumnále*
Zeitlosengewächse *Colchicáceae*

Aug.–Okt.
5–10 cm
♃ ☠

Beschreibung: Blüten auf hellem „Stiel", blattlos, 8–12 cm im Durchmesser, hellrosa, hellviolett oder tief rosa. Blätter entwickeln sich erst im folgenden Frühjahr; sie sind schwach fleischig, tulpenblätterartig; sie umhüllen die Fruchtkapsel.
Vorkommen: Feuchte Wiesen und Wälder. Liebt mäßig basen- und stickstoffsalzhaltigen, humos-sauren, sicker- oder wechselfeuchten Boden. Fehlt im Tiefland weithin, im Bergland mit kalkarmem Gestein gebietsweise; sonst häufig.
Wissenswertes: Der Fruchtknoten der Herbst-Zeitlosen befindet sich tief in der Blütenröhre („Stiel") unter der Erde. Dort bleibt er bis zum Frühjahr. – Enthält den Giftstoff Colchizin. Dieses Zellgift hemmt u. a. die Zellteilung.

Türkenbund-Lilie *Lílium mártagon*
Liliengewächse *Liliáceae*

Juni–Aug.
0,3–1,5 m
♃ ▽

Beschreibung: Blüten in armblütiger Traube, nickend, mit zurückgekrümmten Blütenblättern, 5–8 cm im Durchmesser; Blütenblätter trübrosa, dunkler gepunktet. Blätter bis 15 cm lang, zumindest unten am Stengel quirlständig.
Vorkommen: Wälder, Bergwiesen. Liebt basen-, stickstoffsalz- und mullreichen Boden. Fehlt im Tiefland und im Bergland mit kalkarmem Gestein; sonst selten.
Wissenswertes: Die Fleckung der Blütenblätter ist erblich, nicht aber das Muster, das die Flecken bilden. Daher gleicht kein Blütenblatt exakt dem anderen. – Rehe scheinen manchenorts gerne die Knospen der Pflanze zu fressen.

Weinbergs-Lauch *Állium vineále*
Lauchgewächse *Alliáceae*

Juni–Aug.
25–75 cm
♃

Beschreibung: Lockere, kugelige Scheindolde; zwischen den Blüten stets dunkelrote Brutzwiebeln (zuweilen nur Brutzwiebeln ausgebildet); Blütenstiele etwa 2 cm, Blüten um 5 mm lang, glockig. Blätter röhrig-rinnig, nie flach.
Vorkommen: Weinberge, Rasen und Parkanlagen. Liebt basen- und stickstoffsalzreichen, lockeren Boden; etwas wärmeliebend, daher fast nur in milden Lagen (Weinbaugebiet). Fehlt in Gegenden mit kalkarmen Böden weithin, sonst selten.
Wissenswertes: Der Weinbergs-Lauch wurde wahrscheinlich zusammen mit Weinstöcken aus Südosteuropa nach Mitteleuropa gebracht. Geht neuerdings zurück.

Weinbergs-Lauch
Allium vineale

Herbst-Zeitlose
Colchicum autumnale

Türkenbund-Lilie
Lilium martagon

Schwanenblume
Butomus umbellatus

BLÜTENFARBE ROT

Hohler Lerchensporn Corýdalis cáva
Erdrauchgewächse *Fumariáceae*

März–Mai
10–30 cm
♃ ☠

Beschreibung: 10–20 Blüten stehen in einer eher dichten Traube; Tragblätter ganzrandig; Blüten meist trübrot, selten violett oder weiß. Stengel 2blättrig. Blätter doppelt 3zählig, eingeschnitten, blaugrün, zart. Knolle hohl (Name!).
Vorkommen: Auwälder, Laubwälder, warme Gebüsche, waldnahe Rasen, Weinbergsbrachen. Liebt feuchte, lockere, stickstoffsalz- und basenreiche Böden. Fehlt in Gegenden mit kalkarmem Gestein weithin; sonst selten, aber oft bestandsbildend.
Wissenswertes: Die Samen des Hohlen Lerchensporns haben nährstoffreiche Anhängsel. Ameisen verschleppen die Samen, fressen die Anhängsel und verbreiten so die Art. – Enthält – besonders in der Knolle – Alkaloide; alte Heilpflanze.

Gefingerter Lerchensporn Corýdalis sólida
Erdrauchgewächse *Fumariáceae*

März–Mai
10–20 cm
♃ ☠ ▽

Beschreibung: 5–20 Blüten stehen in leicht einseitswendiger Traube; Tragblätter fingerförmig geteilt; Blüten trübrot oder violett. Stengel 2–3blättrig; Blätter doppelt 3zählig, eingeschnitten, blaugrün. Knolle nicht hohl.
Vorkommen: Laubwälder, warme Gebüsche, Auen. Liebt feuchten, lockeren, stickstoffsalz-, basen- und mullreichen, zuweilen aber auch kalkarmen Boden. Fehlt im Tiefland und in den rauhen Lagen des Berglands weithin; sonst selten.
Wissenswertes: Ameisen verschleppen die Samen und verbreiten so die Art. – Enthält – besonders in der Knolle – Alkaloide (z. B. Bulbocapnin, Corydalin).

Gewöhnlicher Erdrauch, Echter Erdrauch Fumária officinális
Erdrauchgewächse *Fumariáceae*

Apr.–Okt.
10–40 cm
☉ (☠)

Beschreibung: 10–50 Blüten stehen in Trauben; Tragblätter lineal, halb so lang wie der Fruchtstiel; Blüten 6–9 mm lang, rosa, vorne schwarzrot; auf der Oberlippe grünlich. Blätter doppelt gefiedert; Teilblättchen tief geteilt.
Vorkommen: Äcker, Weinberge, Ödland, Gärten. Liebt basenhaltigen, auch kalkarmen, stickstoffsalzreichen Boden. Fehlt im Tiefland und in den höheren Lagen des Berglands sowie im Alpenvorland kleineren Gebieten; sonst häufig.
Wissenswertes: Fumus, lat. = Rauch. Bestände des Krautes können wie Rauch aussehen. Diese Deutung ist wohl falsch. Plinius nannte eine Pflanze Fumaria, deren Saft zu Tränen reizte. Solches ist von Erdrauch nicht bekannt.

Zaun-Wicke Vicia sépium
Schmetterlingsblütengewächse *Fabáceae (Leguminósae)*

Mai–Aug.
20–60 cm
♃

Beschreibung: Blüten zu 2–6 traubig-büschelig und etwas einseitswendig in den Achseln der oberen Blätter, 1–1,5 cm lang, rot- oder blauviolett. Blätter gefiedert; statt des Endblättchens eine Ranke; 8–14 eiförmige Teilblättchen.
Vorkommen: Halbtrockenrasen, Wiesen, Wege, Gebüsche, Wälder. Liebt basen- und mäßig stickstoffsalzreichen Boden. Fehlt örtlich im Tiefland; sonst häufig.
Wissenswertes: Die Zaun-Wicke scheidet auf der Unterseite ihrer Nebenblätter Nektar ab. Ameisen lecken ihn auf. Deshalb sieht man sie häufig an den Stengeln und am Blattgrund. – Die Zaun-Wicke ist ein eiweißreiches Futterkraut.

BLÜTENFARBE ROT

Schmalblättrige Futter-Wicke *Vicia angustifólia*
Schmetterlingsblütengewächse *Fabáceae (Leguminósae)*

Mai–Juli
10–60 cm
☉ (☠)

Beschreibung: Blüten einzeln oder zu 2 in den Achseln der obersten Blätter, 1,5–2,5 cm lang; Fahne hell rotviolett, Flügel satt purpurviolett. Blätter gefiedert; statt des Endblättchens eine Ranke; obere Blätter mit 6–14 Teilblättchen; diese 1–2 cm lang, 2–4 mm breit, mit aufgesetztem Spitzchen.

Vorkommen: Äcker, Ödland, Halbtrockenrasen. Liebt mäßig stickstoffsalzhaltige Böden. Fehlt örtlich (z. B. im Alpenvorland und im Schwarzwald); sonst häufig.

Wissenswertes: Aus der Schmalblättrigen Futter-Wicke hat man die Echte Futter-Wicke (Fahne blauviolett; Hülse eingeschnürt) als Nutzpflanze herausgezüchtet. Sie wird oft zusammen mit Klee angebaut. Da und dort ist sie verwildert.

Sand-Wicke *Vicia lathyroídes*
Schmetterlingsblütengewächse *Fabáceae (Leguminósae)*

Apr.–Mai
5–20 cm
☉

Beschreibung: Blüten einzeln in den Achseln der oberen Blätter, um 7 mm lang, hellviolett. Stengel liegend. Blätter gefiedert; statt des Endblättchens eine Ranke; obere Blätter mit 4–6 Teilblättchen, diese um 1 cm lang und 3 mm breit.

Vorkommen: Brachen auf sandigen Äckern, lückige Sandrasen. Liebt basen- und stickstoffsalzarme, lockere Böden. In den Sandgebieten selten; fehlt sonst.

Wissenswertes: Die Art pflanzt sich durch Selbstbefruchtung fort. Die Blüten öffnen sich nicht richtig. Wahrscheinlich produzieren sie keinen Nektar mehr. Auch kleine Insekten, die als Bestäuber in Frage kämen, fliegen sie nicht an.

Frühlings-Platterbse *Láthyrus vérnus*
Schmetterlingsblütengewächse *Fabáceae (Leguminósae)*

Apr.–Juni
20–40 cm
♃

Beschreibung: 3–7 Blüten in lockerer Traube in den Achseln der oberen Blätter, 1,5–2 cm lang, erst leuchtend purpurrot, dann bläulich. Stengel ungeflügelt. Blätter gefiedert; statt des Endblättchens kurze Spitze; Blätter mit 4–8 Teilblättchen, diese 3–7 cm lang, um 2 cm breit, oft hell gelblich-grün.

Vorkommen: Wälder. Liebt basenreichen Boden. Im Tiefland im Osten selten, im Westen ebenso wie im Bergland mit kalkarmem Gestein fehlend; sonst zerstreut.

Wissenswertes: Der Name „Platterbse" bezieht sich auf die abgeplatteten Samen. – Die Verfärbung der Blüten wird durch einen Wechsel im Säuregrad des Zellsaftes hervorgerufen. In jungen Blüten ist er sauer, der Farbstoff rot.

Schwarzwerdende Platterbse *Láthyrus níger*
Schmetterlingsblütengewächse *Fabáceae (Leguminósae)*

Juni–Juli
30–80 cm
♃

Beschreibung: 3–10 Blüten in ziemlich dichter Traube in den Achseln der oberen Blätter, 1–1,5 cm lang, meist trüb weinrot. Stengel ungeflügelt. Blätter gefiedert; statt des Endblättchens kurze Spitze; Blätter mit 8–12 Teilblättchen, diese 1–4 cm lang, um 1 cm breit, beim Trocknen schwarz werdend.

Vorkommen: Wälder, Waldränder. Liebt stickstoffsalz- und kalkarme Böden. Tiefe Lagen im Bergland südlich der Mainlinie, zerstreut; fehlt sonst weithin.

Wissenswertes: Das Schwarzwerden wird möglicherweise durch ein (alkohollösliches) „Öl" bewirkt, das beim Trocknen mit Gerbstoffen reagiert.

BLÜTENFARBE ROT

Strand-Platterbse *Láthyrus marítimus*
Schmetterlingsblütengewächse *Fabáceae (Leguminósae)*

Juni – Aug.
15 – 50 cm
♃

Beschreibung: 4 – 8 Blüten in lockerer Traube in den Achseln der oberen Blätter, 1,5 – 2 cm lang; Fahne purpur-, Flügel blauviolett, Schiffchen blaßblau. Stengel ungeflügelt, liegend. Blätter gefiedert; statt des Endblättchens eine Ranke; Blätter mit 6 – 8 Teilblättchen, diese 2 – 4 cm lang, 0,5 – 2 cm breit.
Vorkommen: Weißdünen an Nord- und Ostseeküste. Liebt basenhaltigen Sand, der auch Kochsalz enthalten kann. Gilt als Flugsandfestiger; früher gepflanzt.
Wissenswertes: Die Samen der Strand-Platterbse sind schwimmfähig. Kommen sie dem Spülsaum nahe, werden sie abgeschwemmt und durch Strömung verbreitet.

Berg-Platterbse *Láthyrus linifólius*
Schmetterlingsblütengewächse *Fabáceae (Leguminósae)*

Apr. – Juni
15 – 30 cm
♃

Beschreibung: 3 – 6 Blüten in leicht einseitswendiger Traube in den Achseln der oberen Blätter, 1,2 – 2 cm lang, erst hell purpurrot, dann bläulich-grün. Stengel schmal geflügelt. Blätter paarig gefiedert, mit kurzer Spitze und mit 4 – 8 Teilblättchen, diese 2 – 5 cm lang, 4 – 9 mm breit, zumindest unterseits blaugrün.
Vorkommen: Wälder, Rasen, Heiden. Liebt basen- und stickstoffsalzarmen Boden. Fehlt im Tiefland und in rauhen Lagen des Berglands weithin; sonst zerstreut.
Wissenswertes: Der Wurzelstock treibt Ausläufer, die knollig verdickt sind. Die Knollen hat man früher in Notzeiten gegessen. Aus den Knollen der Ausläufer treiben Tochterpflanzen; daher wächst die Pflanze in kleinen Nestern.

Knollen-Platterbse, Erdnuß-Platterbse *Láthyrus tuberósus*
Schmetterlingsblütengewächse *Fabáceae (Leguminósae)*

Juni – Aug.
0,2 – 1 m
♃

Beschreibung: 2 – 5 Blüten in lockerer Traube in den Achseln der oberen Blätter, 1,3 – 2 cm lang, hell purpurrot. Stengel ungeflügelt. Blätter mit 1 Paar Teilblättchen und 1, oft verzweigten Ranke, Blättchen 1,5 – 4 cm lang, um 1 cm breit, graugrün.
Vorkommen: Äcker, Brachen, Ödland, Wegränder. Liebt basenreichen, stickstoffsalzhaltigen Boden. Im Bergland mit Kalkgestein zerstreut; sonst sehr selten.
Wissenswertes: Tritt seit Jahren häufiger auf, da ihre spät austreibenden Jungpflanzen von Herbiziden meist nicht mehr erfaßt werden. – Bildet Knollen, die 3 – 4jährigen Pflanzen haselnußgroß werden können. Sie enthalten Stärke. In Hungerzeiten hat man sie wie Kastanien zubereitet und gegessen.

Wilde Platterbse, Wald-Platterbse *Láthyrus sylvéstris*
Schmetterlingsblütengewächse *Fabáceae (Leguminósae)*

Juli – Aug.
1 – 2 m
♃ (☠)

Beschreibung: 3 – 10 Blüten in leicht einseitswendigen Trauben, 1,2 – 2 cm lang, Fahne hell purpurn, außen grünlich überlaufen, Flügel purpurrot, Schiffchen elfenbeinweiß, grünlich überhaucht. Stengel breit geflügelt. Blätter mit 1 Paar Teilblättchen und 1, oft verzweigten Ranke, Blättchen 2 – 4 cm lang, um 1 cm breit.
Vorkommen: Waldränder, Gebüsche, Wegränder, Raine. Liebt basenreiche, stickstoffsalzarme Böden in warmen Lagen. Fehlt im Tiefland, im Bergland mit kalkarmen Gesteinen und im Alpenvorland auch größeren Gebieten; sonst zerstreut.
Wissenswertes: Dank der „Flügel" tragen die Stengel zur Photosynthese bei.

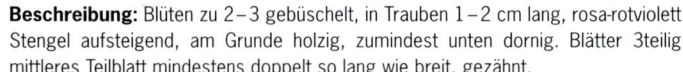

BLÜTENFARBE ROT

Dornige Hauhechel *Onónis spinósa*
Schmetterlingsblütengewächse *Fabáceae (Leguminósae)*

Juni–Sept.
30–60 cm
♃–♄

Beschreibung: Blüten zu 2–3 gebüschelt, in Trauben 1–2 cm lang, rosa-rotviolett. Stengel aufsteigend, am Grunde holzig, zumindest unten dornig. Blätter 3teilig, mittleres Teilblatt mindestens doppelt so lang wie breit, gezähnt.

Vorkommen: Trockenrasen, Wege, Weiden. Liebt basenreiche, stickstoffsalzarme Böden. Fehlt im Tiefland und im höheren Bergland weithin; sonst zerstreut.

Wissenswertes: Alte Heilpflanze; enthält u. a. Flavonverbindungen und in geringer Menge ätherisches Öl. Alkoholische Auszüge aus dem getrockneten Wurzelstock haben harntreibende Wirkung. Welcher Stoff dies bewirkt, ist noch unbekannt.

Kriechende Hauhechel *Onónis répens*
Schmetterlingsblütengewächse *Fabáceae (Leguminósae)*

Juni–Sept.
20–50 cm
♃

Beschreibung: Blüten in den Trauben einzeln, 1–2 cm lang, rosa oder hell rotviolett. Stengel liegend-aufsteigend, am Grunde holzig, dornenlos, klebrig. Blätter 3teilig, mittleres Teilblatt höchstens 3mal so lang wie breit, gezähnt.

Vorkommen: Trockenrasen, Wege, Weiden. Liebt basenreiche, stickstoffsalzarme Böden. Fehlt im Tiefland und im höheren Bergland weithin; sonst zerstreut.

Wissenswertes: Neuerdings werden die Kriechende und die Dornige Hauhechel zur Sammelart *O. spinosa* zusammengefaßt. Damit stellt sich die Frage nicht mehr, zu welcher Art denn manchmal vorkommende weichdornige Formen zu rechnen sind.

Schweden-Klee, Bastard-Klee *Trifólium hýbridum*
Schmetterlingsblütengewächse *Fabáceae (Leguminósae)*

Mai–Aug.
20–40 cm
♃

Beschreibung: Köpfchen 1,7–2,5 cm lang, 1,2–1,8 cm breit; Blüten um 1 cm lang, zuerst weiß, dann rosa; Kelch 5nervig. Stengel meist kahl, nie an den Knoten wurzelnd. Blätter 3teilig. Teilblättchen breit eiförmig.

Vorkommen: Lückige Stellen in Fett- und Naßwiesen, Wegränder, Uferböschungen. Liebt basen- und mäßig stickstoffsalzreichen, feuchten Boden. Fehlt im Tiefland kleinerer Gebieten, sonst zerstreut; öfters mit anderen Klee-Arten angebaut.

Wissenswertes: Wegen des Wechsels der Blütenfarbe von Rot nach Weiß hielt man den Schweden-Klee irrtümlich für einen Bastard zwischen einer weiß- und einer rotblühenden Art. Hierauf bezieht sich der wissenschaftliche Artname.

Erdbeer-Klee *Trifólium fragíferum*
Schmetterlingsblütengewächse *Fabáceae (Leguminósae)*

Juni–Sept.
5–20 cm
♃

Beschreibung: Köpfchen kugelig, zur Blütezeit knapp 1 cm, zur Fruchtzeit 1,5 cm im Durchmesser; Blüten um 5 mm lang, weißlich oder rosa; Kelch zur Fruchtzeit blasig erweitert, 10- bis 20nervig. Blätter 3teilig, meist kahl.

Vorkommen: Wegränder, lückige, oft viel betretene Rasen in Küstennähe oder in der Nähe der Ströme und Flüsse. Im Küstengebiet zerstreut, im Binnenland nur in den tiefen und milden Lagen, selten, aber oft in lockeren Beständen.

Wissenswertes: Die brutzwiebelähnlichen aufgeblasenen Kelche, die meist trübrot überlaufen sind und durch Farbe und Form an eine Erdbeere erinnern, haben der Art zu ihrem Namen verholfen. Der Erdbeer-Klee ist trittunempfindlich.

BLÜTENFARBE ROT

Gestreifter Klee *Trifólium striátum*
Schmetterlingsblütengewächse *Fabáceae (Leguminósae)*

Juni–Juli
5–20 cm
☉

Beschreibung: Köpfchen um 1,5 cm lang, um 1 cm dick; Blüten kaum 5 mm lang, hell rosa; Kelch 10nervig, dicht behaart, nach dem Verblühen bauchig aufgetrieben. Stengel aufsteigend-aufrecht, dicht behaart. Blätter 3teilig; Seitennerven der Teilblättchen verlaufen bis zum Blattrand gerade.

Vorkommen: Lückige Rasen, Wege, Brachen, Äcker, Kiesbänke. Liebt basenarmen, nur mäßig stickstoffsalzhaltigen, sandig-kiesigen Boden; erträgt Kochsalz. Im Tiefland und in einigen Sandgebieten des Berglands selten; fehlt sonst.

Wissenswertes: Die Fruchtstände mit den bauchig aufgetriebenen Kelchen werden als Ganzes verweht. Ob Samen dabei „unterwegs" ausfallen, scheint unbekannt.

Persischer Klee *Trifólium resupinátum*
Schmetterlingsblütengewächse *Fabáceae (Leguminósae)*

Mai–Sept.
10–35 cm
☉

Beschreibung: Köpfchen 1–1,5 cm im Durchmesser; Blüten „umgedreht", d. h., die Fahne ist gleich einer Lippe der unterste Blütenbestandteil, 5–8 mm lang, rosa bis hell purpurviolett; Kelch 10–20nervig. Stengel niederliegend-aufsteigend, kahl. Blätter 3teilig. Teilblättchen 1–2 cm lang, eiförmig.

Vorkommen: Brachen, Wege, Ödland. Liebt mäßig stickstoffsalzreichen Boden. Bei uns angebaut und in vielen Gegenden – meist unbeständig – verwildert.

Wissenswertes: Vor allem an heißen Sommertagen fallen Bestände (z. B. Äcker, auf denen die Pflanze angebaut wird) schon aus einiger Entfernung durch ihren „Honigduft" auf. Gilt als ergiebige, wenn auch etwas wäßrige Futterpflanze.

Wiesen-Rot-Klee, Wiesen-Klee, Rot-Klee *Trifólium praténse*
Schmetterlingsblütengewächse *Fabáceae (Leguminósae)*

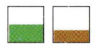

Juni–Sept.
10–50 cm
♃

Beschreibung: Köpfchen 2–3,5 cm im Durchmesser; Blüten um 1,3 cm lang, hell purpurrot oder rosa; Kelch 10nervig, behaart. Stengel aufrecht, schütter behaart. Blätter 3teilig, Teilblättchen oft hellgrün oder weinrot gezeichnet.

Vorkommen: Wiesen, Halbtrockenrasen, Wege. Liebt basen- und stickstoffsalzhaltige Böden. Oft angebaut und verwildert, aber auch ursprünglich; sehr häufig.

Wissenswertes: Eiweißreiche Futterpflanze. In Mitteleuropa wurde der feldmäßige Anbau erst in der Mitte des 18. Jahrhunderts eingeführt, frühzeitig u. a. in Sachsen. Dadurch konnte die Brache in der Dreifelderwirtschaft genutzt werden.

Mittlerer Klee, Zickzack-Klee *Trifólium médium*
Schmetterlingsblütengewächse *Fabáceae (Leguminósae)*

Mai–Aug.
10–25 cm
♃

Beschreibung: Köpfchen 2–3,5 cm im Durchmesser, stets einzeln; Blüten um 1,8 cm lang, purpurn; Kelch 10nervig, kahl. Stengel leicht hin- und hergebogen, fast kahl. Blätter 3teilig, Teilblättchen bis 5 cm lang, 1–2 cm breit.

Vorkommen: Sonnige Waldstellen, Gebüsche, Waldränder, Böschungen. Liebt stickstoffsalzarmen, basen-, aber nicht unbedingt kalkreichen Boden. Fehlt im westlichen Tiefland und im nördlichen Bergland gebietsweise; sonst zerstreut.

Wissenswertes: Zickzack-Klee bezieht sich auf die Knickung des Stengels, Mittlerer Klee ist eine Übersetzung des Artepithets (medium, lat. = mittleres).

BLÜTENFARBE ROT

Hügel-Klee *Trifólium alpéstre*
Schmetterlingsblütengewächse *Fabáceae (Leguminósae)*

Juni–Juli
10–30 cm
♃

Beschreibung: Köpfchen bis 3,5 cm lang, bis 3 cm breit, oft zu 2 beieinander; Blüten um 1,3 cm lang, dunkel purpurn; Kelch 20nervig. Stengel anliegend behaart. Blätter 3teilig, Teilblättchen 3–8 cm lang, 4–10 mm breit, ganzrandig oder nur sehr fein gezähnt, mit bogig verlaufenden, weißlich-grünen Nerven.

Vorkommen: Trockenwälder, waldnahe Trockenwiesen. Liebt mäßig basenreichen, oft kalk- und stets stickstoffsalzarmen, steinigen Boden. Fehlt im westlichen Tiefland und im höheren Bergland sowie im Alpenvorland; sonst zerstreut.

Wissenswertes: Wird durch Stickstoffdüngung aus waldnahen Wiesen verdrängt.

Purpur-Klee *Trifólium rúbens*
Schmetterlingsblütengewächse *Fabáceae (Leguminósae)*

Juni–Juli
30–60 cm
♃

Beschreibung: Köpfchen 3–7 cm lang, 2–3 cm dick; Blüten um 1,3 cm lang, purpurn; Kelch 15–20nervig. Stengel kahl. Blätter 3teilig, Teilblättchen 3–6 cm lang, 0,5–1 cm breit, kahl, oft stumpf, deutlich fein und spitz gezähnt.

Vorkommen: Trockenwälder und -gebüsche, Waldsäume. Liebt basenreichen, kalkhaltigen, stickstoffsalzarmen Boden. Kommt nördlich der Linie Eifel–Rhön nur vereinzelt vor; im Bergland mit kalkhaltigem Gestein selten; fehlt sonst.

Wissenswertes: Der Purpur-Klee hat seine Hauptverbreitung im Mittelmeergebiet und in Südosteuropa. Er erreicht bei uns die Nordgrenze seines Areals.

Kleiner Vogelfuß, Mäusewicke *Ornithopus perpusíllus*
Schmetterlingsblütengewächse *Fabáceae (Leguminósae)*

Mai–Juni
5–30 cm
☉

Beschreibung: 3–7 Blüten in kopfig-doldigem Blütenstand, 3–5 mm lang, weiß mit auffallend rot geaderter Fahne; Schiffchen gelblich; Hülse mit 4–7 Gliedern. Stengel niederliegend-aufsteigend, rund, dünn, behaart. Blätter unpaarig gefiedert; mit 7–14 Paaren von Teilblättern, diese 3–8 mm lang, 2–3 mm breit.

Vorkommen: Kiefernwälder, Ödland, Wege, Dünen, Äcker. Liebt basen- und stickstoffsalzarmen Sandboden. Im Tiefland zerstreut; in den Sandgebieten selten.

Wissenswertes: „Vogelfuß" bezieht sich auf die Fruchtstände: 3–7 Gliederhülsen stehen vom Fruchtschaft ab und ähneln so in ihrer Gesamtheit einem Vogelfuß. „Mäusewicke" meint abschätzig, die Samen seien allenfalls für Mäuse gut.

Bunte Kronwicke *Coronílla vária*
Schmetterlingsblütengewächse *Fabáceae (Leguminósae)*

Juni–Sept.
0,3–1,3 m
♃

Beschreibung: 12–20 Blüten in kopfig-doldigem Blütenstand, um 1,3 cm lang, weißlich bis rosarot. Stengel niederliegend-aufsteigend. Blätter unpaarig gefiedert; mit 6–11 Paaren von Teilblättern, diese 0,5–2 cm lang, 1–4 mm breit.

Vorkommen: Trockengebüsche, Wege, Waldränder, lückige Halbtrockenrasen. Liebt basenreichen, meist kalkhaltigen, stickstoffsalzarmen Boden in warmer Lage. Im Tiefland sehr selten; im Bergland mit Kalkgestein zerstreut; fehlt sonst.

Wissenswertes: Die Bunte Kronwicke wird nicht selten an Böschungen angesät, weil sie durch ihre Wurzelknöllchen den Boden verbessern, das heißt indirekt mit Stickstoffsalzen anreichern kann. – Enthält u. a. Coronillin und Alkaloide.

BLÜTENFARBE ROT

Futter-Esparsette, Saat-Esparsette *Onobrýchis viciifólia*
Schmetterlingsblütengewächse *Fabáceae (Leguminósae)*

Mai–Juli
30–60 cm
♃

Beschreibung: 20–50 Blüten in ährig-traubigem Blütenstand, 1–1,5 cm lang, rosa, purpurn geädert. Blätter unpaarig gefiedert, mit 13–27 Teilblättchen; diese 1–2 cm lang, 3–5 mm breit, mit kurzer, aufgesetzter Spitze.
Vorkommen: Halbtrockenrasen, lichte Trockengebüsche, Wegränder. Liebt basen- und meist kalkreichen, stickstoffsalzarmen, tiefgründigen Boden. Fehlt im Tiefland und im Bergland mit kalkarmen Gesteinen weithin; sonst zerstreut.
Wissenswertes: Wurde früher häufiger, wird heute nur noch gelegentlich als eiweißreiches Futter angebaut. In südeuropäischen Ländern noch von Bedeutung, weil man durch sie auf mageren, kalkhaltigen Böden ordentliches Futter erzeugt.

Diptam, Weißer Diptam, Eschenblättriger Diptam *Dictámnus álbus*
Rautengewächse *Rutáceae*

Mai–Juni
0,5–1,2 m
♃ ☠ ▽

Beschreibung: Blüte in einer Traube, 4–5 cm im Durchmesser, Blütenblätter ungleich, weißlich, dunkel purpurviolett geädert. Stengel behaart. Blätter unpaarig gefiedert, mit 7–11 Teilblättchen; diese durchscheinend punktiert.
Vorkommen: Warme Gebüsche, Waldsäume, lichte Trockenwälder. Liebt basen- und kalkreichen, stickstoffsalzarmen, lockeren Boden. Vereinzelt in klimatisch begünstigten Gegenden (z. B. Kaiserstuhl, Hegau, Rhön); fehlt sonst.
Wissenswertes: Enthält Alkaloide, Saponine und ätherisches Öl. Dieses verdunstet an heißen Tagen so reichlich, daß es über der Pflanze angezündet werden kann („Brennender Busch"). Alte Heilpflanze; früher in Bauerngärten gezogen.

Schopfige Kreuzblume, Schopfiges Kreuzblümchen *Polýgala comósa*
Kreuzblumengewächse *Polygaláceae*

Mai–Juli
8–30 cm
♃

Beschreibung: 12–45 Blüten in pyramidenförmiger, später länglicher Traube, um 8 mm lang, rosa bis hell purpurviolett; an der Spitze der Traube ein kleiner Tragblattschopf (Name!). Stengelblätter wechselständig, obere länger als untere.
Vorkommen: Trockenrasen, Wald- und Gebüschsäume. Liebt stickstoffsalzarmen, basen- und kalkreichen Boden. Im Tiefland nur vereinzelt östlich der Elbe; im Bergland mit kalkhaltigem Gestein und im Alpenvorland zerstreut; fehlt sonst.
Wissenswertes: Die Schopfige Kreuzblume wird vorwiegend von Tagschmetterlingen bestäubt. Bleiben diese aus, kommt es zur Selbstbestäubung.

Indisches Springkraut *Impátiens glandulífera*
Balsaminengewächse *Balsamináceae*

Juni–Okt.
0,5–2 m
☉

Beschreibung: 5–20 Blüten in Trauben, 2,5–4 cm lang, rosa-purpurviolett, mit kurzem, grünlichgelbem Sporn. Blätter 10–25 cm lang, scharf gesägt.
Vorkommen: Bachbegleitende Gebüsche, Ufer, Auwälder, Ödland. Liebt basen- und stickstoffsalzreichen Boden in Lagen mit hoher Luftfeuchtigkeit. In milden Lagen vom Tiefland bis zum Alpenvorland häufig; sonst selten.
Wissenswertes: Heimat: Himalaja; bei uns ursprünglich Zierpflanze. Um 1915 erstmals verwildert beobachtet. Gilt örtlich (z. B. in den Isarauen) seit etwa 1930 als eingebürgert. Breitet sich seit etwa 1950 in tieferen Lagen stark aus.

BLÜTENFARBE ROT

Edel-Gamander, Echter Gamander *Teúcrium chamaēdrys*
Lippenblütengewächse *Lamiáceae (Labiátae)*

Juli–Sept.
10–30 cm
♃

Beschreibung: Blüten zu 1–6 scheinquirlig und etwas einseitswendig in beblätterter Traube, 1–1,5 cm lang, ohne Oberlippe, rosa bis purpurn. Stengel 4kantig, ringsum oder auf 2 gegenüberliegenden Seiten behaart. Stengelblätter gegenständig, eiförmig, 1–2,5 cm lang, 0,5–1,5 cm breit, grob gekerbt-gezähnt.
Vorkommen: Trockenrasen, -gebüsche und -wälder. Liebt basenreichen, extrem stickstoffsalzarmen Boden. Im Bergland mit Kalkgestein selten; fehlt sonst.
Wissenswertes: Der Wurzelstock des Edel-Gamanders treibt alljährlich 2 Generationen beblätterter Stengel, von denen nur die 2. zur Blüte gelangt. – Heilpflanze: enthält ätherisches Öl, Bitterstoffe, Polyphenole sowie Gerbstoffe.

Immenblatt *Melíttis melissophýllum*
Lippenblütengewächse *Lamiáceae (Labiátae)*

Mai–Juli
20–60 cm
♃

Beschreibung: 1–3 Blüten ziemlich einseitswendig in den Achseln der oberen Blätter, 3–4,5 cm lang, rotviolett, rosa, selten weiß. Stengel 4kantig. Blätter gegenständig, Spreite 3–9 cm lang, 2–5 cm breit, gekerbt-gezähnt.
Vorkommen: Lichte Laubwälder. Liebt basenreichen, meist kalkhaltigen, stickstoffsalzarmen Boden in warmer Lage. Vorwiegend im Jura, selten; fehlt sonst.
Wissenswertes: Den unterschiedlichen Färbungen der Blüten kommt keine Bedeutung zu, d.h., man kann die Art danach nicht in Untersippen gliedern. Hingegen kennzeichnen vornehmlich größere Blätter eine südosteuropäische Unterart.

Kalkschutt-Hohlzahn, Breitblättriger Hohlzahn *Galeópsis ládanum*
Lippenblütengewächse *Lamiáceae (Labiátae)*

Juni–Okt.
10–30 cm
☉

Beschreibung: Blüten zu 6–12 quirlartig in den Achseln der oberen Blätter und am Stengelende, 1–2 cm lang, hell purpurn; Oberlippe flach helmförmig; Unterlippe beidseits am Schlund spitz aufgewölbt („hohler Zahn"). Blätter gegenständig, 1–4 cm lang, 0,5–2,5 cm breit, lanzettlich, jederseits mit 3–7 Zähnen.
Vorkommen: Steinschutt, Bahnschotter, Steinbrüche. Liebt basen- und meist kalkreichen, stickstoffsalzarmen Untergrund. Im östlichen Tiefland und im Bergland mit kalkhaltigen oder basischen Gesteinen selten; fehlt sonst.
Wissenswertes: Wird mit dem Schmalblättrigen Hohlzahn (*G. angustifólium*: Blätter nur 2–5 mm breit, meist ganzrandig) zur Sammelart *G. ládanum* vereint.

Weichhaariger Hohlzahn, Weicher Hohlzahn *Galeópsis pubéscens*
Lippenblütengewächse *Lamiáceae (Labiátae)*

Juni–Okt.
10–50 cm
☉

Beschreibung: Blüten zu 6–15 quirlartig in den Achseln der oberen Blätter und am Stengelende, 2–3 cm lang, rosa bis blauviolett, Kronröhre gelb; Oberlippe flach helmförmig; Unterlippe violett-gelb gezeichnet, am Schlund 2 Zähnchen. Blätter gegenständig, 3–5 cm lang, bis 3,5 cm breit, eiförmig, unterseits dicht weichhaarig.
Vorkommen: Lichte Wälder, Waldsäume, Gebüsche, Wege, Äcker, Brachen. Liebt mäßig stickstoffsalzreiche, saure oder basische Böden. Im Tiefland und im nördlichen Bergland vereinzelt, im östlichen Bergland zerstreut; fehlt sonst.
Wissenswertes: Der Verbreitungsschwerpunkt der Art liegt in Südosteuropa.

BLÜTENFARBE ROT

Gewöhnlicher Hohlzahn, Stechender Hohlzahn *Galeópsis tétrahit*
Lippenblütengewächse *Lamiáceae (Labiátae)*

Juni–Okt.
10–80 cm
☉

Beschreibung: Blüten zu 6–15 quirlartig in 2–5 „Stockwerken" am Stengelende, 1,5–2 cm lang, hell purpurrot bis violett; Oberlippe flach helmförmig; Unterlippe violett-gelb gezeichnet, beidseits am Schlund spitz aufgewölbt („hohler Zahn"). Stengel unterhalb des Blattansatzes verdickt; hier dicht steifhaarig.

Vorkommen: Äcker, Brachen, Ödland, Wälder, Waldränder. Liebt stickstoffsalzreichen, basischen oder leicht sauren, ja torfigen Boden. Überall häufig.

Wissenswertes: Der Gewöhnliche Hohlzahn ist aus 2 Hohlzahnarten durch Bastardierung entstanden, wobei die Chromosomenzahl verdoppelt wurde (tetraploid).

Bastard-Taubnessel *Lámium hýbridum*
Lippenblütengewächse *Lamiáceae (Labiátae)*

März–Juli
10–30 cm
☉

Beschreibung: Blüten zu 6–15 quirlig in den Achseln der oberen Blätter in 1–2 „Stockwerken" übereinander sowie am Stengelende, um 1 cm lang, rosa; Oberlippe helmförmig; Mittellappen der Unterlippe an der Basis eingeschnürt, violett gefleckt. Blätter gegenständig, nieren- bis herzförmig, grob kerbt-gezähnt.

Vorkommen: Äcker, Gärten, Weinberge. Liebt stickstoffsalzreiche Böden. Östliches Tiefland, nördliches Bergland, selten; fehlt sonst weithin oder völlig.

Wissenswertes: Die Bastard-Taubnessel ist aus 2 Taubnesselarten (*L. purpúreum* × *L. amplexicáūle*, s. u.) durch Bastardierung (Name) entstanden, wobei die Chromosomenzahl verdoppelt wurde (von 18 bei beiden Elternarten auf 36 – tetraploid).

Gefleckte Taubnessel *Lámium maculátum*
Lippenblütengewächse *Lamiáceae (Labiátae)*

Apr.–Sept.
15–60 cm
♃

Beschreibung: Blüten zu 6–16 quirlig in den Achseln der oberen Blätter in 3–8 „Stockwerken" übereinander, 2–3 cm lang, tief rosa bis purpurrot; Oberlippe helmförmig; Mittellappen der Unterlippe tief ausgerandet, dunkel gezeichnet. Blätter gegenständig, 2–6 cm lang, 1,5–5 cm breit, grob kerbt-gezähnt.

Vorkommen: Wälder, Gebüsche, Wege, Ödland, Ufer. Liebt basen- und stickstoffsalzreichen, frischen Boden. Fehlt im westlichen Tiefland weithin; sonst häufig.

Wissenswertes: Die Blüten werden von langrüßligen Hummeln bestäubt, die Samen von Ameisen verschleppt. Die Samen besitzen Anhängsel, die von den Ameisen gefressen werden. Das eigentliche Samenkorn bleibt hingegen liegen.

Rote Taubnessel, Purpurrote Taubnessel *Lámium purpúreum*
Lippenblütengewächse *Lamiáceae (Labiátae)*

März–Okt.
5–30 cm
☉

Beschreibung: Blüten zu 6–10 quirlig in den Achseln der oberen Blätter in 3–6 „Stockwerken" übereinander, um 1 cm lang, tief rosa bis purpurrot; Oberlippe helmförmig; Mittellappen der Unterlippe tief ausgerandet, dunkel gezeichnet. Blätter gegenständig, 1–2,5 cm lang, fast ebenso breit, stumpf gezähnt.

Vorkommen: Äcker, Gärten, Weinberge, Ödland. Liebt frischen, nicht allzu sauren, offenen Boden unterschiedlicher Art; meidet Vollschatten. Sehr häufig.

Wissenswertes: Die Nüßchen der Roten Taubnessel werden von Ameisen in ihre Baue verschleppt (s. oben). Daraus wächst dann ein ganzer Trupp von Pflanzen.

BLÜTENFARBE ROT

Stengelumfassende Taubnessel *Lámium amplexicāule*
Lippenblütengewächse *Lamiáceae (Labiátae)*

März–Juni
10–30 cm
☉

Beschreibung: Blüten zu 6–16 quirlig in den Achseln der oberen Blätter in 1–2 „Stockwerken" übereinander sowie in 1–2 „Stockwerken" am Stengelende, um 1,2 cm lang, tief rosa bis purpurrot; Oberlippe helmförmig; Mittellappen der Unterlippe tief ausgerandet. Neben geöffneten Blüten „geschlossene Knospen". Obere Blätter gegenständig, stengelumfassend, rundlich-nierenförmig, gekerbt.
Vorkommen: Äcker, Weinberge. Liebt basen- und stickstoffsalzreiche Böden. Fehlt z. T. im Tiefland und im Bergland mit Silikatgestein; sonst zerstreut.
Wissenswertes: Die tief purpurroten „Knospen" sind Blüten, die sich nicht öffnen und in denen sich nach Selbstbestäubung Samen bilden („Kleistogamie").

Schwarznessel, Schwarzer Gottvergeß *Ballóta nígra*
Lippenblütengewächse *Lamiáceae (Labiátae)*

Juni–Aug.
0,5–1,3 m
♃

Beschreibung: Blüten zu 10–20 quirlig in den Achseln der oberen Blätter in mehreren „Stockwerken" übereinander, um 1,3 cm lang, schmutzig purpurrot; Oberlippe helmförmig; Mittellappen der Unterlippe tief ausgerandet, weißlich geadert. Blätter gegenständig, 3–8 cm lang, 2–4 cm breit, grob gezähnt.
Vorkommen: Ödland, Wege, Gebüsche. Liebt stickstoffsalzreiche, frische Böden. Im Tiefland selten, im Osten etwas häufiger; fehlt auf Sand; sonst zerstreut.
Wissenswertes: „Gottvergeß" soll auf die „schmutzige" Blütenfarbe und den etwas widerlichen Geruch hinweisen: Gott habe sie bei der Schöpfung wohl vergessen!

Heil-Ziest, Heil-Batunge, Rote Betonie *Betónica officinális*
Lippenblütengewächse *Lamiáceae (Labiátae)*

Juni–Aug.
20–70 cm
♃

Beschreibung: Blüten in endständiger, dichter, kopfiger Ähre, um 1,3 cm lang, tief rosa bis hell purpurn; Oberlippe flach oder leicht aufgekrümmt; Unterlippe 3lappig, Mittellappen vorn verbreitert. Stengel 4kantig, rillig. Blätter gegenständig, unter dem Blütenstand fast sitzend; Grundblätter rosettig, eiförmig, gestielt.
Vorkommen: Bergwiesen, Flachmoore, Heiden. Liebt stickstoffsalz- und basenarme Böden. Fehlt im Tiefland und in Silikatgebieten weithin; sonst zerstreut.
Wissenswertes: Der Heil-Ziest wurde schon im Altertum als Heilkraut benutzt, doch schätzt man seine Wirkung heute nicht allzu hoch ein. An Inhaltsstoffen hat man u. a. Betonicin und Stachydrin, dazu Gerb- und Bitterstoffe gefunden.

Alpen-Ziest *Stáchys alpína*
Lippenblütengewächse *Lamiáceae (Labiátae)*

Juni–Aug.
0,5–1 m
♃

Beschreibung: Blüten zu 6–20 quirlig in den Achseln der oberen Blätter in 3–7 „Stockwerken" übereinander, um 1,7 cm lang, trüb fleisch- bis weinrot; Oberlippe flach helmförmig; Unterlippe kaum gezeichnet. Blätter gegenständig, die unteren gestielt, die oberen sitzend, 5–18 cm lang, 2–9 cm breit, gekerbt.
Vorkommen: Lichte Wälder. Liebt stickstoffsalz- und basenhaltigen, frischen Boden. Nur in den Kalk-Mittelgebirgen und den Kalkalpen zerstreut; fehlt sonst.
Wissenswertes: Trotz der für Menschen unansehnlichen Färbung der Blüten werden diese von verschiedenartigen Hummeln beflogen und meist auch bestäubt.

BLÜTENFARBE ROT

Wald-Ziest, Waldnessel *Stáchys sylvática*
Lippenblütengewächse *Lamiáceae (Labiátae)*

Juni–Sept.
0,3–1,2 m
♃

Beschreibung: Blüten meist zu 6 quirlig in den Achseln der oberen Blätter sowie am Stengelende gedrängt, um 1,3 cm lang, dunkel weinrot; Oberlippe flach helmförmig; Unterlippe weißlich gezeichnet. Blätter gegenständig, gestielt, obere sitzend, 4–9 cm lang, 2–6 cm breit, brennesselblattähnlich, gekerbt.
Vorkommen: Wälder, Ufer, Wiesenwege. Liebt basen- und stickstoffsalzreichen, mullhaltigen, feuchten Boden. Im westlichen Tiefland selten, sonst häufig.
Wissenswertes: Wie der Heil-Ziest (s. S. 308), dem er nahe steht, enthält der Wald-Ziest u. a. Stachydrin, Betonicin, Turicin und Gerbstoffe. Im Gegensatz zu diesem wurde der Wald-Ziest indessen nur wenig als Heilpflanze genutzt.

Sumpf-Ziest, Schweinsrübe *Stáchys palústris*
Lippenblütengewächse *Lamiáceae (Labiátae)*

Juni–Sept.
0,3–1 m
♃

Beschreibung: Blüten meist zu 6 quirlig in 6–15 „Stockwerken" am Stengelende, die untersten in den Achseln der oberen Blätter, um 1,7 cm lang, tief rosa bis hell purpurviolett; Oberlippe flach helmförmig; Unterlippe weißlich gezeichnet. Blätter gegenständig, meist sitzend, 3–12 cm lang, 1–3 cm breit, gekerbt.
Vorkommen: Gräben, Ufer, Wege, Äcker, Naßstellen in Wäldern. Liebt basen- und stickstoffsalzreiche, feuchte Böden. Fehlt in Sandgebieten; sonst zerstreut.
Wissenswertes: Der Sumpf-Ziest treibt unterirdische Ausläufer, an denen sich im Herbst längliche, weiße Knollen entwickeln, die um 1 cm im Durchmesser erreichen können. Diese werden von Schweinen gerne gefressen („Schweinsrübe").

Acker-Ziest *Stáchys arvénsis*
Lippenblütengewächse *Lamiáceae (Labiátae)*

Juli–Okt.
10–30 cm
☉

Beschreibung: Blüten zu 2–6 quirlig in 4–15 „Stockwerken" am Stengelende und schon in den Achseln der mittleren Blätter, um 7 mm lang (Kelch wenig kürzer), hell rosa; Oberlippe flach helmförmig; Unterlippe länger als Oberlippe. Blätter gegenständig, untere gestielt, 1–3 cm lang, 1–2,5 cm breit, kerbzähnig.
Vorkommen: Brachen, Ödland, Äcker. Liebt stickstoffsalzreichen, basenarmen Boden. Im Tiefland und in milden Lagen des Berglands zerstreut; fehlt sonst.
Wissenswertes: Der Acker-Ziest hat seinen Verbreitungsschwerpunkt in Westeuropa. In Gebieten mit ausgesprochen trockenen Sommern gedeiht er nicht.

Wirbeldost, Gemeine Kölme, Borsten-Bergminze *Clinopódium vulgáre*
Lippenblütengewächse *Lamiáceae (Labiátae)*

Juli–Okt.
20–50 cm
♃

Beschreibung: 10–20 Blüten in dichten Quirlen; bis zu 4 Quirle übereinander; Blüten um 2 cm lang, tief rosa bis purpurviolett; Oberlippe flach, leicht nach oben gekippt, kürzer als die Unterlippe; im Schlund 2 bärtige Leisten. Stengel dicht abstehend behaart. Blätter gegenständig, weitbuchtig gekerbt.
Vorkommen: Wälder, Waldsäume, Gebüsche, Halbtrockenrasen. Liebt basenreichen, stickstoffsalzarmen Boden. Im westlichen Tiefland selten, sonst zerstreut.
Wissenswertes: Die 4 Nüßchen bleiben nach der Reife lange im Kelch. Oft werden sie zusammen mit ihm, ja mit einem Stengelstück verweht oder verschleppt.

BLÜTENFARBE ROT

Wilder Dost, Echter Dost, Dosten *Oríganum vulgáre*
Lippenblütengewächse *Lamiáceae (Labiátae)*

Juli–Okt.
20–50 cm
♃

Beschreibung: Zahlreiche Blüten rispig-doldenartig angeordnet, um 6 mm lang, blaßrosa; Hochblätter weinrot überlaufen; Oberlippe ausgerandet; Unterlippe 3lappig; Seitenlappen breiter und kürzer als der Mittellappen. Blätter gegenständig, kurz gestielt, 1–4 cm lang, 0,5–2,5 cm breit, meist ganzrandig, mit Minzeduft.
Vorkommen: Trockenwälder und -gebüsche, Halbtrockenrasen, Wege. Liebt stickstoffsalzarmen Boden. Im Tiefland westlich der Elbe selten; sonst zerstreut.
Wissenswertes: „Dost" stammt vom mittelhochdeutschen „doste" = Strauß. Damit wird darauf verwiesen, daß bei einer Pflanze die Blüten so zahlreich sind, daß man sie auf den ersten Blick nicht einzeln erkennen kann. Alte Heilpflanze.

Feld-Thymian, Quendel *Thýmus pulegioídes*
Lippenblütengewächse *Lamiáceae (Labiátae)*

Juni–Sept.
5–20 cm
♃-♄

Beschreibung: Zahlreiche Blüten in zylindrischen Köpfchen, um 6 mm lang, purpurrosa; Stengel niederliegend-aufsteigend, an der Basis meist verholzt, ohne kriechende Ausläufer. Blätter gegenständig, 0,7–2 cm lang, 0,5–1,5 cm breit, etwas ledrig; zerriebene Blätter riechen intensiv aromatisch.
Vorkommen: Trockene Rasen, Heiden, Felsen. Liebt ausgesprochen stickstoffsalzarme Böden. Fehlt im westlichen Tiefland gebietsweise; sonst zerstreut.
Wissenswertes: Mehrere ähnliche, aber seltenere (Klein-)Arten. Alte Heilpflanze. Enthält ätherische Öle (Geruch!) u. a. mit Cymol, Gerbstoff und einen Bitterstoff.

Wasser-Minze *Méntha aquática*
Lippenblütengewächse *Lamiáceae (Labiátae)*

Juli–Okt.
20–80 cm
♃

Beschreibung: Zahlreiche Blüten in endständigen Köpfchen und quirlig in den Achseln der oberen Blätter, um 7 mm lang, rötlich-lila oder rosa; Oberlippe kaum größer als die 3lappige Unterlippe (Blüte daher fast 4zipflig). Stengel 4kantig. Blätter gegenständig, gestielt, eiförmig, zerrieben aromatisch duftend.
Vorkommen: Ufer, Flachmoore, Naßwiesen, Gräben, nasse Äcker. Liebt basenreiche, stickstoffsalzhaltige Böden; erträgt Überflutung. Häufig; fehlt örtlich.
Wissenswertes: Enthält ätherische Öle (Geruch) und Gerbstoff. Wurde früher wie die Pfeffer-Minze verwendet, die ein Bastard der Wasser-Minze ist.

Roter Fingerhut *Digitális purpúrea*
Braunwurzgewächse *Scrophulariáceae*

Juni–Aug.
0,3–1,5 m
☉ ☠

Beschreibung: Blüten hängend in langer, einseitswendiger Traube, 3,5–5 cm lang, hell purpurn mit rotvioletten, weiß umrandeten Flecken und langen, sehr schütter stehenden Haaren, am Rand dicht bewimpert; Unterlippe undeutlich 3zipflig. Stengelblätter wechselständig, Grundblätter in einer Rosette.
Vorkommen: Waldlichtungen. Liebt basenarmen, stickstoffsalzhaltigen Boden. Im Tiefland selten; im Bergland mit kalkarmen Böden zerstreut; sonst sehr selten.
Wissenswertes: Wichtige Heilpflanze. Enthält giftige Glykoside (Digitalis-Glykoside). – Hat auf Schlagflächen einen Konkurrenzvorteil, weil es auf ihnen durch Streuzersetzung zur Anreicherung von Stickstoffsalzen kommt.

BLÜTENFARBE ROT

Acker-Wachtelweizen Melampýrum arvénse
Braunwurzgewächse Scrophulariáceae

Mai – Juli
10 – 30 cm
☉ (✿) ▽

Beschreibung: Blüten in zylindrischer Ähre, um 2 cm lang, überwiegend purpurn, mit weißen und gelben Flecken; Oberlippe zusammengedrückt; Blätter im Blütenstand verschieden von den unteren Stengelblättern: mit grannenförmigen Zähnen, die obersten purpurn; untere Stengelblätter lanzettlich, ganzrandig.

Vorkommen: Äcker, Halbtrockenrasen. Liebt basen- und meist auch kalkreichen, stickstoffsalzarmen Lehmboden. Fehlt im Tiefland und in den Mittelgebirgen mit Silikatgestein weithin; im Alpenvorland nur vereinzelt; sonst selten (geworden!).

Wissenswertes: Halbschmarotzer. Den Namen „Wachtelweizen" verdanken wir der im Volk verbreiteten irrigen Meinung, daß Wachteln den Samen gerne fräßen.

Roter Zahntrost Odontítes vulgáris
Braunwurzgewächse Scrophulariáceae

Aug. – Okt.
15 – 40 cm
☉ (✿)

Beschreibung: Blüten in mäßig dichten, einseitswendigen Trauben, um 1 cm lang, trüb weinrot bis purpurrosa; Oberlippe helmförmig; Unterlippe gerade vorgestreckt, mit 4 dunkleren Flecken. Stengel schon unten sparrig verzweigt. Blätter gegenständig, 2 – 4 cm lang, 0,6 – 1,2 cm breit, entfernt grob gezähnt.

Vorkommen: Lichte Waldstellen, Weiden, Wege. Liebt basen- und stickstoffsalzhaltigen, frischen Lehmboden. Fehlt in Sandgebieten weithin; sonst zerstreut.

Wissenswertes: Die Art wird zusammen mit anderen als Kleinarten angesehenen Sippen zur Sammelart „Roter Zahntrost" zusammengefaßt. – Halbschmarotzer.

Sumpf-Läusekraut Pediculáris palústris
Braunwurzgewächse Scrophulariáceae

Mai – Juli
10 – 70 cm
☉ (✿)

Beschreibung: Zahlreiche Blüten stehen in zunächst gedrungenen, kopfig-ährigen, später gestreckten Trauben, 1,2 – 2,2 cm lang, hell purpurn bis tief rosa; Oberlippe helm- bis sichelförmig, schnabellos, aber vorn beidseits mit einem kleinen, pfriemlichen Zahn. Stengel verzweigt. Blätter bis auf die Mittelrippe fiederteilig.

Vorkommen: Flach- und Zwischenmoore. Liebt stickstoffsalzarmen, etwas basenhaltigen Boden; erträgt Überflutung. In Moorgebieten zerstreut; fehlt sonst.

Wissenswertes: Halbschmarotzer, der vor allem Riedgräser anzapft und den Wurzeln Wasser und Nährsalze entnimmt. Kohlenhydrate erzeugt er selber.

Wald-Läusekraut Pediculáris sylvática
Braunwurzgewächse Scrophulariáceae

Mai – Juli
5 – 15 cm
♃ (✿)

Beschreibung: 4 – 10 Blüten stehen in mäßig dichter, kopfig-ähriger Traube, 2 – 2,5 cm lang, rosa, im Schlund oft weißlich; Oberlippe helmförmig, schnabellos, abgestutzt und beidseits mit einem kaum 1 mm langen Zahn. Stengel einfach, die seitlichen aufsteigend, der mittlere aufrecht. Blätter tief fiederteilig.

Vorkommen: Kalkarme Flachmoore, Quellhorizonte, nasse Waldwege. Liebt sehr basen- und stickstoffsalzarme Böden. Fehlt in den Kalkgebieten; sonst selten.

Wissenswertes: Halbschmarotzer. Von Läusekräutern wurde früher ein Absud gegen Tierläuse verwendet; daher der Name. Enthält das für Insekten giftige Aucubin. – Die Blütenröhre wird häufig von nektarraubenden Hummeln angebissen.

BLÜTENFARBE ROT

Schuppenwurz, Rötliche Schuppenwurz *Lathraēa squamária*
Braunwurzgewächse *Scrophulariáceae*

März–Mai
5–20 cm
♃ (☠)

Beschreibung: 10–30 Blüten in dichter, oben leicht nickender, einseitswendiger Traube, um 1 cm lang, hell rosa bis violett; Unterlippe heller als Oberlippe. Pflanze blattgrünfrei; Stengel weiß oder rosa, fleischig. Blätter am Stengel wechselständig, schuppenförmig, weißlich bis blaß rötlich.
Vorkommen: Ufergebüsch, Auwälder. Vollschmarotzer auf Hasel, Pappeln oder Erlen. Im östlichen Tiefland und im Alpenvorland zerstreut, sonst selten.
Wissenswertes: Hauptteil der Pflanze (Wurzelstock) unterirdisch; kann bis zu 5 kg schwer werden. Die Wurzeln der Wirtspflanze werden durch Saugwurzeln angezapft. Erreicht erst im Alter von etwa 10 Jahren die Blühreife.

Violette Stendelwurz, Violette Sitter *Epipáctis purpuráta*
Orchideengewächse *Orchidáceae*

Juli–Sept.
20–80 cm
♃ ▽

Beschreibung: Reichblütige (bis 80 Blüten), dichte, allseitswendige Scheintraube (Ähre); Blüten um 2 cm im Durchmesser, grünlichweiß, meist purpurviolett überlaufen; Lippe 1 cm lang, 2gliedrig; Hinterlippe innen violett-braun.
Vorkommen: Laub- und Mischwälder. Liebt basen-, aber nicht immer kalkreichen, durchaus stickstoffsalzhaltigen, mullreichen Lehmboden. Im Tiefland vereinzelt; in den Lehmgebieten der Mittelgebirge und des Alpenvorlands zerstreut.
Wissenswertes: Da die Violette Stendelwurz oft an Waldwegrändern wächst, ist sie gefährdet, wenn diese im Sommer gemäht werden, ehe die Pflanzen fruchten.

Rotbraune Stendelwurz, Rotbraune Sitter, Strandvanille *Epipáctis atrorúbens*
Orchideengewächse *Orchidáceae*

Juni–Aug.
20–70 cm
♃ ▽

Beschreibung: Reichblütige (bis 50, oft nur 3–20 Blüten), lockere, allseitswendige Scheintraube (Ähre); Blüten um 1,5 cm im Durchmesser, dunkel purpurrot, auch violettbraun, oft duftend; Lippe etwas kürzer als die übrigen Blütenblätter, 2gliedrig. Stengel oft violett überlaufen. Blätter lanzettlich.
Vorkommen: Trockenwälder und -gebüsche, Dünen. Liebt kalkreichen, stickstoffsalzarmen Boden. Im Bergland mit kalkhaltigem Gestein selten; fehlt auch hier wie im Tiefland (außer in den Dünen) gebietsweise; im übrigen Bergland völlig fehlend.
Wissenswertes: „Strandvanille" bezieht sich auf den Duft und das Vorkommen in den Dünen. Heutzutage sind die meisten dieser Küstenstandorte erloschen.

Rotes Waldvögelein *Cephalanthéra rúbra*
Orchideengewächse *Orchidáceae*

Mai–Juli
10–60 cm
♃ ▽

Beschreibung: 2–12 Blüten in lockerer Scheintraube (Ähre), meist weit offen, an der breitesten Stelle 2,5–4 cm, rosa mit violettem Einschlag; Lippe ungespornt, weißlich, oft rot gesäumt, mit gelb-braunen Längsleisten. Stengel oft verbogen oder geschlängelt. Blätter 5–12 cm lang, bis über 2,5 cm breit.
Vorkommen: Wälder. Liebt basen- und mullreichen, stickstoffsalzarmen Boden. Im östlichen Tiefland sehr selten, im Kalkbergland selten; fehlt sonst.
Wissenswertes: Wird durch Fliegen, zuweilen durch Schmetterlinge bestäubt. Da die Pollenpakete nach unten hängen, kommt es gelegentlich zur Selbstbestäubung.

BLÜTENFARBE ROT

Widerbart Epipógium aphýllum
Orchideengewächse *Orchidáceae*

Juli–Aug.
10–20 cm
♃ ▽

Beschreibung: Pflanze ohne grüne Blätter, mit nur 1–5 blaßgelben, oft rötlich überhauchten Blüten, 1,5–2,2 mm im Durchmesser; Lippe der Blüte zeigt nach oben, sie trägt schwache Leisten, die meist purpurn gefleckt sind.
Vorkommen: Nadel- und Mischwälder, selten Laubwälder. Liebt basen- und meist etwas kalkhaltigen, modrig-humosen Lehmboden. Vereinzelt in den Kalkmittelgebirgen und im Alpenvorland, selten über kristallinem Gestein; fehlt weithin.
Wissenswertes: Parasitiert an einem Wurzelpilz. – Der Name „Widerbart" bezieht sich auf die Stellung der Blüte: Sie ist „wider" die Regel, denn die Lippe zeigt nach oben, die seitlichen Blütenblätter hängen „bartartig" herab.

Mücken-Händelwurz, Große Händelwurz, Nacktdrüse Gymnadénia conopséa
Orchideengewächse *Orchidáceae*

Mai–Aug.
10–60 cm
♃ ▽

Beschreibung: 20–80 Blüten in lockerer, bis 25 cm langer Scheintraube (Ähre), 1–1,5 cm breit, rosa bis purpurviolett, leicht unangenehm duftend; Lippe breit 3lappig, am Rand gekerbt oder gewellt. Sporn dünn, abwärts gebogen, 1–2 cm lang. Grundblätter 5–20 cm lang, 0,5–3 cm breit, schwach rinnig, ungefleckt.
Vorkommen: Trockene Rasen und lichte, trockene Wälder, Flachmoore, Quellsümpfe. Liebt basen- und meist auch kalkreichen, stickstoffsalzarmen Boden. Fehlt in Gegenden mit Sandboden oder kalkarmem Gestein weithin; sonst zerstreut.
Wissenswertes: Die Händelwurz-Arten verdanken ihren Namen den handförmig gelappten Knollen. – In der Spitze des langen Sporns befindet sich Nektar.

Wohlriechende Händelwurz Gymnadénia odoratíssima
Orchideengewächse *Orchidáceae*

Juni–Aug.
10–30 cm
♃ ▽

Beschreibung: 10–30 Blüten in zunächst dichter, dann lockerer, bis 8 cm langer Scheintraube (Ähre), 0,7–1,2 cm breit, rosa bis hell purpurviolett, angenehm duftend; Lippe undeutlich 3lappig; Sporn kaum 5 mm lang. Grundblätter bis 10 cm lang, 3–7 mm breit, fast grasblattartig, schwach rinnig, ungefleckt.
Vorkommen: Trockene Rasen, lichte Kiefernwälder, trockene Gebüsche, Flachmoore. Liebt sehr basen- und stets auch kalkreiche, stickstoffsalzarme Böden. Fehlt im Tiefland sowie in Sand- und Silikatgebieten; sonst sehr selten.
Wissenswertes: Die Blüten werden durch Tag- und Nachtschmetterlinge bestäubt.

Fleischrotes Knabenkraut, Fleischrote Kuckucksblume Dactylorhíza incarnáta
Orchideengewächse *Orchidáceae*

Juni–Juli
20–50 cm
♃ ▽

Beschreibung: 20–50 Blüten in mäßig dichter Scheintraube (Ähre), 1,2–1,7 cm breit, fleischrot, selten weißlich-gelb oder purpurn; Lippe meist ungeteilt; Hochblätter krautig. 4–6 Grundblätter, die steif aufrecht abstehen; sie reichen mindestens bis zum Blütenstand; sie sind ungefleckt und hellgrün.
Vorkommen: Flachmoore, Sumpfwiesen, nasse Wälder. Liebt basenreichen, stickstoffsalzarmen Boden. In Süddeutschland zerstreut; sonst nur vereinzelt.
Wissenswertes: Das Fleischrote Knabenkraut verlor im 20. Jahrhundert zahlreiche seiner vordem bekannten Standorte, weil man Sumpfwiesen entwässert hat.

BLÜTENFARBE ROT

Breitblättriges Knabenkraut *Dactylorhíza majális*
Orchideengewächse *Orchidáceae*

Mai–Juni
10–50 cm
♃ ▽

Beschreibung: 10–40 Blüten in mäßig lockerer, anfangs pyramidenförmiger Scheintraube (Ähre), 1,2–2 cm breit, tief purpurrot bis purpurviolett; Lippe oft mit hellerem Grund; Hochblätter krautig. Stengel oben oft rotviolett überlaufen. 4–6 Stengelblätter, die oberseits trübgrün und gefleckt sind.

Vorkommen: Flachmoore, Naßwiesen, Auenwälder. Liebt basenreiche, stickstoffsalzarme, wechselfeuchte Böden. Fehlt in den Sandgebieten; sonst zerstreut.

Wissenswertes: Da das Breitblättrige Knabenkraut stickstoffsalzempfindlich ist, wurde es durch Mineraldüngung von vielen Standorten verdrängt.

Traunsteiners Knabenkraut *Dactylorhíza traunstēineri*
Orchideengewächse *Orchidáceae*

Juni–Aug.
10–50 cm
♃ ▽

Beschreibung: 6–12 Blüten in lockerer Scheintraube (Ähre), 1,5–2,2 cm breit, purpurviolett; Lippe weißlich, purpurn gezeichnet; Sporn stumpf, leicht abwärts gerichtet; Hochblätter krautig. Stengel oft rotviolett überlaufen. 3–4 Stengelblätter, wie die Grundblätter schmal-lanzettlich, meist ungefleckt.

Vorkommen: Flach- und Zwischenmoore, Quellsümpfe. Liebt basenhaltigen, stickstoffsalzarmen Boden. Schwarzwald, Alpenvorland, Alpen, selten; fehlt sonst.

Wissenswertes: Der Name wurde gegeben, um den Kitzbühler Apotheker und Kenner alpiner Pflanzen Joseph Traunsteiner (1798–1850) zu ehren.

Geflecktes Knabenkraut, Gefleckte Kuckucksblume *Dactylorhíza maculáta*
Orchideengewächse *Orchidáceae*

Juni–Aug.
20–60 cm
♃ ▽

Beschreibung: 20–70 Blüten in mäßig dichter, anfangs kegelförmiger Scheintraube (Ähre), 1,2–2 cm breit, hell bis tief rosarot; Lippe oft fast weißlich, purpurn bis violett gezeichnet; Hochblätter krautig. Stengel oben zuweilen rotviolett überlaufen. 5–9 Stengelblätter, die deutlich gefleckt sind.

Vorkommen: Wälder, Bergwiesen, Heiden, Flachmoore, Naßstellen in Trockenrasen. Liebt stickstoffsalzarme, wechselnasse Böden. Zerstreut; fehlt örtlich.

Wissenswertes: Innerhalb der Art werden mehrere Kleinarten unterschieden, von denen das Fuchs-Knabenkraut am bekanntesten ist; die so genannte Sippe ist besonders großwüchsig. Allerdings gibt es Übergangsformen zur Normalsippe.

Kugelorchis *Traunstēinera globósa*
Orchideengewächse *Orchidáceae*

Mai–Aug.
20–60 cm
♃ ▽

Beschreibung: 30–80 Blüten in sehr dichter, anfangs kugeliger, später kurzwalzlicher Scheintraube (Ähre), um 1 cm breit, rosa bis hellviolett, dunkler gepunktet; Lippe 3lappig, etwa so lang wie breit. Stengel wenig beblättert. Untere Stengelblätter 5–10 cm lang, 1–2 cm breit, stumpf; obere schmäler.

Vorkommen: Matten, Magerrasen. Liebt basenreichen, stickstoffsalzarmen, frischen, locker-steinigen Boden. Fast nur in Höhen über 700 m. Schwäbische Alb, Südschwarzwald, Alpen selten, aber oft in kleineren Beständen; fehlt sonst.

Wissenswertes: Bei den Vorkommen auf der Schwäbischen Alb, im Südschwarzwald (und in den Vogesen) handelt es sich um Reliktstandorte aus der Eiszeit.

BLÜTENFARBE ROT

Kleines Knabenkraut, Salep-Knabenkraut *Órchis mório*
Orchideengewächse *Orchidáceae*

Apr.–Juni
10–40 cm
♃ ▽

Beschreibung: 5–20 Blüten in lockerer Scheintraube (Ähre), um 1,5 cm breit, violett, purpurrot oder rosa, oft grünlich geadert; Lippe breiter als lang, 3lappig; Sporn waagrecht, am Ende etwas dicker; Hochblätter häutig. Stengel kantig. Blätter ungefleckt, 3–8 cm lang, 0,5–1,5 cm breit, oberste scheidig-schuppenartig.
Vorkommen: Trockene Rasen und Wiesen, Feuchtwiesen. Liebt basenreiche, stickstoffsalzarme, wechselfeuchte Böden. Im Tiefland vereinzelt; sonst selten.
Wissenswertes: Die Knolle enthält Schleimstoffe, die bei der Herstellung von Arzneien verwendet werden können. Sammeln der Knollen und Düngen der Wiesen, um den Grasertrag zu erhöhen, haben zur Vernichtung vieler Standorte geführt.

Brand-Knabenkraut *Órchis ustuláta*
Orchideengewächse *Orchidáceae*

Mai–Juli
10–30 cm
♃ ▽

Beschreibung: 15–50 Blüten in dichter, walzlicher Scheintraube (Ähre), 5–9 mm breit, untere fast weiß, Knospen der oberen braun-schwarzrot; Lippe 3lappig, rot gepunktet; äußere Blütenblätter dunkler als innere; Hochblätter häutig. Stengel rund. Blätter ungefleckt, blaugrün, 3–8 cm lang, 0,5–2 cm breit.
Vorkommen: Trockene Rasen, Gebüsche, Heiden, Flachmoore. Liebt stickstoffsalzarme, mäßig basenhaltige Böden. Fehlt im Tiefland weithin; sonst selten.
Wissenswertes: Das Brand-Knabenkraut lebt angeblich rund 1 Jahrzehnt ohne oberirdische Organe und schmarotzt in dieser Zeit auf Pilzen (Mykorrhiza).

Dreizähniges Knabenkraut *Órchis tridentáta*
Orchideengewächse *Orchidáceae*

Apr.–Juni
15–40 cm
♃ ▽

Beschreibung: 20–50 Blüten in dichter, anfangs kegeliger, später kugelig-eiförmiger Scheintraube (Ähre), 1,5–2 cm breit, hellrosa; Lippe 3lappig, rot gepunktet; Mittellappen ausgerandet, im Einschnitt kleine Spitze; Hochblätter häutig. Blätter grundnah, 3–6 cm lang, 1–2 cm breit, oberstes scheidig-schuppenartig.
Vorkommen: Trockenrasen und -gebüsche. Liebt basenreiche, stickstoffsalzarme Böden. Harz, nordhessisches Bergland, Thüringer Wald, selten; fehlt sonst.
Wissenswertes: Die Art hat ihren Verbreitungsschwerpunkt im Mittelmeergebiet; bemerkenswerterweise dringt sie von Südosten nach Mitteleuropa vor.

Affen-Knabenkraut *Órchis símia*
Orchideengewächse *Orchidáceae*

Mai–Juni
20–40 cm
♃ ▽

Beschreibung: 15–40 Blüten in dichter, eiförmiger Scheintraube (Ähre), um 2 cm breit, sehr hell rosa; Lippe 3lappig, an der Basis dunkelrot gepunktet, Lappen trüb weinrot; Mittellappen tief ausgerandet, in der Bucht 3 mm langes Anhängsel; Hochblätter häutig. Blätter grundnah, 5–15 cm lang, 2–5 cm breit.
Vorkommen: Trockenrasen und -wälder, Gebüsche. Liebt basenreiche, stickstoffsalzarme Böden. Kaiserstuhl, mittlere Mosel, sehr selten; fehlt sonst.
Wissenswertes: Bei dieser Art öffnen sich die Blüten im Blütenstand von oben nach unten. Schon daran ist sie gegenüber dem ähnlichen Helm-Knabenkraut (s. S. 324) unterschieden. Die gelappte Lippe soll einem Affen ähneln; simia, lat. = Affe.

BLÜTENFARBE ROT

Helm-Knabenkraut Órchis militáris
Orchideengewächse Orchidáceae

Mai–Juni
30–50 cm
♃ ▽

Beschreibung: 20–50 Blüten in eher dichter Scheintraube (Ähre), 2–3 cm breit, hellrosa bis -violett; Lippe 3lappig, rot, violett oder lila gepunktet; übrige Blütenblätter helmförmig zusammengeneigt, außen hell-, innen dunkelrosa; Hochblätter häutig. Blätter rosettig, 5–15 cm lang, 2–4 cm breit, ungefleckt.

Vorkommen: Meist trockene Rasen, Gebüsche und Wälder. Liebt stickstoffsalzarme, basenreiche Böden. Kalk-Bergland und Alpenvorland zerstreut; fehlt sonst.

Wissenswertes: Sowohl der lateinische als auch der deutsche Artname bezieht sich auf die Helmform, die durch das Zusammenneigen der 3 oberen und der beiden seitlichen Blütenblätter entsteht. Die Knolle enthält Schleimstoffe.

Purpur-Knabenkraut Órchis purpúrea
Orchideengewächse Orchidáceae

Mai–Juni
30–80 cm
♃ ▽

Beschreibung: 20–80 Blüten in lockerer Scheintraube (Ähre), 2–3 cm breit, weißlich und braunviolett; Lippe 3lappig, mit 2teiligem Mittellappen, braunviolett gepunktet; übrige Blütenblätter helmförmig zusammengeneigt, außen bräunlich, innen oft grünlich. Blätter rosettig, 10–25 cm lang, 3–5 cm breit.

Vorkommen: Lichte Wälder und Gebüsche. Liebt kalkreiche Böden. Im Tiefland nur vereinzelt im Osten; im Kalk-Bergland in warmen Lagen selten; fehlt sonst.

Wissenswertes: Bei den *Orchis*-Arten wird im Sporn kein Nektar abgesondert; auch findet sich kein saftreiches Gewebe, das die Bestäuber anbohren könnten. Sie suchen vergeblich nach Nektar und heften sich dabei die Pollenpakete an.

Großes Knabenkraut, Stattliches Knabenkraut Órchis máscula
Orchideengewächse Orchidáceae

Mai–Juni
20–50 cm
♃ ▽

Beschreibung: 15–30 Blüten in lockerer Scheintraube (Ähre), um 2 cm breit, rosa bis purpurrot; Lippe (oft undeutlich) 3lappig, mit heller Basis, purpurn gepunktet; 3 Blütenblätter aufrecht-seitlich abstehend, oft 2 helmförmig zusammengeneigt. Blätter rosettig, 5–15 cm lang, 2–3 cm breit, meist gefleckt.

Vorkommen: Trockenrasen, Bergwiesen, lichte Wälder. Liebt basenreiche, stickstoffsalzarme Böden. Im Tiefland selten; sonst zerstreut; fehlt gebietsweise.

Wissenswertes: Wegen ihres hohen Wuchses hielt man die Pflanze für männlich (masculus, lat. = männlich). Sie überragt viele der heimischen *Orchis*-Arten.

Hundswurz, Kammstendel, Pyramidenorchis Anacámptis pyramidális
Orchideengewächse Orchidáceae

Juni–Juli
15–50 cm
♃ ▽

Beschreibung: 30–50 Blüten in dichter, erst pyramidenförmiger, dann dickwalzlicher Scheintraube (Ähre), 1–1,5 cm breit, rosa, hellrot oder hell weinrot, duftend; Lippe tief 3lappig; Sporn dünn, abwärts gebogen, um 1 cm lang. Stengelblätter zahlreich. 3–10 cm lang, 1–2 cm breit, rinnig, ungefleckt.

Vorkommen: Trockenrasen, lichte Gebüsche, feuchte Streuwiesen. Liebt sehr basen- und kalkreiche, stickstoffsalzarme Böden. Im Tiefland nur östlich der Elbe, vereinzelt; im Bergland mit Kalkgestein sehr selten; fehlt sonst.

Wissenswertes: Die Blüten sondern Nektar ab. Bestäuber sind Schmetterlinge.

Hundswurz
Anacamptis pyramidalis

Helm-Knabenkraut
Orchis militaris

Purpur-Knabenkraut
Orchis purpurea

Großes Knabenkraut
Orchis mascula

BLÜTENFARBE BLAU/VIOLETT

Akeleiblättrige Wiesenraute, Akelei-Wiesenraute *Thalíctrum aquilegifólium*
Hahnenfußgewächse *Ranunculáceae*

Mai–Juli
0,5–1,5 m
♃

Beschreibung: Zahlreiche Blüten in aufrechter, kompakt wirkender Rispe; Blütenblätter unscheinbar, gelbgrün, um 5 mm lang, früh abfallend; Staubblätter zahlreich, büschelig-kugelig angeordnet, hell rosa-lila-violett; „Staubblattkugel" um 2 cm im Durchmesser. Stengelblätter 2–3fach gefiedert, blaugrün.

Vorkommen: Auwälder, feuchte Gebüsche. Liebt basen- und stickstoffsalzreiche Böden. Nur südlich der Mainlinie im höheren Bergland, selten; fehlt sonst.

Wissenswertes: „Raute" bezieht sich auf die Rautenform der Teilblättchen. Die Blätter enthalten einen gelben Farbstoff, der früher zum Färben von Wolle verwendet wurde. Außerdem hat man in ihnen Spuren von Glykosiden gefunden.

Wiesen-Schaumkraut *Cardámine praténsis*
Kreuzblütengewächse *Brassicáceae (Crucíferae)*

Apr.–Juni
15–50 cm
♃

Beschreibung: Blüten traubig-doldig angeordnet, 1–2 cm im Durchmesser, violett, rosa, lila; Fruchtknoten länglich. Stengel rund. Grundblätter rosettig, unpaarig gefiedert; Teilblättchen rundlich; Endblättchen deutlich vergrößert.

Vorkommen: Wiesen, Wälder, Ufer. Liebt feucht-nasse, lehmig-tonige oder torfige Böden. Tritt oft in aspektbildenden Massenbeständen auf; sehr häufig.

Wissenswertes: „Schaumkraut" bezieht sich auf das häufige Vorkommen von speichelähnlichen Schaumhäufchen, die einer Schaumzikadenlarve als Lebensraum dienen. Sie saugt Saft aus dem Stengel. Der Überschuß, zusammen mit einem verseiften Wachs ausgeschieden, wird durch ihre Atemluft speichelartig aufgetrieben.

Wildes Silberblatt, Mondviole, Ausdauerndes Silberblatt *Lunária redivíva*
Kreuzblütengewächse *Brassicáceae (Crucíferae)*

Mai–Juli
0,3–1,5 m
♃

Beschreibung: Blüten in leicht doldig verebneten Trauben, 1–2 cm im Durchmesser, violett, lila oder fast weiß. Fruchtknoten länglich; Scheidewand der Frucht 3–7 cm lang, halb so breit, silbrig glänzend, bleibt lange stehen. Stengelblätter nahezu gegenständig, aus herzförmigem Grund schmal-eiförmig, ungleich gezähnt.

Vorkommen: Schlucht- und Bergwälder. Liebt basen- und stickstoffsalzreiche Böden. Im Bergland mit Kalk- oder Vulkangestein selten; fehlt sonst.

Wissenswertes: Die Blüten des Silberblatts duften. Sie werden sowohl von Bienen als auch von Nachtschmetterlingen bestäubt. – Früher auch Zierpflanze.

Gewöhnliche Nachtviole, Echte Nachtviole *Hésperis matronális*
Kreuzblütengewächse *Brassicáceae (Crucíferae)*

Apr.–Juli
40–90 cm

Beschreibung: Blüten in Trauben, 1,5–2,5 cm im Durchmesser, purpurrot, violett oder lila. Fruchtknoten länglich. Grundblätter eiförmig bis lanzettlich, bis 15 cm lang, buchtig gezähnt oder ganzrandig; Stengelblätter kleiner.

Vorkommen: Auwälder, Naßstellen in Laubwäldern, schattige Ufer, Ödland. Liebt basen- und stickstoffsalzhaltigen Boden, der feucht sein sollte. Zierpflanze. Im Tiefland sehr selten; sonst zerstreut und kleineren Gebieten fehlend.

Wissenswertes: Die Blüten öffnen sich abends zwischen 19 und 20 Uhr. Sie verströmen einen intensiven Veilchenduft. Darauf verweist der deutsche Name.

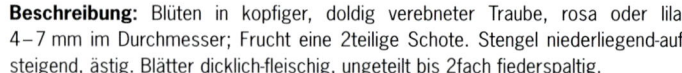

BLÜTENFARBE BLAU/VIOLETT

Meersenf *Cákile marítima*
Kreuzblütengewächse *Brassicáceae (Crucíferae)*

Juli – Sept.
10 – 30 cm
☉

Beschreibung: Blüten in kopfiger, doldig verebneter Traube, rosa oder lila, 4 – 7 mm im Durchmesser; Frucht eine 2teilige Schote. Stengel niederliegend-aufsteigend, ästig. Blätter dicklich-fleischig, ungeteilt bis 2fach fiederspaltig.
Vorkommen: Nord- und Ostseeküste, Mündungsbereich der Meereszuflüsse. Liebt stickstoffsalz- und kochsalzreichen, sandigen Boden. An den Küsten zerstreut.
Wissenswertes: Einjährige Pflanzen, wie der Meersenf eine ist, haben es im Spülsaum schwer, Fuß zu fassen. Ihre Samen liegen oft lange im Salzwasser. Beim Meersenf wird dadurch die Keimfähigkeit auf nahezu 100 % gesteigert.

Kreuz-Enzian *Gentiána cruciáta*
Enziangewächse *Gentianáceae*

Juli – Okt.
10 – 40 cm
♃ ▽

Beschreibung: Blüten in den Achseln der oberen Blätter quirlartig, am Stengelende kopfig gehäuft, 1 – 2,5 cm lang, dunkelblau, außen oft etwas bräunlich. Blätter gegenständig, lanzettlich, bis 10 cm lang und 1 – 3,5 cm breit, ledrig.
Vorkommen: Halbtrockenrasen, Trockengebüsche und -wälder. Liebt kalkreiche, stickstoffsalzarme Böden. Im Bergland mit Kalkgestein selten; fehlt sonst.
Wissenswertes: Der Kreuz-Enzian hat durch Umwandlung von Halbtrockenrasen in Fettwiesen viele der Standorte verloren, an denen er noch vor dem 2. Weltkrieg angetroffen worden ist. In Trockengebüschen, die regelmäßig von Schafen beweidet werden, hat er sich indessen gehalten. – Bestäuber sind Hummeln.

Fransen-Enzian, Fransen-Kleinenzian, Gefranster Enzian *Gentianélla ciliáta*
Enziangewächse *Gentianáceae*

Aug. – Okt.
10 – 25 cm
☉ – ♃ ▽

Beschreibung: Blüten oft einzeln, selten zu 2 – 10 traubig, 2 – 4,5 cm lang, dunkelblau, außen am Grund oft grünlich; Zipfel eingeschnitten-gefranst. Stengel niederliegend-aufsteigend bis aufrecht. Blätter lineal-lanzettlich, 1nervig.
Vorkommen: Trockenrasen und -gebüsche, lichte Wälder. Liebt kalkreiche, stickstoffsalzarme Böden. Im Bergland mit Kalkgestein selten; fehlt sonst.
Wissenswertes: Der Fransen-Enzian geht seit dem 2. Weltkrieg anhaltend zurück. Das hat mit der Änderung landwirtschaftlicher Nutzung von Halbtrockenrasen zu tun. Er kann sich auf ihnen nur halten oder vermehren, wenn sie regelmäßig von Schafen beweidet und auf diese Weise kurzrasig gehalten werden.

Acker-Minze *Méntha arvénsis*
Lippenblütengewächse *Lamiáceae (Labiátae)*

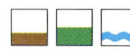

Juli – Okt.
10 – 40 cm
♃

Beschreibung: Zahlreiche Blüten in der oberen Hälfte von Stengeln und Zweigen quirlig in den Blattachseln, nie kopfig endständig, um 5 mm lang, rosa-lila. Blätter gegenständig, 2 – 5 cm lang, 1 – 3 cm breit. Riecht aromatisch.
Vorkommen: Gräben, Naßstellen auf Ödland, Wegen und Äckern, Sumpfwiesen. Häufig, in oft unauffälligen Beständen; fehlt im Tiefland kleinerer Gebiete.
Wissenswertes: Die Pflanze enthält ätherische Öle (Geruch); sie wurde früher als Heilpflanze verwendet. Dabei ist Vorsicht geboten: Es gibt einen giftigen Doppelgänger (Polei-Minze), dessen Blätter meist nur bis 2 cm lang werden.

BLÜTENFARBE BLAU/VIOLETT

Wasser-Minze Méntha aquática
Lippenblütengewächse Lamiáceae (Labiátae)

Juli–Okt.
20–90 cm
♃

Beschreibung: Blüten in ährig-kopfigem Blütenstand, um 6 mm lang, rosa-lila; unter dem endständigen Blütenstand befinden sich oft noch einige blattachselständige Scheinquirle. Stengel kantig. Blätter kreuzgegenständig, gesägt.

Vorkommen: Gräben, Ufer, Flachmoore, selten Brachen oder Äcker. Liebt basenreiche, stickstoffsalzhaltige, nasse Böden; erträgt selbst Überflutung. Fehlt örtlich in Gegenden mit rauhem Klima; sonst häufig, oft bestandsbildend.

Wissenswertes: Enthält ätherische Öle und Gerbstoff. Früher wie die Pfeffer-Minze verwendet, die ein Bastard der Wasser-Minze und der Ähren-Minze ist.

Roß-Minze Méntha longifólia
Lippenblütengewächse Lamiáceae (Labiátae)

Juli–Sept.
30–70 cm
♃

Beschreibung: Blüten in lappig-lückigen, länglichen Scheinähren, um 4 mm lang, rosa bis lila; Krone ziemlich regelmäßig 4zipflig. Blätter gegenständig, eiförmig-lanzettlich, 3–9 cm lang, 1–3 cm breit, mit meist deutlichen Zähnen.

Vorkommen: Gräben, Ufer, Naßstellen auf Weiden und an Waldrändern. Liebt basen- und stickstoffsalzreiche, meist kalkhaltige, wechselfeuchte Böden. Im Bergland mit Kalkgestein häufig; sonst zerstreut und gebietsweise fehlend.

Wissenswertes: Wird mit der Ähren-Minze (*M. spicáta,* der spearmint der Amerikaner) zur Sammelart *M. spicáta* vereint. Die Pfeffer-Minze (*M. piperíta*) ist der Bastard aus *M. spicáta* × *M. aquática.* Sie wird gelegentlich angepflanzt.

Ackerröte, Gemeine Ackerröte Sherárdia arvénsis
Rötegewächse Rubiáceae

Mai–Okt.
5–20 cm
☉

Beschreibung: 5–15 Blüten stehen ziemlich dicht doldenartig-kopfig am Ende von Stengel und Zweigen, um 5 mm im Durchmesser, hell rosa-lila. Stengel niederliegend-aufsteigend, 4kantig. Stengelblätter zu 4–6 quirlständig, behaart.

Vorkommen: Getreideäcker, Brachen. Liebt basenreiche, meist kalk- und stets stickstoffsalzhaltige Böden. Im Bergland mit kalkhaltigem Gestein zerstreut; sonst selten und – z.B. im westlichen Tiefland – größeren Gebieten fehlend.

Wissenswertes: Der wissenschaftliche Gattungsname wurde verliehen, um den englischen Botaniker W. Sherard zu ehren, der von 1659–1728 lebte.

Quendel-Ehrenpreis Verónica serpyllifólia
Braunwurzgewächse Scrophulariáceae

Apr.–Sept.
5–20 cm
☉ (☠)

Beschreibung: Die Blüten stehen einzeln in den Achseln der oberen Blätter am Stengel- oder am Zweigende. Sie erreichen 0,5–1 cm im Durchmesser. Untere Blätter gegenständig, 1–2,5 cm lang, 0,5–1,2 cm breit, meist ganzrandig.

Vorkommen: Wiesen, Weiden, Garten- und Parkrasen, Wegränder, Ufer. Braucht lehmig-tonigen, stickstoffsalzhaltigen Boden; oft zu mehreren. Häufig.

Wissenswertes: Enthält – wie auch andere Arten der Gattung – Aucubin, vielleicht auch andere Iridoidglykoside; Giftigkeit von Aucubin ist für Weidetiere bewiesen, für den Menschen scheint sie möglich. – „Quendel" und „*serpyllifolia*" (serpyllum, lat. = Thymian, folium, lat. = Blatt) beziehen sich auf die thymianähnlichen Blätter.

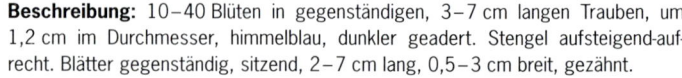

BLÜTENFARBE BLAU/VIOLETT

Großer Ehrenpreis *Verónica teūcrium*
Braunwurzgewächse *Scrophulariáceae*

Juni–Aug.
15–40 cm
♃ (☠)

Beschreibung: 10–40 Blüten in gegenständigen, 3–7 cm langen Trauben, um 1,2 cm im Durchmesser, himmelblau, dunkler geädert. Stengel aufsteigend-aufrecht. Blätter gegenständig, sitzend, 2–7 cm lang, 0,5–3 cm breit, gezähnt.
Vorkommen: Halbtrockenrasen, Trockengebüsche und -wälder. Liebt basenreiche, meist kalkhaltige, stickstoffsalzarme Böden. Im Bergland mit kalkreichen oder sonst basischen Gesteinen zerstreut; fehlt sonst weithin oder ist selten.
Wissenswertes: Gilt als Kleinart, die mit einigen anderen, ähnlichen und bei uns seltenen Kleinarten zur Sammelart *Verónica austriaca* zusammengefaßt wird.

Wald-Ehrenpreis, Echter Ehrenpreis *Verónica officinális*
Braunwurzgewächse *Scrophulariáceae*

Mai–Aug.
15–20 cm
♃ (☠)

Beschreibung: 10–25 Blüten in lockerer Traube, um 8 mm im Durchmesser, blau-violett-lila, dunkler geädert. Stengel niederliegend-aufsteigend. Blätter gegenständig gestielt, 1,5–4,5 cm lang, 1–3 cm breit, eiförmig, behaart, gezähnt.
Vorkommen: Wälder, Heiden, Magerrasen, Weiden. Liebt basenarme, stickstoffsalzhaltige, steinig-sandige Böden. Häufig; fehlt im Tiefland gebietsweise.
Wissenswertes: Enthält Aucubin und wahrscheinlich weitere Iridoidglykoside, Gerbstoffe und einen Bitterstoff. Früher hat man den Wald-Ehrenpreis wegen der Gerbstoffe zuweilen als Heilpflanze verwendet. Heute bevorzugt man andere gerbstoffhaltige Pflanzen, die keine giftigen Iridoidglykoside enthalten.

Gamander-Ehrenpreis *Verónica chamaēdrys*
Braunwurzgewächse *Scrophulariáceae*

Apr.–Juni
10–30 cm
♃ (☠)

Beschreibung: 10–30 Blüten in gegenständigen, 4–9 cm langen Trauben, um 1,2 cm im Durchmesser, tiefblau, dunkler geädert. Stengel aufsteigend-aufrecht, 2zeilig behaart. Blätter sitzend, 2–3 cm lang, 1–3 cm breit, gekerbt.
Vorkommen: Gebüsche, Wälder, Wiesen. Liebt stickstoffsalz- und basenhaltige Lehmböden. Sehr häufig und meist in kleinen, individuenreichen Beständen.
Wissenswertes: Enthält Aucubin, vielleicht auch weitere Iridoidglykoside. – Beim Gamander-Ehrenpreis wird klar, warum man im Volksmund Ehrenpreis-Arten „Männertreu" genannt hat: Die blaue (!) Blütenkrone fällt schon bei leichter Berührung ab. Die Blüten öffnen sich zwischen 7 und 9 Uhr und schließen sich gegen 18 Uhr.

Bachbungen-Ehrenpreis, Quell-Ehrenpreis, Bachbunge *Verónica beccabúnga*
Braunwurzgewächse *Scrophulariáceae*

Mai–Sept.
10–50 cm
♃ (☠)

Beschreibung: 10–25 Blüten in 2–5 lockeren Trauben, um 7 mm im Durchmesser, blaß- bis dunkelblau, dunkler geädert. Stengel aufsteigend-aufrecht, an den unteren Knoten wurzelnd. Blätter gegenständig, fast sitzend, 3–5 cm lang, 1–2,5 cm breit, eiförmig bis eirundlich, ganzrandig oder gekerbt, fleischig.
Vorkommen: Gräben, Ufer, Quellsümpfe. Liebt basen- und mäßig stickstoffsalzreiche Böden; erträgt Überflutung. Fehlt örtlich im Tiefland; sonst häufig.
Wissenswertes: Bachbunge enthält das althochdeutsche Wort bungo = Knolle. Es bezieht sich auf den knotigen Stengel und verweist zugleich auf den Standort.

Gamander-Ehrenpreis
Veronica chamaedrys

Bachbungen-Ehrenpreis
Veronica beccabunga

Großer Ehrenpreis
Veronica teucrium

Wald-Ehrenpreis
Veronica officinalis

BLÜTENFARBE BLAU/VIOLETT

Gauchheil-Ehrenpreis, Wasser-Ehrenpreis *Verónica anagállis-aquática*
Braunwurzgewächse *Scrophulariáceae*

Mai–Okt.
15–60 cm
♃ (☠)

Beschreibung: 10–50 Blüten in 2–10 lockeren Trauben, um 8 mm im Durchmesser, blaßlila bis hellviolett, violett geadert. Stengel aufsteigend-aufrecht, 0,3–1 cm dick. Blätter gegenständig, untere kurz gestielt, übrige sitzend, 5–10 cm lang, 1–4 cm breit, lanzettlich, ganzrandig oder entfernt buchtig gezähnt.

Vorkommen: Gräben, Bäche, Ufer. Liebt stickstoffsalzhaltige, kiesig-sandige oder schlammige Böden; erträgt Überflutung. In milden Lagen des Berglands mit basenhaltigen Böden zerstreut; sonst sehr selten, vor allem im westlichen Tiefland.

Wissenswertes: Sammelart, in der meist 3 Kleinarten vereint werden, die sich u. a. durch eine etwas andere Blütenfarbe (hellrosa bzw. lila) auszeichnen.

Feld-Ehrenpreis *Verónica arvénsis*
Braunwurzgewächse *Scrophulariáceae*

Apr.–Sept.
5–25 cm
☉ (☠)

Beschreibung: 5–15 Blüten einzeln in den Achseln der mittleren und oberen Blätter, um 3 mm im Durchmesser, dunkelblau. Stengel aufsteigend-aufrecht, behaart. Blätter gegenständig, im Blütenstandsbereich fast wechselständig, kurz gestielt oder sitzend, untere ungeteilt, übrige fingerig 3–5lappig.

Vorkommen: Äcker, Brachen, Ödland, Waldlichtungen. Liebt mäßig basen- und stickstoffsalzreiche Böden. Fast überall häufig, aber meist unauffällig.

Wissenswertes: Die Art ist erst mit dem Getreideanbau nach Mitteleuropa gelangt. Ihre ursprüngliche Heimat liegt wohl im östlichen Mittelmeerraum.

Persischer Ehrenpreis, Großer Ehrenpreis *Verónica pérsica*
Braunwurzgewächse *Scrophulariáceae*

März–Dez.
10–40 cm
☉ (☠)

Beschreibung: 10–30 Blüten – 0,5–3 cm lang gestielt – einzeln in den Achseln der mittleren und oberen Blätter, um 1 cm im Durchmesser, himmelblau, dunkelblau geadert, am Grund weißlich. Stengel niederliegend-aufsteigend. Blätter gestielt, 1–2,5 cm lang, 0,7–2 cm breit, eiförmig, grob gekerbt-gesägt.

Vorkommen: Äcker, Brachen, Wege, Gärten, Weinberge. Liebt stickstoffsalz- und basenreiche Böden. Fehlt im westlichen Tiefland großräumig; sonst sehr häufig.

Wissenswertes: War ursprünglich in Kleinasien beheimatet und wurde in Europa nur in Botanischen Gärten gehalten. Im Jahre 1805 verwilderte er aus dem Botanischen Garten in Karlsruhe. Fast gleichzeitig wanderte er über den Balkan ein.

Faden-Ehrenpreis *Verónica filifórmis*
Braunwurzgewächse *Scrophulariáceae*

Apr.–Mai
5–30 cm
♃ (☠)

Beschreibung: 10–40 Blüten – 1–4 cm lang und dünn gestielt – einzeln in den Achseln der Blätter, um 1 cm im Durchmesser, blaß blaulila, dunkler geadert, die 3 schmaleren Zipfel fast weiß. Stengel dünn, niederliegend, wurzelnd, Blätter gestielt, 0,5–1 cm lang, 0,6–1,2 cm breit, rundlich, gekerbt-gesägt.

Vorkommen: Wiesen, Rasen. Liebt stickstoffsalz- und basenhaltige, kalkarme Böden. In Beständen in sommermilden, niederschlagsreichen Lagen; fehlt sonst.

Wissenswertes: Die Art, die ursprünglich als Grabschmuck gepflanzt wurde, breitete sich seit etwa 1930 bei uns mit zunehmender Geschwindigkeit aus.

BLÜTENFARBE BLAU/VIOLETT

Efeu-Ehrenpreis Verónica hederifólia
Braunwurzgewächse Scrophulariáceae

März–Mai
5–30 cm
☉ (☠)

Beschreibung: 10–30 Blüten – mäßig lang gestielt – einzeln in den Achseln der mittleren und oberen Blätter, um 5 mm im Durchmesser, hell-lila, dunkler geadert, am Grund weißlich. Stengel niederliegend-aufsteigend, behaart. Blätter gegen- und wechselständig, im Umriß breit eiförmig, deutlich 3–5lappig.

Vorkommen: Äcker, Ödland, Wege, Hecken. Liebt stickstoffsalz- und basenreiche, frische Böden. Fehlt in Gegenden mit rauhem Klima örtlich; sonst häufig.

Wissenswertes: Stammt wahrscheinlich aus Südeuropa, ist aber hierzulande seit Jahrtausenden eingebürgert. Auch nach Nordamerika wurde er verschleppt.

Mittlerer Wegerich, Weide-Wegerich Plantágo média
Wegerichgewächse Plantagináceae

Mai–Juli
10–40 cm
♃ (☠)

Beschreibung: Blüten in walzlichen Ähren auf blattlosen Stengeln; Ähren 1,5–5 cm lang, 5–8 mm dick; wegen der vielen lilavioletten Staubfäden hält man sie für dicker. Rosettenblätter dem Boden anliegend, breit eiförmig, 5–9nervig, kaum gestielt.

Vorkommen: Rasen, Weiden, Sportplätze, Wege. Liebt basenreiche, stickstoffsalzarme Böden. Im Tiefland selten, gebietsweise fehlend; sonst sehr häufig.

Wissenswertes: Robuste „Trittpflanze". Die parallelbogigen „Blattadern" sind zäh und geben den Blättern, die dem Boden aufliegen, so viel Halt, daß sie kaum abgetreten werden. – Heilpflanze; enthält Schleim- und Gerbstoffe sowie Aucubin.

Wilde Karde, Wald-Karde Dipsacus fullónum
Kardengewächse Dipsacáceae

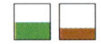

Juli–Aug.
0,5–2 m
☉

Beschreibung: Zahlreiche Blüten in eiförmig-walzlichen Kolben, der 3–8 cm lang und 3–4,5 cm dick wird und durch die langgezogenen, wenig biegsamen Spitzen der Spreublätter sein kardentypisches Aussehen erhält; Blüten blühen in „Ringen" auf. Stengel bestachelt. Stengelblätter am Grund paarweise tütig verwachsen.

Vorkommen: Ödland, Raine, Waldränder. Liebt stickstoffsalzhaltige, basenreiche Böden. Fehlt im Tiefland und in Sandgebieten weithin; sonst zerstreut.

Wissenswertes: Da die spitzen Spreublätter im Blütenstand biegsam sind, konnte die Wilde Karde nicht als „Weber-Karde" zum Aufrauhen der Textilfasern verwendet werden. – Enthält das noch nicht näher erforschte Glykosid Scabiosid.

Gewöhnlicher Teufelsabbiß, Gemeiner Teufelsabbiß Succísa praténsis
Kardengewächse Dipsacáceae

Juli–Sept.
0,2–1 m
♃

Beschreibung: Blütenstand halbkugelig-kopfig, 1,5–2,5 cm im Durchmesser; Spreublätter an nicht aufgeblühten Köpfchen gut zu sehen; Kelchborsten schwarz; Randblüten nicht vergrößert; Blüten um 6 mm lang, lila-blauviolett. Stengelblätter gegenständig, sitzend, wie die Grundblätter breit-lanzettlich.

Vorkommen: Flachmoore, Sumpfwiesen. Liebt basenreiche, stickstoffsalzarme, wechselfeuchte Böden. Zerstreut, aber überall kleineren Gebieten fehlend.

Wissenswertes: „Teufelsabbiß" bezieht sich auf den Wurzelstock, der im Herbst hinten wie abgebissen aussieht. – Alte Heilpflanze; enthält im Wurzelstock Saponine, Gerbstoffe und das noch nicht näher erforschte Glykosid Scabiosid.

BLÜTENFARBE BLAU/VIOLETT

Wiesen-Storchschnabel Geránium praténse
Storchschnabelgewächse Geraniáceae

Juni–Okt.
30–80 cm
♃

Beschreibung: Blüten in locker-sträußigem Blütenstand, 2,5–4 cm im Durchmesser, hell blauviolett; Staubfäden nach unten zu breit 3eckig. Stengelblätter gegenständig, wie die Grundblätter im Umriß nierenförmig, handförmig 7teilig.

Vorkommen: Wiesen. Liebt basen- und stickstoffsalzreichen Lehmboden. Fehlt im Tiefland und im Bergland mit Silikatgestein; sonst häufig, bestandsbildend.

Wissenswertes: Beim Erblühen ist die Blüte erst aufrecht, dann waagrecht orientiert. Nach der Bestäubung (Bestäuber sind vorwiegend Bienen) krümmen sich die Blütenstiele abwärts. Oft kann man an derselben Pflanze Blüten in verschiedenen Entwicklungsphasen und den dazu gehörenden Stellungen beobachten.

Wald-Storchschnabel Geránium sylváticum
Storchschnabelgewächse Geraniáceae

Juni–Aug.
30–60 cm
♃

Beschreibung: Blüten in sträußig-rispigem Blütenstand, 1,7–3,3 cm im Durchmesser, blau- oder rotviolett. Staubfäden schmal lanzettlich. Blätter meist grundständig, nicht ganz bis zum Grund handförmig 5–7lappig.

Vorkommen: Wald- und Gebüschsäume, Bergwälder, Hochstaudenfluren, Bergwiesen. Liebt ziemlich basenhaltigen, mäßig stickstoffsalzreichen, tiefgründigen Boden. Im Bergland mit Kalkgestein und im Alpenvorland zerstreut; sonst sehr selten.

Wissenswertes: Enthält vor allem im Wurzelstock Gerbstoffe; anders als der Blutrote Storchschnabel (s. S. 258), der ebenso Gerbstoff führt, wurde er arzneilich nicht genutzt, obwohl er in etwa denselben Gegenden vorkommt wie dieser.

Stranddistel, Meer-Mannstreu Erýngium marítimum
Doldengewächse Apiáceae (Umbellíferae)

Juni–Sept.
20–60 cm
☉–♃ ▽

Beschreibung: Zahlreiche Blüten sitzen in fast kugeligen Köpfchen, die um 1,8 cm im Durchmesser erreichen. Hüllblätter länger als der Blütenstand, eiförmig, bläulich oder violett überlaufen, dornig gezähnt. Blätter bläulich-grün, tief 3–5teilig, buchtig gezähnt; Blattzähne mit dornig-stechender Spitze.

Vorkommen: Dünen an Nord- und Ostseeküste. Liebt basenreichen, bewegten Sand. An beiden Küsten nur noch vereinzelt in Beständen; fehlt sonst.

Wissenswertes: Die Stranddistel hat durch Übernutzung infolge des Fremdenverkehrs viele ihrer Standorte verloren, nicht zuletzt durch Ausgraben.

Blauer Gauchheil Anagállis foēmina
Primelgewächse Primuláceae

Juni–Sept.
10–20 cm
☉ (☠)

Beschreibung: Blüten einzeln in den Blattachseln, 0,7–1,2 cm im Durchmesser, dunkelblau, selten blauviolett; Schlundring rotviolett; Blütenblätter vorn deutlich gezähnt-gefranst. Stengel niederliegend-aufsteigend, kantig. Blätter gegenständig, eiförmig, 1–2 cm lang, 0,5–1 cm breit, sitzend, trübgrün.

Vorkommen: Äcker, Weinberge, Brachen, Stoppelfelder. Liebt mäßig stickstoffsalz- und sehr basenreichen Lehmboden. Fehlt im Tiefland großräumig und in Gegenden mit kalkarmen Gesteinen fast ganz; sonst selten und meist wenige Exemplare.

Wissenswertes: Inhaltsstoffe wohl gleich wie bei A. arvénsis (s. S. 268).

BLÜTENFARBE BLAU/VIOLETT

Gewöhnlicher Strandflieder, Strandnelke *Limónium vulgáre*
Bleiwurzgewächse *Plumbagináceae*

Juli–Sept.
20–50 cm
♃ ▽

Beschreibung: Blüten in einseitigem, rispig-straußigem Blütenstand aus vielen kleinen Blütenknäueln, 3–8 mm lang, blauviolett; an der Basis der Blütenbüschel trockenhäutige Hochblätter. Blätter grundständig, immergrün, ledrig, trübgrün, 5–20 cm lang, 2–4 cm breit, spatelig, in den Stiel verschmälert.

Vorkommen: Schlickwatt, überspülte Strandrasen. Liebt basen- und stickstoffsalzhaltige schlickig-sandige Böden; erträgt Überflutung und braucht Kochsalz. An der Nordseeküste zerstreut, an der Ostseeküste selten, oft fehlend.

Wissenswertes: Strandflieder wird gelegentlich gepflückt und in Dauersträuße eingebunden. Dafür sollte man indessen nur käufliche Pflanzen benutzen.

Schwalbenwurz-Enzian, Würger-Enzian *Gentiána asclepiadéa*
Enziangewächse *Gentianáceae*

Aug.–Okt.
30–90 cm
♃ ▽

Beschreibung: Blüten zu 1–3 in den oberen Blattachseln, oft einseitig angeordnet, 3–5 cm lang, dunkelblau, innen mit weißlichen Längsstreifen. Blätter gegenständig, oft 2reihig, lanzettlich, untere bis 8 cm lang, obere kleiner.

Vorkommen: Flachmoore, Wälder, Hochstaudenfluren, bachbegleitende Gebüsche. Liebt basenreiche, wechselfeuchte, eher stickstoffsalzarme Böden. Vereinzelt auf der Schwäbischen Alb, Alpenvorland und Alpen zerstreut; fehlt sonst.

Wissenswertes: „Schwalbenwurz" verweist auf die Ähnlichkeit der Blätter mit denen mancher Schwalbenwurzgewächse (s. *Vincetóxicum*, S. 100). – Die Blüten öffnen sich zwischen 8 und 9 Uhr; sie schließen sich zwischen 17 und 18 Uhr.

Lungen-Enzian *Gentiána pneumonánthe*
Enziangewächse *Gentianáceae*

Juli–Okt.
10–40 cm
♃ ▽

Beschreibung: Blüten einzeln oder zu wenigen am Stengelende und in den Achseln der oberen Blätter, 3,5–5 cm lang, blau, innen mit 5 grün punktierten Streifen. Blätter gegenständig, lineal-lanzettlich, am Rande etwas umgerollt.

Vorkommen: Flachmoore, feuchte Stellen in Heiden. Liebt basenhaltige, oft kalk- und stets stickstoffsalzarme Böden. Im Tiefland zerstreut, im Bergland mit kalkarmem Gestein weithin fehlend, im Jura selten, im Alpenvorland zerstreut.

Wissenswertes: Alte Heilpflanze. Enthält Bitterstoffe (z. B. Gentiopikrin). Inhaltsstoffe, die ihn zum „Lungenheilmittel" machen, wurden nicht gefunden.

Stengelloser Kiesel-Enzian, Stengelloser Enzian *Gentiána acáulis*
Enziangewächse *Gentianáceae*

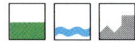

Mai–Aug.
5–10 cm
♃ ▽

Beschreibung: Blüten einzeln, gut 5 cm lang, tief azurblau, innen mit olivgrün gefleckten Längsstreifen. Stengel kurz, aufrecht, mit 1–2 Blattpaaren. Grundständige Blätter in ausgebreiteter Rosette, lanzettlich, 3–10 cm lang.

Vorkommen: Bergwiesen, steinige Matten, Geröll, seltener in Flachmooren oder lichten Gebüschen. Liebt kalkarme, feuchte Lehmböden. Alpenvorland und Alpen – vor allem Zentralalpen – zerstreut; örtlich in individuenreichen Beständen.

Wissenswertes: Sehr ähnlich: Stengelloser Kalk-Enzian (*Gentiána clúsii*) – Blüten innen ohne Längsstreifen; vertritt den Kiesel-Enzian auf Kalkböden.

BLÜTENFARBE BLAU/VIOLETT

Frühlings-Enzian Gentiána vérna
Enziangewächse Gentianáceae

März – Juni
3 – 10 cm
♃ ▽

Beschreibung: Blüten einzeln, um 2,5 cm lang, tief azurblau, Zipfel flach ausgebreitet; zwischen den Zipfeln befindet sich ein 2teiliger Zahn mit einem weißen Strich. Stengel kurz, mit 1 – 3 Blattpaaren; Blätter schmal-eiförmig.
Vorkommen: Trockenrasen und -weiden. Liebt basenreiche, meist kalkhaltige, stickstoffsalzarme Böden. Jura und Umland, Alpenvorland, Alpen zerstreut; fehlt sonst.
Wissenswertes: Blüht in besonders warmen Jahren gelegentlich im Spätsommer (Juli – August) zum zweitenmal. Bleibt auf Schafweiden stehen, weil die flachen Blattrosetten vom Gebiß der Schafe kaum erfaßt werden. – Der Nektar in der Blütenröhre ist nur für langrüßlige Tagschmetterlinge erreichbar.

Sumpfenzian Swértia perénnis
Enziangewächse Gentianáceae

Juli – Sept.
15 – 60 cm
♃ ▽

Beschreibung: Blüten in pyramidenförmiger bis verlängert-lockerer Traube oder Rispe, 2 – 3 cm im Durchmesser, hell trübviolett mit schmutzig- bis schwarz-violetter Aderung und strichartigen Flecken. Blätter gegenständig, schmal eiförmig bis lanzettlich, die oberen schmäler und spitzer als die unteren.
Vorkommen: Flachmoore, Quellsümpfe. Liebt basenreiche, meist kalkhaltige, stickstoffsalzarme, sickerfeuchte Böden. Südschwarzwald, südlicher Jura, Alpenvorland, Alpen sowie Brandenburg und Mecklenburg selten; fehlt sonst.
Wissenswertes: „Swertia" wurde die Gattung genannt, um den Holländer Emanuel Swert zu ehren. Er war Gärtner und verfaßte 1612 ein Florilegium (Blütenlese).

Kleines Immergrün, Wintergrün, Singrün Vinca mínor
Hundsgiftgewächse Apocynáceae

März – Juli
10 – 20 cm
♃ (☠)

Beschreibung: Blüten einzeln, blattachselständig, 2,5 – 3 cm im Durchmesser; Kronzipfel auffällig schief gestutzt; Schlund mit weißlicher, ringförmiger Zeichnung. Blätter gegenständig, ledrig, immergrün, 3 – 5 cm lang, 2 cm breit.
Vorkommen: Lichte Laubmischwälder, Gebüsche. Liebt ziemlich stickstoffsalz- und basenhaltige Böden in Lagen mit hoher Luftfeuchtigkeit. Im westlichen Tiefland und im Bergland mit Sandböden weithin fehlend; sonst zerstreut.
Wissenswertes: Enthält giftige Indolalkaloide (z. B. Vincamin und Vincristin). Vergiftungen sind indessen meines Wissens bisher nicht bekanntgeworden.

Blauroter Steinsame, Rotblauer Steinsame Buglossoídes purpúrocaerúlea
Rauhblattgewächse Boragináceae

Apr. – Juni
20 – 70 cm
♃

Beschreibung: 2 – 12 fast sitzende Blüten in scheintraubigen Blütenständen, um 1,3 cm im Durchmesser, erst rot, dann blau. Blätter wechselständig, bis 8 cm lang, bis 1,5 cm breit, meist sitzend, kurz behaart, am Rand bewimpert.
Vorkommen: Trockenwälder und -gebüsche. Liebt basenreiche, stickstoffsalzhaltige Böden. Fehlt im Tiefland und im kalkarmen Bergland; sonst selten.
Wissenswertes: Die Änderung der Blütenfarbe hängt mit dem Altern und dem dadurch geänderten Säuregrad im Zellsaft zusammen; in jungen Blüten reagiert der Zellsaft sauer (Farbstoff wird rot), in älteren basisch (Farbstoff wird blau).

Frühlings-Enzian
Gentiana verna

Kleines Immergrün
Vinca minor

Blauroter Steinsame
Buglossoides purpurocaerulea

Sumpfenzian
Swertia perennis

BLÜTENFARBE BLAU/VIOLETT

Dunkles Lungenkraut, Gebräuchliches Lungenkraut *Pulmonária obscúra*
Rauhblattgewächse *Boragináceae*

März–Apr.
10–30 cm
♃

Beschreibung: 10–20 Blüten in doldenartigen, schlüsselblumenähnlichen Blütenständen, um 1 cm im Durchmesser, erst rotbraun, dann schwärzlich blauviolett. Stengel lang silbrig behaart. Grundständige Blätter in einer Rosette, nicht fleckig, oft dunkel blaugrün; 3–7 wechselständige Stengelblätter, ungefleckt.
Vorkommen: Laubmisch- und Auwälder. Liebt basen- und stickstoffsalzreiche Böden. Im westlichen Tiefland selten; fehlt in Sandgebieten; sonst zerstreut.
Wissenswertes: Wird in der Regel als Kleinart angesehen. Zusammen mit dem Echten Lungenkraut (*P. officinális*), dessen Blätter gefleckt sind und das im Alpenvorland wächst, wird es zur Sammelart *P. officinális* zusammengefaßt.

Weiches Lungenkraut *Pulmonária móllis*
Rauhblattgewächse *Boragináceae*

Apr.–Mai
15–30 cm
♃

Beschreibung: 5–15 Blüten in schlüsselblumenähnlichen Blütenständen, um 1 cm im Durchmesser, erst rosa, dann blauviolett oder blaß rotviolett. Stengel klebrigdrüsig behaart. Stiele der Rosettenblätter 3–12 cm lang, Spreiten 4–12 cm lang, 3–6 cm breit, nicht fleckig; Stengelblätter kleiner, sitzend.
Vorkommen: Laubwälder. Liebt basen- und kalkreiche, eher stickstoffsalzarme Böden. Eifel, Muschelkalkgebiete, Jura, Alpenvorland selten; fehlt sonst.
Wissenswertes: Der Nektar wird am Grund der 1,5 cm langen Blütenröhre abgeschieden. Nur langrüßlige Insekten (Hummeln, Falter) können ihn erreichen.

Echter Beinwell, Gemeiner Beinwell *Sýmphytum officinále*
Rauhblattgewächse *Boragináceae*

Mai–Sept.
30–90 cm
♃ (☠)

Beschreibung: Blütenstand trugdoldig, Blüten nickend, Krone 1–2 cm lang, weißlich, bläulich- oder rötlich-violett. Stengel oft vom Grund an verzweigt. Blätter schmal lanzettlich, die unteren bis 25 cm lang und 5 cm breit, die oberen kleiner, unterseits grobaderig, deutlich am Stengel herablaufend.
Vorkommen: Wiesen, Ufer, Gräben, lichte Stellen in Wäldern, Wege. Liebt feuchten Lehmboden. Fehlt im Tiefland oder ist dort selten; sonst zerstreut.
Wissenswertes: Die Pflanze wurde früher als Heilmittel bei Knochenbrüchen verwendet. Daher kommt der Name Beinwell. Enthält Alkaloide und Gerbstoffe.

Acker-Krummhals, Acker-Ochsenzunge *Anchúsa arvensis*
Rauhblattgewächse *Boragináceae*

Mai–Juli
15–40 cm
☉ (☠)

Beschreibung: Zahlreiche Blüten in zusammengesetzt-scheinrispigen Blütenständen, um 7 mm im Durchmesser, hell himmelblau; weiße Schuppen am Schlundeingang, Blütenröhre gekrümmt. Blätter wechselständig, bis 15 cm lang, 1–2 cm breit, die unteren allmählich stielartig verschmälert, obere sitzend, Rand wellig.
Vorkommen: Äcker, Ödland. Liebt stickstoffsalzhaltige, kalk- und basenarme Böden. Im Tiefland und in Sandgebieten des Berglands zerstreut; fehlt sonst.
Wissenswertes: Enthält möglicherweise Pyrrolizidin-Alkaloide, die als Lebergifte und als krebsauslösend gelten. Über Vergiftungen ist mir nichts bekanntgeworden. – Neuerdings hat die Art viele ihrer früheren Standorte verloren.

BLÜTENFARBE BLAU/VIOLETT

Acker-Vergißmeinnicht *Myosótis arvénsis*
Rauhblattgewächse *Boragináceae*

Apr.–Okt.
10–40 cm
☉

Beschreibung: 5–25 Blüten in zusammengesetzt-scheintraubigen Blütenständen, um 3 mm im Durchmesser, hell- bis weißlichblau; Ring aus gelben Schuppen am Schlundeingang. Untere Blätter rosettig, Stengelblätter wechselständig, alle spatelig-zungenförmig, 1–5 cm lang, 0,5–1 cm breit, oft dicht kurzhaarig.
Vorkommen: Äcker, Ödland, Waldlichtungen, Wiesen, Weiden. Liebt stickstoffsalzreiche Lehmböden. Häufig, aber oft erst nach der Ernte auffallend.
Wissenswertes: Einige Samen keimen im Sommer. Aus dem Keimling wächst eine Rosette, die überwintert. Aus ihr sproßt ein Stengel, der im Sommer blüht.

Wald-Vergißmeinnicht *Myosótis sylvática*
Rauhblattgewächse *Boragináceae*

Apr.–Sept.
15–50 cm
☉–♃

Beschreibung: 5–25 Blüten in zusammengesetzt-scheinrispigen Blütenständen, um 8 mm im Durchmesser, anfangs violett überhaucht, dann himmelblau; Ring aus gelben Schuppen am Schlundeingang. Rosettenblätter gestielt; Stengelblätter wechselständig, 3–8 cm lang, 1–3 cm breit, kurzhaarig, die oberen sitzend.
Vorkommen: Wälder, Wege, Viehläger. Liebt stickstoffsalzreiche, frische Böden. Fehlt im westlichen Tiefland und in Sandgebieten weithin; sonst zerstreut.
Wissenswertes: Der Ring der gelben Schlundschuppen markiert den Eingang zum „Honigtopf". Den Signalcharakter dieser Bildung erkannte Konrad Sprengel als erster. Er sah im abgesonderten Nektar eine „Belohnung" für die Bestäuber.

Sumpf-Vergißmeinnicht *Myosótis scorpioídes*
Rauhblattgewächse *Boragináceae*

Mai–Okt.
20–80 cm
♃

Beschreibung: 5–20 Blüten in zusammengesetzt-scheinrispigen Blütenständen, um 6 mm im Durchmesser, anfangs rötlich, dann himmelblau; Ring aus gelben Schuppen am Schlundeingang. Stengelblätter wechselständig, schmal-eiförmig bis lanzettlich, 2–10 cm lang, 0,5–2 cm breit, mehr oder minder anliegend behaart.
Vorkommen: Gräben, Sumpfwiesen, Wälder. Liebt mäßig stickstoffsalzreiche, nasse Lehm- oder Tonböden, geht auch auf torfähnlichen Untergrund; häufig.
Wissenswertes: Wird meist als Kleinart aufgefaßt und mit anderen seltenen Kleinarten zur Sammelart Sumpf-Vergißmeinnicht *(M. palústris)* zusammengefaßt.

Sand-Vergißmeinnicht *Myosótis strícta*
Rauhblattgewächse *Boragináceae*

März–Juni
5–15 cm
☉

Beschreibung: Viele Blüten in einfachem, scheintraubigem Blütenstand, um 2 mm im Durchmesser, hell himmelblau; der Ring gelber Schuppen am Schlundeingang unscheinbar. Untere Blätter rosettig gehäuft; Stengelblätter wechselständig, schmaleiförmig bis spatelig, 0,5–2 cm lang, 2–5 mm breit, unterseits behaart.
Vorkommen: Sandrasen, Dünen. Liebt basenhaltige, aber kalkarme Böden. Im östlichen Tiefland zerstreut; in Sandgebieten des Berglands selten; fehlt sonst.
Wissenswertes: Der gelbe Ring aus Schlundschuppen fällt so wenig auf, daß er Insekten kaum anlocken kann. Deshalb kommt es in der Regel nicht zur Fremdbestäubung der Blüten. Sie bestäuben sich vielmehr meist selbst (Autogamie).

BLÜTENFARBE BLAU/VIOLETT

Eisenkraut, Echtes Eisenkraut *Verbéna officinális*
Eisenkrautgewächse *Verbenáceae*

Juli–Okt.
30–70 cm
♃ (☠)

Beschreibung: Viele kleine Blüten in dünnen, lockeren Ähren, 3–5 mm lang, blaß-lila, jung rosalila; Kronzipfel etwas ungleich lang. Stengel sparrig verzweigt. Blätter gegenständig, grob fiederig gezähnt oder tief 3teilig.
Vorkommen: Wege, Ödland, Mauern. Liebt stickstoffsalzreiche Böden. Fehlt im westlichen Tiefland weithin; im rauhen Bergland selten; sonst zerstreut.
Wissenswertes: Alte Heilpflanze; enthält das Iridoidglykosid Verbenalin, das als zumindest schwach giftig anzusehen ist, möglicherweise noch weitere Bitterstoffe, hingegen nur unbedeutende Mengen von ätherischen Ölen.

Bittersüßer Nachtschatten, Bittersüß *Solánum dulcamára*
Nachtschattengewächse *Solanáceae*

Juni–Aug.
0,3–2 m
♄ ☠

Beschreibung: 10–25 Blüten in rispenähnlichen Teilblütenständen, 1–2 cm im Durchmesser, tief blauviolett; Zipfel oft zurückgeschlagen; Staubbeutel auffällig, gelb; Frucht eiförmige, scharlachrote Beere. Stengel aufgebogen-kletternd, unten verholzt. Blätter am Grund oft fiederartig; sonst ganzrandig.
Vorkommen: Wälder, Gebüsche, Ufer, Ödland. Liebt stickstoffsalzreiche, auch kalkarme, wechselnasse Böden. Fehlt örtlich in Sandgebieten; sonst zerstreut.
Wissenswertes: Beim Bittersüßen Nachtschatten gibt es 3 verschiedene Rassen, die sich in den Inhaltsstoffen unterscheiden. Bei einer Rasse ist das Hauptalkaloid Soladulcidin, bei einer Tomatidenol, bei der letzten Solasodin.

Gewöhnlicher Feldsalat, Salat-Rapünzchen *Valerianélla locústa*
Baldriangewächse *Valerianáceae*

Apr.–Mai
5–25 cm
☉

Beschreibung: Viele kleine Blüten in mehrfach gabeligem Gesamtblütenstand, 1–2 mm im Durchmesser, blaßblau. Blätter gegenständig, die unteren länglich bis spatelig, die oberen schmal verkehrt-eiförmig. Kultursorten dunkelgrün.
Vorkommen: Äcker, Brachen, Wiesen, Halbtrockenrasen. Liebt basen-, aber nicht unbedingt stickstoffsalzreiche Böden. Fehlt in Sandgebieten; sonst zerstreut.
Wissenswertes: Der Feldsalat – in mehreren Sorten angebaut – wird nicht nur geschätzt, weil er im Spätherbst, Winter und Frühjahr geschnitten werden kann, sondern weil er – gemessen an anderen Salatarten – mit knapp 20 mg/100 g Frischgewicht relativ viel Vitamin C enthält. Außerdem schmeckt er gut.

Wiesen-Glockenblume *Campánula pátula*
Glockenblumengewächse *Campanuláceae*

Mai–Juli
20–60 cm
☉

Beschreibung: 3–11 Blüten in lockerer Rispe, 1,5–2,5 cm lang, hell lila bis blauviolett. Spreite der Grundblätter 3–5 cm lang, um 1,2 cm breit, schmal eiförmig; Stengelblätter wechselständig, schmal lanzettlich, die oberen sitzend.
Vorkommen: Wiesen, Wälder, Wege. Liebt basenreiche, eher kalkarme, stickstoffsalzhaltige, frische Böden. Fehlt im Nordwesten weithin; sonst häufig.
Wissenswertes: Gehört zu den typischen Arten der Glatthaferwiese, einer der wertvollsten Wirtschaftswiesen in Europa, in der Pflanzen unterschiedlicher Herkunft wachsen. Die Wiesen-Glockenblume stammt vermutlich aus Südosteuropa.

BLÜTENFARBE BLAU/VIOLETT

Pfirsichblättrige Glockenblume *Campánula persicifólia*
Glockenblumengewächse *Campanuláceae*

Mai–Sept.
20–80 cm
♃

Beschreibung: 3–8 Blüten in lockerer Traube, 2,5–4 cm lang, fast ebenso breit, blau, zuweilen leicht violett. Grundblätter gestielt, 3–8 cm lang, 1–3 cm breit, schmal eiförmig-lanzettlich; Stengelblätter wechselständig, untere und mittlere mit verschmälertem Grund, obere satt sitzend, schmal-lanzettlich.
Vorkommen: Wälder. Liebt basenreiche, stickstoffsalzarme Böden. Fehlt im westlichen Tiefland, sonst im Tiefland selten; in den Lehmgebieten zerstreut.
Wissenswertes: Die großen Blüten werden von ganz unterschiedlichen Insekten besucht. Sie finden in ihnen Nektar, und zwar am Blütengrund. Im Blüteninnern nimmt der Duft zum Blütengrund hin zu. Er leitet die Besucher zum Nektar.

Knäuel-Glockenblume, Büschel-Glockenblume *Campánula glomeráta*
Glockenblumengewächse *Campanuláceae*

Mai–Sept.
15–60 cm
♃

Beschreibung: 8–35 Blüten kopfig-büschelig gehäuft, 1,5–3 cm lang, blauviolett, fast kahl. Stengel kahl oder schütter kurzhaarig. Grundblätter gestielt, Spreite 3–7 cm lang, 1–3 cm breit, eiförmig-lanzettlich; Stengelblätter wechselständig, länglich-zungenförmig, 2–10 cm lang, 0,5–1,5 cm breit.
Vorkommen: Halbtrockenrasen, trockene Wiesen, Waldränder, Trockenwälder und -gebüsche. Liebt basenreiche, eher stickstoffsalzarme Böden. Fehlt im westlichen Tiefland; im östlichen selten; im Kalk-Bergland zerstreut; fehlt sonst weitgehend.
Wissenswertes: Bei den Glockenblumen wird Fremdbestäubung dadurch gesichert, daß die Staubbeutel sich entleert haben, ehe die Narbe empfängnisfähig ist.

Nesselblättrige Glockenblume *Campánula trachélium*
Glockenblumengewächse *Campanuláceae*

Juli–Aug.
30–90 cm
♃

Beschreibung: 5–15 Blüten in allseitswendiger, lockerer Traube, 3–4 cm lang, blauviolett bis blaulila; Zipfel am Rand stets schütter langhaarig. Stengel borstig behaart. Stengelblätter wechselständig, lanzettlich, grob gezähnt.
Vorkommen: Wälder. Liebt basen- und stickstoffsalzreiche, mullhaltige, ziemlich frische Lehmböden. Im westlichen Tiefland sehr selten, sonst zerstreut.
Wissenswertes: Die Nesselblättrige Glockenblume gedeiht auf solchen Böden am besten, in denen sie Stickstoffsalze als Nitrat und nicht als Ammoniumsalz angeboten bekommt. Sie zeigt damit sehr gute Streuzersetzung im Boden an.

Acker-Glockenblume, Rapunzelartige Glockenblume *Campánula rapunculoídes*
Glockenblumengewächse *Campanuláceae*

Juni–Sept.
30–80 cm
♃

Beschreibung: Viele Blüten in einseitswendiger Traube, 2–3 cm lang, blauviolett bis blaulila; Zipfel am Rand schütter langhaarig. Stengel kahl. Stengelblätter wechselständig, eiförmig-lanzettlich, ungleichmäßig gekerbt-gezähnt.
Vorkommen: Äcker, Weg- und Waldränder, Trockengebüsche. Liebt stickstoffsalz- und kalkhaltige, basenreiche Böden. Fehlt im Bergland mit Silikatgestein und im nordwestlichen Tiefland; sonst zerstreut, aber örtlich ziemlich selten.
Wissenswertes: War eine Pflanze lichter Wälder. In der Kulturlandschaft fand sie auf Äckern neue Standorte, die sie heute wieder zu verlieren droht.

BLÜTENFARBE BLAU/VIOLETT

Rundblättrige Glockenblume Campánula rotundifólia
Glockenblumengewächse Campanuláceae

Juni–Sept.
10–30 cm
♃

Beschreibung: 1–8 Blüten in lockerer Traube oder Rispe, 1–2 cm lang, hell blauviolett; Knospen aufrecht. Grundblätter zur Blütezeit oft abgestorben, rundlich-nierenförmig; Stengelblätter wechselständig, lineal-lanzettlich.

Vorkommen: Magere Wiesen, Wälder, Schotter, Felsen, Mauern, Wege. Liebt stickstoffsalzarme, mäßig basenhaltige Böden unterschiedlicher Art. Häufig.

Wissenswertes: Die Rundblättrige Glockenblume kann ihre Wurzeln bis über 1 m in den Boden hinabtreiben. Dadurch kann sie auf trockenem Untergrund, wie z. B. auf Schotter, noch so viel Wasser aufnehmen, daß es ihr zum Leben reicht.

Schwarze Teufelskralle Phyteūma nigrum
Glockenblumengewächse Campanuláceae

Mai–Juli
20–80 cm
♃

Beschreibung: Blüten in zuerst eiförmig-kegeliger, dann walzlicher Ähre, vor dem Aufblühen gekrümmt, schwarzviolett oder dunkelblau, an der Spitze oft grünlich. Grundblätter gestielt, 2–5 cm lang, um 2 cm breit, kerbig gezähnt.

Vorkommen: Wälder, Bergwiesen. Liebt basen- und stickstoffsalzhaltige Böden. Im Tiefland selten; in den warmen Lagen des Berglands zerstreut; fehlt sonst.

Wissenswertes: Die Schwarze Teufelskralle gehört zu den wenigen Arten unserer Flora, die nur in Mitteleuropa vorkommen. Zwischen Unterelbe und Wesermündung erreicht sie ihre Nordgrenze, zwischen Ardennen und Vogesen ihre Westgrenze, am Hochrhein und in Oberbayern die Süd-, in Niederösterreich die Ostgrenze.

Kugel-Teufelskralle, Kopfige Teufelskralle Phyteūma orbiculáre
Glockenblumengewächse Campanuláceae

Mai–Aug.
10–50 cm
♃

Beschreibung: 15–30 Blüten in kugelig-kopfiger Ähre von 1–2,5 cm Durchmesser, vor dem Aufblühen gekrümmt, tiefblau oder leicht blauviolett. Grundblätter gestielt, schmal eiförmig-lanzettlich; Stengelblätter ähnlich, z. T. sitzend.

Vorkommen: Halbtrockenrasen, Magerwiesen, Flachmoore. Liebt basen- und kalkreiche, stickstoffsalzarme Böden. Im Kalk-Bergland selten; fehlt sonst weitgehend.

Wissenswertes: Die Teufelskrallen setzen den Blütenstaub schon in den Knospen frei. Er wird vom behaarten Griffel, der zu dieser Zeit nicht „empfänglich" ist, nach außen geschoben. Wird er von Insekten auf andere Blüten gebracht, deren Griffel „empfänglich" ist, kommt es zur erwünschten Fremdbestäubung.

Berg-Sandglöckchen, Berg-Sandknöpfchen, Schafs-Skabiose Jasióne montána
Glockenblumengewächse Campanuláceae

Juni–Sept.
10–80 cm
☉

Beschreibung: Viele Blüten in kugeligem Köpfchen von 1–2,5 cm Durchmesser, vor dem Aufblühen gerade, blau. Grundblätter zur Blütezeit vertrocknet; Stengelblätter wechselständig, lineal-lanzettlich, (fast) sitzend, am Rand oft wellig.

Vorkommen: Sandrasen, Dünen, Felsköpfe, Raine. Liebt basen- und stickstoffsalzarme Böden. In den Sand- und Silikatgebieten zerstreut; fehlt sonst.

Wissenswertes: Das kalk- und stickstoffsalzscheue Berg-Sandglöckchen ist von manchen seiner vordem bekannten Standorte verschwunden, weil an ihnen der Stickstoffsalzeintrag zu groß geworden ist (Düngung von Nachbargrundstücken).

BLÜTENFARBE BLAU/VIOLETT

Leberblümchen, Dreilappiges Leberblümchen, Märzblümchen *Hepática nóbilis*
Hahnenfußgewächse *Ranunculáceae*

März–Mai
5–15 cm
♃ ☠ ▽

Beschreibung: Blüten einzeln, 2–3,5 cm im Durchmesser, blau, blauviolett, selten rotviolett. Alle Blätter grundständig, ledrig, überwinternd, 3lappig, oberseits grün und oft braunfleckig, unterseits oft rotbraun oder violett.
Vorkommen: Wälder. Liebt basenreiche, kalk- und stickstoffsalzhaltige Böden. Im Tiefland selten, fehlt im Westen; im Kalk-Bergland und Alpenvorland zerstreut.
Wissenswertes: Die Blüten nicken gegen Abend sowie bei Regenwetter und schließen sich dann. Während der 8tägigen Blütezeit wachsen die Blütenblätter aufs Doppelte ihrer ursprünglichen Länge. – Die Blüten werden vor allem von pollenfressenden Käfern bestäubt, die Samen von Ameisen verschleppt.

Gewöhnliche Küchenschelle, Echte Küchenschelle *Pulsatílla vulgáris*
Hahnenfußgewächse *Ranunculáceae*

März–Apr.
5–15 cm
♃ ☠ ▽

Beschreibung: Blüten einzeln, glockig-schüsselförmig, 5–7 cm im Durchmesser, blau- oder rötlich-violett; Früchtchen mit fedrig behaartem „Schwanz". Hochblatthülle 2–3 cm lang, unten verwachsen. Blätter grundständig, nach der Blüte erscheinend, 3–4fach gefiedert, Zipfel meist schmäler als 5 mm.
Vorkommen: Trockenrasen und -wälder. Liebt basenreiche, stickstoffsalzarme Böden. Im östlichen Tiefland vereinzelt; im Kalk-Bergland selten; fehlt sonst.
Wissenswertes: Der deutsche Name war ursprünglich wohl Kuhschelle. Aus ihm ist erst die Verkleinerungsform „Küchenschelle" entstanden, ehe daraus Küchenschelle wurde. – Enthält Protoanemonin und Anemonin. Alte Heilpflanze.

Wiesen-Küchenschelle, Schwarze Küchenschelle *Pulsatílla praténsis*
Hahnenfußgewächse *Ranunculáceae*

Apr.–Mai
8–30 cm
♃ ☠ ▽

Beschreibung: Blüten einzeln, glockig-zylindrisch, nickend, 3–4,5 cm im Durchmesser, verwaschen gelbviolett bis schwarzviolett; Früchtchen mit fedrig behaartem „Schwanz". Hochblatthülle 2–4 cm lang, unten verwachsen. Blätter grundständig, nach der Blüte erscheinend, 3–4fach gefiedert, weißzottig.
Vorkommen: Trockenrasen und -wälder. Liebt basenreiche, stickstoffsalzarme Böden. Im östlichen Tiefland sowie in Thüringen und Sachsen vereinzelt; fehlt sonst.
Wissenswertes: Üblicherweise werden 2 Unterarten unterschieden: die ssp. *pratensis* hat gelb-trübviolette, die ssp. *nigricans* schwarzviolette Blüten.

Finger-Küchenschelle *Pulsatílla pátens*
Hahnenfußgewächse *Ranunculáceae*

März–Apr.
7–15 cm
♃ ☠ ▽

Beschreibung: Blüten einzeln, schüssel- bis sternförmig, 5,5–7,5 cm im Durchmesser, meist hell blauviolett; Früchtchen mit fedrig behaartem „Schwanz". Hochblatthülle 1,5–3 cm lang, unten verwachsen. Blätter grundständig, nach der Blüte erscheinend, handförmig 3–5teilig, mit fiederteiligen Abschnitten.
Vorkommen: Trockenrasen und -wälder. Liebt basenreiche, stickstoffsalzarme, trockene Böden. Brandenburg, Mecklenburg, Oberbayern vereinzelt; fehlt sonst.
Wissenswertes: Die Art erreicht bei uns die Westgrenze ihres Verbreitungsgebiets, das sich nach Osten bis Westsibirien (= östlich des Urals) erstreckt.

BLÜTENFARBE BLAU/VIOLETT

Frühlings-Küchenschelle Pulsatilla vernális
Hahnenfußgewächse Ranunculáceae

März–Juli
5–15 cm

Beschreibung: Blüten einzeln, glockig bis schüsselförmig, 4–6 cm im Durchmesser, außen trüb blauviolett oder zart rosa, innen weißlich; Früchtchen mit fedrig behaartem „Schwanz". Hochblatthülle 1–2,5 cm lang, unten verwachsen. Blätter grundständig, überwinternd, ledrig, 1fach gefiedert oder 3teilig.

Vorkommen: Magerrasen, Kiefernwälder. Liebt stickstoffsalz- und basenarme Böden. Mecklenburg, Brandenburg, Oberfranken, Pfalz, Alpenrand, selten; fehlt sonst.

Wissenswertes: Die Frühlings-Küchenschelle ist unter den heimischen Arten besonders leicht an ihren wintergrünen und ledrigen Blättern zu erkennen.

Neubelgische Aster Áster nóvi-bélgii
Korbblütengewächse Asteráceae (Compósitae)

Aug.–Okt.
0,6–1,5 m
♃

Beschreibung: Gesamtblütenstand traubig-rispig; Blüten in Körbchen (diese 2,5–3 cm im Durchmesser); außen 15–35 blauviolette Zungenblüten, innen gelbe Röhrenblüten; Haarkranz der Früchtchen um 5 mm lang. Blätter lanzettlich.

Vorkommen: Ufer, Auwälder, Ödland. Liebt nicht zu basenarme, stickstoffsalzreiche Lehm- oder Tonböden. Zierpflanze; örtlich beständig verwildert.

Wissenswertes: Die Heimat der Neubelgischen Aster ist der Osten der USA. (Neu-Belgien ist der von Linné verwendete alte Name für ein Gebiet, das etwa dem US-Staat Virginia entspricht.) Um 1800 dürfte die Art verwildert sein.

Berg-Aster, Kalk-Aster Áster améllus
Korbblütengewächse Asteráceae (Compósitae)

Juli–Okt.
20–60 cm
♃

Beschreibung: Gesamtblütenstand rispig, doldig verebnet; Blüten in Körbchen (diese 2–3 cm im Durchmesser); außen 10–40 blauviolette Zungenblüten, innen gelbe Röhrenblüten; Haarkranz der Früchtchen um 2,5 mm lang. Grundblätter zur Blütezeit oft noch vorhanden, gezähnt, übrige ganzrandig, alle lanzettlich.

Vorkommen: Trockenrasen, -wälder und -gebüsche. Liebt basen- und kalkreiche, stickstoffsalzarme Böden in sommerwarmen Lagen. Fehlt im westlichen Tiefland, im östlichen vereinzelt; in Kalkgebieten des Berglands selten; fehlt sonst.

Wissenswertes: Der Gattungsname ist von dem lateinischen Wort astrum = Stern abgeleitet und bezieht sich auf die strahlige Anordnung der Zungenblüten.

Strand-Aster Áster tripólium
Korbblütengewächse Asteráceae (Compósitae)

Juni–Sept.
20–60 cm
☉

Beschreibung: Gesamtblütenstand rispig, doldig verebnet; Blüten in Körbchen (diese 2–2,5 cm im Durchmesser); außen 20–30 hellblaue oder lila Zungenblüten, innen gelbe Röhrenblüten; Haarkranz der Früchtchen um 1 cm lang. Blätter wechselständig, lanzettlich, obere schmäler, alle schwach fleischig-dicklich, ganzrandig.

Vorkommen: Salzwiesen an den Küsten, Salzquellen. Liebt stickstoffsalz- und kochsalzreiche, nasse Böden. An den Küsten zerstreut, sonst nur vereinzelt.

Wissenswertes: Im Osten Österreichs (Burgenland) kommt in der Gegend des Neusiedler Sees eine eigenständige Rasse vor (ssp. pannónicus). Sie ist dort im Bestand ziemlich gefährdet, hat aber noch Standorte in der ungarischen Pußta.

BLÜTENFARBE BLAU/VIOLETT

Scharfes Berufkraut, Echtes Berufkraut *Erigeron ácris*
Korbblütengewächse *Asteráceae (Compósitae)*

Mai–Sept.
10–60 cm
☉–♃

Beschreibung: Gesamtblütenstand traubig; Blüten in Körbchen; diese um 1 cm im Durchmesser; außen aufrechte, lila- oder rosaviolette Zugenblüten; innen zuerst gelbe, dann trübrote Röhrenblüten. Blätter wechsel- und grundständig, lanzettlich, wellig, ganzrandig oder entfernt gezähnt, obere sitzend.

Vorkommen: Trockenrasen, Raine, Kies- und Sandbänke, Ödland. Liebt basenreiche, stickstoffsalzarme Böden. In den Kalkgebieten zerstreut; fehlt sonst.

Wissenswertes: „Berufkraut" heißt die Pflanze, weil man im Mittelalter glaubte, sie schütze gegen zauberisches „Berufen". Vor allem Säuglingen legte man sie in die Wiege. Mit „Beruf" als Tätigkeit hat der Name nichts zu tun.

Bienen-Kugeldistel, Kugeldistel *Échinops sphaerocéphalus*
Korbblütengewächse *Asteráceae (Compósitae)*

Juli–Aug.
0,5–1,5 m
♃

Beschreibung: Pflanze distelartig; Körbchen 1blütig; zahlreiche Körbchen zu einem kugeligen Blütenstand vereint; dieser 3–6 cm im Durchmesser. Blüten röhrenförmig, um 1 cm lang, weißlichblau. Stengel filzig behaart. Blätter wechselständig, tief fiederteilig, oberseits grün, unterseits weißfilzig.

Vorkommen: Ödland, Wege, Ufer. Liebt basen- und stickstoffsalzreiche Böden in warmen Lagen. Zier- und Bienenweidepflanze; örtlich beständig verwildert.

Wissenswertes: Die Heimat der Bienen-Kugeldistel liegt im Mittelmeergebiet und in Vorderasien. – Die Fruchtstände zerfallen in die Einzelkörbchen; diese verhaken sich klettenartig im Fell von Tieren; so werden sie verschleppt.

Acker-Kratzdistel *Círsium arvénse*
Korbblütengewächse *Asteráceae (Compósitae)*

Juli–Okt.
0,5–1,5 m
♃

Beschreibung: Pflanze distelartig; Körbchen zu 1–5 locker traubig angeordnet, nur mit Röhrenblüten, um 1,5 cm lang und halb so breit; Hüllblätter in einen oft schwarzroten Stachel auslaufend; Haare der Früchte gefiedert. Stengel nicht geflügelt. Blätter ungeteilt und buchtig gezähnt oder fiederteilig.

Vorkommen: Äcker, Waldlichtungen, Ufer. Liebt mäßig stickstoffsalzreichen Boden, der auch basen- und kalkarm sein kann. Sehr häufig und oft in Beständen.

Wissenswertes: Die Acker-Kratzdistel war eine Pflanze lichter Wälder oder der Flußufer, ehe sie mit dem aufkommenden Ackerbau zum „Unkraut" geworden ist.

Berg-Flockenblume *Centaūrea montána*
Korbblütengewächse *Asteráceae (Compósitae)*

Mai–Okt.
10–60 cm
♃

Beschreibung: Blüten in Körbchen, die 2–3 cm lang und 3–5 cm breit werden; nur Röhrenblüten; Randblüten vergrößert; Hüllblätter mit schwarzrandiger Spitze, diese kammartig gefranst. Stengel behaart oder lückig spinnwebig. Blätter wechselständig, schmal-eiförmig, am Rand oft wellig geschweift.

Vorkommen: Wälder, Bergwiesen. Liebt mäßig stickstoffsalz- und basenreiche Böden. Im Tiefland vereinzelt, im Kalk-Bergland zerstreut; zuweilen verwildert.

Wissenswertes: Die Berg-Flockenblume wächst besonders gern an Orten mit hoher Luftfeuchtigkeit und frischen Böden. Auf Bergwiesen zeigt sie Feuchte an.

BLÜTENFARBE BLAU/VIOLETT

Kornblume Centaúrea cyánus
Korbblütengewächse *Asteráceae (Compósitae)*

Juni–Sept.
20–90 cm
☉

Beschreibung: Blüten in Körbchen, die um 2 cm lang und 2,5–3,5 cm breit werden; nur Röhrenblüten; Randblüten vergrößert; Hüllblätter grün, an der Spitze oft violett überlaufen, kurz und unregelmäßig gefranst. Blätter lineal, graugrün.
Vorkommen: Getreideäcker, Ödland. Liebt eher basenarme, stickstoffsalzreiche Böden. Fehlt in rauhen Lagen kleinerer Gebiete; sonst seit Jahren selten.
Wissenswertes: Die Kornblume – einst zusammen mit dem Klatsch-Mohn Symbol der hochsommerlichen Getreideäcker – ist durch Unkrautbekämpfung mit Herbiziden in den letzten Jahrzehnten zunehmend von vielen ihrer Standorte verdrängt worden. Zuweilen tritt sie neuerdings in kleineren Beständen in Rapsfeldern auf.

Wegwarte, Wilde Zichorie Cichórium íntybus
Korbblütengewächse *Asteráceae (Compósitae)*

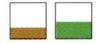

Juli–Sept.
0,2–1,5 m
♃

Beschreibung: Blüten in Körbchen die 3–4 cm im Durchmesser erreichen; nur hellblaue Zungenblüten. Stengel sparrig verzweigt, schütter rauhhaarig, selten kahl. Grundblätter in einer Rosette, fiederteilig; Endfieder vergrößert.
Vorkommen: Wegränder, Ödland, Weiden. Liebt basen-, aber nicht unbedingt kalkreiche, stickstoffsalzhaltige Böden. Fehlt im westlichen Tiefland gebietsweise, im östlichen zerstreut, fehlt auch im rauheren Bergland; sonst häufig.
Wissenswertes: Die Körbchen öffnen sich etwa um 6 Uhr und schließen sich gegen 12 Uhr. Aus der Wurzel wird seit dem 18. Jahrhundert Zichorie hergestellt (heute verwendet man dazu Kulturformen). Alte Heilpflanze, die Bitterstoffe enthält.

Blauer Lattich, Dauer-Lattich, Ausdauernder Lattich Lactúca perénnis
Korbblütengewächse *Asteráceae (Compósitae)*

Mai–Juli
20–75 cm
♃ (☠)

Beschreibung: Blüten in Körbchen, die 2–4 cm im Durchmesser erreichen und meist 12–20 Blüten enthalten; nur fahlblaue oder blaulila Zungenblüten. Stengel im Blütenstandsbereich sparrig verzweigt, kahl. Stengelblätter wechselständig, tief buchtig gezähnt bis fiederteilig, obere stengelumfassend.
Vorkommen: Trockenrasen, Wege, Mauern, Felsbänder. Liebt stickstoffsalzarme, basenreiche Böden und sonnigen Standort. Im Kalk-Bergland selten; fehlt sonst.
Wissenswertes: Enthält – möglicherweise schwach giftige – Bitterstoffe. Wurde angeblich früher als Salatpflanze genutzt, wäre hierfür aber wenig ergiebig.

Alpen-Milchlattich Cicérbita alpína
Korbblütengewächse *Asteráceae (Compósitae)*

Juli–Sept.
0,5–2 m
♃

Beschreibung: Blüten in Körbchen, die um 2 cm im Durchmesser erreichen; Körbchen in Trauben; nur blauviolette Zungenblüten. Pflanze mit Milchsaft. Stengel dicht behaart. Stengelblätter wechselständig, untere bis 25 cm lang, bis 12 cm breit, schrotsägeförmig tief fiederteilig, Endfieder vergrößert.
Vorkommen: Bergwälder, Hochstaudenfluren. Liebt basen- und stickstoffsalzreiche, frische, oft kalkarme Böden. Im höheren Bergland selten; fehlt sonst.
Wissenswertes: Bei der Art handelt es sich eigentlich um eine Alpenpflanze. Wo sie außerhalb der Alpen auftritt, muß man in ihr ein Eiszeitrelikt sehen.

BLÜTENFARBE BLAU/VIOLETT

Zweiblättriger Blaustern, Meerzwiebel, Sternhyazinthe *Scílla bifólia*
Hyazinthengewächse *Hyacintháceae*

März–Apr.
10–30 cm
♃ ▽

Beschreibung: Meist 2–5 Blüten (selten bis zu 12) in lockerer Traube, 1,5–2 cm im Durchmesser, himmelblau, Stengel rund, dünn. Meist 2, selten 3 Blätter, die so tief am Stengel ansitzen, daß sie grundständig zu sein scheinen.

Vorkommen: Feuchte Wälder und Wiesen. Liebt basen- und stickstoffsalzreiche, feucht-frische Böden. Kalk-Bergland südlich der Linie Mosel–Lahn–Elbe (bei Dessau) in warmfeuchten Lagen selten, aber meist bestandsbildend; fehlt sonst.

Wissenswertes: Die Samen des Blausterns werden durch Ameisen verschleppt. – Manchenorts weicht die Zahl der Blüten je Blütenstand von der Norm ab. Unter guten Bedingungen werden bis zu 12, vereinzelt sogar noch mehr Blüten angelegt.

Schopfige Traubenhyazinthe *Múscari comósum*
Hyazinthengewächse *Hyacintháceae*

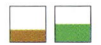

Apr.–Mai
30–70 cm
♃ ▽

Beschreibung: Blüten in lockerer Traube, die meist länger als 10 cm wird und an der Spitze einen Schopf steriler, aufrechter, langstieliger Blüten trägt, diese glockig, tiefblau-violett, um 1 cm lang; untere Blüten olivbraun, weit offen. 2–4 grundständige Blätter, die 1–2,5 cm breit werden können.

Vorkommen: Weinberge, Trockenrasen. Liebt basen- und meist kalkreiche, mäßig stickstoffsalzhaltige Böden in sehr warmer Lage. Nördlich der Mainlinie nur vereinzelt im Westen, im Weinbaugebiet südlich derselben selten; fehlt sonst.

Wissenswertes: Seit Einführung von Herbiziden zur Unkrautbekämpfung hat die Art nahezu die Hälfte ihrer vordem bei uns bekannten Standorte verloren.

Kleine Traubenhyazinthe, Kleines Träubel *Múscari botryoídes*
Hyazinthengewächse *Hyacintháceae*

März–Mai
10–25 cm
♃ ▽

Beschreibung: Blüten in gedrungen-dichter Traube, die selten länger als 4 cm wird; an der Spitze keine langstieligen Blüten; Blüten kugelig-glockig, himmelblau, um 3,5 mm lang, mit weißen Zipfeln. Meist 2 Grundblätter, 4–8 mm breit.

Vorkommen: Bergwiesen, Wälder, Gebüsche. Liebt mäßig basen- und stickstoffsalzhaltige Böden. Fehlt im Tiefland; nördlich der Mainlinie vereinzelt, an manchen Orten wohl nur verwildert, südlich von ihr im Kalk-Bergland selten.

Wissenswertes: Bestäubende Insekten werden durch die Gesamtwirkung des Blütenbestands angelockt. So wird verständlich, daß die oberen Blüten steril sind.

Sibirische Schwertlinie *Íris sibírica*
Schwertliliengewächse *Iridáceae*

Mai–Juni
0,4–1 m
♃ (☠) ▽

Beschreibung: 1–3 Blüten, untere längerstielig als obere; Blütenblätter um 5 cm lang, blauviolett, am Grunde weißlich, blauviolett geädert. Stengel rund. Meist 3 kleine Stengelblätter; Grundblätter bis 80 cm lang, nur 2–6 mm breit.

Vorkommen: Flachmoore, Sumpfwiesen. Liebt basen- und kalkreiche, stickstoffsalzarme, wechselnasse Böden. Fehlt im westlichen Tiefland, im östlichen vereinzelt; im Alpenvorland selten, aber oft bestandsbildend; sonst vereinzelt.

Wissenswertes: Durch die intensive Nutzung von Sumpfgebieten hat die Sibirische Schwertlilie viele ihrer vordem bekannten Standorte im 20. Jahrhundert verloren.

BLÜTENFARBE BLAU/VIOLETT

Bunter Eisenhut, Gescheckter Eisenhut *Aconítum variegátum*
Hahnenfußgewächse *Ranunculáceae*

Juli–Sept.
0,5–2,5 m
♃ ☠ ▽

Beschreibung: Blüten in lockeren Trauben, 2–3,5 cm lang (Helm 1,5–2,5mal so hoch wie breit!), violett, selten blau, weiß oder gescheckt. Stengel oft verbogen und unten rot überlaufen. Stengelblätter wechselständig, gestielt, obere sitzend, untere und Grundblätter bis zum Grund handförmig 3–7teilig.

Vorkommen: Bachbegleitende oder wechseltrockene, sommerwarme Gebüsche, Auwälder, Hochstaudenfluren. Liebt basen- und stickstoffsalzreiche Böden. Im Bergland mit Kalkgestein oder Granit selten, ebenso im Alpenvorland; fehlt sonst.

Wissenswertes: Enthält Aconitin, eines der stärksten Pflanzengifte (s. unten).

Blauer Eisenhut, Echter Sturmhut, Venuswagen *Aconítum napéllus*
Hahnenfußgewächse *Ranunculáceae*

Juni–Sept.
0,5–2 m
♃ ☠ ▽

Beschreibung: Blüten in mäßig dichten Trauben, 2–3 cm lang (Helm meist breiter als hoch!), dunkel blauviolett, selten tiefblau. Stengel kräftig, steif aufrecht. Stengelblätter wechselständig, untere und Grundblätter 3–7teilig.

Vorkommen: Hochstauden- und Lägerfluren, Gebüsche, Auwälder. Liebt basen- und stickstoffsalzreiche Böden. Höheres Bergland, Alpenvorland; fehlt sonst.

Wissenswertes: Enthält neben anderen Alkaloiden Aconitin, eines der stärksten Pflanzengifte überhaupt, das schon durch die unverletzte Haut in den Körper gelangen kann. Dort wirkt es lähmend und führt letztlich zu Herzversagen oder Atemlähmung. Alte Heilpflanze; von Selbstmedikation wird dringend abgeraten!

Acker-Rittersporn, Feld-Rittersporn *Consólida regális*
Hahnenfußgewächse *Ranunculáceae*

Mai–Sept.
15–50 cm
☉ ☠

Beschreibung: Blüten in lockerer Traube oder Rispe, mit Sporn 3–4 cm lang, blauviolett; Sporn etwa waagrecht. Stengel stark verzweigt. Stengelblätter wechselständig, mehrfach 3teilig oder gabelig in lineale Zipfel geteilt.

Vorkommen: Äcker, Brachen, Ödland. Liebt basenreiche, meist kalk- und stets stickstoffsalzhaltige Böden. In Kalkgebieten zerstreut; fehlt sonst.

Wissenswertes: Wird von Schmetterlingen und Hummeln bestäubt. Der lateinische Gattungsname verweist auf die frühere Verwendung als Heilpflanze (consolidare = festmachen; der Name bedeutet wohl: Heile zusammen). Enthält Diterpen-Alkaloide, die denen der Eisenhut-Arten ähneln, und ist deshalb giftig.

Gewöhnliche Akelei, Wald-Akelei *Aquilégia vulgáris*
Hahnenfußgewächse *Ranunculáceae*

Mai–Juli
30–80 cm
♃ (☠) ▽

Beschreibung: 3–10 Blüten in lockerer Traube, 4–5 cm im Durchmesser, blauviolett, mit 5 Spornen, diese oben gekrümmt. Stengelblätter wechselständig, sitzend, obere 3teilig, untere und Grundblätter 3teilig, Lappen tief keilig 3spaltig.

Vorkommen: Wälder, Gebüsche, Bergwiesen. Liebt stickstoffsalzhaltige, basenreiche Böden. In Gebieten mit Granit und Kalkgestein selten; fehlt sonst.

Wissenswertes: Die Blüten werden vorwiegend von Hummeln bestäubt. Kurzrüßlige Hummeln und Bienen beißen die nektarführenden Sporne oft von außen an, um an den Nektar zu kommen. – Enthält u.a. nicht näher untersuchte Alkaloide.

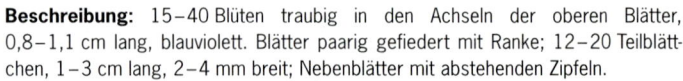

BLÜTENFARBE BLAU/VIOLETT

Vogel-Wicke Vícia crácca
Schmetterlingsblütengewächse Fabáceae (Leguminósae)

Juni–Aug.
0,3–1,5 m
♃

Beschreibung: 15–40 Blüten traubig in den Achseln der oberen Blätter, 0,8–1,1 cm lang, blauviolett. Blätter paarig gefiedert mit Ranke; 12–20 Teilblättchen, 1–3 cm lang, 2–4 mm breit; Nebenblätter mit abstehenden Zipfeln.
Vorkommen: Wälder, Wiesenränder, Äcker. Liebt frische Lehmböden. Häufig.
Wissenswertes: Der Name ist herabsetzend gemeint: Die Vogel-Wicke ist die für den Menschen nicht genießbare, den Vögeln überlassene Wicke. – Die Vogel-Wicke wird als Kleinart aufgefaßt und mit der Dünnblättrigen Wicke (V. tenuifolia: Blüten 1,2–1,6 cm lang, hellblau. 18–28 Teilblättchen pro Blatt. Trockengebüsche in Kalkgebieten; selten) zur Sammelart V. crácca zusammengefaßt.

Wald-Wicke Vícia sylvática
Schmetterlingsblütengewächse Fabáceae (Leguminósae)

Juni–Aug.
0,5–1,5 m
♃

Beschreibung: 10–20 Blüten traubig und ziemlich einseitswendig in den Achseln der oberen Blätter, 1,3–1,8 cm lang, weißlich, kräftig blauviolett geadert. Blätter paarig gefiedert mit Ranke; 12–18 Teilblättchen, 0,8–1,8 cm lang, 4–9 mm breit; Nebenblätter höchstens 1/2 so lang wie die untersten Teilblättchen.
Vorkommen: Wälder, Hochstaudenfluren. Liebt basenreiche, aber nicht unbedingt stickstoffsalzreiche Böden. In den Kalkgebieten zerstreut; fehlt sonst.
Wissenswertes: Die Wald-Wicke ist eine europäisch-kontinentale Pflanze, die in Ostfrankreich die Westgrenze ihres Areals erreicht. Obwohl sie kaum irgendwo bestandsbildend auftritt, gilt sie als gute Futterpflanze für Rehwild.

Behaarte Wicke, Rauhhaarige Wicke Vícia hirsúta
Schmetterlingsblütengewächse Fabáceae (Leguminósae)

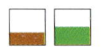

Mai–Sept.
20–60 cm
☉

Beschreibung: 3–5 Blüten traubig und leicht einseitswendig in den Achseln der mittleren und oberen Blätter, 3–4 mm lang, blaßblau; Stiel der Traube läuft in eine 1–3 mm lange Spitze aus. Blätter paarig gefiedert mit Ranke; 12–20 Teilblättchen, 0,5–2 cm lang, 1–3 mm breit, vorn abgestutzt mit Zähnchen.
Vorkommen: Äcker, Ödland, Brachen, lückige Rasen, Wege. Liebt stickstoffsalzarme, mäßig basenhaltige Böden. Häufig; fehlt aber in rauhen Lagen örtlich.
Wissenswertes: Die Blüten der Behaarten Wicke sind die kleinsten, die es bei einheimischen Wicken-Arten gibt. Bei ihnen tritt häufig Selbstbestäubung ein.

Viersamige Wicke, Linsen-Wicke, Faden-Wicke Vícia tetraspérma
Schmetterlingsblütengewächse Fabáceae (Leguminósae)

Juni–Juli
20–60 cm
☉

Beschreibung: 2–3 Blüten traubig in den Achseln der mittleren und oberen Blätter, 4–7 mm lang, blaßblau oder hellila; Traubenstiel in einem Blütenstiel endend; Hülse kahl. Blätter paarig gefiedert mit Ranke; 6–12 Teilblättchen, 0,5–2 cm lang, 1–3 mm breit, vorn abgerundet oder zugespitzt.
Vorkommen: Äcker, Ödland, lückige Rasen. Liebt stickstoffsalzhaltige, basenarme Böden. Fehlt im Tiefland und im rauhen Bergland; sonst zerstreut.
Wissenswertes: „Tetrasperma", lat. = 4samig: Die Hülsen enthalten meist 4 Samen. Bei der ähnlichen Behaarten Wicke (s. oben) sind es hingegen allenfalls 2.

BLÜTENFARBE BLAU/VIOLETT

Zaun-Wicke Vicia sépium
Schmetterlingsblütengewächse Fabáceae (Leguminósae)

Mai–Aug.
20–60 cm
♃

Beschreibung: Blüten zu 2–6 traubig-büschelig und etwas einseitswendig in den Achseln der oberen Blätter, 1–1,5 cm lang, rot- oder blauviolett. Blätter paarig gefiedert mit Ranke; 8–14 eiförmige Teilblättchen.
Vorkommen: Halbtrockenrasen, Wiesen, Wege, Gebüsche, Wälder. Liebt basen- und mäßig stickstoffsalzreichen Boden. Fehlt örtlich im Tiefland; sonst häufig.
Wissenswertes: Die Zaun-Wicke scheidet auf der Unterseite ihrer Nebenblätter Nektar ab. Ameisen lecken ihn auf. Deshalb sieht man sie häufig an den Stengeln und am Blattgrund. – Die Zaun-Wicke ist ein eiweißreiches Futterkraut.

Frühlings-Platterbse Láthyrus vérnus
Schmetterlingsblütengewächse Fabáceae (Leguminósae)

Apr.–Juni
20–40 cm
♃

Beschreibung: 3–7 Blüten in lockerer Traube in den Achseln der oberen Blätter, 1,5–2 cm lang, erst leuchtend purpurrot, dann bläulich. Stengel ungeflügelt. Blätter paarig gefiedert mit kurzer Spitze; 4–8 Teilblättchen, 3–7 cm lang, um 2 cm breit, oft hell gelblichgrün, eiförmig, spitz.
Vorkommen: Wälder. Liebt basen- und kalkreichen Boden. Im Tiefland im Osten selten, im Westen wie im Bergland mit kalkarmem Gestein fehlend; sonst zerstreut.
Wissenswertes: Der Name „Platterbse" bezieht sich auf die abgeplatteten Samen. – Die Verfärbung der Blüten wird durch einen Wechsel im Säuregrad des Zellsaftes hervorgerufen. In jungen Blüten ist er sauer, der Farbstoff rot.

Berg-Platterbse Láthyrus linifólius
Schmetterlingsblütengewächse Fabáceae (Leguminósae)

Apr.–Juni
15–30 cm
♃

Beschreibung: 3–6 Blüten in leicht einseitswendiger Traube in den Achseln der oberen Blätter, 1,2–2 cm lang, erst hell purpurrot, dann bläulich-grün. Stengel schmal geflügelt. Blätter paarig gefiedert mit kurzer Spitze; 4–8 Teilblättchen, diese 2–5 cm lang, 4–9 mm breit, zumindest unterseits blaugrün.
Vorkommen: Wälder, Rasen, Heiden. Liebt basen- und stickstoffsalzarmen Boden. Fehlt im Tiefland und in rauhen Lagen des Berglands weithin; sonst zerstreut.
Wissenswertes: Der Wurzelstock treibt Ausläufer, die knollig verdickt sind. Die Knollen hat man früher in Notzeiten gegessen. Aus den Knollen der Ausläufer treiben Tochterpflanzen; daher wächst die Pflanze in kleinen Nestern.

Sumpf-Platterbse Láthyrus palústris
Schmetterlingsblütengewächse Fabáceae (Leguminósae)

Juni–Aug.
30–80 cm
♃

Beschreibung: Blüten einzeln oder zu 2–3 in den Achseln der oberen Blätter, 1–1,5 cm lang, violett, gegen Ende der Blütezeit verblauend. Stengel schmal geflügelt. Blätter paarig gefiedert mit verzweigter oder einfacher Ranke; 4–8 Teilblättchen, diese 3–6 cm lang, 3–8 mm breit.
Vorkommen: Sumpfwiesen, Ufer. Liebt basenreiche, stickstoffsalzarme, nasse Böden. Unterlauf und Täler der großen Ströme, selten; fehlt sonst.
Wissenswertes: Die Sumpf-Platterbse kann sehr nasse Standorte besiedeln, weil sie Überflutung erträgt; außer durch Samen vermehrt sie sich durch Ausläufer.

BLÜTENFARBE BLAU/VIOLETT

Blaue Luzerne, Luzerne *Medicágo satíva*
Schmetterlingsblütengewächse Fabáceae (Leguminósae)

Juni–Sept.
30–90 cm
♃

Beschreibung: 5–25 Blüten in einem kopfig-traubigen Blütenstand, 0,8–1,2 cm lang, lila, violett oder violett-purpurn. Frucht eine 1,5–3mal schraubig gewundene Hülse. Stengel aufrecht. Blätter kleeartig 3teilig, mit deutlich gestieltem Mittelblättchen; Teilblättchen vorn gestutzt, gezähnelt und mit Spitzchen.

Vorkommen: Halbtrockenrasen und -wiesen, Raine, lichte Gebüsche. Liebt basenreiche, oft stickstoffsalzarme Böden. Fehlt im Tiefland und im höheren Bergland gebietsweise; sonst zerstreut. Wird öfters feldmäßig angebaut.

Wissenswertes: Alte Kulturpflanze, die ein wertvolles Futter liefert. Mit ihren Wurzelknöllchen reichert sie – untergepflügt – Stickstoffsalze im Boden an.

Gewöhnliche Kreuzblume, Wiesen-Kreuzblume *Polýgala vulgáris*
Kreuzblumengewächse Polygaláceae

Mai–Aug.
10–30 cm
♃

Beschreibung: 5–30 Blüten in pyramidenförmiger, später länglicher Traube, um 8 mm lang, dunkelblau bis violett; kein Schopf aus Tragblättern. Stengelblätter wechselständig, obere länger als untere, gekaut nicht bitter.

Vorkommen: Wiesen, Böschungen, Waldränder, Heiden. Liebt stickstoffsalz- und basenarme Böden. Im Tiefland selten; sonst zerstreut; fehlt örtlich.

Wissenswertes: Die Blüten werden trotz ihrer Kleinheit von Insekten beflogen und bestäubt. Die Samen werden vom Wind verweht, aber auch durch Ameisen verschleppt. Wenn die Ameisen Samen in ihre Baue eintragen, wächst aus ihnen oft eine meist größere Anzahl von Pflanzen; sonst stehen sie einzeln.

Bittere Kreuzblume, Bitteres Kreuzblümchen *Polýgala amára*
Kreuzblumengewächse Polygaláceae

Apr.–Juni
5–20 cm
♃

Beschreibung: 10–30 Blüten in pyramidenförmiger, später länglicher Traube, um 6 mm lang, dunkelviolett-weißlich oder blau; kein Schopf aus Tragblättern. Stengelblätter wechselständig, untere knapp über dem Boden rosettig gehäuft, obere Stengelblätter kleiner, verkehrt-eiförmig bis spatelig, gekaut bitter.

Vorkommen: Halbtrockenrasen, Sumpfwiesen, Flachmoore. Liebt basenreiche, meist kalkhaltige, stickstoffsalzarme, wechselfeuchte Böden. Bergland zerstreut, örtlich fehlend, Alpen und Vorland häufig; fehlt sonst.

Wissenswertes: Enthält u. a. den Bitterstoff Polygalin; alte Heilpflanze.

Quendelblättrige Kreuzblume *Polýgala serpyllifólia*
Kreuzblumengewächse Polygaláceae

Mai–Sept.
10–20 cm
♃

Beschreibung: 3–8 Blüten in kurzer, an der Spitze gedrungener Traube, um 6 mm lang, blau-weißlich; kein Schopf aus Tragblättern. Stengel sehr dünn, liegend oder aufgebogen. Untere Stengelblätter gegenständig, obere Stengelblätter größer als untere, verkehrt-eiförmig bis lanzettlich, gekaut nicht bitter.

Vorkommen: Quellfluren, lückige Magerrasen. Liebt stickstoffsalz- und basenarme Böden. Im Tiefland und im Bergland mit Sandsteinen selten; fehlt sonst.

Wissenswertes: Die Quendelblättrige Kreuzblume bevorzugt Standorte mit hoher Luftfeuchtigkeit. Ihr Verbreitungsschwerpunkt liegt eher in Westeuropa.

BLÜTENFARBE BLAU/VIOLETT

März-Veilchen, Wohlriechendes Veilchen *Víola odoráta*
Veilchengewächse *Violáceae*

März–Apr.
3–10 cm
♃

Beschreibung: Blüten einzeln, 1,5–2 cm im Durchmesser, dunkelviolett, duftend; Sporn 5–7 mm lang, gerade; Stiel 2–6 cm lang. Blätter rosettig; Spreite 1,5–3,5 cm lang, breit herzförmig, gekerbt; Ausläufer mit Tochterrosetten.

Vorkommen: Hecken, Rasen, siedlungsnahes Ödland, Trockenwälder. Liebt stickstoffsalzreiche, mäßig basenhaltige Böden. Fehlt im Tiefland und in rauhen Lagen des Berglands und des Alpenvorlands gebietsweise; sonst zerstreut.

Wissenswertes: Alte Zier- und Heilpflanze, die vermutlich aus früherem Anbau verwildert und längst eingebürgert ist. Enthält geringe Mengen von Saponinen.

Rauhhaariges Veilchen, Rauhes Veilchen, Behaartes Veilchen *Víola hírta*
Veilchengewächse *Violáceae*

März–Mai
5–25 cm
♃

Beschreibung: Blüten einzeln, 1,5–2 cm im Durchmesser, hell oder intensiv blauviolett, nicht duftend; Sporn 3–5 mm lang, gerade; Stiel 3–12 cm lang. Blätter rosettig; Stiel der Frühjahrsblätter 1–8 cm, der der Sommerblätter 5–20 cm lang, behaart, Spreite 4–10 cm lang, breit herzförmig, gekerbt, jung behaart.

Vorkommen: Trockengebüsche und -wälder, Halbtrockenrasen. Liebt basenreiche, meist kalkhaltige, stickstoffsalzarme Böden. Im östlichen Tiefland sehr selten; im Bergland mit basischem Gestein zerstreut; fehlt sonst weithin.

Wissenswertes: Die Samen – aus den Kapseln geschleudert – werden wegen ihrer ölhaltigen Anhängsel von Ameisen verschleppt, die diese als Futter schätzen.

Wunder-Veilchen *Víola mirábilis*
Veilchengewächse *Violáceae*

Apr.–Juni
10–25 cm
♃

Beschreibung: Blüten einzeln, 1,5–2,5 cm im Durchmesser, lila bis violett; Sporn um 7 mm lang, dicklich; Stiel 2–10 cm lang; neben diesen grundständigen Blüten im Sommer stengelständige, grünlich-weiße, die sich nicht öffnen. Stengel mit 1 Haarreihe. Frühjahrsblätter rosettig; Sommerblätter stengelständig.

Vorkommen: Warme, lichte Wälder. Liebt basenreiche, kalkhaltige Böden. Im Bergland mit kalkhaltigen Gesteinen und im Alpenvorland selten; fehlt sonst.

Wissenswertes: Früchte mit Samen bilden meist nur die spät angelegten Blüten, die sich nicht öffnen (kleistogame Blüten), und zwar durch Selbstbefruchtung. Warum die „Normalblüten" offensichtlich selten bestäubt werden, ist unbekannt.

Wald-Veilchen *Víola reichenbachiána*
Veilchengewächse *Violáceae*

März–Mai
10–20 cm
♃

Beschreibung: Blüten einzeln an Stielen, die den Achseln der oberen Blätter entspringen, 1,5–2 cm im Durchmesser, violett; Sporn violett. Stengel meist aufsteigend. Grund- und Stengelblätter gestielt, Spreiten 2–4 cm lang, 1,5–2,5 cm breit, breit-eiförmig, am Grund herzförmig, Rand gekerbt-stumpfzähnig.

Vorkommen: Wälder. Liebt basenreiche, ziemlich stickstoffsalzhaltige Böden. Fehlt im westlichen Tiefland gebietsweise, im Bergland örtlich; sonst häufig.

Wissenswertes: Auf basenarmen Böden kommt das Hain-Veilchen (*V. riviniána*) vor, das an seinem weißlichen, sackartig erweiterten Sporn gut kenntlich ist.

BLÜTENFARBE BLAU/VIOLETT

Hohes Veilchen *Viola elátior*
Veilchengewächse *Violáceae*

Mai–Juli
20–50 cm
♃

Beschreibung: Blüten einzeln an Stielen, die den Achseln der oberen Blätter entspringen, 1,8–2,5 cm im Durchmesser, hellblau bis lila; Sporn grünlich. Stengel aufrecht, 1 bis mehrere Reihen kurzer Haare. Nur Stengelblätter, Spreiten 3–7 cm lang, 1–2 cm breit, hellgrün, Stiel ungeflügelt, Rand fein gekerbt.

Vorkommen: Auwälder, Sumpfwiesen. Liebt basen- und kalkreiche, stickstoffsalzarme, wechselnasse Tonböden. Täler von Mittel- und Oberrhein, Main, Donau, Iller und Isar, selten; vielleicht vereinzelt am Bodensee; fehlt sonst.

Wissenswertes: In den letzten Jahrzehnten durch „Melioration" zurückgedrängt.

Hunds-Veilchen *Viola canína*
Veilchengewächse *Violáceae*

Apr.–Juni
5–30 cm
♃

Beschreibung: Blüten einzeln an Stielen, die den Achseln der oberen Blätter entspringen, 2–2,5 cm im Durchmesser, hellviolett, dunkel geadert; Sporn weißlichgrünlich. Stengel aufsteigend. Nur Stengelblätter; Spreiten breit-eiförmig, 2–3 cm lang, 1–2 cm breit, Rand gekerbt; die Blätter wirken derb.

Vorkommen: Heiden, Wälder, Rasen. Liebt basen- und stickstoffsalzarme Böden. Fehlt im Kalk-Bergland und in rauhen Lagen gebietsweise; sonst zerstreut.

Wissenswertes: Die Art kann man in wenigstens 3 Unterarten gliedern, die sich in der Blütenfarbe (Blautöne) und der Spornform voneinander unterscheiden.

Sumpf-Veilchen *Viola palústris*
Veilchengewächse *Violáceae*

Mai–Juli
5–15 cm
♃

Beschreibung: Blüten einzeln an 4–12 langen Stielen, die den Achseln von Grundblättern entspringen, 1–1,5 cm im Durchmesser, lila, dunkel geadert; Sporn 3–5 mm lang, lila, gerade. Kein Stengel; nur Grundblätter; Spreiten rundlich-nierenförmig, 2–5 cm lang, 2,5–5,5 cm breit, hellgrün, Rand gekerbt.

Vorkommen: Flach- und Hochmoore, Quellsümpfe, Ufer. Liebt basenarme, stickstoffsalzhaltige Böden. Im Tiefland und im Bergland mit kalkarmen Gesteinen sowie im Alpenvorland zerstreut; fehlt sonst ganz oder gebietsweise.

Wissenswertes: Neben sehr hell lila blühenden Exemplaren werden vereinzelt auch albinotische Exemplare gefunden, die weißlich oder rein weiß blühen.

Wildes Stiefmütterchen, Acker-Stiefmütterchen *Viola tricolor*
Veilchengewächse *Violáceae*

Mai–Okt.
10–25 cm
☉

Beschreibung: Blüten einzeln, mehr als 1,5 cm lang, entweder alle Blütenblätter gelb oder die oberen violett, auch unteres weiß-gelb, oberes violett (tricolor = dreifarbig). Stengel aufsteigend-aufrecht. Untere Blätter herz-eiförmig, gekerbt.

Vorkommen: Äcker, Wege, Böschungen. Keine besonderen Ansprüche; selten; alpine Unterart in Berg-Fettwiesen auf basen- und stickstoffsalzhaltigen Böden.

Wissenswertes: „Stiefmütterchen" bezieht sich auf die ungleich gestalteten, in manchen Sippen ungleich gefärbten Blütenblätter; das untere Blatt ist die „Stiefmutter"; die benachbarten, ähnlich gefärbten Blütenblätter symbolisieren die „Töchter", die oberen, oft andersfarbenen Blätter die „Stieftöchter".

BLÜTENFARBE BLAU/VIOLETT

Gewöhnlicher Natternkopf, Blauer Natternkopf *Échium vulgáre*
Rauhblattgewächse *Boragináceae*

Juni–Sept.
30–80 cm
♃ (☠)

Beschreibung: Zahlreiche trichterig-2lippige Blüten knäuelig in lockerem, traubenartigem, beblättertem Blütenstand, 1–2 cm lang, erst rosa, dann blau-(violett); Griffel 2spaltig, weit herausragend. Stengel borstig behaart. Blätter lanzettlich.
Vorkommen: Ödland, Wege, Trockenrasen, Schotter, Steinbrüche. Liebt mäßig stickstoffsalzhaltige Böden. Fehlt im Tiefland gebietsweise; sonst zerstreut.
Wissenswertes: Die Blüte soll an den Kopf einer Natter erinnern, der gespaltene Griffel an die „Natternzunge". – Die Pflanze enthält in geringen Mengen Pyrrolizidin-Alkaloide, die Lebergifte sind und als krebserregend gelten.

Genfer Günsel, Heide-Günsel *Ajúga genevénsis*
Lippenblütengewächse *Lamiáceae (Labiátae)*

Apr.–Juni
10–30 cm
♃

Beschreibung: Blüten zu 2–6 in Blattachseln und ährenähnlich gehäuft am Stengelende, 1,2–1,8 cm lang, tiefblau, praktisch ohne Oberlippe. Stengel 4kantig, abstehend behaart. Untere Blätter rosettig gehäuft, gestielt; Stengelblätter gegenständig, meist sitzend; Hochblätter 3lappig. Keine Ausläufer.
Vorkommen: Trockenrasen und -gebüsche. Liebt basenreiche und meist kalkhaltige, stickstoffsalzarme Böden. Fehlt im westlichen Tiefland; im östlichen nur sehr selten; im Kalk-Bergland zerstreut und oft bestandsbildend; fehlt sonst.
Wissenswertes: Vermehrt sich außer durch Samen auch durch Wurzelknospen. Dies hat zur Folge, daß oft mehrere Stengel ziemlich dicht nebeneinander stehen.

Kriechender Günsel, Kriech-Günsel *Ajúga réptans*
Lippenblütengewächse *Lamiáceae (Labiátae)*

Apr.–Juli
10–30 cm
♃

Beschreibung: Blüten zu 2–6 in Blattachseln und ährenähnlich gehäuft am Stengelende, 1–1,5 cm lang, blau, praktisch ohne Oberlippe. Stengel 4kantig, meist auf 2 Flächen behaart. Untere Blätter rosettig gehäuft, gestielt; Stengelblätter gegenständig, meist sitzend; Hochblätter ganzrandig. Ausläufer.
Vorkommen: Wiesen, lichte Wälder. Liebt ziemlich stickstoffsalzhaltige, humose Lehmböden, die im übrigen recht unterschiedlich sein können. Sehr häufig.
Wissenswertes: Alte Heilpflanze, die vor allem Gerbstoffe enthält. Ihretwegen wirkt der Pflanzensaft „zusammenziehend" und vermag – auf Wunden gebracht – kleinere Blutungen zu stillen. Die Pflanze wird heute kaum mehr als Arznei verwandt.

Pyramiden-Günsel *Ajúga pyramidális*
Lippenblütengewächse *Lamiáceae (Labiátae)*

Juni–Sept.
10–30 cm
♃

Beschreibung: Blüten zu 2–6 in Blattachseln und ährenähnlich gehäuft am Stengelende, 1–1,8 cm lang, violettblau, praktisch ohne Oberlippe. Stengel 4kantig, meist schütter allseitig behaart. Untere Blätter rosettig gehäuft; Stengelblätter gegenständig, dicht sitzend, nach oben rasch kleiner werdend, Pflanze daher pyramidal (Name!); Hochblätter ganzrandig, oft violett überlaufen. Keine Ausläufer.
Vorkommen: Magerrasen. Liebt basen- und stickstoffsalzarme Böden. Im Bergland vom Westerwald bis zum Thüringer Wald vereinzelt; fehlt sonst weithin.
Wissenswertes: Die Blüten werden in der Regel von Hummeln bestäubt.

Gewöhnlicher Natternkopf
Echium vulgare

Genfer Günsel
Ajuga genevensis

Pyramiden-Günsel
Ajuga pyramidalis

Kriechender Günsel
Ajuga reptans

BLÜTENFARBE BLAU/VIOLETT

Sumpf-Helmkraut, Kappen-Helmkraut *Scutellária galericuláta*
Lippenblütengewächse *Lamiáceae (Labiátae)*

Juli–Sept.
10–40 cm
♃

Beschreibung: Blüten zu 1–6 paarig und einseitswendig in den Achseln mittlerer und oberer Blätter, 1–1,7 cm lang, blau bis violett, mit hellerer Unterlippe; Kelchoberseite mit querstehender Schuppe. Blätter gegenständig, obere sitzend, 2–5 cm lang, 0,5–1,5 cm breit, undeutlich gekerbt, unterseits stark nervig.

Vorkommen: Ufer, Gräben, Brüche, Naßwiesen. Liebt mäßig stickstoffsalz- und basenreiche Böden; erträgt Überflutung. Fehlt rauhen Lagen; sonst zerstreut.

Wissenswertes: Scutellum, lat. = Schild, und „Helmkraut" beziehen sich auf die Helmform, die den Kelch mit seiner Schuppe zur Fruchtzeit auszeichnet. Die Nüßchen sind dank eines Luftgewebes schwimmfähig; sie werden verschwemmt.

Bunter Hohlzahn *Galeópsis speciósa*
Lippenblütengewächse *Lamiáceae (Labiátae)*

Juli–Sept.
30–80 cm
☉

Beschreibung: 6–15 Blüten in quirligen Blütenständen, 2–3 cm lang; Unterlippe violett gezeichnet oder fast ganz violett; Stengel unter den Blattansatzstellen verdickt, abstehend steifhaarig. Blätter gegenständig, 3–12 cm lang.

Vorkommen: Waldränder, lichte Wälder, Wegränder, Ufer, seltener auf Äckern. Liebt basen- und stickstoffsalzreichen Boden. Im nördlichen und östlichen Tiefland, im östlichen Bergland und im Alpenvorland zerstreut; fehlt sonst weithin.

Wissenswertes: Die Färbung der Unterlippe variiert stark, scheint aber nicht geeignet, Sippen gegeneinander abzugrenzen. Bastardiert mit *G. tetrahit* (s. S. 306).

Gundelrebe, Gundermann, Efeu-Gundermann *Glechóma hederácea*
Lippenblütengewächse *Lamiáceae (Labiátae)*

März–Juni
5–20 cm
♃

Beschreibung: Blüten zu je 2–3 ± einseitswendig in den Achseln der oberen Blätter, 1–2 cm lang, blau- oder rotviolett, Oberlippe verkürzt; Unterlippe 3teilig, mit dunkler Zeichnung. Stengel niederliegend-aufsteigend. Blätter gestielt, nieren-herzförmig, Spreite 1–3,5 cm lang, 1–4 cm breit, grob und stumpf gezähnt.

Vorkommen: Wiesen, Rasen, Wälder, Ufer. Liebt stickstoffsalzreiche, basenhaltige Böden. Sehr häufig und meist in kleinen, individuenreichen Beständen.

Wissenswertes: In „Gundermann" steckt wohl das gotische Gund = Geschwür, Eiter. Die Pflanze enthält Gerbstoffe und das nicht näher bekannte Glechomin; sie wurde früher als Wundheilmittel gebraucht. Für Pferde angeblich giftig.

Großblütige Braunelle *Prunélla grandiflóra*
Lippenblütengewächse *Lamiáceae (Labiátae)*

Juni–Sept.
10–30 cm
♃

Beschreibung: Blüten zu 4–6 in quirligen Teilblütenständen am Stengelende in kopfiger Ähre, 2–2,5 cm lang, blauviolett mit Rotstich. Oberstes Blattpaar 1–5 cm unterhalb des Blütenstandes; Stengelblätter meist ganzrandig.

Vorkommen: Trockenrasen, -gebüsche und -wälder. Liebt basen- und meist kalkreiche, stickstoffsalzarme Lehm- oder Lößböden. Im Tiefland nur vereinzelt östlich der Elbe. Im Bergland mit Kalkgestein zerstreut; fehlt sonst.

Wissenswertes: Wird von Hummeln bestäubt. Der Griffel tritt erst aus der Blüte heraus, wenn die bepuderte Hummel die Blüte verläßt (keine Selbstbestäubung).

BLÜTENFARBE BLAU/VIOLETT

Kleine Braunelle, Gemeine Braunelle *Prunélla vulgáris*
Lippenblütengewächse *Lamiáceae (Labiátae)*

Mai–Okt.
10–25 cm
♃

Beschreibung: Blüten oft zu 6 quirligen Teilblütenständen am Stengelende in kopfiger Ähre, 0,8–1,5 cm lang, blauviolett mit Rotstich; Tragblätter in der Ähre braunrot-violett, am Rand lang bewimpert. Oberstes Blattpaar unmittelbar unterhalb des Blütenstandes; Stengelblätter meist ganzrandig.

Vorkommen: Wälder, Wege, Rasen, Weiden. Liebt ziemlich stickstoffsalz- und basenhaltige und eher frische als trockene Lehmböden; überall sehr häufig.

Wissenswertes: Enthält Gerbstoffe, Bitterstoff und ätherisches Öl. Früher Gurgelmittel gegen „Halsbräune". Wurde verwendet, weil man in den braunvioletten Köpfen einen Hinweis auf die arzneiliche Brauchbarkeit erblickte.

Echte Bergminze *Calamintha népeta*
Lippenblütengewächse *Lamiáceae (Labiátae)*

Juni–Sept.
30–60 cm
♃

Beschreibung: Blüten zu 1–9 in doldig-gestielten, ± einseitswendigen Teilblütenständen in den Achseln der oberen Blätter, 1,5–2 cm lang, purpurviolett oder lila; Oberlippe flach. Blätter gestielt, Spreite 3–6 cm lang, 2–4 cm breit, scharf gezähnt, ± dicht behaart. Pflanze riecht unangenehm süßlich.

Vorkommen: Lichte Trockengehölze, Felsen, Mauern, Steinschutt. Liebt basen- und meist kalkreiche, stickstoffsalzarme Böden. In warmen Lagen des Weinbaugebiets (Hoch- und Mittelrhein, Mosel, Main, Neckar) selten; fehlt sonst weithin.

Wissenswertes: In dieser Sammelart werden mehrere Kleinarten zusammengefaßt, die sich in der Zahl der Blüten pro Quirl und in der Blütengröße unterscheiden.

Feld-Steinquendel, Stein-Kölme *Ácinos arvénsis*
Lippenblütengewächse *Lamiáceae (Labiátae)*

Juni–Sept.
10–30 cm
☉–♃

Beschreibung: Blüten meist zu 3 in den Achseln der mittleren und oberen Blätter, um 1 cm lang, hellrot bis blauviolett; Oberlippe ausgerandet. Stengel aufsteigend. Blätter kurz gestielt, obere fast sitzend; Spreite 1–2 cm lang, 0,5–1 cm breit, jederseits mit 1–4 kurzen Zähnen, unterseits stark nervig.

Vorkommen: Trockenrasen, Felsen, Dünen. Liebt basenreiche, stickstoffsalzarme Böden. Im östlichen Tiefland selten; im Kalk-Bergland zerstreut; fehlt sonst.

Wissenswertes: Die zerriebenen Blätter riechen nach Minze. Sie dürften ätherisches Öl enthalten. Untersuchungen über dieses sind mir nicht bekannt.

Alpen-Steinquendel *Ácinos alpínus*
Lippenblütengewächse *Lamiáceae (Labiátae)*

Mai–Sept.
10–30 cm
♃

Beschreibung: Blüten meist zu 3 in den Achseln der mittleren und oberen Blätter, 1,2–2 cm lang, purpurviolett mit meist deutlichem Blaustich; Oberlippe ausgerandet. Stengel aufsteigend. Blätter kurz gestielt, obere fast sitzend; Spreite 1–2 cm lang, 4–9 mm breit, jederseits mit 1–5 kurzen Zähnen.

Vorkommen: Lückige Rasen und Matten. Liebt basen- und kalkreiche, stickstoffsalzarme Böden. Alpen, -vorland und Schweizer Jura zerstreut; fehlt sonst.

Wissenswertes: Trotz verschiedener Blütengröße bei Feld- und Alpen-Steinquendel treten Bastarde zwischen beiden auf, wo sie zusammen vorkommen.

Feld-Steinquendel
Acinos arvensis

Kleine Braunelle
Prunella vulgaris

Alpen-Steinquendel
Acinos alpinus

Echte Bergminze
Calamintha nepeta

BLÜTENFARBE BLAU/VIOLETT

Wiesen-Salbei *Sálvia praténsis*
Lippenblütengewächse *Lamiáceae (Labiátae)*

Apr.–Aug.
30–60 cm
♃

Beschreibung: Blüten meist zu 4–8 in 6–20 „Stockwerken" in unten lockeren, oben rasch dicht stehenden Teilblütenständen am Stengel- bzw. Zweigende, 2–2,5 cm lang, blauviolett, selten hellblau oder rosa; Oberlippe breit sichelförmig. Stengel krautig, 4kantig. Rosetten- und Stengelblätter, alle runzlig.
Vorkommen: Trockenrasen, Raine, Wiesen. Liebt basen- und meist kalkreiche, stickstoffsalzhaltige Böden. Fehlt im westlichen Tiefland weithin, im östlichen selten; im Kalk-Bergland häufig, sonst selten und in Sandgebieten weithin fehlend.
Wissenswertes: Staubblätter und Griffel sind gelenkig, so daß sie sich beim Einführen des Rüssels herabkrümmen und den Hinterleib der Bestäuber berühren.

Hain-Salbei *Sálvia nemorósa*
Lippenblütengewächse *Lamiáceae (Labiátae)*

Juni–Juli
30–60 cm
♃

Beschreibung: Blüten meist zu 2–4 in 6–20 „Stockwerken" in unten lockeren, oben dicht stehenden Teilblütenständen am Stengel- bzw. Zweigende, 0,8–1,3 cm lang, blauviolett; Tragblätter rotbraun-violett; Oberlippe breit sichelförmig. Stengel krautig, 4kantig. Nur Stengelblätter, fein gekerbt, runzlig.
Vorkommen: Trockenrasen, Raine. Liebt eher stickstoffsalzarme, basen- und kalkreiche Böden in warmen Lagen. Im Kalk-Bergland vereinzelt; fehlt sonst.
Wissenswertes: Das Hauptareal der Art liegt im südlichen Osteuropa und in Vorderasien. Zierpflanze. Wird auch zur Begrünung trockener Böschungen angesät.

Quirlblütiger Salbei *Sálvia verticilláta*
Lippenblütengewächse *Lamiáceae (Labiátae)*

Juni–Sept.
30–60 cm
♃

Beschreibung: Blüten zu 10–30 in 3–10 „Stockwerken" in lückig stehenden Teilblütenständen am Stengel- bzw. Zweigende, 1–1,5 cm lang, blauviolett; Tragblätter rotbraun-violett; Oberlippe fast gerade vorgestreckt. Stengel krautig, 4kantig. Zur Blütezeit meist nur noch Stengelblätter, grob gekerbt, wenig runzlig.
Vorkommen: Trockenrasen, Raine. Liebt basenreiche, stickstoffsalzarme Böden. Im Tiefland gebietsweise fehlend; im Kalk-Bergland zerstreut; fehlt sonst.
Wissenswertes: Ist allenfalls im äußersten Südosten Mitteleuropas heimisch; hat sich in den letzten Jahrhunderten langsam bei uns beständig angesiedelt.

Eisenkraut, Echtes Eisenkraut *Verbéna officinális*
Eisenkrautgewächse *Verbenáceae*

Juli–Okt.
30–70 cm
♃ (☠)

Beschreibung: Viele kleine Blüten in dünnen, lockeren Ähren, 3–5 mm lang, blaßlila, jung rosalila; Kronzipfel etwas ungleich lang. Stengel sparrig verzweigt. Blätter gegenständig, grob fiederig gezähnt oder tief 3teilig.
Vorkommen: Wege, Ödland, Mauern. Liebt mäßig stickstoffsalzreiche, aber nicht unbedingt basenreiche und daher oft sandig-lehmige oder tonige Böden. Fehlt im westlichen Tiefland weithin; im rauhen Bergland selten; sonst zerstreut.
Wissenswertes: Alte Heilpflanze; enthält das Iridoidglykosid Verbenalin, das als zumindest schwach giftig anzusehen ist, und möglicherweise noch weitere Bitterstoffe, hingegen nur unbedeutende Mengen von ätherischen Ölen.

BLÜTENFARBE BLAU/VIOLETT

Zimbelkraut *Cymbalária murális*
Braunwurzgewächse *Scrophulariáceae*

Juni–Aug.
30–60 cm
♃

Beschreibung: Blüten langgestielt einzeln und einseitswendig in den Blattachseln, mit Sporn 1–1,5 cm lang, überwiegend lila; Unterlippe mit weißlich-gelbem Gaumen. Stengel niederliegend-hängend, dünn, an den Knoten wurzelnd. Blätter gestielt. Spreite im Umriß herzförmig, grob 5–7zähnig oder 5–7lappig.

Vorkommen: Mauern, Felsen. Liebt basenreichen, stickstoffsalzarmen Untergrund. Fehlt im Tiefland und im rauhen Bergland weithin; sonst zerstreut.

Wissenswertes: Die befruchteten Blüten drehen sich vom Licht weg; bis zur Samenreife wachsen sie in Spalten des Untergrunds ein. Damit erhalten die Samen mit Sicherheit ein für sie günstiges Keimbett. Selbstbestäubung ist häufig.

Steifer Augentrost *Euphrásia strícta*
Braunwurzgewächse *Scrophulariáceae*

Juni–Sept.
5–25 cm
☉ (✿)

Beschreibung: Blätterdurchsetzte Ähren an Stengel- und Astenden; Blüten 0,6–1 cm lang; Oberlippe meist violett oder lila, Unterlippe randlich oft blauviolett, mit gelbem Fleck. Blätter jederseits mit 3–7 grannenspitzen Zähnen.

Vorkommen: Lückige Halbtrockenrasen, offene Stellen an trockenen, grasigen Wegen. Liebt stickstoffsalzarmen, basenreichen und oft kalkhaltigen Boden. In Gegenden mit basenreichen oder kalkhaltigen Gesteinen zerstreut; fehlt sonst.

Wissenswertes: Halbschmarotzer (wie die anderen Arten der Gattung). Zapft die Wurzeln seiner Wirtspflanzen an und entzieht ihnen Wasser und Nährsalze.

Gewöhnliche Kugelblume *Globulária punctáta*
Kugelblumengewächse *Globulariáceae*

Apr.–Juli
5–30 cm
♃ (✿)

Beschreibung: Abgeflacht-halbkugelige Köpfchen, um 1,5 cm im Durchmesser; Blüten zahlreich, blauviolett, um 7 mm lang, mit 5 schmalen, ungleich langen Zipfeln. Stengel reich beblättert. Grundblätter rosettig, wintergrün, ledrig, gestielt, eiförmig-spatelig; Stengelblätter wechselständig, lanzettlich.

Vorkommen: Trockenrasen und -gebüsche. Liebt stickstoffsalzarme, basen- und kalkreiche Böden. In rauhen Lagen des Kalk-Berglands zerstreut; fehlt sonst.

Wissenswertes: Wissenschaftlicher und deutscher Gattungsname beziehen sich auf die Form des Blütenstands. Enthält das Glykosid Globularin. Heilpflanze.

Gewöhnliches Fettkraut, Echtes Fettkraut *Pinguícula vulgáris*
Wasserschlauchgewächse *Lentibulariáceae*

Mai–Juli
5–20 cm
♃

Beschreibung: Blüten einzeln auf langen Stielen, mit Sporn 1,5–2,2 cm lang, blauviolett; Schlund bärtig, mit weißem Fleck. Blätter alle in einer Rosette, schmal eiförmig, bleich- bis gelbgrün, oberseits klebrig, am Rand aufgebogen.

Vorkommen: Flach- und Quellmoore, überrieselte Felsen. Liebt basen-, aber nicht immer kalkreiche, stickstoffsalzarme Böden. Im Tiefland und im Bergland selten und gebietsweise fehlend; im Alpenvorland und in den Alpen zerstreut.

Wissenswertes: Tierfangende Pflanze: Kleine Insekten und Spinnen, die über die Blätter laufen, bleiben kleben und werden an der Blattoberfläche verdaut. Das klebrige Sekret der Blätter enthält eiweißspaltende Enzyme und Labenzym.

BLÜTENFARBE BLAU/VIOLETT

Wald-Witwenblume, Wald-Skabiose, Knautie *Knáutia dipsacifólia*
Kardengewächse *Dipsacáceae*

Juni–Sept.
0,3–1,2 m
♃

Beschreibung: Blütenstand schirmartig-kopfig, 2,5–4 cm im Durchmesser; Randblüten vergrößert; Blüten 1,2–1,8 cm lang, rot- oder blauviolett, 4lappig. Stengel vor allem unten borstig behaart. Stengelblätter gegenständig, untere gestielt, lanzettlich, ganzrandig oder ungleichmäßig kerbig gezähnt, übrige sitzend.

Vorkommen: Bergwälder, Schluchtwälder, Auwälder. Liebt mäßig stickstoffsalzreiche, basenhaltige, frische Böden. Im Bergland nördlich des Mains selten und vorwiegend auf Kalk oder Basalt, südlich des Mains zerstreut; fehlt sonst.

Wissenswertes: Die vergrößerten Randblüten zeigen, daß der Blütenstand als Ganzes die Insekten anlockt. Bestäuber sind vor allem Falter und Bienen.

Wiesen-Witwenblume, Acker-Witwenblume, Acker-Skabiose *Knáutia arvénsis*
Kardengewächse *Dipsacáceae*

Juli–Aug.
30–80 cm
♃

Beschreibung: Blütenstand schirmartig-kopfig, 2–4 cm im Durchmesser; Randblüten vergrößert; Blüten 1,2–1,8 cm lang, lila, rot- oder hell blauviolett, 4lappig. Stengel oben dicht und abstehend behaart. Stengelblätter gegenständig, untere gestielt, lanzettlich, ganzrandig oder gezähnt, übrige sitzend, fiederteilig.

Vorkommen: Trockenrasen, Wiesen, Raine. Liebt stickstoffsalzarme, ziemlich basenhaltige Böden. Fehlt im westlichen Tiefland gebietsweise; sonst häufig.

Wissenswertes: Ehe der Mensch die Kulturlandschaft schuf, war die Wiesen-Witwenblume wohl eine Pflanze der Waldsäume und trockener, lichter Gebüsche.

Tauben-Skabiose, Tauben-Grindkraut *Scabiósa columbária*
Kardengewächse *Dipsacáceae*

Juni–Okt.
20–70 cm
♃

Beschreibung: Blütenstand schirmartig-kopfig, 2–3,5 cm im Durchmesser; Randblüten vergrößert; Blüten 1–1,8 cm lang, lila, rot- oder blauviolett, 5lappig; zwischen den Blüten schwarze Kelchborsten. Stengel schütter anliegend behaart. Grundblätter ungeteilt; Stengelblätter gegenständig, 1–2fach fiederteilig.

Vorkommen: Trockenrasen, Flachmoore. Liebt basenreiche, stickstoffsalzarme Böden. Im Tiefland sehr selten, im Kalk-Bergland zerstreut; sonst vereinzelt.

Wissenswertes: Der wissenschaftliche und der deutsche Gattungsname verweisen auf die frühere Verwendung der Pflanze als Heilmittel gegen Krätze (scabies, lat. = Grind, Krätze). Enthält das Glykosid Scabiosid. Früher Heilpflanze.

Dingel, Violetter Dingel *Limodórum abortívum*
Orchideengewächse *Orchidáceae*

Mai–Juli
20–60 cm
♃ ▽

Beschreibung: Pflanze ohne grüne Blätter. 4–8 aufrechte Blüten in traubig-ährigem Blütenstand, 4–5 cm im Durchmesser, trüb violett bis hellviolett mit weißlichem Einschlag; Lippe mit Sporn, der etwa so lang wie der Fruchtknoten (scheinbarer Blütenstiel) ist. Stengel ziemlich dick, fein streifig. Blätter scheidig-schuppenartig.

Vorkommen: Trockenwälder und -gebüsche. Liebt basenreiche, stickstoffsalzarme Böden in warmer Lage. Oberrhein- und Moseltal vereinzelt; fehlt sonst.

Wissenswertes: Kann oft jahrelang an einem bekannten Standort ausbleiben; blüht dann wohl unterirdisch, wobei sich die Blüten selbst bestäuben.

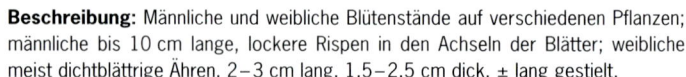

BLÜTENFARBE GRÜN/BRAUN

Hopfen, Gemeiner Hopfen *Húmulus lúpulus*
Hanfgewächse *Cannabáceae*

Juli–Aug.
2–6 (–12) m
♃

Beschreibung: Männliche und weibliche Blütenstände auf verschiedenen Pflanzen; männliche bis 10 cm lange, lockere Rispen in den Achseln der Blätter; weibliche meist dichtblättrige Ähren, 2–3 cm lang, 1,5–2,5 cm dick, ± lang gestielt.

Vorkommen: Auwälder, Gebüsche, auch an Ufern. Liebt basen- und stickstoffsalzreiche, feuchte Böden in milden Lagen; erträgt Überflutung. Selten.

Wissenswertes: Enthält Hopfenbittersäuren, die Bestandteile der Bierwürze sind. Angebaut wird nur die weibliche Pflanze, und zwar in Gegenden, in denen möglichst kein männlicher Hopfen wild wächst; beim Bierbrauen genutzt werden samenlose Fruchtstände, die man in der aus Malz gewonnenen süßen Würze kocht.

Große Brennessel *Úrtica dióica*
Brennesselgewächse *Urticáceae*

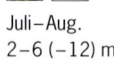

Juni–Okt.
0,3–2,5 m
♃ (☠)

Beschreibung: Männliche und weibliche Blütenstände auf verschiedenen Individuen; männliche Blütenstände ± schräg-waagrecht gerichtete Rispen; weibliche Blütenstände nach der Befruchtung 3–8 cm lange, hängende Rispen. Stengel mit Brennhaaren und anderen Haaren. Blätter gegenständig, eiförmig-spitz, gesägt.

Vorkommen: Ödland, Waldränder, Lichtungen, Wegränder, Ufer. Liebt stickstoffsalzreiche, basenhaltige, frische Böden; oft in Beständen. Sehr häufig.

Wissenswertes: In den Brennhaaren ein noch unbekannter Giftstoff. Weniger als 1millionstel Gramm ruft schon die typische Quaddel auf der Haut hervor. Ameisensäure und Histamin verstärken den Schmerz, sind aber nicht das Nesselgift.

Kleine Brennessel *Úrtica úrens*
Brennesselgewächse *Urticáceae*

Juni–Okt.
10–50 cm
⊙ (☠)

Beschreibung: Männliche und weibliche Blüten im selben Blütenstand (Blütenstände selten rein weiblich), dieser 1–3 cm lang, waagrecht abstehend oder hängend. Stengel nur mit Brennhaaren. Blätter gegenständig, eiförmig, stumpf, gesägt.

Vorkommen: Dunglegen, Hühnerausläufe, Gärtnereien. Liebt stickstoffsalzreiche Böden in warm-geschützter Lage. Zerstreut, in letzter Zeit seltener geworden.

Wissenswertes: Nesselgift, s. Große Brennessel, oben. – Erträgt hohe Nitrat- und Ammoniumkonzentrationen, die andere Pflanzen schädigen, reagiert aber schon auf geringe Ozonkonzentrationen mit Fleckbildung auf den Blättern.

Haselwurz, Braune Haselwurz *Ásarum europǽum*
Osterluzeigewächse *Aristolochiáceae*

März–Mai
5–10 cm
♃ ☠

Beschreibung: Blüten dicht über dem Boden oder halb im Mull, um 1,5 cm lang, außen grünlichbraun, innen purpurbraun, kurz gestielt. Blütenstiele entspringen dem Wurzelstock. Blätter nierenförmig, glänzend. Riecht zerrieben scharf.

Vorkommen: Wälder. Liebt basen- und mäßig stickstoffsalzreiche, mullhaltige Böden. Im Kalk-Bergland zerstreut, im östlichen Tiefland selten; fehlt sonst.

Wissenswertes: Das Gift ist ein stark reizendes ätherisches Öl (Asaron), das auf der Zunge pfefferartig schmeckt; in größeren Mengen verschluckt soll es Erbrechen auslösen. Ob es tödliche Vergiftungen gegeben hat, ist umstritten.

BLÜTENFARBE GRÜN/BRAUN

Knäuelblütiger Ampfer, Knäuel-Ampfer *Rúmex conglomerátus*
Knöterichgewächse *Polygonáceae*

Juni–Sept.
30–80 cm
♃

Beschreibung: Blüten in Knäueln in rispig-traubigem Blütenstand; Knäuel mit Tragblatt, oben dichter stehend. Alle 3 inneren Blütenhüllblätter mit Schwielen, äußere viel kürzer, schwielenlos. Grundblätter 10–15 cm lang, 3–5 cm breit.

Vorkommen: Wege, Ödland, Ufer, Waldlichtungen. Liebt stickstoffsalzreiche, oft nur mäßig basenhaltige, sandige, schlammige oder lehmig-tonige, feuchte Böden. Fehlt in rauhen Lagen des Tief- und des Berglands; sonst zerstreut.

Wissenswertes: „*Rumex*" ist die lateinische Bezeichnung für Sauerampfer, der durch die Übernahme dieses Wortes namengebend für die Gattung wurde. Schon Plinius (23–79 n. Chr.) gebrauchte sie in seinen Ausführungen zur Botanik.

Krauser Ampfer *Rúmex críspus*
Knöterichgewächse *Polygonáceae*

Juli–Aug.
0,3–1,2 m
♃

Beschreibung: Blüten in Knäueln in rispig-traubigem Blütenstand; Knäuel oft mit Tragblatt, oben dicht stehend. Eines der inneren Blütenhüllblätter mit deutlicher Schwiele, 2 mit undeutlicher, alle fransenlos. Zumindest Stengelblätter am Rand wellig-kraus; Grundblätter 10–30 cm lang und 6–8 cm breit.

Vorkommen: Äcker, Gärten, Wiesen, Weiden, Wege. Liebt ziemlich stickstoffsalzhaltige, meist lehmig-tonige, oft verdichtete, feuchte Böden. Sehr häufig.

Wissenswertes: Alte Heilpflanze. Die Wurzel, die anthrachinonartige Verbindungen enthält, wurde früher als Abführmittel gebraucht, die Früchte hingegen, die reichlich Gerbstoffe führen, als Heilmittel gegen Durchfälle.

Hain-Ampfer *Rúmex sanguíneus*
Knöterichgewächse *Polygonáceae*

Juli–Aug.
30–60 cm
♃

Beschreibung: Blüten in Knäueln in traubigem Blütenstand; nur unterste Knäuel mit Tragblatt, oberste dicht stehend; nur 1 inneres Blütenhüllblatt mit Schwiele, äußere viel kürzer, schwielenlos. Grundblätter 10–15 cm lang, 4–6 cm breit.

Vorkommen: Wälder, Ufer. Liebt basen- und stickstoffsalzreichen, aber oft kalkarmen, ziemlich nassen, verdichteten Lehm- oder Tonboden. Fehlt in rauhen Lagen; im Tiefland und im kalkarmen Bergland gebietsweise; sonst zerstreut.

Wissenswertes: „*sanguineus*", lat. = blutig, blutrot, soll die Art genannt worden sein, weil manche Exemplare rot überlaufene Blütenstände besitzen.

Stumpfblättriger Ampfer, Grind-Ampfer *Rúmex obtusifólius*
Knöterichgewächse *Polygonáceae*

Juni–Aug.
0,5–1,2 m
♃

Beschreibung: Blüten in Knäueln in rispig-traubigem Blütenstand; untere Knäuel mit Tragblatt, obere ohne Tragblatt, dicht stehend. Alle 3 inneren Blütenhüllblätter mit Schwiele, fransig gezähnt. Stiel der Grundblätter bis 30 cm, Spreite bis 20 cm lang, bis 8 cm breit; obere Stengelblätter zuweilen schmal-lineal.

Vorkommen: Ödland, Dorfanger, vernäßte Äcker, Waldlichtungen, Gräben. Liebt ausgesprochen stickstoffsalzreiche Böden unterschiedlicher Art. Häufig.

Wissenswertes: Alte Heilpflanze, die ähnliche Inhaltsstoffe enthält wie der Krause Ampfer (s. oben) und wie dieser in der Volksmedizin gebraucht wurde.

BLÜTENFARBE GRÜN/BRAUN

Weißer Gänsefuß Chenopódium álbum
Gänsefußgewächse Chenopodiáceae

Juli–Sept.
0,1–2 m
☉

Beschreibung: Blüten zwittrig, knäuelig blattachsel- und endständig in rispig-traubigem Gesamtblütenstand, Stengel aufrecht oder aufsteigend. Blätter 2–12 cm lang. 1,5–10 cm breit, im Umriß eiförmig-lanzettlich, Rand buchtig gezähnt oder ganzrandig, ohne große, lappige Zähne. Pflanze mehlig bestäubt.
Vorkommen: Äcker, Gärten, Wege, Ödland, Brachen, Waldlichtungen und -ränder. Liebt ziemlich stickstoffsalzreiche Böden unterschiedlichster Art. Sehr häufig.
Wissenswertes: Früher Wildgemüse. Die Blätter wurden wie Spinat zubereitet. Mehl aus gemahlenen Samen hat man in Notzeiten dem Brotteig beigemischt.

Guter Heinrich, Dorf-Gänsefuß Chenopódium bónus-henrícus
Gänsefußgewächse Chenopodiáceae

Mai–Aug.
10–50 cm
♃

Beschreibung: Blüten zwittrig, knäuelig, vorwiegend endständig in traubig-rispigem Gesamtblütenstand. Stengel aufrecht. Blätter 2–12 cm lang, am Grund ebenso breit, im Umriß 3eckig-spießförmig, Rand buchtig gezähnt oder wellig ganzrandig, unterseits derbadrig. Stengel und Blattunterseiten mehlig bestäubt.
Vorkommen: Dunglegen, Kompostlager, Dorfstraßen, Mauern, Viehläger. Liebt ausgesprochen stickstoffsalzreiche Böden unterschiedlicher Art. Fehlt im Tiefland und in Gegenden mit kalkarmem Gestein gebietsweise; sonst zerstreut.
Wissenswertes: Alte Heilpflanze; enthält wenig Saponine. Früher auch Wildgemüse: Blätter wurden wie Spinat, junge Triebe ähnlich wie Spargel genutzt.

Spreizende Melde, Gemeine Melde Átriplex pátula
Gänsefußgewächse Chenopodiáceae

Juli–Okt.
0,3–1,5 m
☉

Beschreibung: Blüten eingeschlechtig, knäuelig, blattachsel- und endständig in zusammengesetzt-traubigem Gesamtblütenstand. Stengel meist aufrecht. Blätter 3–10 cm lang, 1–5 cm breit, lanzettlich, ganzrandig oder entfernt buchtig gezähnt. Blätter kahl, etwas blaugrün oder schwach silbrig-schilfrig.
Vorkommen: Wegränder, Ödland, Gärten, Äcker. Liebt basen- und stickstoffsalzreiche Böden. Fehlt örtlich im Tiefland und in rauhen Lagen des Berglands.
Wissenswertes: Die Samen werden gelegentlich von Enten gefressen, mit Kot ausgeschieden und so verbreitet. – Die Art ist formenreich; sie wird in mehrere Unterarten aufgeteilt. Außerdem gibt es einige ähnliche, seltene Arten.

Spieß-Melde, Spießblättrige Melde Átriplex hastáta
Gänsefußgewächse Chenopodiáceae

Juli–Okt.
30–90 cm
☉

Beschreibung: Blüten eingeschlechtig, knäuelig, blattachsel- und endständig in rispig-traubigem Gesamtblütenstand. Blätter hellgrün, 6–10 cm lang, 4–6 cm breit, untere 3eckig-spießförmig, obere lanzettlich; Spießecken der unteren Blätter stehen recht- oder stumpfwinklig ab, die der mittleren spitzwinklig.
Vorkommen: Ödland, Ufer, Gräben. Liebt stickstoffsalzreiche Böden. Fehlt im Tiefland und in rauhen Lagen des Berglands gebietsweise; sonst zerstreut.
Wissenswertes: Formenreiche Sammelart, in der mehrere, allerdings seltene und in der Regel nur schwer unterscheidbare Kleinarten zusammengefaßt werden.

BLÜTENFARBE GRÜN/BRAUN

Queller, Gemeiner Queller, Glasschmalz *Salicórnia europaēa*
Gänsefußgewächse *Chenopodiáceae*

Aug.–Okt.
5–40 cm
☉

Beschreibung: Blüten äußerst unscheinbar und hinter kleinen Schuppen am keulig verdickten Ende der Zweige versteckt. Stengel und die meist reichlich vorhandenen Zweige dickfleischig-glasig, außer den erwähnten Schuppen blattlos, knotig gegliedert, grün, grüngelb, oft schmutzigrötlich überlaufen.
Vorkommen: Schlickwatt, selten an Salzquellen im Binnenland. Liebt schlickigsandige, stickstoff- und kochsalzreiche Böden. An Flachküsten sehr häufig.
Wissenswertes: Ausgesprochene Salzpflanze, die mehrere Prozent Salzgehalt erträgt. – Neuerdings ist es in Mode gekommen, Sprosse des Quellers als Salat zuzubereiten, der recht fad schmeckt, obwohl er als jod- und kalireich gilt.

Zurückgekrümmter Fuchsschwanz, Krummer Fuchsschw. *Amaránthus retrofléxus*
Fuchsschwanzgewächse *Amaranthaceae*

Juni–Sept.
0,2–1,2 m
☉

Beschreibung: Fuchsschwanzähnlicher Gesamtblütenstand aus ährenartigen, voluminösen Teilblütenständen. Blüten unscheinbar, hellgrün. Stengel aufrecht, bleichgrün, flaumig behaart. Blätter lanzettlich, bis 12 cm lang, 3–5 cm breit.
Vorkommen: Müll- und Kompostlager, Wege, Äcker, Bahnschotter. Liebt stickstoffsalzreiche, sandige Böden. In warmen Gegenden zerstreut; fehlt sonst.
Wissenswertes: Die Art war ursprünglich in Mitteleuropa nicht heimisch. Sie stammt aus dem südlichen Nordamerika und wurde um 1750 nach Europa gebracht. In Frankreich scheint sie kurz danach verwildert zu sein. Bis heute ist sie in Mitteleuropa recht unbeständig. Sie wird aber immer weiter verschleppt.

Einjähriger Knäuel, Grüner Knäuel *Scleránthus ánnuus*
Nelkengewächse *Caryophylláceae*

März–Okt.
3–20 cm
☉

Beschreibung: Blütenstände gabelig-rispig in kurze Blütenstiele verzweigt, daher knäuelig (Name); Blüten grünlich, 3–5 mm im Durchmesser, nur mit Kelchblättern. Stengel aufrecht, Zweige liegend. Blätter lineal-pfriemlich, rundlich-fleischig, 6–8 mm lang, 1 mm dick, oft mit Kurztrieben in den Achseln.
Vorkommen: Äcker, Brachen, Wege. Liebt basenarme, stickstoffsalzhaltige, sandige Böden. Zerstreut; fehlt in Gegenden mit Kalkgestein gebietsweise.
Wissenswertes: Wo der Knäuel in größerer Zahl auftritt, zeigt er eine Bodenversauerung an. Neuerdings ist er durch Herbizide zurückgedrängt worden.

Schutt-Kresse *Lepídium ruderále*
Kreuzblütengewächse *Brassicáceae (Crucíferae)*

Mai–Juli
10–30 cm
☉

Beschreibung: Blüten in reichblütiger, oft zusammengesetzter Traube, nur mit Kelchblättern, kaum 1 mm im Durchmesser; Frucht ein ausgerandetes Schötchen. Grundblätter 1–3fach fiederteilig; obere Stengelblätter ganzrandig, sitzend.
Vorkommen: Ödland, Wege, Bahnschotter. Liebt stickstoffsalzhaltige Böden in Gegenden mit mildem Klima; hier zerstreut; fehlt in rauhen Lagen weithin.
Wissenswertes: Die Pflanze riecht widerlich; als flüchtige Spaltprodukte wurden Benzylisothiocyanat und Benzylthiocyanat festgestellt. – Die unscheinbaren Blüten locken keine Insekten an; sie bestäuben sich selbst.

BLÜTENFARBE GRÜN/BRAUN

Kleiner Wiesenknopf   Sanguisórba minor
Rosengewächse Rosáceae

Mai – Juni
20 – 70 cm
♃

Beschreibung: Blüten in kugelig-eiförmigen Köpfchen; diese 1 – 2 cm lang und um 1 cm dick; oben weibliche, in der Mitte oft einige zwittrige, unten männliche Blüten; weibliche Blüten mit roten, pinselartig zerteilten Narben, männliche mit weißlichen Staubfäden. Grundblätter unpaarig gefiedert; 5 – 15 Teilblättchen.

Vorkommen: Trockenrasen und -gebüsche. Liebt basenreiche, stickstoffsalzarme Böden. Im Tiefland vereinzelt, im Kalkgebiet zerstreut; fehlt sonst weithin.

Wissenswertes: Enthält vor allem im Wurzelstock Gerbstoffe; alte Heilpflanze. – Früher wurden junge Blätter als Salatwürze oder als Gemüse verwendet. – Die Wiesenknopf-Arten gehören zu den wenigen windblütigen Rosengewächsen.

Gewöhnlicher Frauenmantel, Wiesen-Frauenmantel Alchemilla vulgáris
Rosengewächse Rosáceae

Mai – Sept.
15 – 50 cm
♃

Beschreibung: Blüten knäuelig in rispigem Blütenstand, Blütenhülle nur aus Kelchblättern, um 5 mm im Durchmesser, gelbgrün. Grundblätter ± tief handförmig 7 – 11lappig, selten 5lappig, 1 – 12 cm im Durchmesser; Rand mit großen Zähnen.

Vorkommen: Wiesen, Wälder, Gräben, Quellfluren. Liebt ziemlich stickstoffsalzhaltige, frische Böden. Fehlt im Tiefland gebietsweise; sonst häufig.

Wissenswertes: „Frauenmantel" bezieht sich auf die Blattform, die an einen überwurfartigen Mantel erinnert, wie er auf alten Marienbildern gelegentlich dargestellt ist. – An den Blattzähnen befinden sich Wasserspalten, aus denen in feuchten Nächten Wasser in Tropfenform ausgeschieden wird (Guttation).

Gewöhnlicher Ackerfrauenmantel, Acker-Sinau Áphanes arvénsis
Rosengewächse Rosáceae

Mai – Sept.
3 – 20 cm
☉

Beschreibung: Blüten auf den ersten Blick den Blättern gegenüber, tatsächlich jedoch blattachselständig in unscheinbaren Knäueln; Blütenhülle aus 4 äußeren und 4 inneren Kelchblättern, um 2 mm im Durchmesser. Nur Stengelblätter, diese tief 3teilig; Abschnitte von tief gezähnt bzw. 2 – 5teilig, schütter behaart.

Vorkommen: Äcker, Wege. Liebt stickstoffsalzhaltige, lockere Lehmböden. Fehlt gebietsweise im Tiefland und in rauhen Lagen des Berglands; sonst zerstreut.

Wissenswertes: Die Blüten bestäuben sich selbst; daneben kommt es zur Samenbildung, ohne daß ihr Bestäubung und Befruchtung vorausgeht (Apogamie).

Wald-Bingelkraut Mercuriális perénnis
Wolfsmilchgewächse Euphorbiáceae

Apr. – Juni
10 – 40 cm
♃ ☠

Beschreibung: Männliche und weibliche Blüten auf getrennten Pflanzen; Blüten in ährigen, blattachselständigen Knäueln. Blätter gegenständig, gestielt, eiförmig-lanzettlich, dunkelgrün. Pflanze riecht zerrieben ziemlich widerlich.

Vorkommen: Wälder. Liebt basen- und stickstoffsalzreichen, mulldurchsetzten Boden. Fehlt gebietsweise im Tiefland und im Silikat-Bergland; sonst häufig.

Wissenswertes: R. J. Camerarius entdeckte u.a. am Bingelkraut um 1690 die Sexualität bei Pflanzen: Er kultivierte weibliche Pflanzen getrennt von männlichen; sie bildeten taube Samen; keimfähige entstanden, wenn er sie zusammenpflanzte.

BLÜTENFARBE GRÜN/BRAUN

Süße Wolfsmilch   Euphórbia dúlcis
Wolfsmilchgewächse   Euphorbiáceae

Mai – Juni
15 – 60 cm
♃ ☠

Beschreibung: Scheindolde mit 3 – 5 Strahlen; Drüsen des Hüllbechers queroval, zuerst gelblich-grün, zuletzt meist rot. Stengel aufrecht. Stengelblätter schmal-eiförmig bis breit-lanzettlich, sitzend, vorn verschmälert mit abgestumpfter Spitze, unterseits bläulich-grün. Pflanze mit weißem Milchsaft.
Vorkommen: Wälder. Liebt basenreiche, stickstoffsalzhaltige, mullreiche Böden. In den Kalkgebieten in nicht zu trockenen Lagen häufig; fehlt sonst weitgehend.
Wissenswertes: Die Süße Wolfsmilch gedeiht noch an Stellen, an denen sie nur etwa 10 % des vollen Tageslichts erhält. Ihre dünnen Blätter sind eine Anpassung an schattige Wuchsorte. – Enthält im Milchsaft giftige Diterpene.

Mandelblättrige Wolfsmilch   Euphórbia amygdaloídes
Wolfsmilchgewächse   Euphorbiáceae

Apr. – Juni
20 – 70 cm
♃ ☠

Beschreibung: Scheindolde mit 5 – 9 Strahlen; Drüsen des Hüllbechers halbmondförmig, gelb, selten rötlich. Blühende Stengel treiben aus vorjährigen, an ihrer Spitze mit überwinterten Blättern bestandenen Sprossen. Stengelblätter schmal-eiförmig bis breit-lanzettlich. Pflanze mit weißem Milchsaft.
Vorkommen: Lichte Wälder in warmen Lagen. Liebt basenreiche, stickstoffsalzhaltige, frische, mullreiche Böden. In Kalkgebieten zerstreut; fehlt sonst.
Wissenswertes: Der Artname bezieht sich auf die Blätter, die denen des Mandelbaumes – allerdings sehr entfernt – ähneln (amygdalus, lat. = Mandel).

Gewöhnliches Pfaffenhütchen, Europäisches Pfaffenhütchen   Euónymus europaēa
Spindelbaumgewächse   Celastráceae

Mai – Juli
1,5 – 6 m
♄ ☠

Beschreibung: Strauch, seltener niedriges Bäumchen. Je 2 – 7 Blüten scheindoldig-rispig blattachselständig, hellgrün-weißlich. Früchte rosa bis hell purpurviolett, Samen von leuchtend orangegelbem Mantel umschlossen. Junge Zweige 4kantig. Blätter gegenständig, 3 – 5 cm lang, 1 – 2,5 cm breit, lanzettlich.
Vorkommen: Waldränder, Feldgehölze. Liebt stickstoffsalzhaltige, basenreiche Böden. Fehlt örtlich im Tiefland und in Sandgebieten; sonst zerstreut.
Wissenswertes: Enthält in den Samen einen giftigen Bitterstoff, Alkaloide und giftige Digitalisglykoside, die auch sonst in der Pflanze vorkommen. – Die Fruchtform erinnert an das Birett eines katholischen Priesters (Name).

Heidelbeere, Blaubeere, Bickbeere   Vaccínium myrtíllus
Heidekrautgewächse   Ericáceae

Mai – Juni
10 – 50 cm
♄

Beschreibung: Blüten einzeln in den Achseln der oberen Blätter, kugelig-krugförmig, um 5 mm im Durchmesser; Frucht eine kugelige, dunkelblaue, oft bereifte Beere. Niedriger, reich verzweigter Strauch. Stengel kantig, grün.
Vorkommen: Wälder, verheidete Moore, Zwergstrauchbestände. Liebt basen- und stickstoffsalzarme Böden. Fehlt auf stark kalkhaltigem Boden; sonst häufig.
Wissenswertes: Die Beeren sind ein geschätztes Wildobst, das vielfach gesammelt und zu Kompott oder zu Marmelade verarbeitet wird. Sie enthalten um 13 g Zucker und um 20 mg Vitamin C pro 100 g Frischgewicht. Alte Heilpflanze.

Heidelbeere
Vaccinium myrtillus

Süße Wolfsmilch
Euphorbia dulcis

Gewöhnliches Pfaffenhütchen
Euonymus europaea

Mandelblättrige Wolfsmilch
Euphorbia amygdaloides

BLÜTENFARBE GRÜN/BRAUN

Sumpf-Wasserstern *Callitriche palústris*
Wassersterngewächse *Callitricháceae*

Mai–Okt.
5–40 cm
♃

Beschreibung: Pflanze untergetaucht, mit Schwimmblattrosetten flutend oder auf Feuchtboden kriechend. Blüten unscheinbar, eingeschlechtig: Weibliche Blüten bestehen nur aus dem Fruchtknoten, männliche aus 1 Staubblatt. In den Achseln der gegenständigen Blätter oft Seitentriebe. Blätter 1–3nervig, lineal oder eiförmig.

Vorkommen: Bäche, Seen, Pfützen, Waldwege. Liebt oft basenarme, stickstoffsalzreiche Gewässer bzw. Böden. Fehlt örtlich in Kalkgebieten; sonst zerstreut.

Wissenswertes: Je nach Wuchsort verändert sich die Gestalt der Pflanze, vor allem der Blätter. Außerdem werden in der Sammelart mehrere Kleinarten unterschieden. – Bestäubung erfolgt durch Verschwemmen der unbenetzbaren Pollen.

Breit-Wegerich, Großer Wegerich *Plantágo májor*
Wegerichgewächse *Plantagináceae*

Juni–Okt.
10–30 cm
♃ (☠)

Beschreibung: Zahlreiche Blüten in dünner Ähre (diese 2–10 cm lang, 5–7 mm dick), kaum 2 mm lang; Staubbeutel braun-purpurviolett bis weinrot. Stengel blattlos, doppelt so lang wie Blütenstand. Blätter 5–9nervig, breit-eiförmig, breit gestielt.

Vorkommen: Wege, Rasen, Ufer, Weiden, Ödland, Sportplätze. Liebt mäßig stickstoffsalzreiche, verdichtete Ton- und Lehmböden. Sehr häufig. Erträgt Tritt.

Wissenswertes: Die Samen des Großen Wegerichs verschleimen bei feuchtem Wetter. In diesem Zustand bleiben sie an den Pfoten von Tieren, ja an Schuhen haften und werden so verschleppt. Alte Heilpflanze; enthält Schleimstoffe.

Strand-Wegerich *Plantágo maritima*
Wegerichgewächse *Plantagináceae*

Juli–Okt.
15–40 cm
♃ (☠)

Beschreibung: Zahlreiche Blüten in dünner Ähre (diese 3–11 cm lang, um 5 mm dick), kaum 5 mm lang; Staubbeutel gelbbraun. Stengel blattlos, deutlich länger als der Blütenstand. Blätter 3–25 cm lang, 0,2–1,5 cm breit, fleischig, ungestielt.

Vorkommen: Wattwiesen an den Küsten, zerstreut; vereinzelt auf Gipsmergeln (Thüringen und Sachsen-Anhalt). Liebt basenreiche Böden; erträgt Überflutung.

Wissenswertes: Die fleischigen Blätter sind eine Anpassung an den Kochsalzgehalt der Böden, auf denen die Pflanze wächst. Auch die Samen sind an den Wuchsort angepaßt: Sie keimen besser, wenn sie im Salzwasser gelegen haben.

Spitz-Wegerich *Plantágo lanceoláta*
Wegerichgewächse *Plantagináceae*

Apr.–Sept.
10–40 cm
♃ (☠)

Beschreibung: Blüten in eiförmig-kurzwalzlicher Ähre (diese 1–4 cm lang, 5–8 mm dick), um 5 mm lang; Staubblätter weißlich. Stengel blattlos, vielfach länger als der Blütenstand. Blätter 10–20 cm lang, 0,7–2 cm breit, 3–7nervig.

Vorkommen: Wiesen, Weiden, Wege, Ödland. Liebt basen- und stickstoffsalzhaltige Lehmböden, die eher frisch als trocken sein sollten. Sehr häufig.

Wissenswertes: Enthält Schleim- und Gerbstoffe und etwas Aucubin. Alte Heilpflanze. Der Gerbstoffe wegen hat man den Preßsaft aus den Blättern früher als Blutstillmittel gebraucht. Gerbstoffe wirken auf Blutgefäße zusammenziehend. Vielleicht kommt dem Preßsaft auch eine geringe keimtötende Wirkung zu.

BLÜTENFARBE GRÜN/BRAUN

Schwimmendes Laichkraut *Potamogéton nátans*
Laichkrautgewächse *Potamogetonáceae*

Mai–Aug.
0,5–2 m
♃

Beschreibung: Zahlreiche Blüten in einer Ähre (diese 5–8 cm lang), ohne Kelch- und Blütenblätter. Stengel bis 5 mm dick. Untergetauchte Blätter nur im Frühjahr vorhanden, blattstielartig; Schwimmblätter 2–15 cm lang gestielt, Spreite 3–12 cm lang, 2–7 cm breit, eiförmig, am Grund schwach herzförmig.

Vorkommen: Schwimmpflanzengürtel stehender Gewässer. Liebt basen- und mäßig stickstoffsalzreiches Wasser. Fehlt in rauhen Lagen weithin; sonst zerstreut.

Wissenswertes: Die Blüten werden durch Wind bestäubt. Die reifenden Fruchtstände tauchen ins Wasser ein. Die Früchte werden zum Teil verschwemmt, vielleicht auch von Wasservögeln gefressen und mit deren Kot verbreitet.

Glänzendes Laichkraut *Potamogéton lúcens*
Laichkrautgewächse *Potamogetonáceae*

Juni–Sept.
0,3–1,5 m
♃

Beschreibung: Blüten in einer Ähre (diese 2–3 cm lang), ohne Kelch- und Blütenblätter. Stengel bis 4 mm, Ährenstiel bis 8 mm dick. Nur untergetauchte Blätter; Spreite 10–30 cm lang, 2–7 cm breit, eiförmig, am Rand deutlich wellig (kann nicht eben ausgebreitet werden), lebhaft grün, leicht glänzend.

Vorkommen: Untergetauchte Pflanze stehender oder langsam fließender Gewässer. Liebt basen- und stickstoffsalzreiches Wasser. Fehlt gebietsweise; sonst zerstreut; bildet in manchen Seen auf schlammigen Böden ausgedehnte Bestände.

Wissenswertes: Die Bestände des Glänzenden Laichkrauts sind oft die Kinderstube von Jungfischen und gleichzeitig Standplätze meist kleinerer Hechte.

Durchwachsenes Laichkraut *Potamogéton perfoliátus*
Laichkrautgewächse *Potamogetonáceae*

Juni–Aug.
0,5–6 m
♃

Beschreibung: Blüten in einer Ähre (diese 2–3 cm lang), ohne Kelch- und Blütenblätter. Stengel bis 8 mm dick. Nur untergetauchte Blätter; Spreite 6–10 cm lang, 3–6 cm breit, stengelumfassend oder mit tief herzförmigem Grund sitzend, vorn meist abgestumpft-rundlich; Blattrand junger Blätter fein gezähnt.

Vorkommen: Untergetauchte Pflanze stehender oder langsam fließender Gewässer. Liebt basenreiches, stickstoffsalzhaltiges Wasser. Im Tiefland und an den großen Strömen vor allem in den Altwässern zerstreut; sonst vereinzelt.

Wissenswertes: In Seen sind Bestände dieser Art oft Standplätze von Hechten.

Krauses Laichkraut *Potamogéton críspus*
Laichkrautgewächse *Potamogetonáceae*

Mai–Okt.
0,3–2 m
♃

Beschreibung: 5–10 Blüten in einer lockeren Ähre (diese 1–2 cm lang), ohne Kelch- und Blütenblätter. Stengel 1–2 mm dick. Nur untergetauchte Blätter; Spreite 2–8 cm lang, 0,5–1 cm breit, halb stengelumfassend sitzend, wellig, fast kraus.

Vorkommen: Untergetauchte Pflanze stehender oder langsam fließender Gewässer. Liebt basen- und stickstoffsalzreiches, laues Wasser; zerstreut bis selten.

Wissenswertes: Trotz ihrer weiten Verbreitung ist die Art verhältnismäßig einheitlich. Massenbestände von ihr sind meist Kinderstube für Jungfische. Schwimmer und Ruderer können sich indessen in ihnen leicht verheddern.

BLÜTENFARBE GRÜN/BRAUN

Kamm-Laichkraut Potamogéton pectinátus
Laichkrautgewächse Potamogetonáceae

Juni–Sept.
0,2–3 m
♃

Beschreibung: Blüten in einer lockeren Ähre (diese 2–5 cm lang), ohne Kelch- und Blütenblätter. Stengel 0,5–1 mm dick. Nur untergetauchte Blätter; Spreite 3–15 cm lang, um 1 mm breit, fleischig-stengelartig, undeutlich 3nervig.
Vorkommen: Untergetauchte Pflanze langsam fließender oder stehender Gewässer. Liebt basen- und stickstoffsalzreiches Wasser. Im Einzugsbereich der größeren Gewässer und in Gegenden mit Teichwirtschaft zerstreut; sonst meist fehlend.
Wissenswertes: Die Schwaden des Kamm-Laichkrauts werden von Fischern zuweilen „Gras" genannt, vor allem wenn es in Flüssen oder Altwässern vorkommt.

Teichfaden Zannichéllia palústris
Teichfadengewächse Zannichelliáceae

Mai–Okt.
10–50 cm
♃

Beschreibung: Männliche Blüte aus 1 Staubblatt, weibliche aus meist 4 Fruchtknoten; neben 1 männlichen Blüte 1–5 weibliche in derselben Blattachsel, von einer häutigen Blattscheide (Spatha) umgeben; Früchte sichelförmig. Stengel kriecht und wurzelt an den Knoten. Blätter 1–10 cm lang, 1–5 mm breit.
Vorkommen: Untergetauchte Pflanze stehender oder langsam fließender Gewässer. Liebt basen- und mäßig stickstoffsalzreiches, warmes Wasser. Im Tiefland und im Alpenvorland zerstreut, sonst selten und größeren Gebieten fehlend.
Wissenswertes: Der wissenschaftliche Gattungsname soll an den italienischen Arzt, Apotheker und Botaniker Girolamo Zannichelli (1662–1729) erinnern.

Kalmus, Echter Kalmus Ácorus cálamus
Aronstabgewächse Aráceae

Juni–Juli
0,5–1,5 m
♃ (☠) ▽

Beschreibung: Blüten in scheinbar seitenständigem Kolben (dieser 4–8 cm lang, grünlich), unscheinbar, mit 6 Staubblättern, bei uns nicht fruchtend. Stengel 3kantig. Blätter in 2 Zeilen. Wurzelstock bis 3 cm dick, aromatisch riechend.
Vorkommen: Röhricht stehender oder langsam fließender Gewässer in warmer Lage. Liebt basen- und stickstoffsalzreiche Böden. Selten; fehlt gebietsweise.
Wissenswertes: Von Alexander dem Großen aus Indien nach Kleinasien gebracht, von dort 1570 nach Mitteleuropa. Wurzelstockextrakt Heilmittel gegen Magen-Darm-Erkrankungen. Früher als Heilpflanze angebaut und örtlich verwildert.

Gefleckter Aronstab, Zehrwurz Árum maculátum
Aronstabgewächse Aráceae

Apr.–Juni
10–40 cm
♃ ☠

Beschreibung: Blüten unten an einem keulenförmigen Kolben, der von einer grün-weißen, oft rot überlaufenen Scheide umhüllt wird; die männlichen Blüten sitzen über den weiblichen; Beeren rot. Blätter pfeilförmig, oft gefleckt.
Vorkommen: Wälder, Gebüsche. Liebt basen- und stickstoffsalzreiche Böden. Fehlt im westlichen Tiefland und im Silikat-Bergland weithin; sonst zerstreut.
Wissenswertes: Blütenstand und Hüllblatt bilden eine Kesselfalle: Kleine Mücken werden durch den Aasgeruch des Kolbens angelockt. Vom glatten Hüllblatt rutschen sie ins Kesselinnere. Dort bleiben sie gefangen, bis die Blüten bestäubt sind. Danach welkt das Hüllblatt, und die Insekten können wieder ins Freie.

BLÜTENFARBE GRÜN/BRAUN

Dreifurchige Wasserlinse   Lémna trisúlca
Wasserlinsengewächse   Lemnáceae

Juni
0,4–1 cm
♃

Beschreibung: Blüten mit 2 Staubblättern und 1 Fruchtknoten. Blattähnliche Glieder untergetaucht, länglich bis eiförmig, zu vielen netzartig zusammenhängend, ± durchscheinend, 3–5nervig, graugrün; unterseits wabig gefeldert.
Vorkommen: Liebt nährsalzreiche Gewässer. Im Tiefland häufig; sonst selten.
Wissenswertes: Siehe hierzu Kleine Wasserlinse, Lemna minor, unten.

Buckelige Wasserlinse   Lémna gíbba
Wasserlinsengewächse   Lemnáceae

Apr.–Juni
0,3–1,5 cm
♃

Beschreibung: Blüten mit 2 Staubblättern und 1 Fruchtknoten. Blattähnliche Schwimmglieder, mit nur 1 Wurzel, 3–5 mm breit, etwas länger, unterseits weißlich, bauchig aufgetrieben, oberseits leuchtend grün, zuweilen rot gepunktet, 5nervig; meist nur 2–5 Schwimmglieder kettenartig zusammenhängend.
Vorkommen: Liebt nährsalzreiche Gewässer. Tiefland zerstreut; sonst selten.
Wissenswertes: Siehe hierzu Kleine Wasserlinse, Lemna minor, unten.

Kleine Wasserlinse,   Entengrütze, Entengrün, Entenflott   Lémna mínor
Wasserlinsengewächse   Lemnáceae

Mai–Juni
0,3–1,5 cm
♃

Beschreibung: Blüten mit 2 Staubblättern und 1 Fruchtknoten. Blattähnliche Schwimmglieder ± rundlich, 2–3 mm im Durchmesser, mit 1 Wurzel, beiderseits flach, grün, unten oft ± rötlich, 3–5nervig, meist zu 2–5 zusammenhängend.
Vorkommen: Liebt nährsalzreiche Gewässer; häufig, in Hochlagen selten.
Wissenswertes: Um 1935 ergaben russische Forschungen, Wasserlinsen könnten bis zu 650mal mehr Radium speichern als ihr Umgebungswasser enthält. Die Differenz sei im Frühjahr am höchsten, im Herbst bedeutend niedriger. Man hat schon gemutmaßt, so erkläre sich die alte Volksmeinung, Wasserlinsen würden das Wachstum von Entenküken fördern („Entengrütze, Entengrün, Entenflott").

Teichlinse,   Vielwurzlige Teichlinse   Spirodéla polyrhíza
Wasserlinsengewächse   Lemnáceae

Mai–Juni
0,5–5 cm
♃

Beschreibung: Blüht bei uns kaum. Blattähnliche Schwimmglieder rundlich, 4–9 mm im Durchmesser, unterseits oft rötlich; meist 2–10 Schwimmglieder kettenartig zusammenhängend; 5–15 Wurzeln pro Glied büschelig aus einer Stelle wachsend, oft rötlich, 1–3 cm lang. Vermehrung bei uns durch Winterknospen.
Vorkommen: Liebt ± nährsalzreiche Gewässer. Tiefland häufig; sonst zerstreut.
Wissenswertes: Siehe hierzu Kleine Wasserlinse, Lemna minor, oben.

Zwergwasserlinse   Wólffia arrhíza
Wasserlinsengewächse   Lemnáceae

–
1–1,5 mm
♃

Beschreibung: Blattähnliches Schwimmglied kaum 1 mm im Durchmesser, grasgrün ± flach, unterseits weißlichgrün und schwach gewölbt. Ohne Wurzel. Vermehrung bei uns nur ungeschlechtlich: Schwimmglieder sprossen aus älteren hervor.
Vorkommen: Liebt nährsalzreiches Wasser. Im Tiefland vereinzelt; fehlt sonst.
Wissenswertes: Die Zwergwasserlinse ist die kleinste Blütenpflanze Europas.

Dreifurchige Wasserlinse
Lemna trisulca

Kleine Wasserlinse
Lemna minor

Buckelige Wasserlinse
Lemna gibba

Teichlinse
Spirodela polyrhiza

Zwergwasserlinse
Wolffia arrhiza

BLÜTENFARBE GRÜN/BRAUN

Aufrechter Igelkolben, Ästiger Igelkolben *Spargánium eréctum*
Igelkolbengewächse *Sparganiáceae*

Juni–Sept.
0,3–1,5 m
♃

Beschreibung: Männliche und weibliche Blüten in kugeligen Köpfchen; weibliche Köpfchen morgensternartig, unten im Blütenstand, darüber die deutlich kleineren männlichen. Stengel zur Blütezeit aufrecht, danach herabgebogen. Blätter meist steif aufrecht, hart, unten 3kantig, 1–1,5 cm breit, vorn stumpf.

Vorkommen: Stehende oder langsam fließende Gewässer. Liebt oft basenarmen, ziemlich stickstoffsalzhaltigen Untergrund. Zerstreut, fehlt in rauhen Lagen.

Wissenswertes: Die Blüten werden durch Wind bestäubt; Selbstbestäubung kommt vor. Die Früchte sind schwimmfähig und werden mit der Strömung verschleppt.

Einfacher Igelkolben *Spargánium emérsum*
Igelkolbengewächse *Sparganiáceae*

Juni–Juli
0,5–1 m
♃

Beschreibung: Männliche und weibliche Blüten in kugeligen Köpfchen; weibliche Köpfchen morgensternartig, zu 2–5 unten im Blütenstand, darüber die lückig stehenden männlichen. Blätter meist steif aufrecht, unten 3kantig, 0,5–1,2 cm breit, vorn stumpf; selten sind schlaffe, bandartige Unterwasserblätter ausgebildet.

Vorkommen: Stehende oder langsam fließende Gewässer. Liebt oft basenarmen, ziemlich stickstoffsalzhaltigen Untergrund. Zerstreut, fehlt in rauhen Lagen.

Wissenswertes: Seit die Streunutzung von Seggenbeständen außer Mode kam und diese in intensiv bewirtschaftete Feuchtwiesen umgewandelt worden sind, hat der Einfache Igelkolben viele seiner vordem bekannten Standorte verloren.

Schmalblättriger Rohrkolben *Týpha angustifólia*
Rohrkolbengewächse *Typháceae*

Juni–Aug.
1–3 m
♃

Beschreibung: Blüten unscheinbar, in Kolben; männliche Kolben 1–7 cm über dem weiblichen, 10–30 cm lang; weiblicher Kolben gleich lang, dunkel rostbraun, im Alter etwas fleckig. Blätter 0,3–1 cm breit, 1–3 m lang, länger als die blühenden Stengel, dunkelgrün, eher gelblich, nie blaugrün, auch unten flach.

Vorkommen: Röhricht stehender oder langsam fließender Gewässer. Liebt stickstoffsalzhaltige Böden. Im Tiefland zerstreut, sonst selten; fehlt weithin.

Wissenswertes: An Seen treten gelegentlich vor dem eigentlichen Schilfgürtel Bestände auf, die überwiegend aus nichtblühenden Exemplaren bestehen.

Breitblättriger Rohrkolben *Týpha latifólia*
Rohrkolbengewächse *Typháceae*

Juni–Aug.
0,5–2 m
♃

Beschreibung: Blüten unscheinbar, in Kolben; männlicher Kolben sitzt dem weiblichen in der Regel unmittelbar auf, 10–20 cm lang; weiblicher Kolben gleich lang, etwas dicker, tiefbraun bis schwarz. Blätter 1–2 cm breit, 1–2 m lang, länger als die blühenden Stengel, stets blaugrün, auch unten flach.

Vorkommen: Röhricht, Gräben, feuchteste Stellen in Sumpfwiesen. Liebt stickstoffsalzreiche Böden. Fehlt örtlich in rauhen Lagen; sonst zerstreut.

Wissenswertes: Die Blütenstände werden als Bestandteil von Trockensträußen gesammelt. Die Blätter wurden früher von Küfern zum Dichten der Fugen zwischen den Dauben von Fässern verwendet. Gärtnern dienten sie als Bastersatz.

BLÜTENFARBE GRÜN/BRAUN

Wasserpfeffer, Pfeffer-Knöterich Polýgonum hydropíper
Knöterichgewächse *Polygonáceae*

Juli–Okt.
20–70 cm
☉ (☠)

Beschreibung: Blüten in lockerer, dünner, oft nickender Ähre, grünlich oder rosa, selten weiß, kaum 3 mm lang. Rand der leicht aufgeblasenen Blattscheiden ungleich lang und schütter bewimpert. Blätter kurz gestielt oder sitzend, lanzettlich, beidseits verschmälert, gekaut pfefferartig (nicht schlucken!).

Vorkommen: Gräben, Ufer, Waldwege, Ödland. Liebt mäßig basenhaltige, stickstoffsalzreiche Tonböden. Fehlt örtlich in den Kalkgebieten; sonst häufig.

Wissenswertes: Der scharfe Geschmack beim Kauen wird durch ätherische Öle verursacht; er „wirkt nach", so daß man die „Kauprobe" erst nach etwa 1/2 Stunde wiederholen kann. Vergiftungen bei Tieren sind berichtet worden.

Acker-Windenknöterich Fallópia convólvulus
Knöterichgewächse *Polygonáceae*

Juli–Okt.
0,2–1 m
☉

Beschreibung: Blüten einzeln oder zu 2–5 in den Achseln der Blätter, auch in kleinen Ähren am Stengelende, um 3 mm lang, oft rötlich überhaucht. Stengel niederliegend-windend. Blätter spieß- oder pfeilförmig, 3–8 cm lang, 4 cm breit.

Vorkommen: Äcker, seltener Gärten. Liebt stickstoffsalzreiche Lehmböden. Zerstreut; fehlt örtlich und bildet meist keine individuenreichen Bestände.

Wissenswertes: Der Acker-Windenknöterich ist beachtenswert, weil es bei ihm Exemplare gibt, die rechts-, und andere, die linkswinden. Bei den meisten anderen Arten, die windend klettern, liegt indes die Winderichtung erblich fest.

Sode Suaēda marítima
Gänsefußgewächse *Chenopodiáceae*

Juli–Sept.
10–50 cm
☉

Beschreibung: Blüten unscheinbar, meist zu 3 geknäuelt in den Achseln der Blätter, grünlich, oft rot überlaufen, um 1 mm lang. Stengel liegend oder aufsteigend, verzweigt. Blätter sitzend, länglich-lineal, blau- oder olivgrün, 1–4 cm lang, um 1 mm dick, fleischig-halbrund, spitz oder vorn abgestumpft.

Vorkommen: Spülsaum an den Küsten. Liebt stickstoffsalz- und basenreiche Böden, die Kochsalz enthalten sollten und die überflutet werden dürfen. An der Nordseeküste zerstreut, an der Ostseeküste seltener; im Binnenland vereinzelt.

Wissenswertes: Im Binnenland an Salzquellen; im Burgenland eigene Unterart.

Stinkende Nieswurz Helléborus foētidus
Hahnenfußgewächse *Ranunculáceae*

März–Mai
20–60 cm
♃ ☠

Beschreibung: Blüten in lockerer Rispe, glockig-nickend, 1–2 cm lang, vorn oft mit rotem Rand. Stengelblätter wechselständig, oberste ganzrandig, oval; Grundblätter überwinternd, lang gestielt, dunkelgrün, 5–9fach fußförmig geteilt, Abschnitte lanzettlich, gezähnt; untere Stengelblätter ähnlich geteilt.

Vorkommen: Trockengebüsche und -wälder. Liebt basenreiche, stickstoffsalzarme Böden und hohe Luftfeuchtigkeit. Im Kalk-Bergland zerstreut; fehlt sonst.

Wissenswertes: Die Stinkende Nieswurz leidet unter Frühjahrsfrost. Trotz ihrer Standorte auf trockenen Böden braucht sie eine im Durchschnitt hohe Luftfeuchtigkeit. Enthält Saponine und Protoanemonin und gilt daher als giftig.

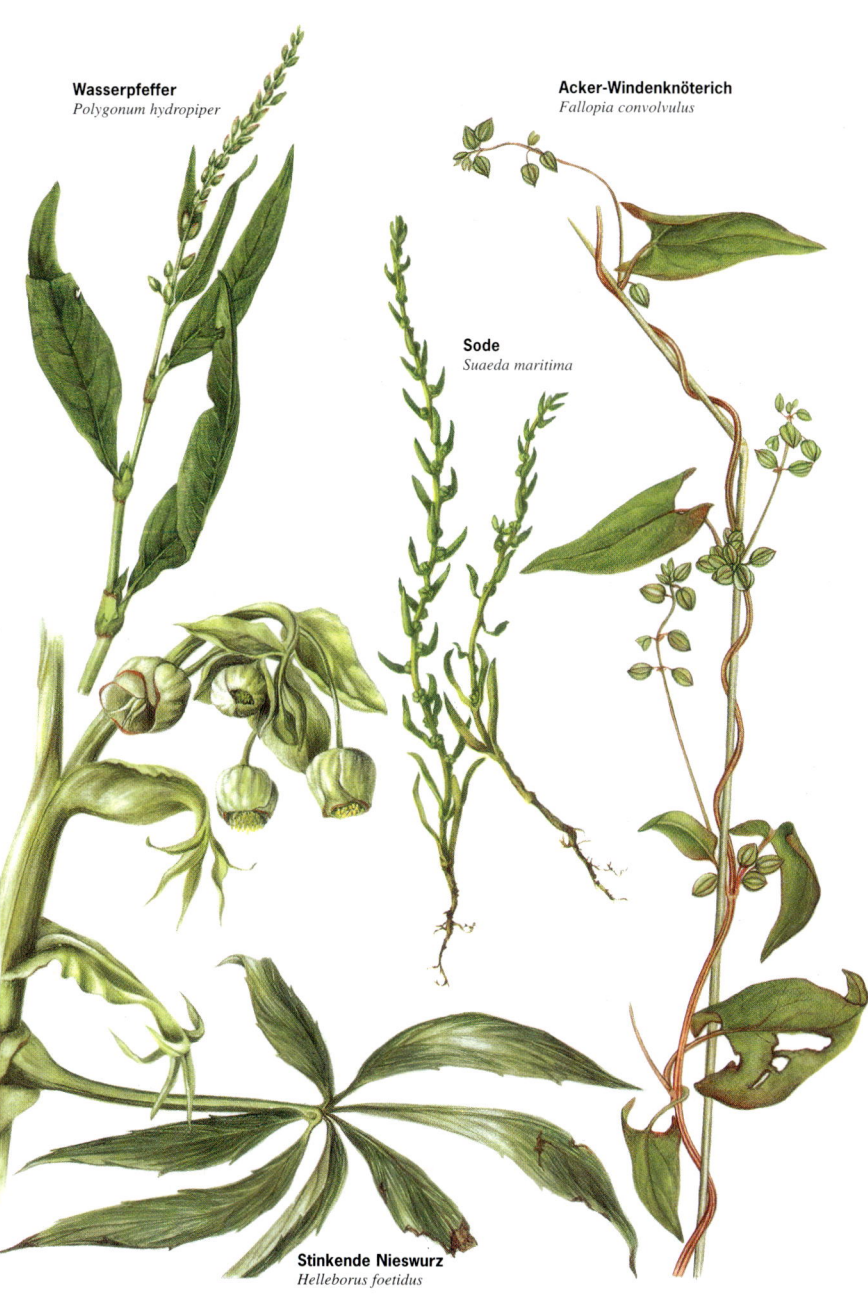

BLÜTENFARBE GRÜN/BRAUN

Grüne Nieswurz *Helléborus víridis*
Hahnenfußgewächse *Ranunculáceae*

März–Apr.
20–50 cm
♃ (☙) ▽

Beschreibung: Blüten 4–6 cm im Durchmesser, zu 1–3 endständig. Stengel wenig beblättert; Grundblätter meist nur 2, langgestielt, sommergrün, ihre Spreite 7-11fach fußförmig geteilt; Abschnitte lanzettlich, scharf doppelt gesägt.
Vorkommen: Lichte Laub-, besonders Buchenwälder. Liebt kalk- und mullreichen Lehmboden. Kalkgebiete vom Alpenfuß bis in die Mittelgebirge. Überall selten.
Wissenswertes: Alte Heilpflanze (für Mensch und Tier). Führt giftige Saponine und Protoanemonin; noch fraglich sind ältere Angaben über Bufadienolide. Das Saponingemisch Helleborin reizt Schleimhäute (früher zu Niespulver verwandt. Name!).

Stachelbeere *Ríbes úva-críspa*
Stachelbeerengewächse *Grossulariáceae*

Apr.–Mai
0,5–1,5 m
♄

Beschreibung: Mittelhoher Strauch. Blüten zu 1–3 in den Blattachseln, grünlichrötlich; Kelchblätter bräunlich-rötlich. Frucht Stachelbeere. Äste graubraun; Stacheln einfach oder 2–3teilig. Blätter rundlich–5eckig, behaart.
Vorkommen: Waldränder, Gebüsche, Steinriegel, Ruinen, Felsspalten. Liebt mäßig stickstoffsalzreiche, basenhaltige, steinig-lockere, frische Böden. Fehlt im westlichen Tiefland und im Silikat-Bergland gebietsweise; sonst zerstreut.
Wissenswertes: Wird wahrscheinlich seit dem 14. oder 15. Jahrhundert kultiviert und heute in zahlreichen Kultursorten gepflanzt. Beeren enthalten reichlich Vitamin C.

Berg-Johannisbeere, Alpen-Johannisbeere *Ríbes alpínum*
Stachelbeerengewächse *Grossulariáceae*

Apr.–Juni
0,5–2 m
♄

Beschreibung: Mittelhoher Strauch. Blüten in blattachselständigen, aufrechten Trauben, 5–9 mm im Durchmesser, hell grünlich-gelb. Beeren klein, kugelig, glänzend rot, einzeln oder 2–4 in aufrechten Büscheln. Äste hellrindig, unbestachelt. Blätter meist 5eckig-lappig, um 3 cm im Durchmesser, kerbig gezähnt.
Vorkommen: Schluchtwälder, Bergwälder, felsige Gebüsche. Liebt basenreiche, kalk- und stickstoffsalzhaltige, frische Böden. Fehlt im Tiefland und im Silikat-Bergland; im hohen Kalk-Bergland selten; Alpen zerstreut; fehlt sonst.
Wissenswertes: Die Berg-Johannisbeere wird als Einzelstrauch oder in Wildwuchshecken recht häufig gepflanzt. Sie erträgt Schnitt und ist anspruchslos.

Brauner Storchschnabel *Geránium pháeum*
Storchschnabelgewächse *Geraniáceae*

Juni–Okt.
30–60 cm
♃

Beschreibung: Blütenstand locker scheindoldig; Teilblütenstände 2blütig; Blüten 2–3 cm im Durchmesser, braunviolett; Blütenstiele lang abstehend behaart. Stengelblätter wechselständig, handförmig und unregelmäßig 7teilig, Rand gezähnt.
Vorkommen: Auenwälder, Waldsäume, lichte Gebüsche, Wiesen, Parkanlagen. Liebt stickstoffsalz- und basenhaltige, aber kalkarme, frische Böden. Meist nur verwildert und daher vereinzelt, im Tiefland und Alpenvorland selten.
Wissenswertes: Die Heimat des Braunen Storchschnabels sind südeuropäische Gebirge. Früher wurde die Pflanze vor allem in Burg- und Schloßanlagen als Zierpflanze gehalten. In den zugehörigen Parkanlagen ist sie dann verwildert.

BLÜTENFARBE GRÜN/BRAUN

Feld-Ahorn, Maßholder *Acer campéstre*
Ahorngewächse *Aceráceae*

Apr.–Mai
5–20 m
♄

Beschreibung: 5–15 Blüten in aufrechtem, rispig-doldigem Blütenstand, um 7 mm im Durchmesser, hellgrün, mit den Blättern erscheinend. Zweige mit dicker Borke. Blätter gegenständig, 4–9 cm lang, handförmig auf 1/2 des Spreitendurchmessers 3–5lappig; Lappen vorn ± gerundet, jederseits mit meist nur 1 stumpfen Zahn.
Vorkommen: Lichte Wälder, Feldgehölze. Liebt basenreiche, stickstoffsalzhaltige Böden. Fehlt in Silikatgebieten und im Tiefland weithin; sonst häufig.
Wissenswertes: Weniger als Baum denn als robuster Strauch der Waldsäume und Feldgehölze von Bedeutung. Wird erst mit etwa 25 Jahren blühreif. Gilt als gute „Bienenweide"; in manchen Jahren sondern auch die Blätter „Honig" ab.

Berg-Ahorn, Trauben-Ahorn *Acer pseudo-plátanus*
Ahorngewächse *Aceráceae*

Apr.–Juni
20–30 m
♄

Beschreibung: Zahlreiche Blüten in hängendem, rispig-traubigem Blütenstand, 5–8 mm im Durchmesser, grünlich, mit oder kurz nach den Blättern erscheinend. Blätter gegenständig, 10–15 cm lang, handförmig auf 2/3–1/3 des Spreitendurchmessers 3–5lappig, grob gezähnt; Zähne stumpflich oder kurzspitzig.
Vorkommen: Schlucht- und Bergwälder. Liebt stickstoffsalzreichen Boden, der basenreich sein kann, aber nicht muß. Fehlt örtlich im Tiefland; sonst zerstreut.
Wissenswertes: Seit alters ein geschätztes Werkholz, das allerdings sehr hart ist. Noch heute – nicht zuletzt seiner Maserung wegen – beliebtes Möbelholz.

Sommer-Linde *Tília platyphýllos*
Lindengewächse *Tiliáceae*

Juni–Juli
25–40 m
♄

Beschreibung: 2–5 Blüten, 1–1,5 cm im Durchmesser, hell grünlich; Stiel des Blütenstands lang, ein flügelartiges Hochblatt reicht bis zu seinem Grund. Blätter 5–15 cm im Durchmesser, unterseits im Innenwinkel der Blattnerven mit einem kleinen Büschel weißer Haare; sonst unterseits ± schütter behaart.
Vorkommen: Bergwälder. Liebt stickstoffsalz- und oft basenreiche Böden. Fehlt im Tiefland größeren, sonst kleineren Gebieten; zerstreut; auch gepflanzt.
Wissenswertes: Da und dort als „Dorf-Linde" gepflanzt. Freistehende Exemplare können vermutlich 1000 Jahre und älter werden. Heilpflanze; enthält ätherisches Öl mit wohlriechendem Farnesol, möglicherweise mit weiteren Stoffen.

Winter-Linde *Tília cordáta*
Lindengewächse *Tiliáceae*

Juni–Juli
15–30 m
♄

Beschreibung: 5–10 Blüten, 1–1,5 cm im Durchmesser, hell grünlich; Stiel des Blütenstands lang, das flügelartige Hochblatt reicht nie bis zu seinem Grund. Blätter 3–8 cm im Durchmesser, unterseits blaugrün und im Innenwinkel der Blattnerven mit einem kleinen Büschel rotbrauner Haare; sonst praktisch kahl.
Vorkommen: Au- und Bergwälder. Liebt ± stickstoffsalz- und basenhaltige Böden. Fehlt im Tiefland größeren, sonst kleineren Gebieten; zerstreut; auch gepflanzt.
Wissenswertes: Hat sehr leichtes und weiches Holz, das aber beim Trocknen an Volumen verliert; geschätztes Schnitzholz. Als Heilpflanze wie Sommer-Linde.

BLÜTENFARBE GRÜN/BRAUN

Efeu, Gemeiner Efeu *Hédera hélix*
Efeugewächse *Araliáceae*

Aug.–Okt.
1–20 m
♄ ☠

Beschreibung: Blüten in halbkugeligen Dolden, kaum 5 mm im Durchmesser, Blütenblätter nach unten geschlagen; Frucht eine dunkelbraun-blaue, später fast schwarze Beere von 0,5–1 cm im Durchmesser. Stengel klettert mit Haftwurzeln. Blätter handförmig 3–5lappig, an blühreifen Zweigen verkehrt-eiförmig.

Vorkommen: Wälder, Mauern, Felsen. Liebt frische, lockere, mullhaltige Böden in luftfeuchtem Klima. Fehlt in rauhen Lagen. Zerstreut, auch gepflanzt.

Wissenswertes: Kann erst ab dem 8. Lebensjahr blühen; an kühlen Orten wird er möglicherweise nie blühreif. Die Pflanze kann 400–500 Jahre, vielleicht bis 1000 Jahre alt werden. Enthält – besonders in den Beeren – giftige Saponine.

Feld-Mannstreu *Erýngium campéstre*
Doldengewächse *Apiáceae (Umbelliferae)*

Juli–Aug.
15–60 cm
♃ ▽

Beschreibung: Viele Blüten sitzen in den meist reichlich vorhandenen kugeligen Köpfchen, die um 1,5 cm im Durchmesser erreichen. Hüllblätter länger als der Blütenstand, stachelig auslaufend. Blätter weißlich-grün, tief 3teilig, Teilblätter fiederteilig; Blattzähne mit aufgesetzt-stechender Grannenspitze.

Vorkommen: Halbtrockenrasen, Raine. Liebt kalk- und humusreichen, stickstoffsalzarmen Lehm- oder Lößboden. Nur in Wärmegebieten, selten; fehlt sonst.

Wissenswertes: Der Name „Manns-treu" bezieht sich vermutlich in ironischem Sinn auf die vom Winde verwehten und deswegen unstet „hin- und herlaufenden" Fruchtstände; diese sind auch als „Steppenhexe" oder „Laufdistel" bekannt.

Große Sterndolde *Astrántia májor*
Doldengewächse *Apiáceae (Umbelliferae)*

Juni–Aug.
0,3–1 m
♃

Beschreibung: Zahlreiche Blüten in köpfchenartigen Döldchen, kaum 5 mm im Durchmesser; Hüllblätter der Döldchen lanzettlich bis schmal-eiförmig. Grundblätter nicht ganz bis zum Grund handförmig 5–7teilig; Rand tief gesägt.

Vorkommen: Bergwiesen, Bergwälder. Liebt kalkreichen, lockeren Lehmboden. Meist über 500–700 m zerstreut in den Mittelgebirgen und Alpen; fehlt sonst.

Wissenswertes: Bei der Sterndolde sind die Einzelblüten so klein und von so geringer Leuchtkraft, daß selbst Dolden wenig Lockwirkung haben. Diese wird durch die Hüllblätter wirksam erhöht. Bestäuber sind u. a. Käfer und Fliegen.

Nickendes Wintergrün, Einseitswendiges Birngrün *Orthília secúnda*
Wintergrüngewächse *Pyroláceae*

Juni–Juli
5–20 cm
♃ (☠)

Beschreibung: 8–30 Blüten in einseitswendiger, beim Aufblühen nickender Traube, um 4 mm lang, vorn glockig verengt. Stengel niederliegend-aufsteigend. Blätter nicht rosettig, aber im unteren Stengeldrittel gehäuft, immergrün, bis 3,5 cm lang, bis 2 cm breit, eiförmig, am Rand gezähnelt, gestielt.

Vorkommen: Nadelwälder. Liebt stickstoffsalzarme, ± basenreiche, modrig-humose Böden. Fehlt im Tiefland gebietsweise; in den höheren Lagen des Berglands und in den Alpen selten, nach Osten etwas häufiger werdend; fehlt sonst.

Wissenswertes: Enthält etwas Arbutin; als Heilpflanze nur wenig wirksam.

BLÜTENFARBE GRÜN/BRAUN

Gewöhnlicher Fichtenspargel, Ohnblatt *Monótropa hypópitys*
Fichtenspargelgewächse *Monotropáceae*

Juni–Juli
10–20 cm
♃

Beschreibung: Ganze Pflanze blattgrünfrei, gelblich-braun bis bräunlich-rot. 8–15 Blüten in dichter, zunächst nickender Traube, glockig, 1–1,5 cm lang. Blätter schalenförmig-schuppig, 1–2 cm lang, am Rand leicht gezähnelt.
Vorkommen: Lichte Nadel- und Mischwälder. Liebt meist stickstoffsalzarme, basenhaltige, modrig-humose Böden. Im Tiefland vereinzelt, im Bergland selten.
Wissenswertes: Die Wurzeln des Fichtenspargels werden ähnlich wie die der Nestwurz (s. S. 424) von Pilzfäden durchwachsen, von denen die Pflanze Wasser, Nährsalze und organische Substanzen bezieht; der Pilz selbst zersetzt organische Stoffe im Boden. – Enthält Glykoside; nicht als Heilpflanze genutzt.

Heidelbeere, Blaubeere, Bickbeere *Vaccínium myrtíllus*
Heidekrautgewächse *Ericáceae*

Mai–Juni
10–50 cm
♄

Beschreibung: Blüten einzeln in den Achseln der oberen Blätter, kugelig-krugförmig, um 5 mm im Durchmesser; Frucht eine kugelige, dunkelblaue, oft bereifte Beere. Niedriger, reich verzweigter Strauch. Stengel kantig, grün.
Vorkommen: Wälder, verheidete Moore, Zwergstrauchbestände. Liebt basen- und stickstoffsalzarme Böden. Fehlt auf stark kalkhaltigem Boden; sonst häufig.
Wissenswertes: Die Beeren sind ein geschätztes Wildobst, das vielfach gesammelt und zu Kompott oder zu Marmelade verarbeitet wird. Sie enthalten um 13 g Zucker und um 20 mg Vitamin C pro 100 g Frischgewicht. Alte Heilpflanze.

Tollkirsche, Schwarze Tollkirsche *Átropa bélla-dónna*
Nachtschattengewächse *Solanáceae*

Juni–Aug.
0,5–1,5 m
♃ ☠

Beschreibung: Blüten einzeln in den Blattachseln, nickend, glockig, 2,5–3,5 cm lang, braunviolett-grünlich; Frucht schwarze Beere, 1–1,5 cm im Durchmesser. Stengel sparrig verzweigt. Blätter eiförmig bis breit lanzettlich.
Vorkommen: Waldlichtungen. Liebt basen- und stickstoffsalzreiche Böden. Im Bergland mit Kalk- oder vulkanischem Gestein häufig; fehlt sonst weithin.
Wissenswertes: Das Epitheton „bella-donna" (lat. = schöne Frau) des wissenschaftlichen Artnamens bezieht sich auf die pupillenvergrößernde Wirkung des Alkaloids Atropin. Alte Heilpflanze. Enthält stark giftige Alkaloide, vor allem Hyoscyamin, Scopolamin, und wenig – in den Beeren indes vorwiegend – Atropin.

Moschuskraut, Gemeines Moschuskraut, Bisamkraut *Adóxa moschatellína*
Moschuskrautgewächse *Adoxáceae*

März–Mai
5–15 cm
♃

Beschreibung: 1 endständige und 4 seitenständige Blüten in kugelig-kopfigem Blütenstand am Stengelende, um 5 mm im Durchmesser; Endblüte mit 4, Seitenblüten mit 5 Zipfeln. 1 Paar gegenständiger Stengelblätter, wie die Grundblätter 3teilig; Abschnitte tief 3kerbig oder sogar 3teilig. Moschusgeruch.
Vorkommen: Misch- und Auenwälder, Gebüsche. Liebt stickstoffsalz- und basenreiche Böden. Fehlt in Gegenden mit überwiegenden Sandböden; sonst zerstreut.
Wissenswertes: „Adoxa" bedeutet „Ruhmlose" (= „Unwichtige"). Linné nannte die Pflanze so, weil sie mit 4 als auch 5 Blütenblättern nicht in sein System paßte.

BLÜTENFARBE GRÜN/BRAUN

Weißer Germer, Nieswurz *Verátrum álbum*
Germergewächse *Melanthiáceae*

Juni–Sept.
0,5–1,8 m
♃ ☠

Beschreibung: Blüten in einer endständigen, länglichen Rispe, 1–1,5 cm im Durchmesser, innen weißlich oder gelbgrünlich, außen meist grünlich. Blätter wechselständig (beim Gelben Enzian gegenständig!), Blattunterseite flaumig.

Vorkommen: Feuchte Wiesen, Lägerfluren, lichte, nasse Waldstellen, Flachmoore, Ufer. Liebt ziemlich stickstoffsalzreiche Böden. Nur Alpen, Alpenvorland, Bayerischer Wald, Schwäbischer Jura; zerstreut, oft in lockeren Beständen.

Wissenswertes: Der Germer blüht erst nach mehreren Jahren. – Enthält rund 1 Dutzend verschiedener Alkaloide. Die Giftigkeit der Pflanze ist hoch. Germer-Alkaloide wirken u. a. durch Reizung von Nervenendigungen in Schleimhäuten.

Kohl-Lauch, Roß-Lauch *Állium oleráceum*
Lauchgewächse *Alliáceae*

Juni–Aug.
20–70 cm
♃

Beschreibung: Armblütige, lockere Scheindolde; zwischen den Blüten stets dunkelrote Brutzwiebeln (zuweilen nur Brutzwiebeln ausgebildet); Blütenstiele 2–4 cm, Blüten 5–8 mm lang, glockig. Blätter halbrund oder dicklich-flach.

Vorkommen: Trockene Rasen, Heckensäume, Weinberge, Stützmauern, Bahnschotter, selten feuchte Wiesen. Liebt basenreichen, etwas stickstoffsalzhaltigen, lockeren Boden. Fehlt in Gegenden mit kalkarmen Böden weithin, sonst zerstreut.

Wissenswertes: Die Stengel sind hart, die Blätter zur Blütezeit meist verdorrt. Deshalb bietet sich die Pflanze – entgegen dem Namen Kohl-Lauch – nicht als Wildgemüse oder als Suppenwürze an. Darauf verweist der Name Roß-Lauch.

Weinbergs-Lauch *Állium vineále*
Lauchgewächse *Alliáceae*

Juni–Aug.
25–75 cm
♃

Beschreibung: Lockere, kugelige Scheindolde; zwischen den Blüten stets dunkelrote Brutzwiebeln (zuweilen nur Brutzwiebeln ausgebildet); Blütenstiele etwa 2 cm, Blüten um 5 mm lang, glockig. Blätter röhrig-rinnig, nie flach.

Vorkommen: Weinberge, Rasen und Parkanlagen. Liebt basen- und stickstoffsalzreichen, lockeren Boden; etwas wärmeliebend, daher fast nur in milden Lagen (Weinbaugebiet). Fehlt in Gegenden mit kalkarmen Böden weithin, sonst selten.

Wissenswertes: Der Weinbergs-Lauch wurde wahrscheinlich zusammen mit Weinstöcken aus Südosteuropa nach Mitteleuropa gebracht. Geht neuerdings zurück.

Einbeere, Vierblättrige Einbeere *Páris quadrifólia*
Dreiblattgewächse *Trilliáceae*

Mai–Juni
10–30 cm
♃ ☠

Beschreibung: Blüte einzeln, endständig, 2–4 cm im Durchmesser; 4 äußere Blütenhüllblätter, krautig, hellgrün, 4 innere, gelblich, kürzer und schmäler; Frucht eine kaum kirschgroße, schwarze Beere. Meist 4 quirlständige Blätter.

Vorkommen: Lichte Wälder. Liebt stickstoffsalz-, basen- und mullreiche, frische Böden. Fehlt in Sandgebieten und im Tiefland gebietsweise; sonst häufig.

Wissenswertes: Enthält giftige Saponine. – Der Gattungsname verweist auf die griechische Mythologie. Die Beere symbolisiert den Eris-Apfel, um den sich Paris, Athene, Hera und Aphrodite (= 4 Blätter) versammelten.

BLÜTENFARBE GRÜN/BRAUN

Knotige Braunwurz *Scrophulária nodósa*
Braunwurzgewächse *Scrophulariáceae*

Juni–Sept.
0,5–1,4 m
⚃ (☠)

Beschreibung: 4–7 Blüten in doldenartigen Teilblütenständen in den Achseln von Tragblättern in einem locker walzlichen, endständigen Gesamtblütenstand, um 8 mm lang, bauchig-krugartig, hellgrün, dunkelpurpurn überlaufen. Stengel 4kantig, nicht geflügelt. Blätter gegenständig, schmal-eiförmig, unregelmäßig gezähnt.

Vorkommen: Wälder. Liebt mäßig basen- und stickstoffsalzreiche, zuweilen sehr kalkarme, frische, mullhaltige Ton- oder Lehmböden und Halbschatten. Häufig.

Wissenswertes: Der wissenschaftliche und der deutsche Gattungsname beziehen sich sowohl auf die braune Blütenfarbe als auch auf die Verwendung der Braunwurz gegen Halserkrankungen (scrophula, lat. = Halsgeschwür, Halsbräune).

Geflügelte Braunwurz *Scrophulária umbrósa*
Braunwurzgewächse *Scrophulariáceae*

Juni–Aug.
0,5–1,4 m
⚃ (☠)

Beschreibung: 4–15 Blüten in rispenartigen Teilblütenständen in den Achseln von Tragblättern in einem pyramidalen, endständigen Gesamtblütenstand, um 7 mm lang, bauchig-krugartig, hellgrün, dunkelpurpurn überlaufen. Stengel breit und oft wellig geflügelt. Blätter gegenständig, schmal-eiförmig, gezähnt.

Vorkommen: Gräben, Ufer. Liebt basen- und stickstoffsalzreiche, nasse, oft schlammige Böden. Im westlichen Tiefland nur vereinzelt, im östlichen Tiefland zerstreut; fehlt im Bergland mit kalkfreiem Gestein; sonst zerstreut.

Wissenswertes: Die relativ kleinen Blüten wirken durch ihren Helligkeitskontrast. Oft sind Wespen die Bestäuber. Manche Samen werden verschwemmt.

Kleine Sommerwurz, Klee-Würger *Orobánche minor*
Sommerwurzgewächse *Orobancháceae*

Mai–Juli
10–40 cm
⊙–⚃ ▽

Beschreibung: 15–40 Blüten in walzlicher Ähre, unten locker, oben dicht stehend, 1–1,8 cm lang, gelblich, oben oft weinrot überlaufen, trübrot geadert; Narbe rot- bis braunviolett. Keine grünen Blätter, nur bräunliche Schuppen.

Vorkommen: Kleeäcker, Trockenrasen. Schmarotzt vor allem auf Klee. Selten.

Wissenswertes: Die Sommerwurz-Arten sind Vollschmarotzer. Sie zapfen nicht nur die Gefäße ihrer Wirtspflanzen an, aus denen sie Wasser und Nährsalze entnehmen, sondern auch die Siebröhren. Ihnen entziehen sie organische Substanzen, vor allem Zucker. Wie sie das bewerkstelligen, ist noch weitgehend ungeklärt.

Labkraut-Sommerwurz *Orobánche caryophyllácea*
Sommerwurzgewächse *Orobancháceae*

Mai–Aug.
15–50 cm
⊙–⚃ ▽

Beschreibung: 10–25 Blüten in lockerer, walzlicher Ähre, 1–1,7 cm lang, hellgelb bis braunrot, oft weinrot überhaucht; Narbe dunkel purpurrot bis braun. Stengel gelbrötlich drüsig behaart. Keine grünen Blätter; oben nur sehr schütter, unten reichlich beschuppt; Schuppen 0,5–3 cm lang, drüsig.

Vorkommen: Halbtrockenrasen, Waldsäume, lichte Gebüsche. Schmarotzt vor allem auf Labkraut-Arten, besonders auf *Gálium vérum* und *G. mollúgo*. Im Kalkbergland und in den Kalkalpen selten, im Alpenvorland vereinzelt; fehlt sonst.

Wissenswertes: Die Blüten duften – allerdings nur sehr schwach – nach Nelken.

BLÜTENFARBE GRÜN/BRAUN

Blutrote Sommerwurz *Orobánche grácilis*
Sommerwurzgewächse *Orobancháceae*

Mai–Sept.
15–50 cm
☉–⚄ ▽

Beschreibung: 15–40 Blüten in lockerer, walzlicher Ähre, 1,5–2,5 cm lang, gelblich, außen zum Rand hin oft weinrot-bräunlich überhaucht, innen glänzend dunkel weinrot; Narbe gelb, mit dunkel weinrotem Saum. Stengel gelb-rötlich, drüsig behaart. Keine grünen Blätter; oben schütter, unten dicht stehende Blattschuppen.

Vorkommen: Halbtrockenrasen, trockene Stellen in Flachmooren. Schmarotzt auf Schmetterlingsblütengewächsen, u. a. auf Hornklee, Hufeisenklee, Esparsette und Ginster. Fast nur im Alpenvorland; hier zerstreut; sonst vereinzelt.

Wissenswertes: Die Blüten werden häufig von Wespen bestäubt. Anders als bei der Nelken-Sommerwurz duften die Blüten meist recht deutlich nach Nelken.

Breitblättrige Stendelwurz, Breitblättrige Sitter *Epipáctis hellebórine*
Orchideengewächse *Orchidáceae*

Juli–Sept.
20–80 cm
⚄ ▽

Beschreibung: 20–80 Blüten in mäßig dichter, praktisch allseitswendiger Scheintraube (Ähre); Blüten 2–2,5 cm im Durchmesser; Blütenblätter abstehend, grünlich, oft rötlich überlaufen oder rot, ohne Sporn. Blätter – vor allem die unteren – 15 cm lang und 10 cm breit, oft aber nur bis 10 cm lang und 5 cm breit.

Vorkommen: Wälder, Waldwiesen. Liebt basenreiche, stickstoffsalzhaltige Böden. Fehlt in den Sandgebieten und im Tiefland gebietsweise; sonst zerstreut.

Wissenswertes: Sammelart, innerhalb derer Kleinarten unterschieden werden. 2 der 3 bei uns vorkommenden finden sich (selten!) vorwiegend im Kalk-Bergland.

Nestwurz, Bräunliche Nestwurz, Vogelnest-Orchidee *Neóttia nídus-ávis*
Orchideengewächse *Orchidáceae*

Mai–Juni
10–50 cm
⚄ ▽

Beschreibung: Pflanze ohne grüne Blätter. 20–60 Blüten in dichter, allseitswendiger Scheintraube (Ähre); Blüten 1–1,5 cm im Durchmesser, gelbbraun, braun, selten strohgelb, ohne Sporn. Keine Blätter, nur farblose Schuppen.

Vorkommen: Wälder. Liebt basenreiche, stickstoffsalzhaltige, frische Böden. Im Tiefland und im Silikat-Bergland nur vereinzelt; sonst zerstreut.

Wissenswertes: Die Nestwurz besitzt kein Chlorophyll und kann daher organische Stoffe nicht photosynthetisch aufbauen. Diese Stoffe bezieht sie von dem Pilz *Rhizoctónia neóttiae*, auf dem sie schmarotzt, d. h., sie verdaut die Pilzfäden, die in ihre nestartig verflochtenen Wurzeln (Name!) eindringen.

Großes Zweiblatt *Lístera ováta*
Orchideengewächse *Orchidáceae*

Mai–Juli
20–60 cm
⚄ ▽

Beschreibung: 10–40 Blüten in langgestreckter, lockerer, allseitswendiger Scheintraube (Ähre); Blüten 5–8 mm breit, 1–2 cm lang; Blütenblätter abstehend, grünlich, Lippe bis zur halben Länge in 2 Lappen gespalten, ohne Sporn. Unten am Stengel 2 gegenständige Blätter, 5–10 cm lang, bis 8 cm breit.

Vorkommen: Wälder, Halbtrockenrasen, feuchte Wiesen, Flachmoore. Liebt basen- und stickstoffsalzreiche Böden. Fehlt im Tiefland, in Sandgebieten und im Bergland mit vorherrschendem Silikatgestein gebietsweise; sonst zerstreut.

Wissenswertes: Der Name ehrt den englischen Arzt Martin Lister (1638–1711).

BLÜTENFARBE GRÜN/BRAUN

Herz-Zweiblatt Lístera cordáta
Orchideengewächse *Orchidáceae*

Juni–Juli
5–20 cm
♃ ▽

Beschreibung: 6–12 Blüten in lockerer, allseitswendiger Scheintraube (Ähre), 5 mm breit, kaum 1 cm lang; äußere Blütenblätter grünlich oder rot überlaufen; Lippe rotviolett, bis über die halbe Länge in 2 schmale Lappen gespalten, spornlos. In der Stengelmitte 2 gegenständige, herzförmige Blätter.

Vorkommen: Nadelwälder, Kiefernbestände an Hochmoorrändern. Liebt basen- und stickstoffsalzarme, moosig-rohhumusreiche Böden. Im Tiefland, im Silikat-Bergland und auf entkalkten Flächen des Kalk-Berglands vereinzelt; fehlt sonst.

Wissenswertes: Vereinzelt sind Exemplare mit mehr als 2 Blättern beschrieben worden; selten sind die Blätter am Grund nicht herzförmig, sondern gestutzt.

Einknolle, Elfenstendel, Honigorchis Hermínium monórchis
Orchideengewächse *Orchidáceae*

Mai–Juli
10–30 cm
♃ ▽

Beschreibung: 10–30 Blüten in lockerer, schlanker, praktisch allseitswendiger Scheintraube (Ähre); Blüten 5–8 mm im Durchmesser, grünlich, Lippe schmal 3lappig, spornlos, nach Honig duftend. Stengel hellgrün, gestreift. Unterste Blätter 5–8 cm lang, 1–1,5 cm breit, blaßgrün, oberseits leicht glänzend.

Vorkommen: Flachmoore, Feuchtstellen in Trockenrasen. Liebt basenreiche, stickstoffsalzarme Böden. Fehlt im westlichen Tiefland; sonst sehr selten.

Wissenswertes: Die Blüten werden von kleinen Käfern, Fliegen und Schlupfwespen besucht; anscheinend spielt die Vermehrung durch Samen eine geringere Rolle als die durch Ausläufer, die aus Achseln schuppenartiger Grundblätter treiben.

Ohnsporn, Ohnhorn Áceras anthropóphorum
Orchideengewächse *Orchidáceae*

Mai–Juni
10–40 cm
♃ ▽

Beschreibung: 10–50 Blüten in lockerer, allseitswendiger Scheintraube (Ähre); Blüten 1–1,8 cm lang, grünlich, oft rötlich überlaufen; Lippe schmal 2lappig, oft rötlich-gelblich umrandet, zwischen den Lappen mit kurzem Zahn, spornlos, unangenehm duftend. Blätter lanzettlich bis breit-lanzettlich, blaugrün.

Vorkommen: Trockenrasen und -gebüsche. Liebt basenreiche, stickstoffsalzarme Böden in wärmster Lage. Vereinzelt von der Eifel bis zu Oberrhein und Neckar.

Wissenswertes: Mit Phantasie kann man in der zerteilten Lippe das Abbild eines Menschen erkennen (*anthropophorum*, griech. = manntragend).

Riemenzunge, Bocksorchis Himanthoglóssum hircínum
Orchideengewächse *Orchidáceae*

Apr.–Juni
20–80 cm
♃ ▽

Beschreibung: 20–60 Blüten in mehrere Dezimeter langer, allseitswendiger, dicht wirkender Scheintraube (Ähre); Blüten 5–7 cm lang, grünlich, oft rötlich überlaufen, unangenehm riechend; Lippe kurz gespornt, tief 3lappig, Mittellappen lang, mehrfach um seine Achse gedreht; Blätter blaugrün.

Vorkommen: Trockenrasen und -gebüsche. Liebt stickstoffsalzarme, basen- und kalkreiche, trockene Böden in sehr warmen Lagen. Von der Eifel bis zu Hochrhein und Neckar sehr selten; vereinzelt in der Rhön und im Fränkischen Jura.

Wissenswertes: Die Riemenzunge kommt anscheinend nicht jedes Jahr zur Blüte.

Herz-Zweiblatt
Listera cordata

Ohnsporn
Aceras anthropophorum

Riemenzunge
Himantoglossum hircinum

Einknolle
Herminium monorchis

BLÜTENFARBE GRÜN/BRAUN

Fliegen-Ragwurz, Fliegenstendel, Fliegen-Orchis, Fliege *Óphrys insectifera*
Orchideengewächse *Orchidáceae*

Mai–Juli
10–40 cm
♃ ▽

Beschreibung: 3–12 Blüten in lockerer, allseits-, zuweilen einseitswendiger Scheintraube, 1,2–1,8 cm lang, samtig rotbraun, mit bläulichem Fleck auf der Lippe, auf den ersten Blick fliegenähnlich. Blätter leicht blaugrün.

Vorkommen: Trockenrasen, -gebüsche und -wälder. Liebt kalkreiche, stickstoffsalzarme Böden. Fehlt im Tiefland und in den Silikatgebieten; sonst selten.

Wissenswertes: Die Blüte erscheint nicht nur dem menschlichen Auge insektenähnlich, sondern auch den Männchen bestimmter Hautflügler (Erdbienen, Hornbienen). Sie fliegen die Blüte an und versuchen, die Unterlippe zu begatten. Dabei übertragen sie Pollenpakete von früheren Versuchen an anderen Blüten der Art.

Spinnen-Ragwurz, Spinnen-Stendel, Spinne *Óphrys sphecódes*
Orchideengewächse *Orchidáceae*

Apr.–Mai
10–40 cm
♃ ▽

Beschreibung: 2–8 Blüten in lockerer, allseitswendiger Scheintraube, 1,5–2,5 cm lang, erd- bis rotbraun, mit bläulich-violetter, „H"-ähnlicher Zeichnung auf der Lippe, übrige Blütenblätter hell- bis gelbgrün. Blätter leicht blaugrün.

Vorkommen: Trockenrasen und -gebüsche. Liebt kalkreiche, stickstoffsalzarme Böden. Nur im Kalk-Bergland, vereinzelt, auch hier gebietsweise fehlend.

Wissenswertes: Art der Bestäubung: s. Fliegen-Ragwurz, oben; Bestäuber sind oft Erdbienen-Männchen der Gattung *Andrena*. Bei uns 2 Kleinarten: *O. tommasinii*: kleine, erdbraune Blüten; Lippe deutlich hell oder gelblich gesäumt. – *O. sphecódes* wurde oben beschrieben. Ihre Lippe ist dunkel rotbraun-violett.

Hummel-Ragwurz, Hummel-Orchis, Hummel *Óphrys holosericea*
Orchideengewächse *Orchidáceae*

Mai–Juni
10–40 cm
♃ ▽

Beschreibung: 2–8 Blüten locker in fast einseitswendiger Scheintraube, 2,5–3 cm lang, rotbraun, mit gelb-weißlicher, fleckig-linienförmiger Zeichnung der Lippe; Lippe ganz vorn mit einem aufgebogenen, gelblich-grünen Anhängsel; übrige Blütenblätter rosa oder grünlich-weiß. Blätter silbrigglänzend.

Vorkommen: Trockenrasen, und -gebüsche. Liebt kalkreiche, stickstoffsalzarme Böden. Nur im Kalk-Bergland; auch hier gebietsweise fehlend; nur vereinzelt.

Wissenswertes: Die Lippe ist bei dieser Art so breit, daß sie am ehesten an den Hinterleib einer Hummel erinnert. Bestäubung: s. Fliegen-Ragwurz, oben.

Bienen-Ragwurz, Bienen-Orchis, Biene *Óphrys apifera*
Orchideengewächse *Orchidáceae*

Juni–Juli
15–50 cm
♃ ▽

Beschreibung: 2–8 Blüten locker in fast einseitswendiger Scheintraube, 2–2,5 cm lang, gelblich-rotbraun, mit hell grünlich-gelber, fleckig-linienförmiger Zeichnung der Lippe; diese ganz vorn mit herabgebogenem, gelblich-grünem Anhängsel; übrige Blütenblätter rosa oder grünlich-weiß. Blätter reingrün.

Vorkommen: Trockenrasen und -gebüsche. Liebt basen- oder kalkreiche, stickstoffsalzarme Böden. Nur im Kalk-Bergland, selten, auch hier gebietsweise fehlend.

Wissenswertes: Bei der Bienen-Ragwurz ist Selbstbestäubung die Regel. Fremdbestäubung (s. Fliegen-Ragwurz, oben) und damit auch Bastardierung kommen vor.

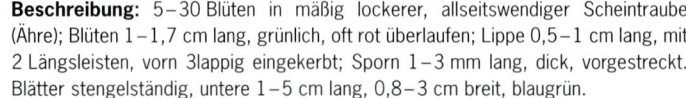

BLÜTENFARBE GRÜN/BRAUN

Hohlzunge *Coeloglóssum víride*
Orchideengewächse *Orchidáceae*

Mai–Juni
5–30 cm
♃ ▽

Beschreibung: 5–30 Blüten in mäßig lockerer, allseitswendiger Scheintraube (Ähre); Blüten 1–1,7 cm lang, grünlich, oft rot überlaufen; Lippe 0,5–1 cm lang, mit 2 Längsleisten, vorn 3lappig eingekerbt; Sporn 1–3 mm lang, dick, vorgestreckt. Blätter stengelständig, untere 1–5 cm lang, 0,8–3 cm breit, blaugrün.

Vorkommen: Trockenrasen, Sumpfwiesen. Liebt ± basenhaltige, stickstoffsalz- und kalkarme Böden. Höheres Bergland (z.B. Eifel, Schwäbisch-Fränkischer Jura, Südschwarzwald) und Voralpenland auf entkalkten Flächen, selten; fehlt sonst.

Wissenswertes: Bestäuber der unscheinbaren Blüten sind Nachtschmetterlinge. – Die Art ist im 20. Jahrhundert stark zurückgegangen (Standortsvernichtung).

Korallenwurz *Corallorhíza trífida*
Orchideengewächse *Orchidáceae*

Mai–Juli
5–20 cm
♃ ▽

Beschreibung: Pflanze ohne grüne Blätter. 4–10 Blüten ährenartig angeordnet, 0,5–1 cm lang, gelblich, oft gegen den Rand rötlich-bräunlich, mit rötlichen Flecken; seitliche Blütenblätter abstehend, länger als die Lippe, Sporn sehr kurz.

Vorkommen: Nadelwälder. Liebt stickstoffsalz- und basenarmen, modrig-humosen Lehmboden. Fehlt im Tiefland; kommt auch sonst sehr selten vor.

Wissenswertes: Parasitiert auf einem Pilz. Dieser durchdringt die korallenartig verzweigten (Name!) Wurzeln, die ihm Wasser, Nährsalze und organische Stoffe entnehmen. Der Pilz konnte noch nicht eindeutig bestimmt werden.

Glanzstendel, Glanzkraut, Glanzorchis *Líparis loesélii*
Orchideengewächse *Orchidáceae*

Mai–Juli
5–20 cm
♃ ▽

Beschreibung: 3–10 Blüten stehen ährenartig-locker am Stengel, 0,6–1 cm im Durchmesser, grünlich-gelb; Lippe kaum 5 mm lang, ungeteilt, meist nach oben gerichtet, ohne Sporn. Stengel blattlos. 2–3 fettig glänzende Grundblätter.

Vorkommen: Flachmoore, Quellsümpfe, Austritt von Hangdruckwasser. Liebt sehr basen- und meist auch kalkreichen, nassen, ja zeitweilig überfluteten Boden. Im Tief- und im Bergland vereinzelt, im Alpenvorland selten; fehlt sonst.

Wissenswertes: Der wissenschaftliche Artname „*loeselii*" soll an den Königsberger Medizinprofessor Johann Loesel erinnern, der von 1607–1657 lebte.

Weichstendel, Weichwurz, Weichorchis *Hammárbya paludósa*
Orchideengewächse *Orchidáceae*

Juli–Aug.
5–15 cm
♃ ▽

Beschreibung: 10–30 Blüten stehen ährenartig-locker am Stengel, um 5 mm im Durchmesser, gelblich-grün; Lippe bei geöffneten Blüten nach oben gerichtet, spornlos; übrige Blütenblätter 3eckig, um 2 mm lang. 2–3 trüb gelblich-grüne Stengelblätter, von denen das oberste am größten ist (bis 2,5 cm lang).

Vorkommen: Flache Schlenken in Mooren. Liebt basen- und stickstoffsalzarmen Torfschlammboden. Tiefland, Alpenvorland und Alpen sehr selten; fehlt sonst.

Wissenswertes: Der Weichstendel soll nicht in jedem Jahr blühen. Andererseits wird er nicht allzuselten übersehen. – „*Hammarbya*" wurde nach Linnés Gutshof Hammerby benannt, der in Südostschweden in der Nähe von Uppsala liegt.

AUSFÜHRLICHE BESTIMMUNGSWERKE

ADLER, W., K. OSWALD, R. FISCHER: Exkursionsflora von Österreich, Verlag E. Ulmer, Stuttgart und Wien, 1994

AICHELE, D., H.-W. SCHWEGLER: Die Blütenpflanzen Mitteleuropas, Kosmos-Verlag, Stuttgart, 5 Bde., 1994–1996

BERTSCH, K.: Flora von Südwestdeutschland, Wissenschaftliche Verlagsgesellschaft, Stuttgart, 1962

HEGI, G. (Hrsg.): Illustrierte Flora von Mitteleuropa, Blackwell, Berlin, 1967 ff.

HESS, H. E., E. LANDOLT & R. HIRZEL: Flora der Schweiz und angrenzender Gebiete, 3 Bde., Birkhäuser, Basel 1976–1980

HERMANN, F.: Flora von Nord- und Mitteleuropa, G. Fischer, Stuttgart, 1956

OBERDORFER, E.: Pflanzensoziologische Exkursionsflora, Verlag E. Ulmer, Stuttgart, 7. Aufl., 1994

ROTHMALER, W.: Exkursionsflora von Deutschland, G. Fischer, Jena–Stuttgart, 3 Bde., 1994

SCHMEIL-FITSCHEN, K. SENGHAS & S. SEYBOLD (Bearb.): Flora von Deutschland und angrenzender Länder, Quelle & Meyer, Heidelberg–Wiesbaden, 89. Aufl., 1993

Weitere Kosmos-Bücher von Dr. Dietmar Aichele:
Das fängt man mit der Angel
Was blüht denn da? Der Fotoband

Zusammen mit Dr. Heinz-Werner Schwegler:
Die Blütenpflanzen Mitteleuropas
Welcher Baum ist das?
Unsere Gräser
Unsere Moos- und Farnpflanzen
Blumen am Wegesrand
Blumen der Alpen
Wiesenblumen
Alpenblumen

REGISTER

Wegen des Umfangs des Registers wurden zweiteilige deutsche Namen nur einmal, und zwar mit vorgestelltem Gattungsnamen aufgeführt. So ist z.B. der "Gefleckte Aronstab" nur unter "Aronstab, Gefleckter" zu suchen.
hKl - hintere Klappen,
vKl - vordere Klappe

Acer campestre 414
– platanoides 164
– pseudoplatanus 414
Aceras anthropophorum 426
Achillea millefolium 114, 276
– ptarmica 112
Acinos alpinus 380
– arvensis 380
Ackerfrauenmantel, Gewöhnlicher 396
Ackerröte 330
Ackerröte, Gemeine 330
Aconitum napellus 364
– variegatum 364
– vulparia 204
Acorus calamus 404
Actaea spicata 32
Adenostyles alliariae 276
Adonis aestivalis 274
Adonisröschen, Sommer- 274
Adoxa moschatellina 418
Aegopodium podagraria 88
Aethusa cynapium 90
Agrimonia eupatoria 160
Agrostemma githago 250
Ahorn, Berg- 414
Ahorn, Feld- 414
Ahorn, Spitz- 164
Ahorn, Trauben- 414
Ajuga genevensis 376

– pyramidalis 376
– reptans 376
Akazie, Falsche 124
Akelei, Gewöhnliche 364
Akelei, Wald- 364
Alant, Dürrwurz- 180
Alant, Klebriger 180
Alant, Weiden- 180
Alant, Weidenblättriger 180
Alchemilla vulgaris 396
Alisma plantago-aquatica 50
Alliaria petiolata 34
Allium oleraceum 120, 420
– ursinum 120
– vineale 288, 420
Alpendost, Filz- 276
Alpendost, Grauer 276
Alyssum alyssoides 142
– montanum 142
Amaranthus retroflexus 394
Amelanchier ovalis 80
Ampfer, Grind- 390
Ampfer, Hain- 390
Ampfer, Knauel- 390
Ampfer, Knäuelblütiger 390
Ampfer, Krauser 390
Ampfer, Sauer- 234
Ampfer, Stumpfblättriger 390
Anacamptis pyramidalis 324
Anagallis arvensis 268
– foemina 338
Anchusa arvensis 344
Andromeda polifolia 266
Anemone narcissiflora 64
– nemorosa 108
– ranunculoides 152
– sylvestris 64
Angelica sylvestris 92, 266
Antennaria dioica 274
Anthemis arvensis 112
– tinctoria 184
Anthericum liliago 118
– ramosum 118
Anthriscus sylvestris 88
Anthyllis vulneraria 216
Apfelbaum 78, 258
Aphanes arvensis 396
Aquilegia vulgaris 364
Arabidopsis thaliana 34
Arabis glabra 38
– hirsuta 38
Arctium lappa 278
– minus 278
– nemorosum 278

– tomentosum 278
Arctostaphylos uva-ursi hKl
Arenaria serpyllifolia 56
Aristolochia clematitis 204
Armeria maritima 268
Armoracia rusticana 34
Arnica montana 186
Arnika 186
Aronstab, Gefleckter 404
Artemisia vulgaris 186, 276
Arum maculatum 404
Aruncus dioicus 72
Asarum europaeum 388
Asperula cynanchica 244
Aster, Berg- 356
Aster, Kalk- 356
Aster, Neubelgische 356
Aster, Strand- 356
Aster amellus 356
– bellidiastrum 110
– novi-belgii 356
– tripolium 356
Astragalus cicer 210
– glycyphyllos 208
Astrantia major 86, 416
Atriplex hastata 392
– patula 392
Atropa bella-donna 418
Augentrost, Gewöhnlicher 130
Augentrost, Steifer 130, 384
Augentrost, Wiesen- 130

Bachbunge 332
Bärenklau, Riesen- 94
Bärenklau, Wiesen- 94
Bärenschote 208
Bärentraube, Immergrüne hKl
Bärlauch 120
Baldrian, Arznei- 106, 272
Baldrian, Echter 106, 272
Baldrian, Kleiner 106, 272
Baldrian, Sumpf- 106, 272
Ballota nigra 308
Barbarakraut, Echtes 138

433

Barbarea vulgaris 138
Barbenkraut, Echtes 138
Batunge, Heil- 308
Bauernschminke 102
Bauernsenf 40
Beifuß, Gemeiner 186, 276
Beifuß, Gewöhnlicher 186, 276
Beinbrech 202
Beinwell, Echter 102, 272, 344
Beinwell, Gemeiner 102, 272, 344
Beinwell, Knoten- 174
Bellis perennis 110
Berberis vulgaris 178
Berberitze, Gewöhnliche 178
Berghähnlein 64
Bergminze, Borsten- 310
Bergminze, Echte 380
Berufkraut, Echtes 358
Berufkraut, Einjähriges 110
Berufkraut, Kanadisches 110
Berufkraut, Scharfes 358
Berula erecta 90
Besenginster, Gewöhnlicher 206
Besenheide 242
Besenrauke 138
Betonica officinalis 308
Betonie, Rote 308
Biberklee 100
Bibernelle, Große 88
Bibernelle, Kleine 88
Bickbeere 266, 398, 418
Bidens cernua 182
– *tripartita* 182
Biene 428
Bienensaug 128
Bilsenkraut, Schwarzes 174
Bingelkraut, Wald- 396
Birnbaum, Gewöhnlicher 76
Birnbaum, Wilder 76
Birngrün, Einseitswendiges 416
Bisamkraut 418
Biscutella laevigata 142
Bitterklee 100
Bitterkraut, Gewöhnliches 194
Bitterkraut, Habichtskraut- 194
Bittersüß 348
Blaubeere 266, 398, 418

Blaustern, Zweiblättriger 362
Blutauge, Sumpf- 258
Blutwurz 146
Bocksbart, Südlicher Wiesen- 194
Bocksbart, Wiesen- 194
Bocksorchis 426
Bohnenstrauch 204
Braunelle, Gemeine 380
Braunelle, Großblütige 378
Braunelle, Kleine 380
Braunwurz, Geflügelte 422
Braunwurz, Knotige 422
Brennnessel, Große 388
Brennnessel, Kleine 388
Brillenschötchen 142
Brombeere 74
Brombeere, Echte 74
Brunnenkresse 34
Brustwurz, Wald- 92, 266
Bryonia dioica 98
Bucharaklee 124
Buglossoides arvensis 102
– *purpurocaerulea* 342
Buphthalmum salicifolium 182
Bupleurum falcatum 168
Busch-Windröschen 108
Butomus umbellatus 288

Cakile maritima 236, 328
Calamintha nepeta 380
Calla palustris 52
Callitriche palustris 400
Calluna vulgaris 242
Caltha palustris 152
Calystegia sepium 100
Campanula glomerata 350
– *patula* 348
– *persicifolia* 350
– *rapunculoides* 350
– *rotundifolia* 352
– *trachelium* 350
Capsella bursa-pastoris 40

Cardamine amara 36
– *flexuosa* 36
– *hirsuta* 36
– *impatiens* 36
– *pratensis* 236, 326
Cardaminopsis arenosa 38, 236
Cardaria draba 42
Carduus acanthoides 280
– *crispus* 280
– *defloratus* 280
– *nutans* 280
Carlina acaulis 116
– *vulgaris* 192
Carum carvi 92
Centaurea cyanus 360
– *jacea* 286
– *montana* 358
– *nigra* 286
– *scabiosa* 284
Centaurium erythraea 270
Cephalanthera damasonium 132
– *longifolia* 134
– *rubra* 316
Cerastium arvense 60
– *fontanum* 60
– *glomeratum* 60
– *holosteoides* 60
Chaerophyllum hirsutum 86
– *temulum* 86
Chamaespartium sagittale 208
Chelidonium majus 136
Chenopodium album 392
– *bonus-henricus* 392
Christophskraut 32
Christophskraut, Ähren- 32
Chrysosplenium alternifolium 146
– *oppositifolium* 146
Cicerbita alpina 360
Cichorium intybus 360
Cicuta virosa 92
Circaea lutetiana 44
Cirsium acaule 282
– *arvense* 284, 358
– *eriophorum* 282
– *oleraceum* 192
– *palustre* 284
– *rivulare* 282
– *vulgare* 282
Claytonia perfoliata 56
Claytonie 56

Clematis recta 32
– vitalba 32
Clinopodium vulgare 310
Cochlearia officinalis 40
Coeloglossum viride 430
Colchicum autumnale 288
Conium maculatum 90
Consolida regalis 364
Convallaria majalis 120
Convolvulus arvensis 100, 270
Conyza canadensis 110
Corallorhiza trifida 230, 430
Cornus mas 150
– sanguinea 44
Coronilla vaginalis 214
– varia 300
Corydalis cava 124, 290
– claviculata 124
– lutea 204
– solida 290
Cotoneaster integerrimus hKl
Crataegus laevigata 80
– monogyna 80
Crepis biennis 198
– paludosa 198
Cruciata laevipes 150
Cuscuta europaea 270
Cymbalaria muralis 384
Cypripedium calceolus 230
Cytisus scoparius 206

Dactylorhiza incarnata 318
– maculata 320
– majalis 320
– traunsteineri 320
Daphne mezereum 238
– striata hKl
Datura stramonium 102
Daucus carota 94
Dentaria bulbifera 236
– enneaphyllos 140
Descurainia sophia 138
Dianthus armeria 254
– carthusianorum 254
– deltoides 254
– gratianopolitanus 252
– seguieri 252
– superbus 254
Dictamnus albus 302
Digitalis grandiflora 224
– purpurea 312
Dingel 386
Dingel, Violetter 386
Diplotaxis muralis 144
– tenuifolia 144
Dipsacus fullonum 336
Diptam 302
Diptam, Eschenblättriger 302
Diptam, Weißer 302
Distel, Alpen- 280
Distel, Berg- 280
Distel, Krause 280
Distel, Nickende 280
Distel, Weg- 280
Doppelsame, Mauer- 144
Doppelsame, Schmalblättriger 144
Dost, Echter 312
Dost, Wilder 312
Dosten 312
Dotterblume, Sumpf- 152
Drosera anglica 68
– intermedia 68
– rotundifolia 68

Eberesche, Vogelbeer- 78
Eberwurz, Große 116
Echinops sphaerocephalus 358
Echium vulgare 376
Efeu 416
Efeu, Gemeiner 416
Ehrenpreis, Bachbungen- 332
Ehrenpreis, Echter 332
Ehrenpreis, Efeu- 336
Ehrenpreis, Faden- 334
Ehrenpreis, Feld- 334
Ehrenpreis, Gamander- 332
Ehrenpreis, Gauchheil- 334
Ehrenpreis, Großer 332, 334
Ehrenpreis, Persischer 334
Ehrenpreis, Quell- 332
Ehrenpreis, Quendel- 50, 330
Ehrenpreis, Wald- 332
Ehrenpreis, Wasser- 334
Eibe vKl, hKl
Einbeere 420
Einbeere, Vierblättrige 420
Einblattorchis 232
Einknolle 426
Birngrün 416
Eisenhut, Blauer 364
Eisenhut, Bunter 364
Eisenhut, Gefleckter 364
Eisenhut, Gelber 204
Eisenhut, Wolfs- 204
Eisenkraut 348, 382
Eisenkraut, Echtes 348, 382
Elfenstendel 426
Elsbeere 78
Empetrum nigrum 244
Engelwurz, Wald- 92, 266
Engelwurz, Wilde 92, 266
Entenflott 406
Entengrün 406
Entengrütze 406
Enzian, Deutscher 270
Enzian, Fransen- 328
Enzian, Frühlings- 342
Enzian, Gefranster 328
Enzian, Gelber 172, 178
Enzian, Kreuz- 328
Enzian, Lungen- 340
Enzian, Schwalbenwurz- 340
Enzian, Stengelloser Kalk- 340
Enzian, Stengelloser Kiesel- 340
Enzian, Würger- 340
Epilobium angustifolium 238
– hirsutum 238
– montanum 240
– palustre 242
– parviflorum 240
– roseum 240
– tetragonum 240
Epipactis atrorubens 316
– helleborine 424
– palustris 132

435

– *purpurata* 132, 316
Epipogium aphyllum 230, 318
Erdbeere, Knack- 76
Erdbeere, Wald- 76
Erdrauch, Echter 290
Erdrauch, Gewöhnlicher 290
Erica herbacea 242
– *tetralix* 242
Erigeron acris 358
– *annuus* 110
Erodium cicutarium 264
Erophila verna 38
Eryngium campestre 86, 416
– *maritimum* 338
Erysimum cheiranthoides 138
Esparsette, Futter- 302
Esparsette, Saat- 302
Euonymus europaea 398
Eupatorium cannabinum 274
Euphorbia amygdaloides 398
– *cyparissias* 148
– *dulcis* 398
– *exigua* 148
– *helioscopia* 148
– *peplus* 148
– *verrucosa* 146
Euphrasia rostkoviana 130
– *stricta* 130, 384

Faden-Klee, Gewöhnlicher 214
Falcaria vulgaris 92
Fallopia convolvulus 410
Färberkamille 184
Färberscharte, Echte 284
Faulbaum 84
Feigwurz 178
Feldsalat, Gewöhnlicher 348
Felsenbirne, Echte 80
Felsenmispel 80
Felsennelke, Sprossende 252
Ferkelkraut, Gewöhnliches 192
Feste, Sumpf- 198

Feste, Wiesen- 198
Fetthenne, Große 158, 256
Fetthenne, Scharfe 158
Fettkraut, Alpen- 130
Fettkraut, Echtes 384
Fettkraut, Gewöhnliches 384
Feuerkraut, Stauden- 238
Fichtenspargel, Gewöhnlicher 418
Fieberklee 100
Filipendelwurz 108
Filipendula ulmaria 72
– *vulgaris* 108
Fingerhut, Blasser 224
Fingerhut, Großblütiger 224
Fingerhut, Roter 312
Fingerkraut, Aufrechtes 146
Fingerkraut, Erdbeer- 76
Fingerkraut, Frühlings- 162
Fingerkraut, Gänse- 160
Fingerkraut, Kriechendes 162
Fingerkraut, Rötliches 162
Fingerkraut, Silber- 160
Finkensame 142
Finkensame, Rispen- 142
Fliege 428
Fliegenstendel 428
Flockenblume, Berg- 358
Flockenblume, Gemeine 286
Flockenblume, Grind- 284
Flockenblume, Schwarze 286
Flockenblume, Skabiosen- 284
Flockenblume, Wiesen- 286
Flohkraut, Großes 182
Fragaria vesca 76
– *viridis* 76
Frangula alnus 84
Franzosenkraut, Behaartes 112
Franzosenkraut, Kleinblütiges 112
Frauenflachs 222
Frauenmantel, Gewöhnlicher 396
Frauenmantel, Wiesen- 396
Frauenschuh 230
Frauenschuh, Rotbrauner 230
Froschbiß 52
Froschlöffel, Gewöhnlicher 50
Fuchsschwanz, Krummer 394

Fuchsschwanz, Zurückgekrümmter 394
Fumaria officinalis 290

Gänseblümchen 110
Gänsedistel, Acker- 196
Gänsedistel, Kohl- 196
Gänsedistel, Rauhe 194
Gänsefuß, Dorf- 392
Gänsefuß, Weißer 392
Gänsekresse, Behaarte 38
Gagea lutea 202
– *pratensis* 202
Galanthus nivalis 122
Galeopsis angustifolium 304
– *ladanum* 304
– *pubescens* 304
– *speciosa* 220, 378
– *tetrahit* 306
Galinsoga ciliata 112
– *parviflora* 112
Galium aparine 50
– *harcynicum* 48
– *mollugo* 48
– *odoratum* 46
– *palustre* 48
– *rotundifolium* 46
– *sylvaticum* 48
– *verum* 150
Gamander, Berg- 128
Gamander, Echter 304
Gamander, Edel- 304
Gamander, Salbei- 220
Gaspeldorn 208
Gauchheil, Acker- 268
Gauchheil, Blauer 338
Gauchheil, Roter 268
Gauklerblume, Gelbe 222
Geißbart, Wald- 72
Geißblatt, Deutsches 132, 228
Geißblatt, Wald- 132, 228
Geißfuß 88
Geißklee, Schwarzwerdender 204

Gelbstern, Wald- 202
Gelbstern, Wiesen- 202
Genista anglica 206
- *germanica* 208
- *pilosa* 206
- *tinctoria* 206
Gentiana acaulis 340
- *asclepiadea* 340
- *clusii* 340
- *cruciata* 328
- *lutea* 172, 178
- *pneumonanthe* 340
- *verna* 342
Gentianella ciliata 328
- *germanica* 270
Geranium dissectum 262
- *molle* 262
- *palustre* 260
- *phaeum* 412
- *pratense* 338
- *pusillum* 262
- *pyrenaicum* 260
- *robertianum* 262
- *rotundifolium* 260
- *sanguineum* 258
- *sylvaticum* 260, 338
Germer, Weißer 118, 420
Geum rivale 258
- *urbanum* 160
Giersch 88
Gilbweiderich, Gemeiner 172
Gilbweiderich, Gewöhnlicher 172
Gilbweiderich, Hain- 170
Gilbweiderich, Pfennig- 172
Gilbweiderich, Strauß- 172
Gilbweiderich, Straußblütiger 172
Ginster, Behaarter 206
Ginster, Deutscher 208
Ginster, Englischer 206
Ginster, Färber- 206
Ginster, Flügel- 208
Ginster, Pfeil- 208
Gipskraut, Mauer- 250
Glänzendes Laichkraut 402
Glanzkraut 232, 430
Glanzorchis 232, 430
Glanzstendel 232, 430
Glasschmalz 394
Glaux maritima 98, 268
Glechoma hederacea 378
Globularia punctata 384

Glockenblume, Acker- 350
Glockenblume, Büschel- 350
Glockenblume, Knäuel- 350
Glockenblume, Nesselblättrige 350
Glockenblume, Pfirsichblättrige 350
Glockenblume, Rapunzelartige 350
Glockenblume, Rundblättrige 352
Glockenblume, Wiesen- 348
Gnaphalium sylvaticum 112
Golddistel 192
Goldnessel 220
Goldrute, Echte 180
Goldrute, Gewöhnliche 180
Goldrute, Kanadische 180
Goldstern, Gemeiner 202
Goldstern, Wald- 202
Goldstern, Wiesen- 202
Goodyera repens 134
Gottvergeß, Schwarzer 308
Gränke, Polei- 266
Graslilie, Ästige 118
Graslilie, Astlose 118
Graslilie, Traubige 118
Grasnelke, Gemeine 268
Grasnelke, Gewöhnliche 268
Greiskraut, Frühlings- 190
Greiskraut, Fuchs' 186
Greiskraut, Gewöhnliches 190
Greiskraut, Jakobs- 188
Greiskraut, Klebriges 190
Greiskraut, Raukenblättriges 188
Greiskraut, Spatelblättriges 188
Greiskraut, Wald- 190
Greiskraut, Wasser- 188
Grindkraut, Tauben- 386
Günsel, Genfer 376
Günsel, Heide- 376
Günsel, Kriech- 376
Günsel, Kriechender 376
Günsel, Pyramiden- 376
Gundelrebe 378
Gundermann 378
Gundermann, Efeu- 378
Guter Heinrich 392
Gymnadenia conopsea 318

- *odoratissima* 318
Gypsophila muralis 250

Haarstrang, Sumpf- 94
Habichtskraut, Doldiges 200
Habichtskraut, Kleines 200
Habichtskraut, Orangerotes 286
Habichtskraut, Wald- 200
Händelwurz, Große 318
Händelwurz, Mücken- 318
Händelwurz, Wohlriechende 318
Hahnenfuß, Acker- 156
Hahnenfuß, Brennender 158
Hahnenfuß, Eisenhutblättriger 66
Hahnenfuß, Flutender Wasser- 68
Hahnenfuß, Gewöhnlicher Wasser- 66
Hahnenfuß, Gift- 156
Hahnenfuß, Gold- 156
Hahnenfuß, Goldschopf- 156
Hahnenfuß, Haarblättriger Wasser- 66
Hahnenfuß, Knolliger 156
Hahnenfuß, Kriechender 154
Hahnenfuß, Platanenblättriger 66
Hahnenfuß, Scharfer 154
Hahnenfuß, Spreizender Wasser- 66
Hahnenfuß, Wald- 154
Hahnenfuß, Wolliger 154
Hahnenfuß, Zungen- 158
Hammarbya paludosa 232, 430
Hartheu, Behaartes 164
Hartheu, Berg- 166
Hartheu, Flügel- 166

437

Hartheu, Kanten- 166
Hartheu, Schönes 164
Hartheu, Tüpfel- 166
Hartriegel, Gelber 150
Hartriegel, Roter 44
Haselwurz 388
Haselwurz, Braune 388
Hasenlattich 272, 286
Hasenlattich, Roter 272, 286
Hasenohr, Sichel- 168
Hasenohr, Sichelblättriges 168
Hauhechel, Dornige 296
Hauhechel, Kriechende 296
Heckenkirsche, Rote 130
Heckensame 208
Hedera helix 416
Hederich 44, 144
Heide, Besen- 242
Heide, Glocken- 242
Heide, Schnee- 242
Heide, Sumpf- 242
Heidekraut, Gemeines 242
Heidelbeere 266, 398, 418
Heinrich, Guter 392
Helianthemum nummularium 168
Helianthus tuberosus 184
Helleborus foetidus 410
– *viridis* 412
Hellerkraut, Acker- 40
Hellerkraut, Berg- 42
Hellerkraut, Stengelumfassendes 42
Helmkraut, Kappen- 378
Helmkraut, Sumpf- 378
Hepatica nobilis 354
Heracleum mantegazzianum 94
– *sphondylium* 94
Herbst-Zeitlose 288
Herkulesstaude 94
Herlitze 150
Herminium monorchis 426
Herzblatt, Sumpf- 72
Hesperis matronalis 234, 326
Hexenkraut, Gewöhnliches 44
Hieracium aurantiacum 286
– *pilosella* 200
– *sylvaticum* 200
– *umbellatum* 200

Himantoglossum hircinum 426
Himbeere 74
Hippocrepis comosa 214
Hippophaë rhamnoides hKl
Hirtentäschel, Gewöhnliches 40
Hohlzahn, Breitblättriger 304
Hohlzahn, Bunter 220, 378
Hohlzahn, Gewöhnlicher 306
Hohlzahn, Kalkschutt- 304
Hohlzahn, Schmalblättriger 304
Hohlzahn, Stechender 306
Hohlzahn, Weicher 304
Hohlzahn, Weichhaariger 304
Hohlzunge 430
Holler 104
Holosteum umbellatum 60
Holunder, Berg- 176
Holunder, Roter 176
Holunder, Schwarzer 104
Holunder, Trauben- 176
Holunder, Zwerg- 104
Holzapfel 78, 258
Honigklee 124
Honigorchis 426
Hopfen 388
Hopfen, Gemeiner 388
Hopfenklee 212
Hornklee, Gewöhnlicher 216
Hornklee, Sumpf- 216
Hornklee, Wiesen- 216
Hornkraut, Acker- 60
Hornkraut, Knäuel- 60
Hornkraut, Quell- 60
Hottonia palustris 98
Hühnerdarm 58
Hufeisenklee 214
Hufeisenklee, Schopf- 214
Huflattich 186
Hummel 428
Humulus lupulus 388
Hundskamille, Acker- 112
Hundspetersilie 90
Hundswurz 324
Hungerblümchen 38
Hydrocharis morsus-ranae 52
Hydrocotyle vulgaris 84
Hyoscyamus niger 174
Hypericum hirsutum 164

– *maculatum* 166
– *montanum* 166
– *perforatum* 166
– *pulchrum* 164
– *tetrapterum* 166
Hypochoeris radicata 192

Igelkolben, Ästiger 408
Igelkolben, Aufrechter 408
Igelkolben, Einfacher 408
Ilex aquifolium hKl
Immenblatt 304
Immergrün, Kleines 342
Impatiens glandulifera 302
– *noli-tangere* 218
– *parviflora* 218
Inula conyza 180
– *graveolens* 180
– *salicina* 180
Iris pseudacorus 202
– *sibirica* 362
Isatis tinctoria 138

Jasione montana 352
Johannisbeere, Alpen- 412
Johannisbeere, Berg- 412
Johannisbeere, Felsen- hKl
Johannisbeere, Schwarze hKl
Johanniskraut, Behaartes 164
Johanniskraut, Berg- 166
Johanniskraut, Echtes 166
Johanniskraut, Geflecktes 166
Johanniskraut, Geflügeltes 166
Johanniskraut, Schönes 164

Kälberkropf, Behaarter 86
Kälberkropf, Hecken- 86
Kälberkropf, Taumel- 86
Käsepappel 266
Kalmus, Echter 404
Kalmus 404
Kamille, Echte 114
Kamille, Geruchlose 114
Kamille, Strahlenlose 184
Kammstendel 324
Karde, Wald- 336
Karde, Wilde 336
Katzenpfötchen, Gewöhnliches 274
Katzenpfötchen, Zweihäusiges 274
Katzenschweif, Kanadischer 110
Kerbel, Wiesen- 88
Kerbel, Wilder 88
Kickxia spuria 222
Kiesel-Enzian, Stengelloser 340
Kirsche, Ahl- 82
Kirsche, Süß- 82
Kirsche, Vogel- 82
Klappertopf, Großer 226
Klappertopf, Kleiner 226
Klappertopf, Schmalblättriger 226
Klappertopf, Zottiger 228
Klatsch-Mohn 234
Klee, Acker- 128
Klee, Bastard- 126, 296
Klee, Berg- 126
Klee, Blaßgelber 214
Klee, Erdbeer- 126, 296
Klee, Feld- 212
Klee, Gelber Acker- 212
Klee, Gestreifter 298
Klee, Gewöhnlicher Faden- 214
Klee, Gold- 212
Klee, Hasen- 128
Klee, Hügel- 300
Klee, Kriechender Weiß- 126
Klee, Lämmer- 126
Klee, Mäuse- 128
Klee, Mittlerer 298
Klee, Persischer 298
Klee, Purpur- 300
Klee, Rot- 298
Klee, Schweden- 126, 296
Klee, Weiß- 126
Klee, Wiesen- 298
Klee, Wiesen-Rot- 298
Klee, Zickzack- 298
Klee-Würger 422
Kleinenzian, Deutscher 270
Kleinenzian, Fransen- 328
Kleinginster, Pfeil- 208
Kleingriffel 232
Klette, Filz- 278
Klette, Filzige 278
Klette, Große 278
Klette, Hain- 278
Klette, Kleine 278
Knabenkraut, Affen- 322
Knabenkraut, Blasses 232
Knabenkraut, Bleiches 232
Knabenkraut, Brand- 322
Knabenkraut, Breitblättriges 320
Knabenkraut, Dreizähniges 322
Knabenkraut, Fleischrotes 318
Knabenkraut, Geflecktes 320
Knabenkraut, Großes 324
Knabenkraut, Helm- 324
Knabenkraut, Kleines 322
Knabenkraut, Purpur- 324
Knabenkraut, Salep- 322
Knabenkraut, Stattliches 324
Knabenkraut, Traunsteiners 320
Knäuel, Einjähriger 394
Knäuel, Grüner 394
Knautia arvensis 386
– *dipsacifolia* 386
Knautie 386
Knoblauchsrauke 34
Knöterich, Ampfer- 54, 246
Knöterich, Floh- 246
Knöterich, Pfeffer- 246, 410
Knöterich, Pfirsichblättriger 246
Knöterich, Schlangen- 248
Knöterich, Vogel- 246
Knöterich, Wasser- 248
Knöterich, Wiesen- 248
Knotenblume, Frühlings- 122

Kölme, Gemeine 310
Kölme, Stein- 380
Königskerze, Großblütige 174
Königskerze, Kleinblütige 174
Königskerze, Lichtnelken- 104, 176
Königskerze, Mehlige 104, 176
Königskerze, Schwarze 176
Kohldistel 192
Korallenwurz 230, 430
Kornblume 360
Kornelkirsche 150
Krähenbeere, Schwarze 244
Kranzrade 248
Kratzbeere 74
Kratzdistel, Acker- 284, 358
Kratzdistel, Bach- 282
Kratzdistel, Erd- 282
Kratzdistel, Gewöhnliche 282
Kratzdistel, Kohl- 192
Kratzdistel, Lanzett- 282
Kratzdistel, Stengellose 282
Kratzdistel, Sumpf- 284
Kratzdistel, Woll- 282
Kratzdistel, Wollköpfige 282
Krebsschere 52
Kresse, Feld- 42
Kresse, Schutt- 394
Kreuzblümchen, Bitteres 370
Kreuzblümchen, Schopfiges 302
Kreuzblume, Bittere 370
Kreuzblume, Buchsblättrige 218
Kreuzblume, Gewöhnliche 370
Kreuzblume, Quendelblättrige 370
Kreuzblume, Schopfige 302
Kreuzblume, Wiesen- 370
Kreuzdorn, Echter hKl
Kreuzkraut, Frühlings- 190
Kreuzkraut, Fuchs' 186
Kreuzkraut, Gewöhnliches 190
Kreuzkraut, Jakobs- 188
Kreuzkraut, Klebriges 190
Kreuzkraut, Spatelblättriges 188
Kreuzkraut, Wald- 190
Kreuzkraut, Wasser- 188

Kreuzlabkraut, Breitblättriges 150
Kreuzlabkraut, Gewöhnliches 150
Kronsbeere 46, 96
Kronwicke, Bunte 300
Kronwicke, Scheiden- 214
Krummhals, Acker- 344
Kuckucksblume, Fleischrote 318
Kuckucksblume, Gefleckte 320
Küchenschelle, Echte 354
Küchenschelle, Finger- 354
Küchenschelle, Frühlings- 356
Küchenschelle, Gewöhnliche 354
Küchenschelle, Schwarze 354
Küchenschelle, Wiesen- 354
Kümmel, Wiesen- 92
Kugelblume, Gewöhnliche 384
Kugeldistel 358
Kugeldistel, Bienen- 358
Kugelorchis 320
Kuhblume, Gemeine 198
Kunigundenkraut 274

Labkraut, Echtes 150
Labkraut, Gewöhnliches Wald- 48
Labkraut, Harzer 48
Labkraut, Kletten- 50
Labkraut, Rundblättriges 46
Labkraut, Sumpf- 48
Labkraut, Wiesen- 48
Lactuca perennis 360
– *serriola* 196
Laichkraut, Durchwachsenes 402
Laichkraut, Glänzendes 402
Laichkraut, Kamm- 404

Laichkraut, Krauses 402
Laichkraut, Schwimmendes 402
Lamiastrum galeobdolon 220
Lamium album 128
– *amplexicaule* 308
– *hybridum* 306
– *maculatum* 306
– *purpureum* 306
Lapsana communis 198
Lathraea squamaria 316
Lathyrus aphaca 210
– *linifolius* 294, 368
– *maritimus* 294
– *niger* 292
– *palustris* 368
– *pratensis* 210
– *sylvestris* 294
– *tuberosus* 294
– *vernus* 292, 368
Lattich, Ausdauernder 360
Lattich, Blauer 360
Lattich, Dauer- 360
Lattich, Kompaß- 196
Lattich, Stachel- 196
Lauch, Bären- 120
Lauch, Kohl- 120, 420
Lauch, Roß- 120, 420
Lauch, Weinbergs- 288, 420
Läusekraut, Sumpf- 314
Läusekraut, Wald- 314
Leberblümchen 354
Leberblümchen, Dreilappiges 354
Ledum palustre 98
Leimkraut, Nickendes 62
Leimkraut, Rotes 250
Leimkraut, Taubenkropf- 62
Leimkraut, Weißes 64
Lein, Purgier- 84
Lein, Wiesen- 84
Leinblatt, Alpen- 54
Leinblatt, Berg- 54
Leinkraut, Gewöhnliches 222
Lembotropis nigricans 204
Lemna gibba 406
– *minor* 406
– *trisulca* 406
Leontodon autumnalis 192
Lepidium campestre 42
– *ruderale* 394
Lerchensporn, Gefingerter 290

Lerchensporn, Gelber 204
Lerchensporn, Hohler 124, 290
Lerchensporn, Rankender 124
Leucanthemum vulgare 116
Leucojum vernum 122
Lichtnelke, Kuckucks- 248
Lichtnelke, Rote 250
Lichtnelke, Weiße 64
Liguster, Rainweiden- 46
Ligustrum vulgare 46
Lilie, Türkenbund- 288
Lilium martagon 288
Limodorum abortivum 386
Limonium vulgare 340
Linaria vulgaris 222
Linde, Sommer- 414
Linde, Winter- 414
Linum catharticum 84
Liparis loeselii 232, 430
Listera cordata 426
– *ovata* 424
Löffelkraut, Echtes 40
Löwenzahn, Herbst- 192
Löwenzahn, Wiesen- 198
Lonicera periclymenum 132, 228
– *xylosteum* 130
Lotus corniculatus 216
– *uliginosus* 216
Lunaria rediviva 326
Lungen-Enzian 340
Lungenkraut, Dunkles 344
Lungenkraut, Echtes 344
Lungenkraut, Gebräuchliches 344
Lungenkraut, Weiches 344
Luzerne 370
Luzerne, Blaue 370
Luzerne, Hopfen- 212
Luzerne, Sichel- 212
Lychnis flos-cuculi 248
– *viscaria* 250
Lycopus europaeus 128
Lysimachia nemorum 170
– *nummularia* 172
– *thyrsiflora* 172
– *vulgaris* 172
Lythrum salicaria 274

Mädesüß, Großes 72
Mädesüß, Kleines 108
Märzblümchen 354
Märzenbecher 122
Maianthemum bifolium 52
Maiblume 120
Maiglöckchen 120
Malaxis monophyllos 232
Malus sylvestris 78, 258
Malva alcea 264
– *moschata* 264
– *neglecta* 266
– *sylvestris* 264
Malve, Moschus- 264
Malve, Rosen- 264
Malve, Spitzblättrige 264
Malve, Weg- 266
Malve, Wilde 264
Mannstreu, Feld- 86, 416
Mannstreu, Meer- 338
Margerite 116
Maßholder 414
Maßliebchen 110
Maßliebchen, Alpen- 110
Matricaria chamomilla 114
– *discoidea* 184
Mauerlattich 176, 196
Mauerlattich, Zarter 176, 196
Mauerpfeffer, Scharfer 158
Mauerpfeffer, Weißer 70
Mäusewicke 300
Medicago falcata 212
– *lupulina* 212
– *sativa* 370
Meerrettich, Echter 34
Meersenf 236, 328
Meerzwiebel 362
Mehlbeere, Echte 78
Meister, Hügel- 244
Melampyrum arvense 224, 314
– *pratense* 224
– *sylvaticum* 224
Melde, Gemeine 392
Melde, Spieß- 392
Melde, Spießblättrige 392
Melde, Spreizende 392

Melilotus alba 124
– *officinalis* 210
Melittis melissophyllum 304
Mentha aquatica 244, 312, 330
– *arvensis* 328
– *longifolia* 330
Menyanthes trifoliata 100
Mercurialis perennis 396
Merk, Aufrechter 90
Milchkraut 98, 268
Milchlattich, Alpen- 360
Milchstern, Dolden- 118
Milchstern, Doldiger 118
Milzkraut, Gegenblättriges 146
Milzkraut, Wechselblättriges 146
Mimulus guttatus 222
Minze, Acker- 328
Minze, Pfeffer- 330
Minze, Polei- 328
Minze, Roß- 330
Minze, Wasser- 244, 312, 330
Mistel 136
Mistel, Kiefern- 136
Mistel, Laubholz- 136
Mistel, Tannen- 136
Moehringia trinervia 56
Möhre, Wilde 94
Mohn, Klatsch- 234
Mohn, Saat- 234
Mondviole 326
Moneses uniflora 96
Monotropa hypopitys 418
Moosauge, Einblütiges 96
Moosbeere, Gewöhnliche 244
Moosbeere 244
Moschuskraut 418
Moschuskraut, Gemeines 418
Mummel 152
Muscari botryoides 362
– *comosum* 362
Mycelis muralis 176, 196
Myosotis arvensis 346
– *palustris* 346
– *scorpioides* 346
– *stricta* 346
– *sylvatica* 346
Myosoton aquaticum 62

Nabelmiere, Dreinervige 56
Nachtkerze, Gewöhnliche 150
Nachtnelke, Rote 250
Nachtnelke, Weiße 64
Nachtschatten, Bittersüßer 348
Nachtschatten, Schwarzer 102
Nachtviole, Echte 234, 326
Nachtviole, Gewöhnliche 234, 326
Nacktdrüse 318
Narthecium ossifragum 202
Nasturtium officinale 34
Natternkopf, Blauer 376
Natternkopf, Gewöhnlicher 376
Nelke, Busch- 252
Nelke, Büschel- 254
Nelke, Echte Stein- 254
Nelke, Felsen- 252
Nelke, Heide- 254
Nelke, Karthäuser- 254
Nelke, Pfingst- 252
Nelke, Pracht- 254
Nelke, Rauhe 254
Nelkenwurz, Bach- 258
Nelkenwurz, Echte 160
Neottia nidus-avis 424
Neslia paniculata 142
Nestwurz 424
Nestwurz, Bräunliche 424
Netzblatt 134
Nieswurz 118, 420
Nieswurz, Grüne 412
Nieswurz, Stinkende 410
Nuphar lutea 152
– *pumila* 152
Nymphaea alba 108

441

Ochsenauge 182
Ochsenzunge, Acker- 344
Odermennig, Gewöhnlicher 160
Odermennig, Kleiner 160
Odontites lutea 226
– *vulgaris* 314
Oenanthe aquatica 90
Oenothera biennis 150
Ohnhorn 426
Ohnsporn 426
Onobrychis viciifolia 302
Ononis repens 296
– *spinosa* 296
Ophrys apifera 428
– *holosericea* 428
– *insectifera* 428
– *sphecodes* 428
Orchidee, Vogelnest- 424
Orchis, Bienen- 428
Orchis, Fliegen- 428
Orchis, Hummel- 428
Orchis mascula 324
– *militaris* 324
– *morio* 322
– *pallens* 232
– *purpurea* 324
– *simia* 322
– *tridentata* 322
– *ustulata* 322
Origanum vulgare 312
Ornithogalum umbellatum 118
Ornithopus perpusillus 300
Orobanche caryophyllacea 422
– *gracilis* 424
– *minor* 422
Orthilia secunda 416
Osterblume, Weiße 108
Osterluzei, Aufrechte 204
Osterluzei, Gewöhnliche 204
Oxalis acetosella 82
– *corniculata* 164
– *fontana* 162

Papaver dubium 234
– *rhoeas* 234
Paris quadrifolia 420
Parnassia palustris 72
Pastinaca sativa 168
Pastinak 168
Pechnelke, Echte 250
Pechnelke, Gemeine 250
Pedicularis palustris 314
– *sylvatica* 314
Pestwurz, Alpen- 116
Pestwurz, Gemeine 276
Pestwurz, Rote 276
Pestwurz, Weiße 116
Petasites albus 116
– *hybridus* 276
– *paradoxus* 116
Petrorhagia prolifera 252
Peucedanum palustre 94
Pfaffenhütchen, Europäisches 398
Pfaffenhütchen, Gewöhnliches 398
Pfeilkresse 42
Pfennigkraut 172
Pferdesaat, Wasser- 90
Phyteuma nigrum 352
– *orbiculare* 352
– *spicatum* 106
Picris hieracioides 194
Pimpinella major 88
– *saxifraga* 88
Pinguicula alpina 130
– *vulgaris* 384
Pippau, Sumpf- 198
Pippau, Wiesen- 198
Plantago lanceolata 400
– *major* 400
– *maritima* 400
– *media* 336
Platanenblättriger Hahnenfuß 66
Platanthera bifolia 134
– *chlorantha* 134
Platterbse, Berg- 294, 368
Platterbse, Erdnuß- 294
Platterbse, Frühlings- 292, 368

Platterbse, Knollen- 294
Platterbse, Ranken- 210
Platterbse, Schwarzwerdende 292
Platterbse, Strand- 294
Platterbse, Sumpf- 368
Platterbse, Wald- 294
Platterbse, Wiesen- 210
Platterbse, Wilde 294
Podagrakraut 88
Polygala amara 370
– *chamaebuxus* 218
– *comosa* 302
– *serpyllifolia* 370
– *vulgaris* 370
Polygonatum multiflorum 122
– *odoratum* 122
– *verticillatum* 120
Polygonum amphibium 248
– *aviculare* 246
– *bistorta* 248
– *hydropiper* 246, 410
– *lapathifolium* 54, 246
– *persicaria* 246
Porst, Sumpf- 98
Potamogeton crispus 402
– *lucens* 402
– *natans* 402
– *pectinatus* 404
– *perfoliatus* 402
Potentilla anserina 160
– *argentea* 160
– *erecta* 146
– *heptaphylla* 162
– *palustris* 258
– *reptans* 162
– *sterilis* 76
– *verna* 162
Preiselbeere 46, 96
Prenanthes purpurea 272, 286
Primel, Mehl- 268
Primel, Stengellose 170
Primel, Wald- 170
Primel, Wiesen- 170
Primula elatior 170
– *farinosa* 268
– *veris* 170
– *vulgaris* 170
Prunella grandiflora 378
– *vulgaris* 380
Prunus avium 82
– *padus* 82
– *serotina* 82

– spinosa 80
Pseudorchis albida 230
Pulicaria dysenterica 182
Pulmonaria mollis 344
– obscura 344
– officinalis 344
Pulsatilla nigricans 354
– patens 354
– pratensis 354
– vernalis 356
– vulgaris 354
Pyramidenorchis 324
Pyrola rotundifolia 96
Pyrus communis 76
– pyraster 76

Queller 394
Queller, Gemeimer 394
Quendel 312

Rade 250
Rade, Korn- 250
Ragwurz, Bienen- 428
Ragwurz, Fliegen- 428
Ragwurz, Hummel- 428
Ragwurz, Spinnen- 428
Rainfarn, Gemeiner 184
Rainfarn 184
Rainkohl 198
Rainkohl, Gemeiner 198
Ranunculus aconitifolius 66
– acris 154
– aquatilis 66
– arvensis 156
– auricomus 156
– bulbosus 156

– circinatus 66
– ficaria 178
– flammula 158
– fluitans 68
– lanuginosus 154
– lingua 158
– nemorosus 154
– platanifolius 66
– repens 154
– sceleratus 156
– trichophyllus 66
Raphanus raphanistrum 44, 144
Rapünzchen, Salat- 348
Rapunzel, Ährige 106
Rauke, Weg- 136
Rauschbeere, Gewöhnliche 44, 96
Reiherschnabel, Gewöhnlicher 264
Reiherschnabel, Schierlings- 264
Rettich, Acker- 44, 144
Reynoutria japonica 54
Rhamnus catharticus hKl
Rhinanthus alectorolophus 228
– aristatus 226
– glacialis 226
– minor 226
– serotinus 226
Ribes alpinum 412
– nigrum hKl
– petraeum hKl
– uva-crispa 412
Riemenzunge 426
Rindsauge, Gemeines 182
Rittersporn, Acker- 364
Rittersporn, Feld- 364
Robinia pseudacacia 124
Robinie, Weiße 124
Rohrkolben, Breitblättriger 408
Rohrkolben, Schmalbättriger 408
Rorippa amphibia 140
– palustris 140
– sylvestris 140
Rosa arvensis 74
– canina 256
– gallica 256
– rubiginosa 256
Rose, Essig- 256
Rose, Hecken- 256

Rose, Hunds- 256
Rose, Kriechende 74
Rose, Wein- 256
Rosmarin, Wilder 98, 266
Rosmarinheide 266
Roßpappel 264
Rubus caesius 74
– fruticosus 74
– idaeus 74
– saxatilis 72
Rührmichnichtan 218
Ruhrkraut, Wald- 112
Rumex acetosa 234
– conglomeratus 390
– crispus 390
– obtusifolius 390
– sanguineus 390

Sagina procumbens 32
Sagittaria sagittifolia 50
Salbei, Hain- 382
Salbei, Quirlblütiger 382
Salbei, Wiesen- 382
Salicornia europaea 394
Salomonssiegel 122
Salsola kali 54
Salvia nemorosa 382
– pratensis 382
– verticillata 382
Salzkraut, Kali- 54
Sambucus ebulus 104
– nigra 104
– racemosa 176
Sanddorn hKl
Sandglöckchen, Berg- 352
Sandknöpfchen, Berg- 352
Sandkraut, Quendelblättriges 56
Sanguisorba minor 396
– officinalis 238
Sanicula europaea 84
Sanikel 84
Saponaria officinalis 64, 252
Sauerampfer, Wiesen- 234
Sauerdorn 178

443

Sauerklee, Aufrechter 162
Sauerklee, Hornfrüchtiger 164
Sauerklee, Wald- 82
Saxifraga granulata 70
- *paniculata* 70
- *tridactylites* 70
Scabiosa columbaria 386
Schafgarbe, Bertram- 112
Schafgarbe, Gemeine 114, 276
Schafgarbe, Sumpf- 112
Schafgarbe, Wiesen- 114, 276
Scharbockskraut 178
Scharte, Färber- 284
Schattenblümchen 52
Schaumkraut, Bitteres 36
Schaumkraut, Garten- 36
Schaumkraut, Spring- 36
Schaumkraut, Wald- 36
Schaumkraut, Wiesen- 236, 326
Schaumkresse, Sand- 38, 236
Schierling, Gefleckter 90
Schlangenwurz 52
Schlehe 80
Schlüsselblume, Echte 170
Schlüsselblume, Große 170
Schlüsselblume, Mehl- 268
Schlüsselblume, Stengellose 170
Schmalwand, Acker- 34
Schminkwurz 102
Schneckenklee, Hopfen- 212
Schneeball, Gewöhnlicher 104
Schneeball, Wolliger 106
Schneeglöckchen 122
Schneeglöckchen, Kleines 122
Schöllkraut 136
Schöterich, Acker- 138
Schotendotter, Acker- 138
Schuppenwurz 316
Schuppenwurz, Rötliche 316
Schwalbenwurz 100
Schwanenblume 288
Schwarzdorn 80
Schwarzdorn, Schlehen- 80
Schwarznessel 308
Schwarzwurzel, Niedrige 194
Schweinsrübe 310

Schwertlilie, Sibirische 362
Schwertlilie, Sumpf- 202
Schwertlilie, Wasser- 202
Scilla bifolia 362
Scleranthus annuus 394
Scorzonera humilis 194
Scrophularia nodosa 422
- *umbrosa* 422
Scutellaria galericulata 378
Sedum acre 158
- *album* 70
- *telephium* 158, 256
Seerose, Weiße 108
Seide, Nessel- 270
Seidelbast, Gewöhnlicher 238
Seidelbast, Steinröschen- hKl
Seifenkraut, Echtes 64, 252
Senecio aquaticus 188
- *erucifolius* 188
- *fuchsii* 186
- *helenitis* 188
- *jacobaea* 188
- *sylvaticus* 190
- *vernalis* 190
- *viscosus* 190
- *vulgaris* 190
Senf, Acker- 144
Serratula tinctoria 284
Sherardia arvensis 330
Sichelklee 212
Sichelmöhre 92
Siebenstern 108
Sigmarskraut 264
Silau, Wiesen- 168
Silaum silaus 168
Silberblatt, Ausdauerndes 326
Silberblatt, Wildes 326
Silberdistel 116
Silene alba 64
- *dioica* 250
- *nutans* 62
- *vulgaris* 62
Simsenlilie, Kelch- 200
Sinapis arvensis 144
Sinau, Acker- 396
Singrün 342
Sisymbrium officinale 136
Sitter, Breitblättrige 424
Sitter, Rotbraune 316
Sitter, Sumpf- 132
Sitter, Violette 132, 316
Skabiose, Acker- 386
Skabiose, Schafs- 352

Skabiose, Tauben- 386
Skabiose, Wald- 386
Sode 410
Solanum dulcamara 348
- *nigrum* 102
Solidago canadensis 180
- *virgaurea* 180
Sommerwurz, Blutrote 424
Sommerwurz, Kleine 422
Sommerwurz, Labkraut- 422
Sonchus arvensis 196
- *asper* 194
- *oleraceus* 196
Sonnenröschen, Gelbes 168
Sonnenröschen, Gewöhnliches 168
Sonnentau, Langblättriger 68
Sonnentau, Mittlerer 68
Sonnentau, Rundblättriger 68
Sophienkraut, Gemeines 138
Sorbus aria 78
- *aucuparia* 78
- *torminalis* 78
Spärkling, Roter 248
Sparganium emersum 408
- *erectum* 408
Spargelbohne 216
Spargelerbse, Gelbe 216
Spark, Acker- 62
Spergula arvensis 62
Spergularia rubra 248
Spinne 428
Spirodela polyrhiza 406
Springkraut, Echtes 218
Springkraut, Indisches 302
Springkraut, Kleines 218
Spurre 60
Stachelbeere 412
Stachys alpina 308
- *arvensis* 310
- *palustris* 310
- *recta* 222
- *sylvatica* 310
Staudenknöterich, Japan- 54
Stechapfel 102
Stechapfel, Weißer 102
Stechginster 208
Stechpalme hKl
Stein-Nelke, Echte 254
Steinbeere 72
Steinbrech, Dreifinger- 70
Steinbrech, Knöllchen- 70
Steinbrech, Trauben- 70
Steinklee, Echter 210

Steinklee, Weißer 124
Steinkraut, Berg- 142
Steinkraut, Kelch- 142
Steinquendel, Alpen- 380
Steinquendel, Feld- 380
Steinsame, Acker- 102
Steinsame, Blauroter 342
Steinsame, Rotblauer 342
Stellaria alsine 58
– *graminea* 58
– *holostea* 58
– *media* 58
– *nemorum* 56
Stendel, Spinnen- 428
Stendelwurz, Breitblättrige 424
Stendelwurz, Rotbraune 316
Stendelwurz, Sumpf- 132
Stendelwurz, Violette 132, 316
Sterndolde, Große 86, 416
Sternhyazinthe 362
Sternmiere, Echte 58
Sternmiere, Gras- 58
Sternmiere, Große 58
Sternmiere, Quell- 58
Sternmiere, Wald- 56
Stiefmütterchen, Acker- 218, 220, 374
Stiefmütterchen, Wildes 218, 374
Storchschnabel, Blut- 258
Storchschnabel, Blutroter 258
Storchschnabel, Brauner 412
Storchschnabel, Kleiner 262
Storchschnabel, Pyrenäen- 260
Storchschnabel, Rundblättriger 260
Storchschnabel, Ruprechts- 262
Storchschnabel, Schlitz- 262
Storchschnabel, Schlitzblättriger 262
Storchschnabel, Stinkender 262
Storchschnabel, Sumpf- 260
Storchschnabel, Wald- 260, 338
Storchschnabel, Weicher 262
Storchschnabel, Wiesen- 338
Stranddistel 338

Strandflieder, Gewöhnlicher 340
Strandkamille, Geruchlose 114
Strandnelke 340
Strandvanille 316
Stratiotes aloides 52
Sturmhut, Echter 364
Suaeda maritima 410
Succisa pratensis 336
Süß-Kirsche 82
Sumpfenzian 342
Sumpfkresse, Gewöhnliche 140
Sumpfkresse, Kleinblütige 140
Sumpfkresse, Wasser- 140
Sumpfkresse, Wilde 140
Swertia perennis 342
Symphytum officinale 102, 272, 344
– *tuberosum* 174

Tännelkraut, Eiblättriges 222
Tännelkraut, Unechtes 222
Tanacetum corymbosum 114
– *vulgare* 184
Taraxacum officinale 198
Taubnessel, Bastard- 306
Taubnessel, Gefleckte 306
Taubnessel, Gold- 220
Taubnessel, Purpurrote 306
Taubnessel, Rote 306
Taubnessel, Stengelumfassende 308
Taubnessel, Weiße 128
Tausendgüldenkraut, Echtes 270
Tausendschönchen 110
Taxus baccata hKl
Teesdalea nudicaulis 40
Teichfaden 404
Teichlinse 406
Teichlinse, Vielwurzlige 406
Teichrose, Gelbe 152

Teichrose, Kleine 152
Tetragonolobus maritimus 216
Teucrium chamaedrys 304
– *montanum* 128
– *scorodonia* 220
Teufelsabbiß, Gemeiner 336
Teufelsabbiß, Gewöhnlicher 336
Teufelsauge, Sommer- 274
Teufelskralle, Ährige 106
Teufelskralle, Kopfige 352
Teufelskralle, Kugel- 352
Teufelskralle, Schwarze 352
Thalictrum aquilegifolium 326
– *flavum* 136
Thesium alpinum 54
– *bavarum* 54
Thlaspi arvense 40
– *montanum* 42
– *perfoliatum* 42
Thymian, Feld- 312
Thymus pulegioides 312
Tilia cordata 414
– *platyphyllos* 414
Tofieldia calyculata 200
Tollkirsche 418
Tollkirsche, Schwarze 418
Topinambur 184
Tragant, Kicher- 210
Tragant, Süßholz- 208
Tragopogon pratensis 194
Träubel, Kleines 362
Traubenhyazinthe, Kleine 362
Traubenhyazinthe, Schopfige 362
Traubenkirsche, Echte 82
Traubenkirsche, Späte 82
Traunsteinera globosa 320
Trientalis europaea 108
Trifolium alpestre 300
– *arvense* 128
– *aureum* 212
– *campestre* 212
– *dubium* 214
– *fragiferum* 126, 296
– *hybridum* 126, 296
– *medium* 298
– *montanum* 126
– *ochroleucon* 214
– *pratense* 298
– *repens* 126
– *resupinatum* 298
– *rubens* 300

445

– striatum 298
Tripleurospermum inodorum 114
Trollblume 178
Trollblume, Europäische 178
Trollius europaeus 178
Turmkraut 38
Tussilago farfara 186
Typha angustifolia 408
– latifolia 408

Ulex europaeus 208
Urtica dioica 388
– urens 388
Utricularia minor 228
– vulgaris 228

Vaccinium myrtillus 266, 398, 418
– oxycoccos 244
– uliginosum 44, 96
– vitis-idaea 46, 96
Valeriana dioica 106, 272
– officinalis 106, 272
Valerianella locusta 348
Veilchen, Behaartes 372
Veilchen, Hain- 372
Veilchen, Hohes 372
Veilchen, Hunds- 374
Veilchen, März- 372
Veilchen, Rauhes 372
Veilchen, Rauhhaariges 372
Veilchen, Sumpf- 374
Veilchen, Wald- 372
Veilchen, Wohlriechendes 372
Veilchen, Wunder- 372

Venuswagen 364
Veratrum album 118, 420
Verbascum densiflorum 174
– lychnitis 104, 176
– nigrum 176
– thapsus 174
Verbena officinalis 348, 382
Vergißmeinnicht, Acker- 346
Vergißmeinnicht, Sand- 346
Vergißmeinnicht, Sumpf- 346
Vergißmeinnicht, Wald- 346
Veronica anagallis-aquatica 334
– arvensis 334
– austriaca 332
– beccabunga 332
– chamaedrys 332
– filiformis 334
– hederifolia 336
– officinalis 332
– persica 334
– serpyllifolia 50, 330
– teucrium 332
Viburnum lantana 106
– opulus 104
Vicia angustifolia 292
– cracca 366
– hirsuta 366
– lathyroides 292
– sepium 290, 368
– sylvatica 366
– tenuifolia 366
– tetrasperma 366
Vinca minor 342
Vincetoxicum hirundinaria 100
Viola arvensis 220
– canina 374
– elatior 374
– hirta 372
– mirabilis 372
– odorata 372
– palustris 374
– reichenbachiana 372
– riviniana 372
– tricolor 218, 374
Viscum album 136
Vogelbeere, Wilde 78
Vogelfuß, Kleiner 300
Vogelmiere 58

Wachtelweizen, Acker- 224, 314
Wachtelweizen, Wald- 224
Wachtelweizen, Wiesen- 224
Waid 138
Waid, Färber- 138
Waldhyazinthe, Berg- 134
Waldhyazinthe, Grünliche 134
Waldhyazinthe, Weiße 134
Waldhyazinthe, Zweiblättrige 134
Waldkresse 140
Waldmeister 46
Waldnessel 310
Waldrebe, Aufrechte 32
Waldrebe, Gewöhnliche 32
Waldvögelein, Bleiches 132
Waldvögelein, Rotes 316
Waldvögelein, Schwertblättriges 134
Waldvögelein, Weißes 132
Wasser-Hahnenfuß, Flutender 68
Wasser-Hahnenfuß, Gewöhnlicher 66
Wasser-Hahnenfuß, Haarblättriger 66
Wasser-Hahnenfuß, Spreizender 66
Wasseraloë 52
Wasserdarm 62
Wasserdost 274
Wasserfeder 98
Wasserfenchel, Großer 90
Wasserhanf 274
Wasserhelm, Großer 228
Wasserhelm, Kleiner 228
Wasserkresse 140
Wasserliesch 288
Wasserlinse, Buckelige 406
Wasserlinse, Dreifurchige 406
Wasserlinse, Kleine 406
Wassernabel 84
Wasserpfeffer 246, 410
Wasserrose 108
Wasserschierling 92
Wasserschlauch, Gewöhnlicher 228

446

Wasserschlauch, Kleiner 228
Wasserstern, Sumpf- 400
Wegerich, Breit- 400
Wegerich, Großer 400
Wegerich, Mittlerer 336
Wegerich, Spitz- 400
Wegerich, Strand- 400
Wegerich, Weide- 336
Wegwarte 360
Weichorchis 232, 430
Weichstendel 232, 430
Weichwurz 232, 430
Weidenröschen, Bach- 240
Weidenröschen, Berg- 240
Weidenröschen, Kleinblütiges 240
Weidenröschen, Rauhhaariges 238
Weidenröschen, Rosarotes 240
Weidenröschen, Schmalblättriges 238
Weidenröschen, Sumpf- 242
Weidenröschen, Vierkantiges 240
Weidenröschen, Zottiges 238
Weiderich, Ähren- 274
Weiderich, Blut- 274
Weißdorn, Eingriffeliger 80
Weißdorn, Zweigriffeliger 80
Weißwurz, Gewöhnliche 122
Weißwurz, Quirlblättrige 120
Weißwurz, Vielblütige 122
Weißzunge 230
Weißzüngel 230
Wetterdistel 116
Wicke, Behaarte 366
Wicke, Dünnblättrige 366
Wicke, Echte Futter- 292
Wicke, Faden- 366
Wicke, Linsen- 366
Wicke, Rauhhaarige 366
Wicke, Sand- 292
Wicke, Schmalblättrige Futter- 292
Wicke, Viersamige 366

Wicke, Vogel- 366
Wicke, Wald- 366
Wicke, Zaun- 290, 368
Widerbart 230, 318
Wiesenknopf, Großer 238
Wiesenknopf, Kleiner 396
Wiesenraute, Akelei- 326
Wiesenraute, Akeleiblättrige 326
Wiesenraute, Gelbe 136
Wiesensilge 168
Winde, Acker- 100, 270
Windenknöterich, Acker- 410
Windröschen, Busch- 108
Windröschen, Gelbes 152
Windröschen, Großes 64
Windröschen, Narzissenblütiges 64
Windröschen, Wald- 64
Wintergrün 342
Wintergrün, Einblütiges 96
Wintergrün, Nickendes 416
Wintergrün, Rundblättriges 96
Wirbeldost 310
Witwenblume, Acker- 386
Witwenblume, Wald- 386
Witwenblume, Wiesen- 386
Wohlverleih, Berg- 186
Wolffia arrhiza 406
Wolfsmilch, Garten- 148
Wolfsmilch, Kleine 148
Wolfsmilch, Mandelblättrige 398
Wolfsmilch, Sonnenwend- 148
Wolfsmilch, Süße 398
Wolfsmilch, Warzen- 146
Wolfsmilch, Zypressen- 148
Wolfstrapp, Gewöhnlicher 128
Wolfstrapp, Ufer- 128
Wucherblume, Straußblütige 114
Wucherblume, Weiße 116
Wundklee, Echter 216
Wundklee, Gemeiner 216
Würger, Klee- 422

Zahntrost, Gelber 226
Zahntrost, Roter 314
Zahnwurz, Neunblättrige 140
Zahnwurz, Quirlblättrige 140
Zahnwurz, Zwiebel- 236
Zannichellia palustris 404
Zaunrübe, Rote 98
Zaunrübe, Zweihäusige 98
Zaunwinde, Gewöhnliche 100
Zaunwinde, Ufer- 100
Zehrwurz 404
Zeitlose 288
Zeitlose, Herbst- 288
Zichorie, Wilde 360
Zickzack-Klee 298
Ziest, Acker- 310
Ziest, Alpen- 308
Ziest, Aufrechter 222
Ziest, Berg- 222
Ziest, Heil- 308
Ziest, Sumpf- 310
Ziest, Wald- 310
Zimbelkraut 384
Zweiblatt, Großes 424
Zweiblatt, Herz- 426
Zweizahn, Dreiteiliger 182
Zweizahn, Nickender 182
Zwergbuchs, Alpen- 218
Zwergmispel, Gewöhnliche hKl
Zwergwasserlinse 406